● 高等教育“十二五”规划教材 ●

JICHU JIAOYUXUE

基础教育学

徐 虹 傅金兰◎主 编
安洪涛 徐愫芬◎副主编

北京师范大学出版集团
BEIJING NORMAL UNIVERSITY PUBLISHING GROUP
北京师范大学出版社

图书在版编目(CIP)数据

基础教育学/徐虹,傅金兰主编.—北京:北京师范大学出版社,2015.2(2018.7重印)
(高等教育"十二五"规划教材)
ISBN 978-7-303-18294-7

Ⅰ.①基… Ⅱ.①徐…②傅… Ⅲ.①基础教育-教育理论-高等学校-教材 Ⅳ.①G630

中国版本图书馆 CIP 数据核字(2014)第 277861 号

营销中心电话 010-58802181 58805532
北师大出版社高等教育分社网 http://gaojiao.bnup.com
电子信箱 gaojiao@bnupg.com

出版发行:北京师范大学出版社 www.bnup.com
北京新街口外大街 19 号
邮政编码:100875
印　　刷:三河兴达印务有限公司
经　　销:全国新华书店
开　　本:730 mm×980 mm 1/16
印　　张:22.25
字　　数:400 千字
版　　次:2015 年 2 月第 1 版
印　　次:2018 年 7 月第 4 次印刷
定　　价:34.50 元

策划编辑:郭兴举　　责任编辑:戴 轶 王 林
美术编辑:焦 丽　　装帧设计:焦 丽
责任校对:李 菡　　责任印制:马 洁

《基础教育学》编写人员（按姓氏笔画排列）

王明高　井常琳　任　锐　安洪涛　李　怡　吴冠群

陶　宇　高建凤　徐　虹　徐愫芬　傅金兰

前　言

为适应教育改革发展、满足教师教育人才培养的需要，我们组织编写了教师教育系列教材，该系列教材既可以作为全日制高等师范院校学生的通用教材，也可以作为师资培训、教师进修的学习用书，还可以作为中小学在职教师和其他从教人员的自学用书或参考用书。

《基础教育学》以满足教师专业成长需要为基本立场，以提升未来教师教育基本素养为目的，使学习者能根据教育规律解读自己的教育实践，并在解读中形成对教育学原理的理解。因此，我们在本书增加了大量的教育专栏，这样既提高了学习者的学习兴趣，也使学习者能更形象地理解并体悟教育学课程。这种处理方式也使我们不同于一般直述教育学原理方式的同类教材，使理论换了一种呈现方式，即全息综合渗透的方式，从立场、问题、结构到内容，体现出教育学原理与教育实践的内在关系。我们期望通过这本教材，学习者能体会教育学原理对于将来的学习与工作、对于自身发展的价值，逐渐练就一双充满教育智慧的眼睛，能透彻地认识教育世界，使自己在工作和发展中成为自觉之士、聪颖之人。

本教材由徐虹、傅金兰担任主编，李怡、安洪涛、徐愫芬担任副主编，负责拟定编写提纲，组织编写，审定终稿。参与编写的人员有(按姓氏笔画排列)：王明高、井常琳、任锐、安洪涛、李怡、吴冠群、陶宇、高建凤、徐虹、徐愫芬、傅金兰。本书是教师教育系列教材之一，也是山东省社会科学规划研究课题“知识共享与教育公正的社会学研究”(编号：11CSHZ09)研究成果的一部分。

在编写本书的过程中，我们参考和借鉴了不同版本的教育学教材、论著等材料，吸收了高校教师和中小学执教者的实践经验，得到北京师范大学出版社的大力支持，在此一并表示感谢。囿于编者水平所限，疏漏与错误之处在所难免，恳请专家、读者批评指正。

编者

2014 年 9 月

目录

第一章　绪　论

学习目标

1. 识记20世纪五种主要的教育学流派的代表人物，阅读一篇(部)他们的代表作，理解他们主要的学术观点，并能够结合实践进行评论。

2. 理解当代教育学的发展趋势，思考教育学作为一门独立学科之独特性的表现。

3. 访谈中小学教师，了解教育理论在日常生活和教育改革中的应用。

自人类社会产生，教育作为一种社会现象就出现了。可以说，教育与人类是共生共存的，人类历史有多长，教育的历史就有多长。在社会的发展进程中，人们在社会中积累了丰富的知识和经验，这些知识和经验传递给下一代的活动实际上就是教育的最初形态。作为一门专门研究教育问题的学科——教育学，其产生和发展的历史却并不长。

第一节　教育学的概念及其研究对象

每一门科学都有自己的研究对象，都有自己特有的研究领域。科学就是按照研究对象领域所特有的矛盾而分成各种门类的。那么，什么是教育学要研究的特殊矛盾或者说什么是教育学的研究对象呢？要弄清这个问题，我们就是要弄清什么是教育学。教育学一词英文为 Pedagogics，该词是由希腊语 Pedagogia 派生出来的。在古希腊，奴隶主贵族子弟上学有专门的仆人护送。希腊称儿童为 Pais，仆人为 Agein。专门护送儿童上学的仆人便称之为“教仆”(Paidagogis)，意为“引导儿童的人”。教育学一词的英文语义即由此转化而来，含有“导护儿童之学”的意思。在英国也称教育学为 Science of Education，其含义也不外乎是关于教育的科学之意。

把教育学看作导护儿童之学，或培养儿童的学问，都是从过去最一般意义上讲的。这种认识在以前相当长时期是被人们认同的。可是，在教育概念已经扩大，教育学得到极大发展的当今时代，这种认识就显得远远不够了。现今对教育学含义的理解，应当从教育学的产生和发展趋势来进一步加深认识。

一、教育学的研究对象

教育学是研究教育现象和教育问题、揭示教育规律的一门科学，是一门关于如何培养人的科学。教育现象和教育问题是十分普遍的，教育学就是要从这些教育现象和问题中总结教育规律，进而指导我们的教育实践。教育现象是教育活动的外在表现形式，凡是一切培养人的活动，都可称为教育现象。教育问题是在教育现象的基础上被提出来的。教育问题一般都是源自教育领域的重点、难点和热点。教育领域中最一般的问题有“教育是什么”“教育和人的关系是什么”“教育和社会的关系是什么”“教育培养什么样的人”“教育为谁培养人”“教育通过哪些内容，采取哪些形式去培养人”，等等。人们感知教育现象，对它们进行议论、评说，形成教育问题。为了有效进行教育工作，人们只能从研究现象开始，发现、分析教育问题，能揭示教育规律，从而把握教育本质。教育学的历史也就是在对这些教育现象和教育问题不断进行探索，并在寻找各种各样的答案的过程中展开的。

教育规律存在于一切教育现象之中，并始终贯穿于整个教育发展的全过程。教育的基本规律表现在两个方面：一是教育同社会发展的本质联系，即教育适应并促进社会发展的规律，它从宏观上反映了教育同物质生产和一定社会政治经济制度之间的关系，通常称之为教育的外部规律；二是教育同人的发展的本质联系，即教育适应并促进人的身心发展的规律，通常称之为教育的内部规律。教育作为一种社会实践活动，它既受社会发展规律的制约，又受个体身心发展规律的制约。教育在同社会和个体发展的相互联系中，体现出自身的规律性。

教育规律与教育方针、教育政策不同。教育规律是客观存在的，而教育方针、教育政策是人们根据对教育规律的认识，并联系一定历史时期的任务、条件制定的，具有主观性，并且有国家意志、国家强制的属性。由于人们对规律的认识不足或是由于人们的认识受到社会条件的限制，因而制定的方针、政策可能会部分地或全部地不符合规律、不符合实际的情况是存在的。违背教育规律的方针、政策，尽管在一定的时期内可能作为一种“能动的社会力量”起着作用，推动教育朝一定的方向发展，但它终究会被人们抛弃或纠正。否定教育规律的客观性，夸大主观意志的作用，必然会给教育工作带来严重的后果。我们学习和研究教育学，正是为了认识教育事业发展和教育工作的客观规律，以便掌握教育规律、运用教育规律，并指导教育实践。

二、教育学的学科性质

在我国教育学界，学者们对教育学的定义不尽相同。但总体来讲，以下几点已形成共识：一是教育学是一门科学，它是研究教育现象和教育问题，揭示教育规律的科学；二是指一种学科门类；三是指一门课程，主要是师范院校开设，也称教育概论、教育原理或教育学原理等；四是指作为一门课程的教学用书。本书所指的教育学是一门科学，揭示教育规律的一门科学。

教育学的研究对象是教育现象和教育问题，而教育现象和教育问题又来源于教育活动。教育活动属于人类社会活动范畴，故教育学属于社会科学的范畴。苏联著名教育家、心理学家布隆斯基曾经指出：“只有思想，而不是技能，也不是才干，才可能由一个人传给另一个人，所以教育学只有作为一定的思想，也就是作为理论科学，才能存在。”可见，教育学是一门理论科学。但教育学又不是纯粹理论的科学，它必须同教育实践紧密相连，用理论去指导实践，有效地解决教育工作中的实际问题。在实践中，教育学越能有效地解决教育工作中的实际问题，其理论价值就越大。因此可以说，教育学是实践性很强的一门理论科学。

第二节　教育学的产生与发展

教育是随着人类社会的出现而存在的一种社会现象，而作为研究教育的教育学却是在社会发展到一定历史阶段才形成的。有了教育便开始有了人们对教育的认识。不过早期的这种认识只是一种原始状态。在教育和学校教育产生与发展的过程中，人们积累了丰富的实践经验，人们对这些宝贵的实践经验加以抽象、概括和总结，从而把教育教学的实践经验上升到理论的高度，于是产生了教育学。教育学产生以后，经历了一个漫长的发展时期，我们可以把这个时期划分为四个阶段：教育学的萌芽阶段、独立形态教育学形成的阶段、教育学发展多样化的阶段和教育学理论深化的阶段。

一、教育学的萌芽阶段

在中国，从春秋战国到清朝末年，在欧洲，从古希腊、古罗马到英国资产阶级革命之前，教育学还只是作为一种教育思想、教育现象的描述，散见于当时的思想家、经验家的言论和著作之中。我国古代教育家孔子、孟子、荀子、韩愈、朱熹、王守仁、颜元等，都曾在各自不同的社会条件下，总结当时的教育经验，提出自己的教育观点和主张。

中国古代教育家的教育观点和主张概括起来主要是：第一，把教育看成治国安民的工具，提出“建国君民，教学为先”，主张通过教育培养统治人才和化民成俗，达到“修身”“齐家”“治国”“平天下”的目的。第二，把“诗”“书”“礼”“乐”“春秋”当作主要教育内容。在教学上主张学思结合、文以载道、温故知新、举一反三、循序渐进、因材施教等原则和方法，还提出了博学、审问、慎思、明辨、笃行等一套学习过程理论。第三，在思想品德教育方面，提出长善救失、防微杜渐、潜移默化、立志、力行、内省、慎独、去私解蔽、意志锻炼等原则和方法。第四，提倡尊师爱生、教学相长、重视教师的作用，强调教师要以身作则、躬行践履，以尽传道、授业、解惑之责。

《学记》是我国古代最早也是世界最早的成体系的教育学著作。它成书于战国后期，比古罗马昆体良(约公元 35—95 年)著的《论演说家的教育》一书还要早三百多年。它系统地总结了古代儒家的教育经验，比较全面地说明了教育的作用、目的、任务、教育教学制度、教学原则和方法、教师的地位和作用、师生关系等问题。但就其理论的系统性与深刻性而言，还没有达到科学的水平，思维与论述方式也大都采用一些机械类比、比喻、格言、寓言等方式，没有形成专门的教育学语言。

在西方，要追溯教育学的思想来源，首先当数古希腊的哲学家苏格拉底和柏拉图。苏格拉底以其雄辩术与青年智者的问答法(“助产术”)著名。柏拉图的《理想国》、亚里士多德的《政治学》、昆体良的《雄辩术原理》以及中世纪和文艺复兴时期许多思想家们的哲学、社会学论著，都阐发了各自的教育观点和主张。他们的一些教育思想和观点至今被人们广为传诵，仍闪烁着时代的光芒。这些教育经验的总结，虽然非常丰富，但还不是教育学。其原因是：首先，这些教育思想还没有从哲学中独立出来，还是包含在哲学思想体系中，同哲学思想交织在一起的。其次，这些教育思想和著作，还处在经验总结阶段，还没有上升到系统理论高度。所以无论在中国还是在外国，古代思想家、教育家的教育主张都没有分化出来形成一门独立的学科，教育学在这一时期还处于萌芽阶段。

专栏 1-1

发虑宪，求善良，足以謏(xiǎo)闻，不足以动众；就贤体远，足以动众，未足以化(教化)民。君子如欲化民成俗，其必由学乎！

玉不琢，不成器；人不学，不知道。是故古之王者建国君民，教学为先。《兑(yuè"说")命》曰："念终始典于学。"其此之谓乎！

虽有佳肴，弗食不知其旨也；虽有至道，弗学不知其善也。是故学然后知不足，教然后知困。知不足然后能自反也，知困然后能自强也。故曰：教学相长也。《兑命》曰："学学半"(前一个"学"字音xiào，本字读作"斅"，意思是教育别人，后一个"学"字音 xué，意思是向别人学习)。其此之谓乎！

古之教者，家有塾，党有庠(xiáng)，术(suì)有序，国有学。

比年(隔一年)入学，中年考校。一年视离经辨志；三年视敬业乐群；五年视博习亲师；七年视论学取友，谓之小成。九年知类通达，强立而不反，谓之大成。夫然后足以化民易俗，近者说(yuè"悦")服而远者怀之，此大学之道也。《记》曰："蛾('蚁')子时术之。"其此之谓乎！

大学始教，皮弁(biàn)祭菜，示敬道也。《宵雅》肄(yì)三，官其始也。入学鼓箧(qiè)，孙(以逊顺之心)其业也。夏楚(夏(jiǎ)圆和楚方，一种教杖)二物，收其威也。未卜禘(dì)不视学，游其志也。时观而弗语，存其心也。幼者听而弗问，学不躐(liè 同后文"陵"，超越)等也。此七者，教之大伦(纲要)也。《记》曰："凡学，官先事，士先志。"其此之谓乎！

大学之教也，时教必有正业，退息必有居学。不学操缦，不能安弦；不学博依，不能安诗；不学杂服，不能安礼。不兴其艺，不能乐学。故君子之于学也，藏焉修焉，息焉游焉。夫然，故安其学而亲其师，乐其友而信其道，是以虽离师辅而不反也。《兑命》曰"敬孙务时敏，厥修乃来"，其此之谓乎！

今之教者，呻其占毕，多其讯，言及于数，进而不顾其安，使人不由其诚，教人不尽其材，其施之也悖，其求之也佛。夫然，故隐其学而疾其师，苦其难而不知其益也。虽终其业，其去之必速，教之不刑，其此之由乎！

大学之法：禁于未发之谓豫；当其可之谓时；不陵节而施之谓孙；相观而善之谓摩。此四者，教之所由兴也。

发然后禁，则扞格而不胜；时过然后学，则勤苦而难成；杂施而不孙，则坏乱而不修；独学而无友，则孤陋而寡闻；燕朋逆其师，燕辟废其学。此六者，教之所由废也。

君子既知教之所由兴，又知教之所由废，然后可以为人师也。故君子之教，喻也。道而弗牵，强而弗抑，开而弗达。道而弗牵则和，强而弗抑则易，开而弗达则思。和、易以思，可谓善喻矣。

学者有四失，教者必知之。人之学也，或失则多，或失则寡，或失则易，或失则止。此四者，心之莫同也。知其心然后能救其失也。教也者，长善而救其失者也。

善歌者，使人继其声；善教者，使人继其志。其言也，约而达，微而臧，罕譬而喻，可谓继志矣。

君子知至学之难易而知其美恶，然后能博喻，能博喻然后能为师，能为师然后能为长，能为长然后能为君。故师也者，所以学为君也，是故择师不可不慎也。《记》曰“三王四代唯其师”。其此之谓乎！

凡学之道：严师为难。师严然后道尊，道尊然后民知敬学。是故君之所以不臣于其臣者二：当其为尸，则弗臣也；当其为师，则弗臣也。大学之礼，虽诏于天子无北面，所以尊师也。

善学者，师逸而功倍，又从而庸之。不善学者，师勤而功半，又从而怨之。善问者如攻坚木，先其易者，后其节目，及其久也，相说以解。不善问者反此。善待问者如撞钟，叩之以小者则小鸣，叩之以大者则大鸣，待其从容，然后尽其声。不善答问者反此。此皆进学之道也。

记问之学，不足以为人师，必也听语乎！力不能问，然后语之，语之而不知，虽舍之可也。

良冶之子，必学为裘；良弓之子，必学为箕；始驾马者反之，车在马前。君子察于此三者，可以有志于学矣。

古之学者，比物丑类，鼓无当于五声，五声弗得不和；水无当于五色，五色弗得不章；学无当于五官，五官弗得不治；师无当于五服，五服弗得不亲。

君子曰：大德不官，大道不器，大信不约，大时不齐。察于此四者，可以有志于学矣。三王之祭川也，皆先河而后海，或源也，或委也，此之谓务本！

资料来源：《学记》。

二、教育学的独立形态阶段

17 世纪以后，在西方，随着生产力的发展和社会的进步，教育有了相应的发展。教育实践的丰富、教育经验的积累，使人们对教育现象和教育问题的认识逐步深入，许多教育专著相继问世。教育学开始从哲学和其他学科中分化出来，逐渐形成一门相对独立的学科。作为一种独立形态的知识领域来说，教育学有其创立的主要标志，这些标志并不是同时出现的，而是在较长的历史时期内逐渐形成的。因此，教育学的创立不是在某一瞬间完成，而是有一个历史过程。

捷克教育家夸美纽斯在 1632 年发表了《大教学论》，这部著作被认为教育学作为一门独立学科产生的标志。它的问世，标志着教育学从哲学中分解出来，初具雏形。夸美纽斯是受到人文主义精神影响的教育家。他年轻时就具有强烈的民主主义思想，强调教育的自然性。自然性首先是指人也是自然的一部分，人人都有相同的自然性，都应受到同样的教育；其次是说教育要遵循人的自然发展的原则，尊重人的自由发展；最后是说要把广泛的自然知识传授给普通人，而不是仅强调宗教教育。在《大教学论》著作中，夸美纽斯提出了普及初等教育，建立适合学生特征的学校教育制度，论证了班级授课制，规定了广泛的教育内容，提出了教学的便利性、彻底性、简明性与迅捷性的原则，高度评价了教师的职业，强调了教师的作用。夸美纽斯对教育学的创立起到了举足轻重的作用，在这个意义上可以说，夸美纽斯的《大教学论》闪耀着追求科学的火花，是近代独立形态教育学的开端。

法国思想家卢梭的《爱弥儿》对后世教育的影响也很大，虽然卢梭对自然性的强调到了使之与现代文明对立的程度。他所理解的自然，是指不为社会和环境所歪曲、不受习俗和偏见支配的人性，即人与生俱来的自由、平等、纯朴和良知。卢梭认为，人的本性是善的，因此假如能为人造就新的、适合人性健康发展的社会环境和教育，人类就能在更高阶段回归自然。因此，人为的、根据社会要求强加给儿童的教育是坏的教育，让儿童顺其自然发展才是好的教育，甚至越是远离社会影响的教育越是好的。

德国著名哲学家康德、赫尔巴特也为教育学的发展做出了很大的贡献。康德曾先后四次在哥尼斯堡大学讲授教育学，并于 1803 年出版了《康德论教育》一书。后来，德国教育家赫尔巴特继承了康德的教育学讲座，于 1806 年出版了专著《普通教育学》，该书被认为是第一本现代教育学著作，成为科学教育学建立的标志。赫尔巴特是第一个运用心理学理论研究和解释教育问题的教育学家。在《普通教育学》中，他构建了较完整、独立的教育理念体系，提出教育的真正目的是道德的目的，要努力形成学生“完美”“善良”的道德品质，强调对儿童的管理是进行教学和道德教育的首要的不可缺少的条件，提出教学是教育的最基本手段，并将教学过程分为四个阶段：明了、联想、系统和方法。赫尔巴特为教育学的发展做出了巨大贡献，他的教育思想对很多国家产生了很大影响，被认为是传统教育理论的重要代表人物，被誉为“现代教育学之父”及“科学教育学的奠基人”。

赫尔巴特所建构的教育学理论，其贡献主要体现在四个方面：第一，他建构了一个相对完整的理论教育学体系。自赫尔巴特开始，教育学的科学地位进一步被确立，教育学理论研究成为为这个事业献身的人们所追求的目标。第二，赫尔巴特第一次为教育学找到了它的科学基础。在教育学史上，这是一个划时代的贡献。赫尔巴特以前的教育学，虽然涉及儿童心理、教学规律等，但没有人将心理学与教育学结合起来，并将心理学作为教育学的基础。第三，赫尔巴特不是只空谈理论，而是试图将教育学研究置于科学条件和实践基础之上。第四，赫尔巴特所发现的有关教育过程的理论，如多方面兴趣的培养、四段教学法、注重教师的主导作用和系统知识的传授，对后世教育实践产生了深远的历史影响。直到今天，包括中国在内的许多国家和地区的教育教学实践，仍未脱出赫尔巴特的教学模式。

另外，在18—19世纪，还出现了许多教育名著，如英国哲学家洛克的《教育漫话》、瑞士著名教育家裴斯泰洛齐的《林哈德和葛笃德》，他们的思想对19世纪的欧洲教育和教育学的发展产生了巨大的影响。

19世纪末20世纪初，在欧洲出现了“新教育”思潮，在美国出现了“进步教育运动”。其共同特点是反对传统的以传递知识为教育教学中心，主张以儿童为中心，强调儿童的独立性和创造性，教育与社会生活联系等。作为现代教育的代言人，杜威的教育思想与赫尔巴特的教育思想针锋相对，其代表作《民主主义与教育》在体系上与《普通教育学》也大不相同。杜威主张教育为当前的生活服务，主张教育即生活。由于生活是一个发展过程、生长过程，所以教育也是生长，这是从教育的纵向说的；从横向来说，人与环境是相互作用的，在相互作用中形成个体的和集体的经验。由于生活环境是不断变化的，人要适应环境就需要不断改造或改组经验，所以教育实际上是经验的改造或改组，促进学生形成更新、更好的经验。为此，他强调教法与教材的统一，强调目的与活动的统一，主张“在做中学”，在问题中学习。杜威对传统教育的批判，不仅是对方法的批判，而且是对整个教育目的的批判，是对教育目的的外铄性批判。

三、教育学的多样化阶段

随着各国教育实践的不断发展和来自教育学内部的批判，教育学得到了迅速的发展，出现了许多新的教育学派别和重要的教育学著作。各学派之间在教育理论上相互借鉴、相互批判，出现了教育学发展的繁荣阶段，这一时期的代表学派主要有实验教育学、文化教育学、实用主义教育学、马克思主义教育学、批判教育学等，其中实验教育学、实用主义教育学最为重要。①

(一)实验教育学

实验教育学(Experimental Pedagogy)是19世纪末20世纪初在欧美一些国家兴起的用自然科学的实验法研究儿童发展及其与教育的关系的理论。其代表人物是德国教育学家梅伊曼(E. Meuman)和拉伊(W. A. Lay)，代表著作主要有梅伊曼的《实验教育学纲要》(*Outline of Experimental Pedagogy*)及拉伊的《实验教育学》(*Experimental Pedagogy*)。

实验教育学的主要观点如下。第一，反对以赫尔巴特为代表的强调概念思辨的教育学，认为这种教育学对检验教育方法的优劣毫无用途。第二，提倡把实验心理学的研究成果和方法运用于教育研究，从而使教育研究真正"科学化"。第三，把教育实验分为三个阶段：以某一问题构成假设；根据假设制订实验计划，进行实验；将实验结果应用于实际，以证明其正确性。第四，认为教育实验与心理实验的差别在于心理实验是在实验室里进行的，而教育实验则要在真正的学校环境和教学实践活动中进行。第五，主张用实验、统计和比较的方法探索儿童心理发展过程的特点及其智力发展水平，用实验数据作为改革学制、课程和教学方法的依据。

实验教育学所强调的定量研究成为20世纪教育学研究的一个基本范式，极大地推动了教育科学的发展。但实验教育学的方法也是有局限性的，因为许多涉及价值判断和选择的问题就不能完全通过实验的方法来解决，当实验教育学及其后继者把科学的定量方法夸大为教育科学研究的唯一有效方法时，它就走上了教育学研究中"唯科学主义"的迷途，受到了来自文化教育学的批判。

(二)文化教育学

文化教育学又称精神科学教育学，是19世纪末以来出现在德国的一种教育学说，其代表人物主要有狄尔泰(W. Dilthey)、斯普朗格

① 以下参考：全国十二所重点师范大学联合编写：《教育学基础》，北京：教育科学出版社，2002年，第19页。

(E. Spranger)、利特(T. Litt)等人，代表著作主要有狄尔泰的《关于普遍妥当的教育学的可能》、斯普朗格的《教育与文化》等。文化教育学的基本观点是：第一，人是一种文化的存在，因此人类历史是一种文化的历史。第二，教育的对象是人，教育是在一定社会历史背景下进行的，因此教育的过程也是一种历史文化过程。第三，教育的目的就是要促使社会历史的客观文化向个体的主观文化的转变，从而培养完整的人格；培养完整人格的主要途径就是"陶冶"与"唤醒"，发挥教师和学生个体两方面的积极作用，建构和谐对话的师生关系。

文化教育学是作为科学主义的实验教育学和理性主义的赫尔巴特式教育学的对立面而存在与发展，它深刻地影响着德国乃至世界20世纪的教育学发展，它在教育的本质、教育的目的、师生关系以及教育学性质等方面都能给人许多启发。文化教育学的不足之处表现在它的思辨气息很浓，许多问题的论述具有很强的哲学色彩，这就决定了它在解决现实的教育问题时很难提出有针对性和可操作性的建议，从而限制了它在实践中的应用。

(三)实用主义教育学

实用主义教育学是19世纪末20世纪初在美国兴起的一种教育思潮，是典型的"美国版"教育学，对20世纪整个世界的教育理论研究和教育实践发展产生了极大的影响。其代表人物是美国的杜威、克伯屈等人，代表性著作有杜威的《民主主义与教育》(*Democracy and Education*)、《经验与教育》(*Experience and Education*)、克伯屈的《设计教学法》(*Project Method*)。

实用主义教育学也是在批判以赫尔巴特为代表的传统教育学的基础上提出来的，其基本观点是：第一，教育即生活，教育的过程与生活的过程是合一的，而不是为将来的某种生活做准备的；第二，教育即学生个体经验继续不断的增长，除此之外教育不应该有其他目的；第三，学校是一个雏形的社会，学生在其中要学习现实社会中所要求的基本态度、技能和知识；第四，学校的课程以学生的经验为中心，打破了原来以学科为中心的课程体系；第五，师生关系以儿童为中心，而非以教师为中心，教师只是学生成长的帮助者、引导者；第六，教学过程应重视学生自己的独立发现和体验，尊重学生发展的差异性。实用主义教育学是以美国实用主义文化为基础的，是美国资本主义发展的教育学表达，它对以赫尔巴特为代表的理性主义教育理念进行了深刻的批判，推动了教育学的发展。杜威的教育学说提出以后，西方教育学便出现了以赫尔巴特为代表的"传统教育学"派和以杜威为代表的"现代教育学"派。实用主义教育学的不足之处是它在一定程度上忽视了系统知识的学习，忽视了教师在教育教学过程中的主导作用，忽视了学校的特质，并因此受到了20世纪美国社会及其他国家的人们连续不断的批判。事实上，没有哪种理论能够做到一统天下，在不同国家和地区，教育学的发展呈现出一种学派林立的局面。教育学就是在这种不绝于耳的喧嚣中不断前行，按照不同的逻辑体系和框架结构进行建构的。

(四)马克思主义教育学

马克思主义教育学包括两部分内容：一部分是马克思恩格斯以及其他马克思主义的经典作家对教育问题的论述；另一部分是教育学家们根据马克思主义的基本原理对现代教育一系列问题的研究结果。

马克思主义教育学的基本观点是：第一，教育是一种社会历史现象，在阶级社会中具有鲜明的阶级性，不存在脱离社会影响的教育；第二，教育起源于生产劳动，劳动方式和性质的变化必然引起教育形式和内容的改变；第三，现代教育的根本目的是促使学生个体的全面发展；第四，现代教育与现代大生产劳动的结合不仅是发展社会生产力的重要方法，也是培养全面发展的人的唯一方法；第五，在教育与社会的政治、经济、文化的关系上，教育一方面受它们的制约，另一方面又具有相对独立性，并反作用于它们，对于促进工业社会政治、经济与文化的发展具有巨大的作用；第六，马克思主义唯物辩证法和历史唯物主义是教育科学研究的方法论基础，我们既要看到教育现象的复杂性，不能用简单化的态度和方法来对待教育研究，又要坚信教育现象是有规律可循的，否则就会陷入不可知论和相对论的泥坑中去。

马克思主义的产生为教育学的发展奠定了科学的方法论基础，但由于种种原因，在实际教育学研究过程中，人们没有能够很好地理解和运用马克思主义理论，往往犯一些简单化、机械化的毛病，这是我们在学习和发展马克思主义教育理论时应当特别注意的。

(五)批判教育学

批判教育学(Critical Pedagogy)是20世纪70年代之后兴起的一种教育思潮，也是当前在西方教育理论界占主导地位的教育思潮，对于教育诸多问题的研究都有比较广泛和深刻的影响。批判教育学的代表人物有美国的鲍尔斯(S. Bowles)、金蒂斯(H. Gintis)、阿普尔(M. Apple)、吉鲁(H. Grioux)、法国的布厄迪尔(P. Boudieu)等，代表性著作有鲍尔斯与金蒂斯的《资本主义美国的学校教育》(*Schooling in Capitalist America*)、阿普尔的《教育与权力》(*Education and Power*)、吉鲁的《批判教育学、国家与文化斗争》(*Critical Pedagogy, the State and Cultural Struggle*)、布厄迪尔的《教育、社会和文化的再生产》(*Production in*

Education, Society and Culture）等。

由于各自的理论基础不同，批判教育学学者之间关注的问题、发表的观点也不尽相同。但是，他们之间也有一些共同的地方构成批判教育学的基本理论：第一，当代资本主义的学校教育并未像实用主义教育学所宣称的那样是一种民主的建制和解放的力量，是推进社会公平和实现社会公正的强有力手段和途径，相反，它维护现实社会的不公平和不公正，是造成社会差别、歧视和对立的根源。第二，之所以会出现这种现象是因为教育与社会是相对应的，有什么样的社会政治、经济和文化，就会有什么样的学校教育机构，社会的政治意识形态、文化样态、经济结构都强烈地制约着学校的目的、课程、师生关系、评价方式等，学校教育的功能就是再生产出占主导地位的社会政治意识形态、文化关系和经济结构。下层阶级的子弟、文化处境不利者的子女就很少能在学校教育系统内取得成功。第三，人们已经对这种事实上的不平等和不公正丧失了"意识"，将之看成一个自然的事实，而不是某些利益集团故意制造的结果。第四，批判教育学的目的就是要揭示看似自然事实背后的利益关系，帮助教师和学生对自己所处的教育环境及形成教育环境的诸多因素敏感起来，即对他们进行"启蒙"，以达到意识"解放"的目的。第五，批判教育学认为教育现象不是中立的和客观的，而是充满利益纷争的，因此教育理论研究不能采取唯科学主义的态度和方法，仅仅依靠收集、整理、统计一些数据来进行，而要采用实践批判的态度和方法，揭示具体教育生活中的利益关系，使之从无意识的层面上升到意识的层面。

透过百年来这些不同的教育学流派我们可以发现：第一，教育学的发展总是受到具体的社会政治、经济、文化条件的制约，反映着具体的社会政治、经济、文化发展的要求。第二，在教育学的发展过程中，不同的国家形成了不同的教育学传统和风格，如美国的实用主义教育学、德国的文化教育学、苏联和我国的马克思主义教育学等。后来的教育学发展可以批评这个传统，但是却不能绕过这个传统。第三，教育学的发展得益于不同教育学派之间的相互批评和借鉴，如实用主义教育学对赫尔巴特教育学的批评，文化教育学对实验教育学的批评，批判教育学对实用主义教育学的批评等。没有不同教育学派之间的理论争鸣，就没有现代教育学的繁荣与发展。

四、教育学的理论深化阶段

由于科学的日益综合化，教育逐渐与社会学、心理学、经济学等学科相互渗透，在理论上走向深化，在内容上更加丰富。第二次世界大战之后，联邦德国进行了百科全书式的教学，过重的学习负担限制了学生的发展，在这种背景下，教育家瓦·根舍因等人提出“范例教学”理论，主张强化教材的基础性，并通过对范例的接触，培养学生独立思考、独立判断与工作的能力。

美国心理学家布卢姆于1956年出版了《教育目标分类学》。他把教育目标分为认知、情感、动作技能三大类，每类目标又从低到高分为不同层次。

美国教育心理学家布鲁纳于1963年发表了《教育过程》一书，他主张学生学习学科知识的基本结构，教学要促进认知能力的发展，注重对儿童的早期教育；提倡发现法，试图通过这种方法加强学生的探究能力。

苏联心理学家、教育学家赞可夫1975年发表了《教学与发展》一书。这本书全面阐述了他的实验教学论体系及三大原则，系统地叙述了学生的发展进程，介绍了研究学生学习过程的情况，对苏联的学制和教学改革一度起到很大的推动作用。

苏联教育理论家与实践家苏霍姆林斯基根据苏联社会的要求，结合自身多年当校长的实践经验，提出全面发展的教育理论。他认为，学校的主要任务是培养全面和谐发展的人、社会进步的积极参与者。其著作《给教师的一百条建议》《帕夫雷什中学》等被译成29个国家的文字，他的论著被誉为“活的教育学”和“学校生活的百科全书”。

苏联教育家巴班斯基的著作《教学过程最优化》，把现代系统论的方法引入教学论的研究，将教学看作一个系统，从整体与部分之间、部分与部分之间以及系统与环境之间的相互联系与作用的角度考察教学，以达到最优处理教学的目的。他的研究是对教学论进一步科学化的新探索。

另外，教育学也不断出现一些新的面貌，以至于20世纪末的教育学已经远远不同于20世纪初的教育学，出现了许多新的特征。

(一)教育学研究的问题领域急剧扩大

20世纪初，教育学研究主要集中在对学校教育问题的研究上，而且主要集中在对学校教育教学过程中出现的问题的研究上。到20世纪末，教育学研究的问题领域已经从微观的教育教学过程扩展到宏观的教育规划，从教育的内部关系扩展到教育的外部关系，从基础教育扩展到高等教育，从正规教育扩展到非正规教育，从儿童青少年的教育扩展到成人教育、老年教育等，一个巨大的教育问题领域已经形成。

(二)教育学研究基础和研究模式的多样化

在赫尔巴特时代，教育学的基础主要是哲学和心理学，当代教育学的基础包括了更加广阔的学科领域，如生理学、脑科学、社会学、经济学、政治学、法学、人类学、文化学、科学哲学、技术学、管理学等。

不同的人可以从不同的理论基础出发进行研究，他们在此基础上发表自己的见解，形成不同的教育观，彼此之间相互批评、相互借鉴、相互吸收，出现了一个教育学史上少有的百家争鸣的时代，推动了教育学术和教育实践的发展。与之相关的是教育学研究模式的多样化，有的从科学主义的角度进行研究，强调对教育活动中数量关系的描述；有的从人文主义的角度进行研究，强调对教育活动中非数量关系的质的东西进行分析；还有的介于两者之间，偏向一方，或两者结合。就教育学研究的层次而言，也出现了基础研究、应用研究、行动研究、咨询研究、开发研究等多种层次类型，彼此之间相互依赖，相互渗透，相互推动，构成教育学研究的完整体系。

(三)教育学开始发生分化，形成了初步的教育学科体系

近代以来的教育学是无所不包的，所有关于教育问题的研究都是在教育学的名义下进行。20世纪以来，随着教育问题领域的扩展以及研究基础和模式的多样化，教育学也发生了快速的学科分化，教育学的各个组成部分开始发展成为独立的学科，这些相对独立的学科又与其他类型的学科进行交叉，出现了许多融合性的学科、子学科、边缘学科。值得注意的是，就像其他任何学科一样，20世纪后半叶的教育学在发生高度分化的同时也出现了高度综合的现象。所谓高度综合不是指再综合出一个无所不包的大教育学来，而是指教育学的子学科与子学科之间，子学科与边缘学科之间以及子学科、边缘学科与其他非教育学科之间出现了多种形式、多种层次和多种类型的综合，出现了许多新的教育知识增长点。由于这种多层次、多类型、多形式的学科综合，打破了传统学科界限，扩展了研究视野，深化了问题研究。

(四)教育学研究与教育实践的关系日益密切

教育学的研究在刚刚独立的时候主要是一种形而上学的研究，研究者注重的是从自己的某种哲学或伦理学或政治学的观点出发，提出一些有关教育的规范性要求，这样一来就会对教育实际活动中出现的问题关注不够，所发表的见解也就难以与教育实践相联系，难以产生有效的改进。这就是后来赫尔巴特教育学受到批评的重要原因。当代教育学研究中这种形而上学的风气锐减，研究者们所关心的是教育实践中的教育现象和教育问题，产生这些现象和问题的原因是什么以及如何解决这些问题等。当代教育实践的发展也日益呼唤教育理论的指导，为教育学的发展提供了强大的社会动力。在这种情况下，传统教育理论工作者与教育实践工作者之间的隔膜、疏远乃至对立状态得到了一定程度的缓和，教育理论工作者与教育实践工作者开始出现多种形式的接触、交流和对话。

(五)教育学加强了对自身的反思，形成了教育学的元理论

教育学的发展与其对自身的反思是分不开的，恰如一个人的发展与对他自己的人生反思是分不开的一样，两者是相辅相成的。当代教育学发展的一个重要特征就是出现了自觉的教育学反思。教育学反思作为一种研究活动而言不同于对教育实践的研究，它是对教育研究的研究，也就是对教育的元研究，其目的不是要形成教育理论，而是要检讨教育研究活动本身的目的、性质、价值、知识结构等，形成教育学观。之所以如此，是因为不提高理论活动的自觉性，就不能提高理论本身的清晰性和科学性，不能更好地为教育实践服务。有关教育学自身的反思研究结果就形成了教育的元理论，即关于教育学学科自身的知识体系，如关于教育学研究对象的知识、逻辑起点的知识、发展史和历史分期的知识、知识陈述形式的知识、教育学理论与教育实践关系的知识、教育学者社会责任的知识、教育学知识结构的知识，等等，使之在当代和未来教育改革中发挥更大的作用。

第三节　学习教育学的意义和方法

黑格尔说过：凡是存在的，都是合理的。任何一门学科，从其萌芽到不断成长为根深叶茂的参天大树，需要一个漫长的过程，这也意味着学科发展中会有不断生成的合理价值元素。今天，我们纵览历史就会发现，教育学是一个有待我们不断发掘的宝库。

一、学习教育学的意义

没有理论指导的实践，只能是盲目的实践。实践经验丰富的人，他们依据自己的经验指导自己的行动，可能会取得成效，使教育与教学工作符合某些规律。但这些经验毕竟是局部的、不全面的，因此当他们面对各种变化时就会表现出认识上的不适应和行动上的盲目性。“教育是科学，科学的价值在于求真。”真正的教育学不是混沌行动中无意识的感悟，也不是浪费自己青春年华缓慢的回报，更不是以牺牲孩子发展为代价的挫折中的困顿与迷茫。现代教育较近代教育更复杂，作为一名教育工作者，如果不学习并掌握教育科学，就不能正确、有效地进行教育工作并改革与创新教育事业。所以，我们要科学地开展好教育工作，不断提高教育质量和水平，就必须学好教育学。作为未来的教师，教育学知识更是每一位教师必须具备的职业素养之一。在教育教学过程中，教育学可以帮助每位教师掌握教学规律、原则和方法，了解学生身心发展特点及教学过程的本质和特点，提高教育教学水平。

(一)树立正确的教育观念，反思教育行为

教育学综合了现代教育研究的理论新成果，概括了生动、鲜活的实践经验，充满了丰富的新思想、新理念。学习并掌握这些新的教育理念，有助于打破头脑中的条条框框，消除落后陈旧的思想观念，提高改革的自觉性。

教育的目的不是创造某种物质产品或精神产品，而是根据社会的需要培养人、塑造人。不仅教师要学习教育学，家长及其他社会工作人员都应该学习教育学。教育孩子不仅是社会和教师的事情，也是父母的事情。父母是孩子的启蒙老师，不正确的教育方法不但达不到预期效果，有时甚至会产生严重的后果。现代社会不需要过去那种棍棒下的粗糙教育方式，而是要求我们走进儿童心灵的教育方式。英国哲学家洛克在《教育漫话》中指出，我们幼小时受到的影响，哪怕极小极小，小到无法觉察出来，但对日后都有极深远的影响。这正如江河的源头一样，水性极柔，一丁点人力就可以使它的方向发生根本性的改变。教育工作者就是施加给孩子源头的一股力量，他们对孩子的影响是非常大的，甚至会决定或改变孩子的发展方向。整个社会都期望教育工作者能够给予孩子正向的能量和影响。那么要想对孩子产生正向的影响，其中很重要的一点就是树立正确的教育观念，反思我们的教育行为。

对教育工作者来说，教育思想与观念应渗透在教育工作的各个细节上，体现在其每天的行动中。我们所需要的先进的教育思想总是继承着历史上优秀的教育思想，又反映着时代和社会发展的需要，对教育改革起着积极的推动作用。而陈腐的教育思想则远远落后于时代和社会发展的需要，对教育改革起着消极阻碍作用。要树立正确的教育思想，我们就要全面学习古今中外的教育理论。任何有经验的教育工作者，如果没有经过系统的理论学习，其一生也不可能达到教育理论所达到的高度。当然对于教育理论的学习，要采取一分为二的观点，去其糟粕，取其精华，合理组织，为我所用。

(二)掌握教育规律，指导教育实践

许多教师在教育教学行为上的差别，也都表现为对教育规律性认识上的差异，每个教师的教育观念、教育思想、教育方式和方法的最初形成或确定，也都体现了他对教育事实和问题及规律理解和认识的程度。育人工作必须遵循教育规律，按照社会的要求和学生身心发展的特点，实现科学育人，才会达到预期的目的。教育学是教育实践的高度概括和科学的抽象，它是教育实践深刻的、正确的、完整的反映。因而，它对于教育实践具有指导作用。任何一种没有理论指导的实践，都只能是盲

目的实践。教育实践也不例外。随着教育实践的发展，教育理论的指导作用越来越显现它的重要性。在古代，教育实践比较简单，在教育过程中所包含着的矛盾和因素也较为单纯。因此，没有理论的指导，人们也能凭借着直接经验去从事教育工作。到了近代和现代，教育工作日益复杂，包含在教育过程中的因素和矛盾更加多样化，没有一定的理论指导，要掌握这种矛盾运动及其发展规律是不可能的。

(三)提高教师素质和教育教学水平

要想成为一名优秀的教育工作者，不但要有献身教育事业的满腔热情，还应掌握教书育人的知识和方法。教育学理论是教育工作者从事教育工作的行为准则和指南，它所揭示的规律总是远远超过个别人、个别地区和民族所能达到的认识水平。因此，学习教育学是从事教育工作的必要前提。

学习教育学，可以使教师深入地了解青少年儿童的身心发展规律、教育的原则和有效的方法，了解教师劳动的特点和特殊价值；学习教育学更可以用理论来指导实践，不断增强自己分析、研究、解决教育实际问题的能力，使我们在教育实践中认清方向，在贯彻执行党的教育方针政策中增强自觉性，减少盲目性，具有预见性，从而提高教育的效率。

(四)为学习其他教育学科课程打下基础

教育学作为教育学科中的基础课，它反映了教育现象中最基本最本质的东西，它对教育这种矛盾运动的基本规律做出了概括和总结。只有以这种基本规律作为指导，才能使我们更好地深入研究和理解其他教育学科的课程。并且使我们在教育学科不断发展的新形势下，因为有了基础理论的武装，而更善于解决新问题，吸取新知识，掌握新方法，在从事实际工作和其他领域的知识学习时，有着更大的发展潜力。

教师如果没有教育理论的支持，只凭主观愿望或粗糙的教育方法去教育学生，结果往往会难以如愿。学习教育学可以使我们掌握先进的教育理论、科学的教育方法以及良好的教育技能，使我们在工作中少走弯路少犯错误，争取尽快进入角色，成为一名优秀的教师。

专栏 1-2

美国“教育者誓词”

我在此宣誓，我将把我的一生贡献给教育事业。我将履行作为教育者的全部义务，不断改善这一公共福利事业，增进人类的理解和能力，并向一切为教育和学习做出努力的作为和人表示敬意。我将这些义务当作我自己的事，并时刻准备着、责无旁贷地鼓励我的同事做到这一点。

我将时刻注意到我的责任——通过严格的对知识的追求来提高学生的智力。即使非常辛苦，即使受到放弃这一责任的外界的诱惑，即使遇到失败等障碍而使之更加困难，我也将坚定不移地执行这一许诺。

我将坚持不懈地维护这一信念——鼓励并尊重终身学习和平等对待所有的学生。

为了忠实地完成这一职业义务，我保证做到努力钻研所教内容，不断改善我的教育实践，并使在我教导下的学生能够不断进步。我保证寻求和支持提高教育和教学质量的政策并提供所有热爱教育的人一切机会去帮助他们达到至善。我决心不断努力以赶上或超过我希望培养的素质，并坚持和永远尊重一个有纪律的、文明的以及自由的民主生活方式。

我认识到有时我的努力可能会冒犯特权和有地位的人，我也认识到我将会受到偏见和等级捍卫者们的反对，我还认识到我将不得不遇到那些有意使我感到灰心、使我丧失希望的争论。但是，我将仍然忠于这一信念——这些努力和对目标的追求使我坚信它与我的职业是相称的，这一职业也是与使人民自由相称的。

在这次大会的所有人面前，我庄严宣誓，我将恪守这一誓言。

资料来源：http://blog.sina.com.cn/s/blog_5c10bbe90100azvt.html。

二、学习教育学的方法

对于一个刚刚进入教育学之门的人来说，特别要注意以下几点。

(一)处理好理论与实践的关系

理论联系实践是学习任何一门学科所必须遵循的指导方针、基本方法。在学习教育学的过程中，我们应当首先把主要精力放在认真钻研教育理论上，特别是要深入领会本门课程的基本知识和基础理论，在这基础上去努力掌握教育学科发展中所取得的知识财富，为自己打下较为扎实的理论基础。同时，我们也应当适当地参加一些教育实践活动，以加深对理论知识的理解。教育学是一门实践性很强的理论科学，脱离实践去研究教育理论，必然是空洞的、毫无意义的。理论联系实际的途径是多种多样的。我们可以去中小学校听课，参加教研活动，做调查，或者阅读报纸杂志，了解教育实践动态，还可以开展教育实验研究，以作为建立新理论的基础。

(二)处理好学习本门学科和其他学科的关系

教育这种现象并不是孤立的，它与其他各种社会的、自然的现象发生着密切的联系。因此，反映教育现象和教育问题的教育学也必然要与其他各门学科知识发生密切的联系。同时，教育学又是在不断综合其他学科的知识中发展起来的。如果我们要深入领会和掌握教育学的理论，就必须同时具备其他有关学科的知识，如哲学、政治经济学、社会学、伦理学、心理学、教育史、各科教学法等。

当代，各门学科相互渗透的现象日益明显，各学科之间联系加强，并已成为各种知识发展的共同规律。作为社会科学的教育学不仅与其他各门社会科学之间发生渗透，而且正在与自然科学之间发生渗透。同时，在它的研究中数学统计的方法和科学认识方法的系统论、控制论、信息论等已经被广泛地应用。所以我们在学习教育学时，应该处理好学习教育学与其他学科的联系，使自己在学习中发挥更大的创造性。

(三)继承与创新相结合

中国是一个历史悠久的国家，教育的历史也非常悠久，有着丰富的教育学遗产。我们不仅要研究我国古代的教育理论，也要研究外国的教育理论。这就要求我们正确处理好批判和继承的关系，批判地吸收教育史上的一切优秀遗产，在学习中不仅要继承优秀的教育理论知识，更要在原有的基础上发展和创新。如果我们仅仅停留在学习前人和外国的优秀遗产的水平上，教育理论就不可能发展。继承和创新是一个问题的两个方面，继承的目的是为了创新和发展，创新又必须以继承为基础。

(四)处理好学习与思考的关系

子曰："学而不思则罔，思而不学则殆。"我们可以这样说，学而不思则怠，思而不行则空，行而无果则败，学而无趣则衰。如何避免怠、空、败、衰的结局是当前教学改革的迫切任务。学习要与思考相结合。在学习中，我们一方面要认真读书，努力汲取前人已取得的教育科学方面的成就；另一方面还要充分发挥学习者本身的主动性和积极性，进行独立思考，把培养创造性的思维、分析问题和解决问题的能力作为学习的一项重要任务。学习教育学就更应当将读书与思考结合起来，不为传统观念和现成结论所囿，勇于探索教育领域的各种新问题。

>>> 思考与练习

1. 列举现实生活中一些典型的教育现象和教育问题，并运用教育理念对它们进行分析。

2. 教育学是一门科学还是一门艺术？

3. 有人说，“不学教育学照样当好老师”，你同意这种看法吗？

>>> 推荐阅读

1.《论语》。

2.《学记》。

3. 夸美纽斯：《大教学论》，北京：人民教育出版社，1979年。

4. 杜威：《民主主义与教育》，北京：人民教育出版社，2001年。

5. 洛克：《教育漫话》，北京：人民教育出版社，2007年。

6. 卢梭：《爱弥儿》，北京：商务印书馆，1978年。

第二章　教育概述

学习目标

1. 识记教育、学校教育的概念。

2. 理解教育的三个基本要素及它们之间的关系，特别要理解这三个要素的内涵在当代的变化。

3. 比较农业社会、工业社会和信息社会教育的区别。

孔子曾经教育学生："好仁不好学，其弊也愚；好知不好学，其弊也荡；好信不好学，其弊也贼；好直不好学，其弊也绞；好勇不好学，其弊也乱；好刚不好学，其弊也狂。"①由此可知，教育对人的影响有多么重要。那么，教育究竟是什么？这是教育学所要解决的一个重要理论问题，也是教育工作者必须明确的问题。

第一节　教育的概念

"教育是什么?"或"什么是教育?"这是看上去非常简单，然而也是难以回答的两个问题。教育作为一种社会现象，它产生于社会生活的需要。现代社会，每个人都会受到一定程度的教育，因而谈起教育问题来，表面上每个人都能够发表自己的"见解"，但这些"见解"是否切中教育的本质？这些"见解"是否有助于我们理解真正的教育？这都需要教育工作者做出正确的判断，而这又首先需要他们自己形成对教育的科学认识。

① 《论语·阳货篇》。

一、对“教育”的理解

在先秦古籍中，“教”与“育”极少连用，大多只用“教”一个字来表述教育的事情。如战国时期的荀子认为“以善先人者谓之教”。《学记》中则说“教也者，长善而救失者也”。最早连用“教”“育”二字的是战国时期的孟子，他说“得天下英才而教育之，三乐也”。我国汉代许慎在《说文解字》中说“教，上所施，下所效也”，把“教”当作一个中性的描述词。“育，养子使作善也。”还有《中庸》里说，“修道之谓教”，修道是为了“作善”，只有在这个意义上的“教”，才是“教育”一词的略称。

教育旨在使人向善，这里的善是指善良、美好。“使人向善”，可以是道德的善，也可以是涵盖德、智、体、美之“完善”，因此，教育的含义涉及人类社会的活动。人类的教育与动物界的“教育”有着本质的不同。

第一，人类的教育是一种有意识的活动。动物的教育是一种基于亲子和生存本能的自发行为，而人和动物的活动其直接区别就是人的活动是有意识的，是社会性的。有些动物在养护幼小动物上虽与人类抚育子女有些类似，但是它们是一种本能活动——是由遗传获得的简单的行为定型。这种活动在意识上是不存在的。教育是人类社会所特有的现象。

第二，人类的教育能够进行知识和文化的传承。教育是凭借语言文字的物质外壳传递经验的形式，不致因个体的死亡而消失，即教育存在于人类社会所特有的实践活动之中。动物没有语言，不能将个体的经验“类化”，更不能将经验积累起来向其他动物传递。例如，尽管老猫都会教小猫抓老鼠，但猫的本领只能局限于抓鼠，它不可能达到一代胜过一代，而人类可以通过语言和其他形式使个体的经验保存和积累下来，成为“类经验”，人类正是在这种文化的传承中，使自身不断地完善和发展。从作为个体的人的发展来说，从其呱呱坠地到不断成长为适应社会生活的成员，是从一个生物实体的人转化为一个社会实体的人的过程，在这个过程中需要成年人的抚育与培养。所以，教育是培养人的一种社会活动，它的社会职能是传递生产经验和社会生活经验，促进新生一代的成长。

第三，人类的教育能够进行创造性的活动。这种创造性活动在其他动物界是没有的。有些动物在养护下一代方面虽与人类抚养子女有些类似，如动物在其父母的传授下，小动物更快地学会了怎样飞翔或怎样筑巢，但对那些不能通过自己的个体经验去发现的东西，它却什么也学不到。其他动物也会对某些东西做出反应。但是，这些反应往往是偶发性和插曲式的，对人来说则是具有创造性和连续性的。人能以他自己所创造的符号来改变他自己和世界。人类教育不但使受教育者获得适应性的经验，而且其自身能运用聪明才智进行创造。人类能够根据对客观世界的认识，自觉地去改造客观世界，并将改造世界的经验传授给下一代，从而产生教育活动。

通过区分人类的教育活动与动物的"教育"活动，我们知道了教育是一种社会活动，这是毋庸置疑的，但社会活动是多样的，究竟是什么把教育活动与其他社会活动区别开来呢？这就需要进一步讨论教育活动相对于其他社会活动的特殊性问题。

美利坚百科全书《教育》条中写道："从最广泛的意义来说，教育就是个人获得知识或见解的过程，就是个人的观点或技艺得到提高的过程。"我国也有学者认为，从广义来看，教育可以说是对人从生到死的全部影响的总和，即有计划的和偶然的、有组织的和无组织的、自觉的和自发的、来自自然环境和社会环境的影响的总和。前者是从学习者成长的角度，后者是从对学习者产生影响的角度所进行的阐释。但是两个定义都失之于宽泛，无法把教育活动与其他社会活动的本质区别开来。因为人是任何社会活动中的主体，在任何活动中都可能"获得知识或见解"，得到成长，也就是说任何社会活动都可能对人产生影响。但我们却不能因此把任何活动都称之为教育活动，不然，"教育"与"社会活动"就成了同义语。此外，这两个定义都站在学习者的立场上来谈教育，而不是对教育活动本身下定义。但是，我们尚能从中得到两点启发：一是教育总是与人的成长相关；二是能对人成长产生作用的不只是教育活动，可以说，人所参与的一切活动都可能产生教育的效果。因此，我们要区别"教育活动"与可能产生"教育影响"的其他活动，不能以"影响"和"结果"为准，不能只从学习者着眼，而要从活动的对象和目标着眼。

因此，正确理解教育的含义需要把握以下两点。

第一，教育作为一种社会活动以人为直接对象。教育活动是有意识的以人为直接对象的社会活动，它不同于其他以物或以精神产品的生产为直接对象的社会生产活动，如社会物质生产活动和精神生产活动。教育的基本着眼点是人，是人的发展，人是教育的出发点。这里的"人"应该是包括各个年龄阶段的人，即所有的人。这里的"人"，不只是局限于智力、身体正常的人，而是指各种各样和各种情况的人，尤其是在学习化社会背景下，每个人都有受教育的权利和机会，满足所有人的基本学习需要是现代教育的使命。

第二，教育以影响人的身心发展为目标。教育与其他有意识的以人为直接对象的活动还有区别，教育是以对人的身心的发展产生影响为直接目标的。教育对人发展的影响是全面的、整体的，既包括身体的发展，又包括心理的发展。教育活动和以保护人的身心健康、抵御疾病对人的身心危害为直接目标的医疗活动，以及以满足人的各种需要为直接目标的社会服务活动是不一样的。

因此，教育的比较准确的定义是：教育是有意识的以影响人的身心发展为直接目标的社会活动。① 这里的影响包含正反两方面的意思，有积极的影响，也可能有消极的影响。但只要是一种有意识的以影响人的身心发展为直接目标的社会活动都是教育活动。这种对教育的定义是一种广义定义，与此相对的还有狭义的教育，那就是学校教育。

二、学校教育的特殊性

从广义教育与狭义教育的区分中，我们可以看出教育活动可分为两大类：学校教育与非学校教育。两者的联系方式构成教育系统的总体结构形式。在终身教育的体系中，按空间分类一般可分为家庭教育、学校教育和社会教育。家庭教育和社会教育就归为非学校教育。长期以来，人们期望通过提供越来越多的学校教育，使这个世界变得更加美好。可是迄今为止，这种努力并没有取得预期的成果。人们渐渐开始懂得，驱使所有儿童去爬那没有尽头的教育阶梯，这非但无助于公平，反而会偏袒那些启蒙较早、条件原本就很好的人。知识在这里被看成了一种商品，成包批发出售，一旦谁购买获得后，便被视作私有财产，并且总是那么稀缺。以至于1971年美籍奥裔学者伊里奇(Illich)提出"非学校化社会"，废止学校。虽然有些偏激，但他确实指出了我们学校教育的弊端。人们所设想的未来教育将是一个为整个社会，而不只是为少数人设计的。按照学习化社会的要求，不仅学校承担教育职责，而且社会上的非教育机构也将承担教育职责。社会应该为越来越多的人提供越来越充分的学习机会，使教育、学习成为个人终身的事情。

学校教育与其他教育比较起来，其最主要的区别有两个方面：第一，学校教育是目的性、系统性、组织性最强的活动，因此也是可控性最强的。不仅各级学校内部是这样，各级学校之间的关系也体现了这个特征。第二，学校教育是有专门的机构和专职人员承担的，学校的任务是培养人，这些人是取得了入学资格的，同时，教师也必须是获得了教师资格证书后才能从教的。因此，学校教育(即狭义教育)可定义如下：学校教育是由专职人员和专门机构承担的有目的、有系统、有组织的，以影响入学者的身心发展为直接目标的社会活动。

① 叶澜：《教育概论》，北京：人民教育出版社，1999年，第8页。

专栏 2-1

美国分析教育哲学家谢弗勒(I. Scheffler)在《教育的语言》(*the Language of Education*)一书中探讨了三种定义的方式，即“规定性定义”(the Stipulative Definition)、“描述性定义”(the Descriptive Definition)和“纲领性定义”(the Programmatic Definition)。所谓规定性定义即作者自己所创制的定义，其内涵在作者的某种话语情境中始终是同一的。也就是说，不管其他人是如何定义某个词的，我就是这么定义的，并且我将始终在我定义的意义上来使用这个词。所谓描述性定义是指对被定义对象的适当描述或对如何使用定义对象的适当说明。所谓纲领性定义是一种有关定义对象应该是什么的界定。谢弗勒有关定义方式的区分为我们研究纷繁多样的教育定义提供了一个逻辑的视角。但事实上，任何一个“教育”的定义往往同时具备“规定性”“描述性”“纲领性”，凸显了“教育”定义的复杂性和歧义性。

资料来源：瞿葆奎主编：《教育学文集·教育与教育学》，北京：人民出版社，1993年，第31—37页。

三、教育的基本要素

所谓要素是指构成活动必不可少的、最基本的因素，它并不把所有的因素都包含在内。广义的教育包含着许多不同类型的教育活动，尽管这些活动都各不相同，但都有一个宗旨，那就是它以影响人的身心发展为直接目标，因此都具有共同的基本要素：教育者、学习者和教育影响。

(一)教育者与学习者

凡是在教育活动中承担教的责任和施加教育影响的人都是教育者。这是教育者的广义上的解释。例如，家庭是一个人受教育的重要场所，父母是孩子的启蒙老师；工厂或企业中的师傅以及起到教育作用的其他人员都是教育者。教育活动与社会生活中人们之间的自发影响不同。社会生活中的自发影响，对个体的发展虽然也具有一定的作用，但它不以教育人为目的。前面我们讲过，教育是教育者引起、维持及促进学生学习的所有行为活动，是一种以培养人为目的的活动，目的性是教育活动的一个重要特征。离开了教育者及其有目的的活动，也就不存在教育活动。自学校教育产生以后，教育者主要是指具有一定资格的专职教师和相对固定的兼职教师，这就是狭义上的教育者。教育者是构成教育活动的一个基本要素。

在教育过程中，学习者不等于受教育者，也不等于学生。“学习者”肯定了受教育者在教育活动中的主体地位，使受教育者从被动地位转为主动。“受教育者”这种说法，会将教育对象看成比较被动的存在，看成纯粹“接受教育者教育”或“被教育者教育”的人。“学习者”能概括多种教育对象，而且目的是要突出受教育者的主体性和主动性。学习是一种高度个性化的活动。从一定意义上说，对学习者个性的把握程度，影响着教学有效性的大小与教学所能达到的境界的高低。

教育活动是使学习者将一定的外在教育内容和活动方式内化为他自己智慧、才能、思想、观点和品质的过程，如果没有学习者的积极参与，没有其主观能动性的发挥，教育活动就难以获得好的效果。因此，随着学习者的知识和能力的增长，学习者的主观能动性在教育活动中表现得更为明显，他们可以在越来越大的程度上主动地自觉地吸取知识和进行品德修养。广义的学习者，几乎人人皆是。在狭义的学校教育中，学习者就是指学生。

那么，教育者与学习者在教育活动中的关系是怎样的呢?

1. 教育者与学习者的地位有一定的相对性

一般来说，在身心发展各方面，或者某些方面，甚至某一方面水平较高的一方，就有可能成为教育者。在学校教育中，学生从总体上相对教师来说是受教育者，但是每一个学生都有可能在某些方面超出教师。所谓青出于蓝而胜于蓝，弟子不必不如师就是这个道理。虽然古人云：“一物不知，儒者之耻。”但在现代社会，尤其是信息化时代到来之际，大众传媒和网络的普及，教师不如学生的方面更有可能扩大，这就意味着教师也要向学生学习，这是现代意义上的“教学相长”。

2. 教育者与学习者是教育活动中的复合主体

教育是由教与学组成的双边交互活动。从教育者教的角度看，教育者是教育活动的主体，学习者是接受教育、被教育者认识和塑造的对象，是教育活动的客体。如果从学习者学的角度看，教育者是学习者认识的对象和从事学习的条件。在教育过程中，只有在学习者接受了教育者的要求，并付出努力后，教育要求才能转化为学习者的发展现实。同时，学习者的学习状况与结果，也对教育者的教起部分调节作用。因此，教育者与学习者的地位不能只有一个主体，关键是看相对于什么来谈主体与客体，参照物变了，主体的地位也会变。教育者和学习者尽管承担的任务不同，但都是教育活动的承担者，都处于主体地位，他们共同的客体是教育内容。但他们是复合主体，而不是平行的双主体。①

因此，教育者必须启发、引导学习者以学习主体或学习主人的身份积极主动地学习。只有学习者把外部要求转化为自己的学习成长需求时，真正做出自己的选择时，才能真正成为自己学习的主人。

（二）教育影响

教育影响是置于教育者与学习者之间的一切“中介”的总和。它包括作用于学习者的影响以及运用这种影响的活动方式和方法。教育影响是教育活动中教育者作用于学习者的全部信息，既包括了信息的内容，也包括了信息选择、传递和反馈的形式，是形式与内容的统一。教育影响又可分解为教育媒体、教育内容、教育手段、教育活动方式方法和教育环境五种成分。其中的每一部分都能影响整个教育的效果。教育影响是经过教育者的主观选择的，教育者会选择那些有利于学习者成长和发展的条件或因素，因此教育影响往往具有较高的社会价值和教育价值。教育影响也就构成了教育结构中一个独立的因素。

（三）学校教育诸要素之间的关系

1. 教育者是教育影响和学习者之间的中介

在教育过程中，教育内容是教学过程的客体因素，但以外在的文字或音像形态储存在教育内容中的知识不会自动流向学习者，而学习者在一定的学习阶段又不能完全有效、独立地去获取相应的知识。于是，教育内容和学习者之间就产生了一段传递上的差距。教育者的中介作用就在于充当联结两者的中间环节来调节他们之间的关系，缩小他们之间的距离，使他们在矛盾中达到统一。教师这种在两端之间“亦此亦彼”的中介作用缩小了教育内容与学习者之间的距离，使教育内容有可能通过教育者这一中介过渡到学习者那里去；而学习者又可能通过教育者的中介去同教材进行有目的、有方向的接触。在教育过程中，学习者和教育内容的矛盾是人与物、主体与客体的矛盾，同时也是教学过程的主要矛盾，教育者在这一矛盾的解决中起着主导作用，是使学习者和教育内容有机联系起来的中介力量。

2. 教育影响是教育者对学习者施加影响的桥梁

教育者对学习者的作用是以教育影响为中介的。教育者只有通过教育影响才能把自己的目的、意志和转化的知识信息传递给学习者。也就是说，在教育过程中，教育者通过对教育影响的直接掌握、控制和调节来间接地控制和调节学习者的发展。在教育者有目的的活动中，使得教

① 叶澜：《教育概论》，北京：人民教育出版社，1999年，第13页。

育影响和学习者各自按照自身的特性相互作用，发生所需要的某种变化。

教育内容是教育活动中教育者与学习者共同认识、掌握、运用的对象，是教育活动中的纯客体。它是教育过程中传递信息的主要组成部分，但不是全部。不难理解，没有教育内容，教育活动同样不能进行。教育内容的组成十分广泛，教育内容并不等于学校的课程所包含的内容，更不等于教材，教育内容的内涵和外延都要大于课程。教育者的言谈举止、学校的文化氛围、班集体的精神风貌等都可以成为教育内容，当然，学校的课程设置在教育内容中占有很重的分量。

另外，教育物资是教育影响的重要部分之一。教育物资是指进入教育过程的各种物质资源。根据这些资源在教育中的不同作用，可以分为教育的活动场所与设施、教育媒体以及教育辅助手段三大类。这是教育活动中物的要素。教育的活动场所与设施在学校中主要指校舍、教室、操场、实验室、校办工厂、农场等的数量与内部的设备装置。与其他社会活动中的场所与设施相比，学校活动场所与设施的特殊性在于：它不仅反映了一个国家的经济、技术发展水平，反映了国家或人民、民族对教育的重视程度，而且反映了教育作为特殊的社会活动的专门化程度和一定的教育观，在某种意义上，可以说是一定教育观的物质体现。就拿学校建筑物的结构来说，在以班级授课制作为教学的基本形式的观点支配下，学校的空间分配以教室为主，这些教室集中、固定、整齐，规划得如兵营一般，室外操场等学生活动场地很小。在教室内部，学生的桌椅固定且面向讲台与黑板，是一个不可分割的空间，完全适合教师讲与学生听。但是，如果，在强调教学过程中学生积极活动和户外活动重要性的教育思想指导下，学校建筑的总体结构与教室的内部设施将是另一番景象：户外活动的空间增大，且与教室、实验室、图书馆、礼堂等分别组合，在总体上呈现分散、灵活、多样等特点，犹如簇簇花丛的形式。在室内，随着功用的不同，设施、包括墙壁的颜色也各不相同，即使是教室，桌椅可能不再固定，可按教学活动的需要排成不同的图形；此外，还可设活动墙壁，在需要时把一个教室分割成几个独立的小空间，供学生开展小组活动而又互不干扰。

教育者要把自己所掌握的前人的科学知识转化为符合学习者认识能力的知识，必须借助和运用教育影响这一强有力的中介。教育影响作为教育者所使用的手段，它必然蕴含着他的目的、意愿和个体特有的方式。教育影响作为作用于学习者的一种现实力量，要引起学习者的预期变化，它又必须服从学习者认识发展过程的客观规律。教育影响应是教育者主观目的和学习者客观发展规律的结合和统一。只有这样，它才能成为一种中介，连接教育者和学习者，使学习者在服从客观规律的前提下，又沿着教育者的意志所规定的方向发生变化。

3. 学习者是教育者选择和使用教育影响的依据

在学校教育中，教育者的教育对象是学生，学生的任务不是单纯接受，而是创造。因此，教育者在选择和使用教育影响时要依据学生身心发展的规律及学生的个性特点。例如，学校教育内容被教师和学生共同利用，在学校教育活动中，虽然教育内容是教师已掌握的知识，但他还必须从教的角度，即从如何使学生掌握、运用教育内容的角度来考虑，以真正实现教育目的。学生对教育内容是未知的或知之不多、知之不系统的。他对教育内容的掌握是为了认识世界、促进自己的成长。因此，学校教育内容的组成与结构必须顾及教与学两方面的可能与需要。

教育者作为一种外部影响是不会自动地转化为教育效果的，教育影响也不能简单地授予、移植到他人身上，它必须以学习者自身的活动作为中介，才能使外部影响纳入学习者的主观世界中去。教育过程不仅包括了教育者的活动，也包括了学习者的活动，包括了学习者对外部世界有目的的作用、改造的过程。从这个意义上说，学习者受教育过程不单纯是一个由外向内的传导过程，也是一个由内向外的主动作用过程。因此，教育者的活动一定要与学习者的主体活动相联系，教育者的活动目的一定要转化为学习者的活动目的，教育者所施加的影响一定要成为学习者活动的手段和对象，这样教育影响才会起作用。教育者是无法超越、脱离学习者自身的活动而为所欲为的，教育者在选择使用教育影响时，必须以学习者为中介和依据。

可见，教育者、教育影响和学习者之间相互影响、相互作用。教学过程就是在教育者、教育影响、学习者三者互相对立、互为中介中运动和发展的。我们在认识教育时，除了考虑构成要素外，还要注意关于他们的关系的探讨。教育过程中的某一成分，从效能上讲都不能单独出现、单独作用。我们不能从某一方面去说明其意义，不能从某一因素上去论证独立作用。只有把相关部分连接起来，才能看到每个因素在整体中的功能。

专栏 2-2

我还要回来

作为一名小学老师，整天面对吵吵嚷嚷的学生，日复一日，年复一年，渐渐地，我原来的那点耐心耐性早已被磨得差不多了。对于学生的各种告状、申诉，有时不耐烦听下去，往往武断裁决，一通训斥。

学生被一顿数落或一阵猛批后，有的惶恐，有的垂头丧气，有的则满腹委屈。慢慢地，学生与我疏远了，有时学生想与我说话，但是欲言又止，我走近学生，他们也不向我靠近，与我不冷不热。我感到学生与我逐渐疏远了。问题出在哪？一天，当我读到一个故事，被深深打动，由此也改变了我。

美国著名主持人林克莱特在一次电视直播现场访问一名年仅六岁的小朋友："你长大后想干什么呀？"

小朋友天真地回答："我要当飞机驾驶员！"

林克莱特接着问："如果有一天，你驾驶的飞机飞到太平洋上空时，所有的引擎都熄火了，你会怎么办？"

小朋友想了想说："我会先告诉坐在飞机上的人绑好安全带，坐好别动，然后我挂上我的降落伞跳出去。"

当在场的观众笑得东倒西歪时，林克莱特继续注视这孩子，想看看他是不是自作聪明的家伙。没想到，接着孩子的两行热泪夺眶而出，这才使得林克莱特发觉这孩子的悲悯之情远非笔墨所能形容。

于是，林克莱特问他说："为什么要这么做？"

小孩的答案透露出一个孩子真挚的想法："我要去拿燃料，我还要回来！"

演播大厅里的笑声戛然而止。人们不知道此时该说些什么，空气仿佛凝固了，瞬间爆发出长久而热烈的掌声。

林克莱特抱起这位小朋友，深情地吻了一下他那淌满泪水的脸说："你是一个英雄。"

老师在处理学生的问题时，一定要让学生把话说完。俗话说："打鼓听落音，听话听下音。"成人的思维代替不了学生的想法，成人的眼光代替不了学生的心声。我们要多些耐心、爱心，尊重学生的发言权，让学生把想法、诉求、原委表达清楚，让学生把心声吐露完。有时师生之间很可能会演绎一场心灵的对话，成为改变学生一生的转折点。

资料来源：刘忠刚，李永玲：《山东少先队》，2014 年第 6 期。

四、教育的本质及其属性

本质是事物本身所固有的，决定事物性质、面貌和发展的根本属性。它是事物的比较深刻的、一贯的和稳定的特征，是决定一个事物是此事物而不是彼事物的质的规定性。对教育本质的认识是经历了很久的讨论之后才日益清晰的。柏拉图指出，教育是“心灵的转向”。著名哲学家雅斯贝尔斯在他的《什么是教育》中写道：“教育的本质意味着：一棵树摇动一棵树，一朵云推动一朵云，一个灵魂唤醒一个灵魂。”现代关于教育本质的研究着重于厘清教育与人的关系问题。教育从它诞生开始，就肩负着培养人和发展人的职能。教育是培养人的行为，它的核心是人，它的主体是人。教育离开人就不能成为教育。

(一)教育的本质

人们对现代教育本质进行了各种探索，提出了各种各样的观点。

“上层建筑说”认为，教育属于上层建筑。上层建筑建立在经济基础之上，并作用于经济基础，为经济基础服务。教育与生产关系的联系是直接的，无条件的，生产力对教育的影响是以生产关系为中介的。教育是社会的上层建筑，是通过培养人为政治经济服务的一种社会上层建筑。

“生产力说”认为，教育也是一种生产劳动，教育就是生产力。生产力是人类改造物质世界的能力，是人们生产物质产品的能力，它反映了人与自然的关系。教育能够再生产劳动力。教育事业的发展规模、速度、教学内容、方法和手段等都将受到生产力的制约。教育有受生产关系决定的一面，但一切生产关系和上层建筑归根结底都由生产力决定，科学技术是第一生产力，而教育又是科学技术得以传播的主要途径，因而教育是生产力。教育还具有传递生产劳动经验的职能，它把潜在的劳动力转变成了直接的劳动力。

“双重属性说”认为，教育本来具有上层建筑和生产力的双重性质，既不能简单地把它归之于生产力，也不能完全归之于上层建筑，它同时具有双重属性。但持这种观点的人也有内部的不一致，主要有如下几种说法：教育一部分属于上层建筑，一部分属于生产力，但整个说来，不能说教育就是上层建筑；教育一部分属于上层建筑，一部分属于生产力，但主要属于生产力；教育一部分属于上层建筑，一部分属于生产力，但主要属于上层建筑；教育既属于上层建筑，又属于生产力。

那么到底如何理解教育的本质？或者说教育的本质到底是什么？

教育在本质上说，是一种培养人的社会活动。这一表述充分体现了教育本质的内在性、普遍性、稳定性和独特性的特点。首先，“培养人”这一教育的本质特征，是所有教育现象所独有的，不因时间、地点、教育的种类和认识主体的不同而变化；其次，教育是一种把自然人转化为社会人的过程，为一切人和社会所必需，为人类社会所特有，其他动物界的本能性活动不是教育活动；再次，教育活动具有明确的目的性，这一目的既要体现社会的要求，又要促进人的社会发展，通过教育要解决受教育者个体与社会要求之间的矛盾，促进社会个性化和个体社会化；最后，教育的阶级性只有在阶级社会才存在，教育不会因为阶级的产生而产生，也不会因为阶级的消亡而消亡，因此，阶级性不是教育的本质属性。

（二）教育的属性

教育作为一种社会现象，是社会的一个组成部分，和其他社会现象相比有自己的本质属性。教育的属性是在教育本质上对“什么是教育”的进一步认识，是对教育本质是什么的进一步阐述，认识教育的属性是为了更好地把握教育的本质。

1. 教育的永恒性

这是从教育存在的时间而认识的教育特征，即只要人类存在，教育就会永远存在。教育随着人类社会的产生而产生、发展而发展，与人类社会共始终，是人类所特有的社会现象，是一个永恒的范畴。任何社会都不能没有教育，如果社会没有了教育这个传递经验的手段和活动，那么社会也就停滞了，不可能继续发展。教育在任何社会都要承担传授生产知识、技能和经验的任务，使年青一代适应现存生产力的需要；同时，也要承担传递社会的思想意识、风俗习惯和行为规范的任务，使年轻一代适应现存生产关系的需要。正是因为教育具有这两大社会职能，在这个意义上说，它是社会普遍的、永恒的现象，具有永恒性。

2. 教育的历史性

这是从教育的发展历史过程而认识的教育属性。教育是一种历史现象，在不同的社会或同一社会的不同历史阶段，教育的性质、目的、内容等各不相同。教育的历史性集中表现在其时代性和阶级性两个方面。教育的时代性主要是指教育的发展受不同时代社会生产力发展水平的制约。不同时代有不同的教育，不同时代的教育又有不同的特点，同一时代的教育，无论其社会性质是什么，都会有某些共同的时代特征。教育的阶级性是阶级社会里教育的属性之一。当社会进入阶级社会以后，教育反映出明显的阶级性，成为统治阶级进行统治的工具。教育的阶级性主要是指把受教育者培养成为哪个阶级的接班人，即教育为谁服务的问题。教育的阶级性是由一定社会占统治地位的阶级所决定的，集中地体现为教育的社会性质。在阶级社会中，学校教育的控制权属于一定的统治阶级，统治阶级为了使教育为自己的统治服务，总会把自己的利益、愿望、要求反映到教育上。当社会政治经济发生了变化或者新的统治阶级代替了旧的统治阶级，教育也要进行相应的变化。教育会随着社会的发展而发展，具有历史性。

3. 教育的生产性

教育的生产性是指教育从来就是生产性活动，它是关于人类智能与人类文化的再生产活动，这表现在两个方面：一是把人类智能内化为受教育者的智能，使受教育者由生物实体转化为社会实体，成为社会所需要的人；二是在教育过程中传递、传播、发展、交流、创新与整合文化，实现人类文化的再生产。因此，那种把教育视为消费性活动的认识，是由于对教育功能的认识不足所致。

4. 教育的继承性

教育的继承性是指不同历史时期的教育都前后相继，后一时期教育是对前一时期教育的继承与发展。教育的继承性既表现在一部分教育内容如自然科学知识、语言文字知识等成为各个时期教育的共同内容，又表现在符合儿童、青少年认识规律的教学原则、方法和组织形式等的继承性上，如古代教育家提出的“教学相长”“启发式教学”“循序渐进”以及后来创立的“讲授法”“班级授课制”等，仍被现代教育理论所沿用。任何时期的教育都是对先前的教育的继承和发展。

5. 教育的长期性

教育的长期性是指无论从一个具体教育活动的完成，还是一个个体的教育成长来看，其时间周期都比较长。教育的长期性也表现为其具有超前性和迟效性。“冰冻三尺，非一日之寒。”这说明我们的教育不能忽视日常生活中一点一滴的教育做法，教育的成效是需要教育者关注并反思每天的教育做法是否是正确的，是否是有利于儿童的成长的。另外，教育的长期性决定了我们的教育活动必须立足长远，关注每一个孩子的可持续性发展。

6. 教育的民族性

教育的民族性指教育都是在具体的民族或国家中进行的，无论是在思想上还是在制度上，无论是在内容上还是在方法手段上，都有其民族性的特征。正是教育的民族性才使得我们的教育表现出丰富多样性。当然，教育的民族性在保存、延续本民族文化的同时，也存在阻抑外来先进文化的吸收问题。因此，教育在保持其民族性的同时，如何走向世界，实现教育的民族性与世界性的统一，做到“他山之石”为我所用，是任何时期特别是现代教育必须正确处理的问题。

7. 教育的相对独立性

教育作为一种社会因素和阶级斗争的工具，同其他社会因素有着一些共同的特点和规律性。但教育又具有不同于其他社会因素的特点，表现出自身的相对独立性。教育的相对独立性是指教育在一定范围内、一定程度上具有独立于政治、经济等其他社会现象的性质。教育虽然自身要受特定历史时期的生产力与生产关系、政治经济制度和法律道德的制约；但教育又表现出一定的独立性，体现出教育自身的规律性，特别是在关于客观事物的教育内容、教育的方法手段、教学过程的认识规律等方面，教育具有相当大的独立性。此外，教育的相对独立性还表现在特定的教育形态不一定与其当时的社会形态保持一致，它会存在教育超前或滞后的现象，特别在社会发生重大变革时期更是如此。

五、教育的功能及其类型

教育功能是教育学研究的一个基本理论问题，它同教育本质、教育价值、教育目的、教育结构等有着密切的联系。了解教育功能，有助于人们正确地看待教育在人的成长以及社会发展中的作用，也有助于在教育工作中有效地改进和发挥教育的作用。

(一)教育功能的含义

教育功能是指教育对人与社会所产生的作用和影响，它由教育的本质和结构决定，体现的是"教育能做什么"的问题。教育功能是教育本身所固有的，它不以人们的意志为转移，因而具有客观性。教育功能表明教育对其他事物有一定的作用和影响，但具体对其他事物产生什么样的作用和影响，是积极的还是消极的，取决于教育与其他事物的相互联系方式，取决于我们如何去开展教育。教育具有正功能(积极功能)与负功能(消极功能)之分。

教育功能又不同于教育职能。教育职能是指教育应该实现的任务和作用，强调教育的职责，它是从社会期待出发，由主观愿望确定的，具有主观性。

(二)教育功能的分类

教育有多层次、多方面、多样化的功能，各种功能之间相互联系、相互依存，共同作用于人和社会。从教育功能的性质和基本层次两个角度，可以将其分为教育的正功能与负功能、教育的本体功能与社会功能。

1. 教育的正功能与负功能

教育对个人和社会发展的促进作用要建立在一个基本的前提下，这就是教育要适应并促进人的发展和社会发展的规律。按照教育功能的性质来划分，以对人和社会产生正面、积极的作用和影响的是正功能，反之则为负功能。

教育的育人功能、经济功能、政治功能、文化功能等往往是指教育的正面的、积极的功能，然而在实施教育的过程中必须充分遵循社会发展和人的发展的客观规律，正确发挥教育自身的能动作用，否则就不能使教育的正向功能真正实现。

教育的负功能是由于教育与经济、社会发展不适应，教育者的价值观念与思维方式不正确，教育管理体制不完善，教育内部结构不合理以及教育实施过程中内容、方法与手段不科学等因素，而导致教育不同程度地对人和社会的发展产生阻碍作用。教育负功能的产生原因复杂，表现形式多样，往往难以预料，因此教育实践中，教育者应该努力分析教育实施过程中可能出现的潜在负面影响，增强预见性，努力消除或减少负功能的产生。

2. 教育的本体功能与社会功能

教育的本体功能是指教育对人的发展功能，也就是对个体身心发展产生作用和影响的能力，这是教育的本质体现。教育的社会功能指教育对社会发展的影响和作用，特别是指对社会政治、经济、科技与文化等方面产生作用和影响的能力。

教育的本体功能是教育功能的第一层次，教育的社会功能是由本体功能派生出来的。培养人是教育的出发点，也是教育区别于其他社会活动的本质所在。教育对人的作用是教育对社会起作用的基础和前提，教育对社会的作用和影响只能通过培养人才能实现，因而教育对于社会的功能也就只能通过对人的功能来实现，没有教育的本体功能就没有教育的社会功能。

教育对人的发展之所以产生作用和影响，是因为文化对人的发展具有巨大的作用和价值。教育是以文化为中介对人的发展产生影响的，是社会遗传的文化机制。教育功能存在的深层原因在于教育能够对文化产生作用，如果说教育的社会功能的产生依赖于教育对人的发展的功能即本体功能的发挥的话，那么教育的本体功能则是基于教育对文化作用的结果和文化对人的作用的结果而实现的。

专栏 2-3

美国社会学家默顿提出了功能的两个分析维度：一是依据客观结果上的正向和负向，把功能分为正功能、负功能、零功能；二是以功能呈现的形式是否符合社会成员的主观意向，将功能又分为显性功能和隐性功能。

日本学者柴野昌山把默顿的上述两个维度引入教育功能的研究，提出了关于教育功能的理论分析框架。在这一框架中，教育功能被分为四类，即 A——正向显性功能；B——正向隐性功能；C——负向显性功能；D——负向隐性功能。

柴野昌山对四种教育功能分别予以举例说明。例如，考试作为教师评价学习结果、强化学生学习欲望的工具来说具有正向显性功能(A)；但若教师仅凭考试成绩来评价学生，便会导致学生产生书呆子型成就中心的偏向，这是考试的负向隐性功能(D)；又如，学校中的表扬制度以及晨会之类的仪式性活动的本来目的只在于帮助学生区分正误，但也可能会产生增强学生对学校的归属意识、促进整体整合等预料之外的副产品，这些副产品便是正向隐性功能(B)；至于负向的显性功能(C)，学校教育作为一种价值追求，一开始就竭力避免，但由于学生群体的反学校、反教师的亚文化而导致的各种不良行为或越轨行为则属于负向功能。

资料来源：摘编自吴康宁：《教育的社会功能诸论述评》，《华中师范大学学报》(哲社版)，1996年第3期。

第二节　教育的产生与发展

教育是人类社会特有的社会现象，它是随着人类社会的不断发展而产生、发展起来的，是新生一代成长、发展与社会生活得以继承、延续所不可缺少的手段之一。在不同的社会历史阶段中，由于生产力发展的水平不同，生产关系和社会政治制度的不同，教育也就具有不同的性质和特点。

一、教育的起源

教育起源问题是教育学研究的一个重要课题。它所要研究的，不是教育现象、教育活动何时起源，而是教育起源的基本动力为何。因此，它主要不是一个史实问题，而是一个思辨问题。对此历有争论，存在不同观点。

(一)生物学起源说

这是法国学者利托尔诺提出的。他认为教育在人类社会出现以前就已经产生了，并力图在动物甚至昆虫中寻找教育的起源，如大蜜蜂教小蜜蜂采蜜。在他看来，教育在人类社会中只是不断地演进，获得了某些特征。沛西·能在1923年不列颠协会教育科学组大会上以《人民的教育》为题说，“教育从它的起源来说，是一个生物学的过程。”“生物的冲动是教育的主要动力。”这种观点是把人类教育的起源归结为动物的本能行为，归结为天生的生物行为，认为教育是一种普遍存在的生物现象而非一种特殊的社会现象。

教育的生物起源说是教育学史上第一个正式提出的有关教育起源的学说，也是较早地把教育起源问题作为一个学术问题提出来的。它以达尔文生物进化论为指导。它的提出有一定的经验基础，是一大进步，标志着在教育起源问题上开始转向科学解释。它的根本错误在于没有把握人类教育的目的性和社会性，从而没能区分出人类教育行为与动物类教育行为之间质的差别，仅从外在行为的角度而没有从内在目的的角度来论述教育的起源问题，从而把教育的起源问题生物学化，否认了人与动物的差别，否认了教育的社会性。

(二)心理学起源说

教育的心理起源说在学术界被认为是对教育的生物起源说的批判，其代表人物是美国教育家孟禄。他认为生物学的教育起源论没能揭示出人的心理与动物心理的区别。他根据原始社会的教育普遍采用的方法是简单的、无意识的模仿，断定儿童对成人的模仿是教育的基础。表面上来看，这种观点不同于生物起源说，但仔细考虑，却类似于生物起源的观点。因为，如果教育起源于原始社会中儿童对成人行为的“无意识模仿”的话，那么这种“无意识”模仿就肯定不是获得性的，而是遗传的，是先天的而不是后天的。只不过这种本能是人类的类本能，而不是动物的类本能，这是孟禄比利托尔诺和沛西·能进步的地方。可是，这种人类的类本能与动物的类本能的界线又在哪儿呢？孟禄没有回答。

当然，作为一种心理现象和一种学习方式，模仿不失为教育的途径之一。由此可见，教育心理起源论有一定的可取之处。但是，这种观点把全部教育归结为无意识状态下产生的模仿行为，从而把有意识的和在意识支配下产生的目的性行为排除在教育之外，这就走向极端了。

(三)劳动起源说

这是苏联和我国的一些学者提出的观点。他们根据马克思主义经典作家提出的“劳动创造了人本身”的论断，推导出“教育起源于劳动”的论点。他们认为，教育从人类生产生活资料和生产资料的时候就开始了。人为了自身的生存和延续，必须把生产经验和技能在劳动中传递给新生一代，而教育就是基于生产的需求、基于人类生存的需要而产生的。而且原始社会的劳动是一种群体性的劳动，在劳动过程中，人们必须遵循上一代人长期积累下来的关于劳动协作和用以维护集体利益的一些基本要求，这些社会的规范和要求不是人天生就能意识到的，也需要上一代对下一代加以传递和指导，这就是最基本的教育产生的需要。也就是说，教育是适应人们在生产劳动过程中传递生产经验和社会生活经验的实际需要而产生的。劳动是人类社会存在和发展的第一个基本条件，所以，教育也是在劳动过程中产生和发展的。

这种观点认识到了推动人类教育起源的直接动因是劳动过程中人们传递生产经验和生活经验的实际社会需要，它克服了教育生物起源论和心理起源论在教育社会属性上的缺陷，承认“人只有通过教育才能成为一个人，人是教育的产物”的观点，看到了社会性是教育起源的关键问题。

(四)交往起源说

按照历史唯物主义原理出发进行演绎推理，教育起源于人类的生产劳动。生产劳动是教育产生的直接必要条件，它是人类社会形成并赖以生存和发展的基础。但是，人类社会的生产劳动并不是孤立、先行于其他社会活动的。教育与劳动同属人类生存所必需的实践活动，两者不存在主从关系。人类在积累生产经验的同时也积累着生活经验，而这些经验都需要通过教育来传递。其实对于每个人来说，个人首先学习的是生活而不是生产，因此，教育应该产生于原始社会整个社会活动的需要。它既包括原始社会作为整体的生存、延续和发展的需要，也包括作为社会成员的每个个体生命的生存、延续和发展的需要。①

交往总是由双方组成，交往总是包含着内容，而且交往也需要有一定的媒体，因此，即使在原始社会中，人与人之间的交往也已经具备了教育所必需的基本要素。交往活动包含着教育的基本要素。一旦交往的作用被人类意识到，并将此转化为以影响新生一代生长为直接目的的特殊活动，交往活动的一方就转化为施教者，另一方则转化为受教者。当这类特殊交往逐渐形成较为固定的内容和较为固定的教学关系时，教育活动也就产生了。可见，人类教育活动起源于交往，在一定意义上，教育是人类一种特殊的交往活动。

二、教育的发展

教育随着人类社会的产生而产生，发展而发展；不同的历史阶段，由于人的生产能力不同，经济发展状况和政治制度性质不同，教育也表现出不同的性质和特点。教育在漫长的演进过程中，大致经历了原始社会的教育、古代社会的教育、近代社会的教育、现代社会的教育四个阶段。

(一)原始社会的教育形态

原始社会的教育，自人类产生至原始社会末期大致经历了上百万年。那时，社会生产力极端低下，人们茹毛饮血，钻燧取火，虽终生劳作，

① 叶澜：《教育概论》，北京：人民教育出版社，1999年，第40页。

也仅仅勉强维持最低生活需要，基本没有剩余产品。加上猛兽、异族的侵害，人们不得不团结起来过群居的生活，共同生活，共同劳动，共享生产资料和劳动成果，人与人之间相互平等，没有剥削也没有阶级。与此相适应，原始社会的教育呈现如下特点。

1. 非独立性

教育的非独立性是指教育完全融合在社会的生产劳动和生活中。原始社会生产力水平很低，需人人劳动，他们不得不过一种原始共产主义式的生活，集体劳动、集体分配食物。青少年、儿童跟随有经验的长者共同劳动，同时学习各种生产、生活经验。原始社会没有专门的教育机构和教育场所，也没有专职的教师，只是由有经验的长者带领年青一代一起生活、劳动，在此过程中传授、学习有关知识，如怎样制造使用工具，怎样采集、捕猎、种植，怎样衣食住行，怎样举行宗教仪式，等等。通过观察、传习、模仿，年青一代逐渐学会各种生产、生活技能，遵守各种道德规范和风俗习惯，最终成为合格的社会成员。人们实施教育的自觉程度很低，可以说，在原始社会人们过什么样的生活就接受什么样的教育，这种存在于物质生产、社会生活中的教育是一种非进取性的适应性的教育。

2. 原始性

教育的原始性体现在教育内容贫乏、教育方法单调、教育水平低。由于原始社会的劳动和社会生活极其简单，加之当时劳动和生活经验难以保存和积累，因而教育内容十分低级、简单。原始社会教育的方法主要是口耳相传、示范模仿。这主要是因为原始社会还没有成熟的文字，教育就是在社会生产和生活中通过"教育者"的言传身教和"受教育者"的听讲、观察模仿和记忆而进行的。因此，原始社会的教育在总体上水平很低。

3. 同一性

在氏族公社里，财产归氏族集体所有，人们共同劳动，共同消费，只有公有观念，没有私有观念，谁要是损人利己，侵犯氏族公共利益，必将受到公众的唾弃和谴责。原始社会生产资料公有，人与人之间关系平等，所有孩子都是为了适应社会生活和集体劳动的需要，为了身心发展的需要，而接受同样的教育，仅在内容要求上有年龄差异、性别差异(如可能会让女孩子学习采集，让男孩子学习打猎等)，这充分体现了原始社会的原始平等性和无阶级性。

(二)古代社会的学校教育形态

当人类使用金属手工工具(青铜器和铁器手工具)进行生产时，人类社会逐渐进入古代文明的奴隶社会和封建社会。这两种社会的学校教育，虽然在目的、内容、制度和组织规模等方面有所不同，但存在着许多相同之处，我们把它们统称为古代的学校教育。

1. 学校教育成为教育的主要形态

据历史记载，中国在四千多年前的夏代就有了学校教育的初步形态。《孟子》里说：夏、商、周“设庠、序、学、校以教之，庠者养也，校者教也，序者射也。夏曰校、殷曰序、周曰庠，学则三代共之，皆所以明人伦。”西周时期，学校教育制度已经比较完备，并形成了以礼乐为中心的文武兼备的六艺教育，即礼、乐、射、御、书、数。同原始社会的教育相比，学校教育具有巨大的优越性。它可以集中反映社会要求，在专职教师的指导下，使用最有效的途径和方法，有步骤有计划地对年青一代集中教育，从而把他们培养成合格的社会成员，大大提高了教育效率。

西方古代教育的特点虽与我国有所不同，但专门学校逐渐成为教育机构的主流，这一基本趋势是相同的。在欧洲，奴隶社会曾出现过斯巴达教育和雅典教育两种著名的教育体系。斯巴达是古希腊最大的农业城邦国家，居于统治地位的斯巴达人为农业贵族，国内阶级斗争异常尖锐，由于斯巴达奴隶主对奴隶残酷的剥削和压迫，激起奴隶经常的反抗和暴动，全体斯巴达人无一例外地被编入军队。这种状况决定了斯巴达教育特别注重军事体育教育。奴隶主的子弟从 7 岁起，一直到 20 岁，都在国家教育场所接受军事体育训练，学习赛跑、跳跃、角牛、骑马、游泳以及投掷和武器使用等，以养成镇压奴隶的残忍性格和善于作战的本领。因此，斯巴达教育的目的是培养效忠国家、镇压奴隶的军人和武士。

雅典是一个商业比较发达的同家，生产水平比斯巴达高，国内斗争也比较复杂，除了奴隶主和奴隶之间的斗争外，还出现了农业贵族和商业贵族之间的斗争。此外，还有农民、小地主和平民之间的斗争。为了使奴隶主的后代适应这种复杂的政治经济生活，巩固奴隶主统治，仅仅进行军事体育教育显然就不够了。因此，雅典教育内容比斯巴达教育内容丰富得多。雅典奴隶主子弟从 7 岁到 18 岁可以到文法学校、弦琴学校和体操学校学习，既受到体操和军事训练，又受到读、写、算、音乐、文学、政治和哲学方面的教育。

我国奴隶社会的教育与欧洲相比，尽管在教育内容、教育手段和方法上有所不同，但其根本性质是一致的，教育都是奴隶主阶级进行统治的工具，都是只有奴隶主阶级的子弟才享有的权利，这适应了奴隶社会政治经济的需要。

2. 教育具有鲜明的阶级性和等级性

阶级的存在决定了教育的阶级性。在古代教育时期，学校被统治阶级及其知识分子所控制，知识被其垄断，教育成了维护剥削阶级利益及其阶级压迫的工具。广大劳动人民被排除在学校教育之外，劳动人民子弟的教育仍然依靠父传子、师带徒的方式进行。因而，教育具有鲜明的阶级性。即使在统治阶级内部，教育也不是完全平等的，仍然具有严格的等级性。古代教育的等级性一直持续到资本主义社会初期，发展成为双轨制。双轨制的存在，表明资本主义教育具有两重性。

3. 教育与生产劳动相分离

学校教育原本建立在脑力劳动与体力劳动分工的基础上，在阶级社会便具有了阶级对立的性质。学校的教育权、受教育权、教育内容和教育方法等为统治阶级培养其子弟成为新的统治人才服务，劳动人民的子女无资格也无能力上学。脑力劳动成为统治阶级的特权，学校教育的主要目的是培养统治人才，只讲"治术"，不讲"技术"，也就是说，教育的象征性功能占主导地位，教育的功用性价值不受重视。能不能受教育和接受什么程度的教育是区别社会地位的象征；经典、教义的教育处于社会较高的地位，习得实用知识的教育处于社会较低的地位。

4. 学校教育制度尚不健全

古代教育学校规模狭小，教学方法主要采用填鸭式灌输，学生呆读死记，盛行严酷体罚，严重压抑了学生的个性发展。教学组织形式主要采用个别教学形式和自学，没有形成正规的班级授课制度，这样就限制了教育规模的扩大和教育质量的稳步提高。除了整个学校教育制度不健全外，在学校内部教育的组织制度也是不健全的，如没有年级和班级之分，教育形式主要是个别教学，学校教育还未充分发展，还处于起始阶段。

古代教育阶段，学校从社会职能中分化出来，成为专门的教育场所。这种分化，一方面，从积极方面说，能够使人类经验的传递速度加快，传播范围大大扩展，从而推动人类社会和科学技术加速发展；另一方面，却使教育完全脱离生产实践，与社会生活也疏远了，教育日益走向蒙昧主义和宗教神秘主义。与原始社会教育的开放性相比，古代社会的教育成了一种封闭式的狭隘系统。

(三)近代资本主义社会与教育

人类社会进入资本主义时期，教育随着政治、经济、文化等方面的发展，以更高的速度发展着。在此，我们重点分析自由资本主义与教育的关系。

1. 学校教育出现双轨制，学校阶级性隐蔽化

资本主义社会中的学校是由资产阶级国家掌握并为资产阶级利益服务的。在学校具有阶级性这一点上，资本主义社会与封建社会、奴隶社

会没有本质的区别。其区别只在于奴隶主阶级毫不隐讳这一点，封建主用鲜明的等级学校保证这一点，资产阶级却用法律上宣称的平等、民主掩盖这一点。在资本主义社会中按血统区分的等级学校取消了，代之而起的以金钱为限制的、保障资产阶级享受教育特权的阶级学校，使学校教育制度出现了双轨制。

从资本主义社会开始的学校教育的双轨制是指在自由资本主义社会学校教育系统中并存着两个学校子系统：一个系统为资产阶级和其他有产阶级服务，这类学校收取昂贵的学费，提供优良的教育设施和师资，一般的劳动者子弟不可能进入，它的顶端是培养统治阶级所需要的各种高级人才的(政治的、经济的、科学的)高等学校。另一个系统是专供劳动人民的子女就业的。此类学校起点是为实现普及义务教育开办的公立学校，终点是中等职业技术学校，目标是培养既掌握一定文化和生产技术的又安分守己、服从统治的劳动者。这两个系统自成体系、互不沟通，就像两条平行的轨道，因此被称为双轨制。在资本主义国家中，英国是最典型的学校教育双轨制的国家，直到1944年新的《教育法》公布以前它还一直保持着这种状态。

双轨制出现在资本主义社会不是偶然的。社会生产力发展和劳动人民的觉醒要求普遍提高人民文化水平，但资产阶级又要维护本阶级在教育上的特权。但是，这与封建社会的统治者对人民采取愚民政策，用宗教、封建伦理道德束缚、麻痹人民的精神意识相比，还是一种进步，它是学校教育对象进一步扩大的表现，它满足了部分劳动人民子弟接受教育的需要，尽管接受的教育质量比较低。所以我们在对双轨制的阶级实质揭露的同时，也应该看到它的历史进步性。

2. 实现了初等义务教育的普及

义务教育是国家通过法律规定每个人必须接受的一定程度的教育。义务教育法最早在德国提出。从1559年起，德国的一些村与城市先后公布了义务教育法。当时热心提倡义务教育的是宗教改革的代表人物。他们主要是从宗教斗争与政治斗争的需要出发的。这给当时的学校教育带来一定的变化，但由于实现义务教育的多种社会条件尚未具备，法令并没有真正实现。《义务教育法》的制定并不意味着义务教育的实现，也不意味着所有的人都享受同样水平的初等教育。资本主义国家义务教育由法律变为现实大约都在19世纪的下半叶至20世纪初。从资本主义制度的普遍确立到义务教育的普及，在资本主义国家先后经历了50～100年时间。

资本主义国家实施义务教育的原因是多样的。首先是因为机器大工业生产要求工人具有初步的文化以便接受一定的技术教育。这无论对于生产力的提高还是管理的成效都有好处。其次，工人阶级的政治斗争也是迫使资产阶级实施义务教育的原因。在资本主义社会的工人运动中，争取受教育的权利一直是斗争的组成部分。同时，资产阶级在教育上做出一定让步，在政治上也并非完全无益。财政资金、科学技术的发展和社会经济实力的增强，为教育的发展提供了物质基础和条件，如印刷业、造纸业的发展为大规模学校教育提供了教科书的便利。最后，教育理论与实践的发展也为普及义务教育做了准备。如果没有班级授课制的理论与实践，就很难实现大规模的学校教育。总之，义务教育是社会发展到一定阶段的必然产物，世界各国到了一定阶段都先后提出义务教育的要求。

义务教育制度的确立在人类教育发展史上具有重要意义。它第一次从法律上规定每个人有接受一定程度教育的权利与义务，标志着人类社会对学校教育需要的性质发生了变化。学校教育不只是对少数人是必需的，而且对每一个人都是必需的；接受初等义务教育不仅成为每个人的权利，而且成为每个人所必须承担的义务；给子女接受教育不再只是家庭的私事，而是社会所必须承担的责任。这种从少数向全体、从权利向义务、从家庭私事向社会公务的转化意味着人类教育的发展进入了一个新阶段，一个趋向自身成熟，并对社会、人生诸方面产生广泛、持久影响的阶段。

3. 形成了较系统的近代学校教育制度

自由资本主义时期是近代资本主义学制的形成和初步完善的时期，这种学制随着资本主义的殖民势力，几乎扩展到世界各国，至今不少国家的学制还基本保持着它的轮廓。和古代学制比较起来，近代学制在分级上更细致，在分类上更多样，在总体上更注意联系，因此显得更为丰富、清晰与系统。其中最突出的变化是形成了职业、技术教育的学校体系和出现了进行成人教育的学校，这是社会物质生产与学校教育发生联系在学制上的体现。如出现了幼儿园；创建了实科中学和工科大学；开设了职业技术学校；出现了各种成人教育机构等。

4. 教学内容丰富化

普通学校开始压缩古典文科的内容，增加自然科学的内容，提出劳动教育的要求。到 19 世纪末，资本主义社会的中小学课程结构出现重大变化，由古典的文科教育的课程体系转化为普通教育的课程体系。新课程一方面保留了宗教和古代语学科，但在学时上做了缩减。另一方面增设了一些新的学科：在语言方面，有本国现代语和外国语，这是加强人们国内与国外交往所必不可少的工具；在社会学科中，增设了公民与道德、历史和地理等课程，这对进行资产阶级的思想教育、民族主义的教育和认识社会与世界是必需的；在自然学科方面，增设了自然、数学、物理等课程，这是与科学、技术发展密切相关的，也是培养各种工业技术人员、专家必不可少的基础教育的重要组成部分。总之，课程的变化从一个侧面反映了学校与社会生活的距离在缩小，教育的世俗化、民族化逐步彰显。

从对自由资本主义时期学校教育特点的分析中，我们可以看到：资产阶级学校教育的阶级性被隐蔽的同时，学校教育的生产性却显现出来，它开始与生产、科学的发展建立起各种联系。在原始社会教育与生产劳动是融合在一起的，在奴隶社会、封建社会二者是高度分化和独立化的，而到了资本主义时期，学校教育则与生产劳动在一定程度和一定范围内是相互结合的。这是社会发展的客观需要和必然趋势，而不是以任何人的意志为转移的。

(四)现代社会的教育特点

在现代社会，教育与社会发展之间的联系日益密切，教育的发展已成为社会发展的战略重点，教育改革也成为世界各国关注的焦点，在与传统教育相对应的意义上，现代社会教育的特点表现为以下三个方面。

1. 教育与社会联系的普遍化与直接化

脱离生产劳动的古代教育，根本无法培养出现代大机器生产所需要的技术人员和管理人员。工业革命后，学校开始走出中世纪的象牙塔和经院主义教育模式，日益顾及社会实际需要，承担起造就现代工业生产者的使命。此外，社会主义国家更从自己的角度，强调教育与生产劳动相结合。当然，现代社会教育中教育与生产劳动的接轨，与原始社会的教育寓于生产劳动的性质完全不同，是一种全新意义上的高级形式的结合。

社会政治经济、文化意识的变化引起教育的强烈反应与应对，促进教育的变革；另外，教育也通过向社会提供人才支持、科技服务，使得教育成为社会发展的重要的推动力。在现代社会，学校教育的社会功能逐渐扩大，它不再只为社会的某些部门培养人才，而是为全社会各部门培养人才。现代社会的生产和生活日益智能化需要教育必须向全社会普及。教育已成为全社会的事业，这在古代教育阶段是不可想象的。现代教育从时间到空间，从数量到质量，都得到空前发展，教育成为社会上庞大的事业之一。由于教育已经渗透到社会生活的各个方面，各种年龄和不同职业的社会成员对教育的需求明显不同，决定了现代社会必须提供多样性的教育。

2. 学校教育制度梯形化、弹性化和开放化

近代学制的结构是一种宝塔形的封闭结构，处于底层的是大部分人

都能接受的初等义务教育，较为宽广，中等教育以正规的普通中学为主，也有少量的职业技术和中等专业教育，处于顶端的是高等教育。

在现代教育中，中等教育趋向普及，职业技术教育和中等专业教育也蓬勃发展，宝塔的中层趋近于初等教育的宽度，整个学制的角趋向于直角梯形，另外由于高等教育发展迅速，整个学制的塔尖也被削去，呈开放状。学制的开放性，表现在原来单一的封闭式学校教育模式给打破了。每个人都可以通过自学在工作一段时间后再到学校中学习，这也叫“回归教育”。过去传统的教育是一种终结性教育，一个人一生只能受一次教育，结束之后，就不再有接受正规教育机会，这也与那个时代生产、生活节奏相对稳定、发展缓慢有关。

3. 教育内容、方法、手段的现代化

现代教育要求教育高效率、高质量地培养人才，因而教育内容与方法也逐渐充实、翻新，更加现代化和科学化。教育内容不断变革和更新，把有代表性的新的科研成果补充到教育内容中来，压缩或删去陈旧的内容。现代教育方法也在努力探索如何更多、更快、更好地造就学生，转向有利于学生积极性、创造性的发挥，注重培养学生自我教育的能力。教育方法的革新着眼于发挥学生的主体作用，改变长期把教学方法的重点放在如何传授知识上的传统，使教学方法有利于知识的掌握，更有利于智力、能力、创造力的发展。在教育手段上最突出的变化是现代化技术手段在教学和教育中的运用，这使教育的效率极大提高，并为教育的个别化和组织形式的多样化提供了物质条件。

(五)当前世界教育的发展趋势

现代教育事业是一种真正面向未来的事业，而它自身会有一种什么样的发展呢？会有什么样的发展趋势？我们无法对遥远的未来做出预测，只能根据最近十余年社会发展所呈现的新特点，从教育原理的意义上，即从教育、人与社会的意义阐述当前世界教育发展的趋势。

1. 教育终身化

终身教育作为有着相对明确内涵的概念并成为一种国际性教育思潮到20世纪60年代才出现。1965年，联合国教科文组织在巴黎组织召开国际成人教育促进会议，这次会议在世界教育史上具有重要的历史性意义。时任联合国教科文组织秘书处成员的法国教育理论家保罗·朗格朗(P. Lengrand)在会上以“论终身教育”为题总结会议成果。朗格朗明确指出：“教育并非终止于儿童期和青年期，它应当伴随人的一生而持续地进行。教育应当借助这种方式，满足个人及社会的永恒要求……这样，终身教育(永续教育)便作为教育专业术语为人们所接受了。”朗格朗认为，终身教育应渗透到人类所存在的所有领域，并应在人的发展全过程中不间断地进行。他认为传统的学校教育与生活缺少联系，脱离具体的现实；教育与娱乐割裂，不存在对话与参与。实际上朗格朗所倡导的是一种统一的、具有一体化构造的终身教育体系。他主张对既有的教育进行重新组合和体系化，强调尊重个人的主观能动性，重视自我教育和自我充实。终身教育消除了一次性教育带给人们的失败的苦恼，对终身教育来说，失败和成功只是暂时的。人的成功之路没有一帆风顺的，我们要记住这样一句话：在人生成功的路上是没有索道的，必须靠自己去攀登。通过不断地充电，继续学习，我们总会有成功的机会，即所谓"生命不止，奋斗不息"。

《学会生存》指出，未来的学校必须把教育的对象变成自己教育自己的主体。受教育的人必须成为教育他自己的人；别人的教育必须成为这个人自己的教育。这种个人同他自己的关系的根本转变，是今后几十年内科学与技术革命中教育所面临的最困难的一个问题。现代教育强调教育授人以"金钥匙"，携有这把金钥匙的人就可以长期享有教育的增值功能。随着终身教育出现，劳动力的增值不仅一次受惠于教育，而且能终身受惠于教育。众所周知，20 世纪以来，科学技术知识有了迅速增长，它的增长速度与时间的指数函数成正比。科技的陈旧周期不断缩短，每个劳动者都面临着这种科学技术加速增长与劳动能力加速陈旧的挑战。美国巴托尔研究所曾研究人的年龄变化与技术能力和时代技术发展的关系，得出的结论是：时代技术发展的速度已超过人的技术能力提高的速度。也就是说，到了一定的年龄，如不继续学习提高，那就不再具有适应时代发展的能力。

2. 教育全民化

全民教育与终身教育已经成为当代最具影响力的两大教育思潮，它们必然会成为世界教育发展和进步趋势。所谓全民教育就是教育对象的全民化，即教育必须向所有人开放，人人都有接受教育的权利，而且是一种必需。全民教育特别强调使所有适龄儿童都进入小学并降低辍学率，使所有中青年都脱除文盲，即全民教育的任务主要是侧重于普及教育，终身教育则主要倾力于继续教育。从个人发展层次上看，受教育是使个人获得生存和发展能力的基本手段。从社会和国家发展的层次看，全民教育也是整个社会走出危机，摆脱贫困，实现繁荣的必然选择。全民教育有助于缓解贫困。

按照《世界全民教育宣言》的界定，所谓基本的学习需要"包括基本的学习手段(如读、写、口头表达、演算和问题解决)和基本的学习内容(如知识、技能、价值观和态度)。这些内容是人们为能生存下去、充分发展自己的能力、有尊严地生活和工作、充分参与发展、改善自己的生活质量、做出有见识的决策并能继续学习所需要的”.《世界全民教育宣言》还认为，满足全民基本的学习需要，只靠加强现有的基础教育是不够的，它还需要一种“扩大的设想”(expanded vision)，即普及入学机会并扩大平等；加强学习，促进人们学到有用的知识、推理能力、各种技能以及价值观念；扩大基础教育的手段和范围，加强早期的儿童看护和初始教育，普及初等教育，开通青年和成人学习必需的多种传授体系，有效地利用信息、通信等手段和渠道传播知识；改善学习环境，促使社会各个方面确保所有学习者都得到他们所需要的营养、卫生保健以及一般的物质和情感支持，从而使他们能积极参与教育并从中获益等。

文盲对其本人是不利的，而对社会则更是令人不能容忍。可以这样说，在当今世界上，没有任何一个国家受过良好教育的人民是贫穷的，也没有任何一个国家愚昧无知的人民是不贫穷的。在民智开启的地方，经济发展自然水到渠成。

专栏 2-4

(1)每一个人——儿童、青年和成人——都应能获得旨在满足其基本学习需要的受教育机会。

(2)满足基本学习需要可以使任何社会中的任何人有能力并有责任去尊重和依赖他们共同的文化的、语言的和精神的遗产，促进他人的教育，推动社会正义事业，保护环境，宽容与自己不同的社会、政治和宗教制度，从而确保坚持为人们所普遍接受的人道主义价值观念和人权，并为这个互相依存的世界建立国际和平与团结而努力。

(3)教育发展的另一个但更基本的目的就是传递并丰富共同的文化和道德价值观念。正是从这些价值观念中，个人和社会发现了自己的特性和价值。

(4)基础教育本身不仅仅是目的。它是终身学习和人类发展的基础，而各国可以在这一基础上系统地建立其他层次其他类型的教育和培训。

资料来源：赵中建编：《教育的使命——面向二十一世纪的教育宣言和行动纲领》，北京：教育科学出版社，1996年，第15—16页。

3. 教育民主化

教育民主化是指全体社会成员享有越来越多的教育机会，受到越来越充分的民主教育。人人有受教育的权利，在教育机会面前人人平等，人人成为民主化教育的主体。教育民主化包括教育的民主与民主的教育两个方面。教育的民主是民主的外延扩大，即把政治的改革扩展到教育领域，使受教育成为公民的权利和义务。民主的教育是教育内涵的加深，就是把专制的、不民主的、不充分民主的教育改造成为民主的教育。

教育民主化的中心内容之一是实现教育平等。教育机会平等是教育平等的基础。《学会生存》中指出，“机会平等是要肯定每一个人都能受到适当的教育，而且教育的进度和方法是适合个人的特点的。”①教育民主正在从外部民主深入到内部民主，从入学机会的平等深入到过程与结果的平等。世界各国为了加快教育民主化的进程，力求使教育结构弱化、开放化，并推动师生关系从机械灌输型转向平等交流型，教育方式由灌输式转向启发式，教育评价由注重选择转向注重培养。随着教育平等和参与自治的观念深入人心，各个国家都在推进教育民主化上加快脚步，力图使教育机会均等在更高程度上得以实现。

4. 教育现代化

教育现代化是社会现代化的有机组成部分。教育现代化是全球性的不断变革发展的过程。迄今为止，教育现代化经历了两个发展阶段，一是由农业社会向工业社会转型中的教育现代化，二是由工业社会向信息社会转型中的现代化。教育现代化是教育的整体性转型，是教育获得和深化现代性的过程。教育的现代化主要表现在现代人观念的确立，教育发展水平和科学技术应用的广度和深度的不断提高，教育制度的不断创新和教育结构不断得到丰富。

当教育通过变革而具备了工业社会教育的基本特征，如实用性、科学性、民主性、开放性时，就表明它获得了现代性；当教育变革使它具备了信息社会教育的基本特征时，如智能化、电脑化、个性化、国际化时，就表明它完成了现代性的深化。教育现代化是教育整体变革的过程，这种变革不限于手段、方法等方面，它包括制度、组织行为、思想观念、教育内容，而且教育现代化的深刻内容就在于教育观念的现代化。

当代教育现代化的成果突出表现在以下四个方面：①教育发展水平显著提高，部分发达国家已经接近高等教育的普及和大众化。②科学技

① 联合国教科文组织国际教育发展委员会：《学会生存——教育世界的今天和明天》，北京：教育科学出版社，1996年，第105页。

术在教育中的运用不断普及和深化，教育内容的科学化程度越来越高，教育方法、手段信息化程度也越来越高。③教师的专业化水平和学历不断提高，教育科学研究新成果不断涌现，教育思想观念越来越摆脱传统教育的束缚。④教育制度越来越灵活多样，教育结构越来越富有延展性和丰富性，为受教育者个性的自由发展提供着越来越充分的保障。

5. 教育个性化

作为现代教育，教育个性化的追求有其特定的内涵：尊重个人，培养个性，增强社会责任感，突出创造性。个性发展与社会责任感相连，更与创造性相关。教育个性化，作为现代教育思想的一种新境界，标志着人们重新审视教育的价值功能，并着力对教育与人的发展、教育与社会发展等关系的正确把握。素质教育的实施和人的全面发展，为教育个性化的发展提供了基础。教育个性化强调在共性的基础上发展个性，使个性有更深厚的根基；在发展个性的同时发展其他方面，使个性的展示具有丰富的内涵，即独特性。同时，它也意味着从个性差异入手，重视每个人起步阶段的优势潜能，做到因材施教，既赋予每个人应有的整体素质水平，又发现每个人与众不同的个性特点，使每个人都得到全面发展，共性中有个性，个性中有共性，使个性特点得到充分体现。如果只注意共性发展，忽视个性发展，无论对个体发展，还是对每个人将来从事的工作都是不利的，最终结果只能是压抑个性，埋没人才。

>>> 思考与练习

1. 什么是广义的教育？什么是狭义的教育？

2. 人们对教育要素有不同的认识，你认为教育活动的要素有哪些？它们之间的关系又是怎样的？

3. 联系实际谈谈教育的正功能和负功能。

4. 联系教育发展的历程，谈谈知识社会中教育的特征。

>>> 推荐阅读

1. 瞿葆奎：《教育与教育学》，北京：人民教育出版社，1993 年。
2. 叶澜：《教育概论》，北京：人民教育出版社，1999 年。
3. 傅道春：《教育学：情境与原理》，北京：教育科学出版社，1999 年。
4. 陈桂生：《教育学视界辨析》，上海：华东师范大学出版社，1997 年。

第三章　教育与社会的发展

学习目标

1. 了解教育与社会发展的规律，了解教育与诸多社会现象的关系，正确认识教育在我国社会主义现代化建设中的作用。
2. 能根据自己的理解举例说明教育对社会发展的正向功能与负向功能，并分析负向功能出现的原因。

“社会”一词本意是指特定土地上人的集合，是人类生活的共同体。从现代意义上说，社会是处于特定区域和时期，具有共同文化的人群的联盟，是人类在物质生产活动中，互相合作基础上形成有机联系的群体。微观上理解，社会强调同伴与合作，并且延伸到为了共同目标而形成有一定行为规范的有机联盟。宏观上理解，社会是由长期合作的个体产生各种联系形成团体，进而形成机构、国家等组织形式。社会是共同生活的人们通过各种各样社会关系联合起来的集合，各种社会关系在一定的行为规范控制下从事活动，使社会得以正常运转和延续发展。其中形成社会的最主要的社会关系包括家庭关系、共同文化以及传统习俗。构成社会的基本要素是自然环境、人口和文化。

教育作为存在于社会生活中的一种现象，它与整个社会和社会其他现象发生着经常的、密切的联系。因此，为了掌握教育及其规律，就必须深入探索教育与社会各种现象之间的关系。

第一节　教育与经济

经济是整个社会的物质资料的生产和再生产，包括社会物质生产、流通、交换等活动。经济是人类社会的物质基础，是构建人类社会并维系人类社会运行的必要条件。教育是一种人类道德、科学、技术、知识储备、精神境界的传承和提升行为，是培养服务经济发展的人才的一种社会实践活动，是传递社会生产经验和生活经验的必要手段，是经济社会发展不可缺少的重要基础和条件，是促进社会进步的重要途径。一个国家教育事业的发展，取决于该国资本形成能力的大小，也就是说，教育发展的规模和速度，应当同国家资本形成能力相适应，量力而行，才能保证教育和经济持续、稳定、协调发展。

现实生活中，人们往往将经济理解为"用较少的人力、物力、财力、时间、空间获取较大的成果或收益"。本章在讨论教育与经济的关系时，主要采用物质资料生产、交换、分配和消费活动意义上的"经济"含义。

一、教育对经济发展的作用

从理论上讲，教育是一种培养人的社会实践活动，教育并不直接产生经济效益，教育对经济发展的作用往往是通过对劳动者、对科技的影响来实现的。

(一)劳动者与经济发展

作为劳动者，人是生产的基本要素之一。如果一个国家大量劳动者的劳动素质低下，不能适应现代市场经济发展的需要，无论数量有多少，经济仍然不可能得到较快发展。

1. 教育是提高劳动者素质的主要途径

一方面，教育可以把非熟练劳动力培训为熟练劳动力，通过对自然劳动力的加工，提高他们的技巧、灵敏度和熟练程度，从而增加劳动者的智力水平；另一方面，教育可以改变劳动者的劳动能力形态，把一个简单劳动力培养成为一个复杂的专门的劳动力。

经济发展的内在因素与基本条件包括自然资源、资本资源与人力资源等要素，其中，自然资源的合理开发与利用，是与科学技术的应用分不开的，而科学技术的应用又是与教育培养的人才分不开的。人具有一定科学知识、生产经验、劳动技能，是使用生产工具实现物质资料生产的劳动者。马克思主义认为人是生产力中起主导作用的因素，劳动者是首要的生产力。具有高度科学文化水平的劳动者，才能够创造高生产率的社会，这不仅需要千千万万有社会主义觉悟的、能够掌握现代化生产技能的熟练工人、熟练农民和其他熟练劳动者，更需要大批的各行各业的专家学者、工程技术人员，懂得现代科学技术和管理现代化生产的管理者、领导者。

在生产技术进一步科学化、知识成为经济发展基础的社会背景下，社会的生产和再生产的实现越来越离不开各类专门人才和高素质劳动力，尤其是科学技术人员和高层次管理人才已成为生产力的重要组成部分，因此，教育也越来越成了经济发展的重要因素。改善生产管理和提高生产管理水平，关键是发展教育，只有培养出具有社会主义理想和掌握较高科学技术知识的适应现代化大生产的劳动者，才能有效地提高生产管理水平和经济发展质量。教育的重要职能是传递科学文化知识，这些知识是人类在长期漫长的历史中积累起来的社会生产经验的结晶。科学文化知识的传承，保留了人类的文明，并促进了社会的进步、生产的发展。良好的正规教育，可以将人类积累的知识不断扩充、增加、丰富，积极促进社会繁荣和生产的发展。劳动者思想品德增长、知识和技能增广、身心健康增进，以及学校对劳动者进行的循序渐进、由浅入深、较系统全面的系统化知识培训，使劳动者不断向预期的方向转化，使生产力中最积极能动的劳动者在继承人类精神财富的基础上，智慧得到全面开发提高，从而实现生产力的高度发展。

从社会经济发展的长远战略目标考虑，提高人力资源质量，提高整个社会劳动者的创造力十分重要。创造力，是人类特有的一种综合性本领。劳动者的创造力主要表现在新技术、新思想的提出上，也表现在把若干领域的技术成果加以综合利用，把前人的各种片面的、不成熟的思想放在一个新体系里重新组装，由此创造出新的劳动成果，提出新的思想。创造力是劳动者素质中最有价值的部分，它是知识、智力、能力及优良的个性品质等因素综合优化构成的。一个人是否具有创造力，是一流人才和三流人才的分水岭。没有技术创新，就谈不上资本的有效利用，而要实现创新，就必须要有技术知识的存在，必须要有能够实现技术创新的人才，这就得依赖于教育活动。教育既能增加专门人才的数量，又能提高专门人才的质量，以满足技术创新的需要。创造力是一系列连续的复杂的高水平的心理活动。它要求人的全部体力和智力的高度紧张，以及创造性思维在最高水平上进行。教育，特别是现代学校教育对人的创造力的培养至为关键。教育对经济发展的影响是通过培养适应并能促进经济发展的劳动者来保障及实现的。教育通过提高全民族的科学文化素质，源源不断地培养和提供高质量的、有利于促进经济持续、快速、高效、健康发展的人才支撑体系，以此来影响和保证宏观和微观经济运行中人力、物力、财力的结构并产生促进作用。

2. 教育影响经济的结构

经济结构是指社会中各种经济成分、国民经济各部门以及再生产各个环节的构成及其相互关系。经济结构的调整决定人才结构的调整，人才结构的调整同时又服从和服务于经济结构的调整，二者相互关联、相互影响。经济结构越合理，对人才个体的素质要求也越高，人才结构的构成与配置也越合理；经济不发达，对人才个体的素质要求相对较低，经济结构的分布与排列也存在更多的问题。同理，高素质的人才个体结构、合理的人才结构配置，会加快经济结构的优化，推动经济的快速发展。

一个社会对人才的需要不会是一个层次的，无论社会发展到什么程度，也无论高等教育发展到什么程度，即便每一个社会人都是博士毕业，也不可能大家都在一个层次上，都做一样的工作。以多层次、动态化、系统性为主要特征的人才结构可直接或间接地作用和影响各行各业、各级各类经济部门的发展方向和优化速度。合理的教育结构造就合理的人才结构，使教育的经济效益和社会效益得到充分发挥，并能有效地促进经济的发展和经济结构的科学调整。劳动者受教育的程度越高、掌握科学技术越多，其推动生产力和经济发展的作用也就越大。教育对经济结构的影响可通过其人才培养结构的调整来实现。

(1)教育培养不同层次和数量、质量的人才

工业革命打破了农业、手工业对技艺的保守，“知识就是力量”的口号成为工业的实践写照。劳动能力的生成与发展，劳动力的增值开始要依靠教育对知识的传授。受教育程度的高低、知识的多寡，在相当程度上决定着劳动力增值的量。当然，在这里也并不排除实践中经验的增长对劳动力增值的作用。

20世纪40年代以来，在以信息技术为主要标志的新技术革命中，劳动者的能力不再取决于体力。通过教育，既掌握知识，又开发智力，这已成为当代劳动力增值的必经之途。

近现代社会经济发展中，基础教育的逐步普及，职业技术教育、大学专业教育、成人教育的发展，教育内容、方法、技术的改进，都极大地促进了生产力飞速发展。教育与经济效益表现出明显的正相关关系。基础教育愈普及的地方，经济发展就愈快；高等教育愈普及的地方，经济发展的质量就愈好，效益也就愈高。而且劳动者经过教育后，能够形成创造生产力的潜能态势并长期产生效用，从而源源不断地为提高经济效益服务。

(2)教育培养劳动者的道德价值观念

教育、知识与道德存在极为密切的联系。劳动者科学文化水平的提

高，知识的增加，对道德价值观念的形成和进步有重大促进作用。教育通过提高人的思想品德，努力巩固和维护社会主义经济秩序，发展高度的民主政治，建设高度的精神文明，从而实现国家的安定团结，有利于促进和保障生产力及经济的持续、快速、高效发展。

(3)教育提高劳动者的智力素质

劳动者的智力素质是指知识技能、熟练程度和智力水平等，它取决于劳动者受教育的程度、劳动经验的积累和技术进步的状况。人力资本是凝聚在劳动者身上的知识、技能及其所表现出来的能力。这种能力是生产增长的主要因素，它是具有经济价值的一种资本。这也表现出教育在人力资源、人才培养中的重要作用，只有通过教育才能实现他们的价值，也只有通过教育才能够实现他们的目的，体现出他们的存在。

(二)科学技术与经济发展

科学技术对社会生产的作用，在一定意义上是通过现代教育实现的。教育对科学技术发展的作用是多方面的。

1. 教育具有使科学转化为生产技术的中介作用

第二次世界大战之后，科学技术以空前的规模和速度进入生产，使生产力成为一个复杂的体系。在这个体系中，它自身不但直接体现为生产力，而且它作用于其他诸因素——提高劳动者的素质，促进生产工具和生产工艺的进步，扩大劳动对象的来源和种类，从而成为推动社会生产力的重要力量。

目前，科学进步在国民经济增长率中所占的比重还比较低，其根本原因在于我国科学研究成果转化为生产技术、转化为直接生产力的效率太低。要想改变这种局面，重要的一个条件，就是必须大力发展教育事业，改革和完善教育体系，重视现代教育在科学变为生产技术中的作用。教育是使科学转化为技术、科学技术转化为生产力的重要途径。科学技术转化为现实的生产力的重要条件之一是要有一大批掌握科学技术的技术人员队伍和熟练劳动者队伍。前者将科学转化为技术，后者将技术转化为直接生产力。

2. 教育是科技生产、再生产的最有效形式

教育是把人类长期所积累的科学知识、生产技术，经过有目的的选择、提炼、加工、概括而进行传递的，同时在传递过程中运用科学的传递方法和手段，教育的效率比较高。因此，现代教育是科学技术传递和再生产的有效形式。教育培养了大批的科学家和工程技术专家，造就了宏大的各个领域科学和专家队伍，通过教育可以大大缩短科学技术再生产的必要劳动时间。科技再生产要依靠教育的普及和提高，要依赖教育

的不断发展和革新。

高等学校，主要是研究型的高等学校，聚集了大批各个学科的科学家、学者，有现代的科学技术研究手段，而且有源源不断的、朝气蓬勃的、具有创新精神和能力的大学生和研究生。高等专业技术教育是再生产科学技术的重要阵地，它具有发展科学、推广技术、推动社会生产力发展的重要功能。事实上，大量的科学技术的发现、发明和创造，都是由大学完成的。

高等教育机构内有许多科研单位和优越的科研条件，它本身就是传递科学技术的场所，具有较好的信息资料和实验设备，具有一支既能从事教学，又能从事科学研究，并能承担国家重大科研项目的师资队伍。同时，高等教育机构内系科专业和学科门类比较齐全，学术争鸣和科研空气也很浓厚，再加之科研与教学可以互相促进，因此，十分有利于科学研究和创造发明。把高等学校办成教学、科研中心是符合教育规律的，也是有利于科学技术发展的。

3. 教育与科技互为动力

科技进步促进教育发展。首先，科技进步促进教育思想的转变。随着科技的发展，知识总量显著增加，知识更新速度加快，催生着人们对教育的更大需求，促进着教育思想的深刻转变。其次，科技进步在实践层面上推动教育发展。科技进步不断对教育提出新的要求，推动教育在“解决问题”中向前发展；不断提升教育工作者的科技素质，提升教育的水平；不断开拓新的教育领域，增加教育的科技含量；提供更先进的教学手段，满足教育的时代需要。

教育对科技进步具有决定性作用。第一，科技进步的成果需要通过教育扩展开来和流传下去。教育通过向受教育者传授科技知识、科学精神和科学方法等来完成人们对于科技及其发展进步的认同与接续。第二，教育以传播科学文化知识、培养人才为主旨。科技发展归根到底是由具有一定科学知识的人来完成的。教育可以使人们获得科技理念、科技知识、创新能力等从事科技工作所必备的条件，从而为科技进步提供必要的人才保证。第三，教育改革发展推动科技进步。随着社会的发展，教育在以前的基础上不断改革创新，对科技发展产生直接影响。

二、经济对教育的作用

(一)经济发展水平制约着教育发展的规模和速度

教育发展的规模和速度取决于两方面的条件：一是经济发展对劳动力的需求，包括需要的劳动力总量和各种劳动力的比例，它们分别决定着整个教育发展的规模、速度和教育的体系、结构；二是物质资料生产能为教育的发展提供的物质基础，表现为个体有多少可以从事学习的富余时间，以及国家有多少经费可以用于教育活动。一个国家的经济水平，往往与其文盲率、入学率、义务教育普及年限和高等教育普及程度直接相关。经济的发展水平是教育事业发展规模和速度的直接影响和最终决定因素。从世界范围来看，在不同的经济水平基础上，教育先后走过从扫除文盲、普及初等教育到普及中等教育，最后实施高等教育大众化的道路。

另外，经济的高度发展使人们的劳动时间缩短，闲暇时间增多，这就为教育的发展提供了人力与时间的条件。同时，经济的发展也为教育的发展提出了要求。经济力量的增强，生产生活条件的富裕，要求教育为社会经济的进一步发展培养更多的人才，这就激发了人们进一步接受教育的动机，人们接受教育的积极性伴随着物质水平的提高会越来越高。

教育的发展不能超越生产力的发展。人们首先必须解决吃、穿、住、行，然后才能从事政治、科学、艺术、宗教活动等。经济发展水平决定了某一社会所能提供的剩余劳动的数量。在社会剩余劳动量很小的古代社会中，教育意味着“有闲”，统治阶级对学校教育的享受占有，好像也是对某种奢侈品的享受占有。享受学校教育在那时可算得上是一种“高消费”。只有当经济发展很快，社会提供的剩余劳动的数量大幅度增加时，参与学校教育活动的人数可望激增；教育者和受教育者的人数和平均受教育程度依经济发展水平而发生变化。

教育投资是发展教育事业的物质基础，是制约着对办教育所需要的财力、物力的投入。人们的教育需求随着经济的增长而增长，进而促进了教育投资的增长；国家经济的不断增长，也为教育投资的增长提供了物质保障。一般说来，经济水平发展较高的国家、公共教育经费在整个国民收入中所占的比例也较高，反之，则较低。

教育发展的规模、速度对经济发展的适应性是判断教育发展适应性的重要方面。学校是培养人才和进行科技创新的基地，为经济的发展提供相适应的人力资源和科学技术，学校只有适应这一要求才能实现自身的可持续发展。这一点在高等教育中表现尤为明显。目前，衡量高等教育规模与发展速度对经济发展适应性的指标主要有两个：一是高等教育规模与经济规模之比，即高等学校在校生或毕业生数与当年的 GDP 的比值。这一指标说明了一定规模的经济活动得到高校毕业生支持的数量，能够反映高等教育发展与经济发展的同步性。二是高等教育的普及程度，即高等学校在校生或毕业生在总人口中的比重，通常用每百万人口中的高等学校在校生表示。2009 年中国教育部在国务院新闻办公室举行的新闻发布会上表示：2008年全国各类高等教育在学人数达到2900万人，毛入学率达到23.3%。中国高等教育规模居世界首位，已经实现进入大众化发展阶段的历史跨越。

（二）经济发展水平制约着教育事业发展的结构和布局

社会的经济发展水平和经济结构决定着劳动力的结构和人才的素质结构，进而决定着教育所培养的人才规格，尤其是人的知识、技能和能力的规格。教育结构通常包括基础教育、职业技术教育、高等教育、成人教育在内的各种不同类型和层次教育的比例构成。经济的发展不断引起产业结构、技术结构、消费结构和分配结构的变革，与此相适应，教育结构也将随之出现新变化。教育结构是指一个国家或区域内教育总系统中各种子系统、各组成部分之间的排列、组合方式。以高等教育为例，由于高等教育发展的相对稳定性与经济社会发展的相对巨变性之间的矛盾的存在，我国在高等教育方面专业设置布局滞后于经济社会发展需要，造成了高等教育“产品”过剩与短缺的双重后果。根据《中国大学毕业生就业报告(2009)》统计，工学和管理学成为2008届毕业生就业率最高的专业，哲学、法学、计算机科学与技术、英语、国际经济与贸易等10个本科专业就业率最低；2008年毕业半年后这10个专业仍未就业的总人数达10.75万人，占了本科失业量的35.9%。这说明高等教育专业结构与社会需求之间不吻合，专业结构不合理已经成为不争的事实。

（三）经济发展水平通过对人才和知识的需求制约着教育目的的设定

教育目的是国家培养什么样人才的总要求。任何一个社会，任何一个阶级在确定教育目标时，都要考虑当时的社会经济发展状况。不同的经济发展水平对人才的类型、人才的层次、人才的知识和能力结构等提出的要求不尽相同。

工业革命打破了对技艺的保守，人们开始依靠知识代替和延伸人的体能进行生产。社会生产力开始直接向学校教育提出它的要求，使学校教育把培养从事机器大工业生产的工人和技术人员作为自己的重要任务。随着科技的发展和在生产中的不断应用，生产劳动智力化程度的不断提高，对生产者劳动能力的规格要求也在不断提高。生产若要得以正常进行，必须实现生产中人与物两个因素的统一，即劳动者的智力和体力要与生产资料的物质技术属性相一致。科技的不断进步和在生产上的广泛应用，决定了人的劳动能力再生产的每一次都必须在更高质量的水平上进行。

我国现阶段的教育目的的价值取向，从总体上讲是从现实历史条件出发，努力促进个人充分而和谐地发展，使社会进步和个人发展这两种价值目标逐步趋向一致。

在计划经济条件下，企业和个人只需对发出行政指令的上级负责，无须考虑供求关系、价值规律，不必关心流通和分配，服从上级命令、做好本职工作是最大的美德。与此相适应的学校教育及评价制度，也只是教人听话、服从，人的言行达到“他解”水平即可。而今，市场经济体制要求每个企业和每个人对自己负责，企业和个人在经济活动中的主体地位被确定，他们必须主动了解市场行情，自觉遵循价值规律，有效地参与竞争，自主地寻找市场、开拓市场、组合市场，这无疑对个人的文化素养、工作能力、事业心、责任感、个性品质提出了更高的要求。社会价值观念和价值体系的新变化，必然经由人才质量规格的更新而引起各级各类学校教育目标的不同程度的调整甚至重建，或者说，必然引起教育目的价值取向上的新的选择。

(四)经济发展水平制约着学校的教育内容、方法手段和教学组织形式

经济的发展、科技的进步，必然带来人们认识水平和思维能力的提高，由此，推动学校的课程结构的调整和教育内容的更新。为培养适应一定生产力要求的劳动者，使他们符合某种规格，就必须使受教育者掌握与生产力发展水平相适应的知识和技能。因此，与培养劳动能力有关的教育内容总是随着经济的发展而不断地充实和更新。

在古代，生产技术只是作为一种直接的生产经验被劳动者本人所掌握，体现在直接的生产方法中，而这种生产方法完全可以靠师傅带徒弟来传授，靠直接从事生产劳动来探索。因此，在以传授间接经验、书本知识为主的学校教育内容中很少反映这种生产技术。那时的学校教育主要涉及政治、哲学、伦理、宗教、音乐等人文学科的一部分内容及语言、文字等工具性课程。

在机器代替了手工工具，科学技术知识在生产中的应用日益广泛、复杂的情况下，科技知识便成为学校教育的重要内容。从文艺复兴开始到16世纪中叶，在算术、几何、天文学的基础上增加了地理学和力学；到19世纪又增加了代数、几何、植物、动物、物理、化学等内容。以后，在高等学校有理工等科的专业设置。20世纪50年代以来，随着自然科学和生产技术的日新月异，更有大批新课程和新专业涌现出来，有关科技知识方面的教学，越来越被置于重要地位。由于当代科技的发明创造应用于生产过程的日益加速，使得科技知识新旧更替加快。为避免知识过窄和适应不断变化的生产的需要，人们不得不加强基础课程和设立大学科专业。20世纪50年代末，在以美国为代表的一些发达工业国家中，出现了自然科学教育内容与生产力、科技发展不相适应的严重情况。面对现实，人们自觉地掀起一股改革中小学课程的浪潮，强调数学和自然科学的教学内容要符合现代科学发展水平，在教材中补充了20世纪中期以来科学新发明、新成果，剔除了陈旧的部分，减少了经典学科内容的比重。

代表一个时代生产力发展水平的科技成果，不仅被广泛应用于物质生产领域，而且也被广泛应用于包括教育部门在内的其他一切社会生活领域。学校的物资设备、教学实验仪器、教育管理所使用的工具和技术都是一定的科学技术成果在教育领域中的应用。生产力的发展提供了教育手段更新的物质技术条件。继工业革命之后，照相机、幻灯机、收音机、电影机、电视机等各种实验设备相继进入教育领域，当代的电子计算机、闭路电视系统、人造卫星等都已成为现代教育所离不开的物质基础了。应用这些先进的科技成果，使教育活动能超越时间和空间的限制，扩大学生的认识领域，减少教育难度，加速人们认识客观世界的过程，有效地扩展教育规模，极大地提高教育普及程度。这样，教育手段的更新又满足了生产力进一步发展的需要。由于教学手段的高度智能化，个别教学和自学重新被重视，传统的班级授课制度受到批评，因材施教的个别教学模式在较高水平上得到再现。

三、教育与经济发展关系的性质

承认社会生产力对教育的决定作用，并不否定教育对社会生产力的反作用及社会生产力对教育的依靠。由于社会生产力与教育都是永恒的社会生活，它们之间的相互作用在历史的过程中则表现为：社会生产力的已有水平为教育发展提供了可能，社会生产力未来的发展对教育发展提出了需求；教育总是建立在已有的物质生产发展水平上，又为明日的物质生产创造条件。正是这种相互依存和相互促进的关系，使社会生产力和教育都沿着上升的路线发展。但从两类活动的历史起点来看，作为维持人类生存的最基本的生产活动在先，而作为传递生产活动和各种生活经验，使生产活动得以世代相续的专门意义的教育活动随后，从这个意义上，也可以说是社会生产力决定了教育，而不是教育决定了社会生产力。

一般而言，经济发展到什么水平，教育才能发展到什么水平，如果离开了一定的经济发展水平，盲目发展教育，必然会陷入教育发展的误区。《学会生存》中曾指出教育要先行，“教育先行”的含义究竟指什么？它在什么方面改变了教育与社会生产力之间的相互关系？是不是教育的发展要先于经济的增长而脱离经济的制约呢？其实，书中所说的“教育先行”主要是指各国政府平均支出的教育经费比世界国民生产总值增加得快。因为教育落在了生产发展的后面，教育又必须尽快赶上，所以各国政府应支出更多一些的教育经费，使教育尽快地赶上生产发展的步伐。同时，各国政府在决定教育经费在国民经济预算中的比例时，依然受到本国经济实力和生产发展水平的限制，在每一历史时期总有一个不可逾越的阈限，如果超过了这个阈限，教育费用的负担就可能破坏经济上的平衡，对国民经济带来直接的危害，会产生负面的影响。如会使本国的人才过剩，造成人才外流，这是一种更为深远和重大的损失。

由此可见，教育在什么情况下要“先行”，“先行”到什么程度，沿着什么方向“先行”等一系列问题都是由社会生产力发展水平决定的。所以“教育先行”现象的出现并没有预示社会生产力与教育之间决定和被决定关系的颠倒，只是反映了当代的社会生产力发展水平对教育的强烈需求；反映了旧的平衡已打破，现在需要教育加速发展以实现生产与教育之间的新平衡；反映了教育虽由社会生产力决定，但并非永远只是随其后。这一观点的提出对于破除在教育与社会生产力关系上的形而上学决定观有好处。

我们在判断生产力与教育之间决定与被决定的关系时，不能只根据教育经费增长的比例是否超过国民生产总值增长的比例来判断。因为，教育经费的增长虽然在很大程度上由经济发展的水平和需要决定，但它还受到其他一系列因素的影响，如学龄儿童数的猛增、原有的教育经费数量过低、通货膨胀或政治因素。所以，有时教育经费的增长并不意味着教育水平有了质的飞跃，同样，教育经费增长率的下降也不一定意味着教育水平的下降，更不能由此简单推出生产力决定教育还是教育决定生产力的结论。

专栏 3-1

打造助农富民的科技引擎

——西北农林科技大学创新农业科技推广模式采访纪实

西北农林科技大学在区域主导产业核心地带建立 23 个产学研一体化的永久性试验示范站，打通了农技推广的“最后一公里”，将农业科技直接送到农民身边，构筑了一条科技成果进村入户、引导农民致富的快捷通道。

2014 年 5 月的陕西眉县，猕猴桃正进入开花结果的旺盛生长期。穿过成片的猕猴桃种植园，雨后的金渠镇田家寨村格外干净整洁，村庄道路全部硬化，家家建有小洋楼。

“去年村里种植猕猴桃面积达3400多亩，很多农户收入都在20多万元，一半家庭购买了小轿车。”50岁的村支部书记孙乐斌说，“西农的专家是我们村的‘财神’，给我们指明了致富路。为了感谢他们，乡亲们专门把村里一条路命名为‘西农路’。”

科技直接进村入户　家家户户发家致富

孙乐斌一家从事猕猴桃产业，老伴种猕猴桃，两个儿子一个卖猕猴桃，一个运猕猴桃，自己则在村支书的岗位上为乡亲们服务。“去年我家种猕猴桃收入13万元，在全村只能排50多名。”孙乐斌说，村里搞种植排行榜，大伙儿赛技术、晒成果。

依托永久性的试验示范站，学校累计培训基层农技人员、农民39万人，指导培育科技示范户2360户，培育的科技示范户人均收入翻了两番；累计推广农业新品种新技术350项、面积1.325亿亩，新增经济效益300多亿元。

农技推广单列教授　学校科研活力迸发

西北农林科大的农技推广专家们个个皮肤黝黑，这是常年在外、风吹日晒雨淋留下的痕迹。李华告诉记者：“这些专家，每年有200多天在田间地头研究、指导。”

眉县试验示范站的郁俊谊研究员，大部分时间都是与农民在一起。正是在田间，他与同事们一起发现并培育了红心、超甜的猕猴桃新品种“红瑞德”；正是在田间，他完成了从副研究员到研究员的晋升。

在西北农林科大，评教授不一定靠论文。学校专门设立科技推广处，实施“推广专家”人才支持计划，给农技推广人员发补贴，“推广教授”职称评审单列，评教授主要不看论文，而是看对农科推广的贡献，包括技术的先进性、实用性和推广覆盖面，还有农民得到的实惠。

事实上，田间的调研和指导，犹如木之本、水之源，让教授们的课堂更加形象，让教授们的科研更扎实。很多学生反映，那些扎根基层的教授们，讲课内容很实在、很丰富，也很生动。

在赵政阳的带领下，白水试验示范站围绕现代果园栽培模式，开展品种选育、砧木利用、高效栽培等研究，建站9年，共选育新品种5个、获得发明专利3项和实用新型专利3项、发表研究论文179篇，荣获陕西科技进步和农技推广成果两个一等奖。

既育树苗又育人才　人才培养更接地气

剪枝、授粉，给果树施肥、除虫，园艺学院学生到猕猴桃试验示范站实习已小有时日，这些平时在书本上接触的内容，终于有机会被用于实践。23 个试验示范站，每年能够容纳上千名学生实习，已成为西农学子野外实践教学的重要平台。近年来，示范站累计承担 181 个班 5333 名本科学生实习实践教学；有 266 名研究生在示范站开展科研工作。

张伟宣曾在白水苹果试验示范站担任科研助理，谈到试验示范站两年的实践经历，他说："真正到了实践中，才发现比课堂上学到的更多。实际动手操作一遍，比读 20 遍书的效果都好。"

渔家子弟张磊是西北农林科大资环学院 2007 届毕业生，2009 年初他回乡创业，创办了水产公司，在西农安康水产试验示范站的技术支持下，养殖美国匙吻鲟、德国镜鲤、鳜鱼等精品鱼类。5 年下来，公司年产值达 1200 多万元，带动库区 100 多农户发展水产养殖。

资料来源：中国教育新闻网：http://www.jyb.cn/high/gdjyxw/201405/t20140527_583184.html，2014-05-27。

第二节　教育与政治

政治是牵动社会全体成员的利益并支配其行为的社会力量，是各种团体进行集体决策的一个过程，也是各种团体或个人为了各自的利益所结成的特定关系。经济是社会交往不断发展的产物，是社会交往不断趋于规模化、标准化、程序化、清晰化、精确化的结果。社会交往的发展产生了社会管理，社会管理是关于社会交往的规则体系。政治又是社会管理不断发展的产物，是社会管理不断趋于规模化、标准化、程序化、清晰化、精确化的结果。这样，在探讨完经济与教育的关系之后，政治与教育的相互关系便合乎逻辑地进入我们的学习视野。

一、教育对社会政治制度的作用

马克思曾经指出："一方面，为了建立正确的教育制度，需要改变社会条件；另一方面，为了改变社会条件，又需要相应的教育制度。"这段话对于我们认识教育与政治的关系同样适用。我们不仅要看到政治对教育的制约作用，同时也应看到教育对政治的反作用。这种反作用，是通过教育自身的特点即对人的培养来实现的。

(一)教育培养社会政治制度所需人才

通过教育制度，实现对受教育者的阶级或阶层的选拔，使原有的社会政治关系得以延续和发展，或者加速改变旧的社会政治关系。

为了维护国家机器的正常运转，领导人才的教育和培养是非常重要的。学校教育在一定范围内传授统治经验、参与政务的经验及知识，使受教育者具备统治术和管理才能。自奴隶社会以来，各种社会政治、经济制度所需要的领导人才，在很大程度上是通过教育造就的。我国古代学校教育向学生传授的主要是“修己治人之道”，以便其能够“致君泽民”。古代许多学校实际就是官吏培训所。孔子很注重让其弟子学习为官从政的本领。孔子所传授的统治术的基本原则是“为政以德”，如“其身正，不令而行；其身不正，虽令不从”。这是说作为统治者要有德行。他还说“道之以政，齐之以刑，民免而无耻；道之以德，齐之以礼，有耻且格”。这是说要用道德礼教来感化约束百姓。孔子的弟子中有不少人走上为官从政之路。在唐代由中央所办的各类学校中，在校学生总名额为2681人，其中2400余人结业后直接充实到政权机构中，担任各级官吏。在古希腊，智者派使受业者接受政治、法律、道德方面的系统教育，注重文法、修辞学、逻辑学的传授，这“三艺”直接为演讲、辩论术的教学服务。这种教育就是要使青年一代具备参政议政能力。

在各种不同的群体环境里、担任领导者的角色要具备的品质是各种各样的，但一切领导者都应该具有以下共同的特征：在道德品质上，应具备高度的政治涵养、公正无私和精神感召的力量；在智力上，则应做到善于制定政策，善于使用人才，善于组织领导等。如果不具备一定的教育水平，是难以胜任的。通过教育获得一定的文化资本，有助于一定政治地位的获得。据统计，1877—1934年，美国总统、副总统、内阁成员中有大学学历的占79%；1949—1951年参议员中有大学学历的占37%；1941—1943年众议员中有大学以上学历的占88%；1930—1940年州长中有大学以上学历的占77%；1940年，高级公务员中有大学以上学历的占93%，而1940年美国25岁以上人口中具有大学学历的仅占10%。在现代社会中，教育程度越高，在政治上获得较高地位的机会也就越多。

在科学日益社会化，社会日益科学化的今天，国家政治经济部门的领导和管理渗透了科学技术的成分，行政领导与管理成为一项综合性的工程，行政领导管理学成为一门综合性的重要学科。现代社会中的行政领导管理者，需要具备过人的智慧，多方面的能力和交叉性、放射性的知识结构。大批自然科学技术专家和社会科学家进入统治集团，他们与出色的行政领导管理专家结合在一起，分掌国家和地方各级政府的领导权。科学、技术、管理已成为不可分离的整体，“专家政治”的新潮流已经形成。许多国家更加重视通过学校来培养他们的政府官员和管理人员。美国现有600所大学设有管理学院或系科，拥有管理专业的大学生70万，研究生10万人。美国的一些高校很注重培养未来杰出的政治家。他们会优先录取担任过校学生会或其他各种团体主要职务、有出色组织和活动能力的高中毕业生，因为他们认为这样的学生最有希望被培养成为国家未来的领袖人物。

在1949年以后的很长一段时期，我国各级党、政、军领导干部和管理人员主要通过实践来培养，这是受革命战争年代做法的影响。那时由于环境的险恶，用人的急迫，条件的缺乏，中国共产党提出从战争中学习战争，在游泳中学会游泳。虽然新中国成立后采取了一些措施让成批工农出身的干部补习文化基础知识或进入高校深造，但基本上还是沿用从实践中学习的办法来培养干部。十一届三中全会以后，面临新老干部大幅度的交替和国家建设、社会发展需要，党中央适时提出干部要“革命化、年轻化、知识化、专业化”。国家从各种专业、各层次学校的毕业生中选拔了大批人才充实到行政领导管理部门，干部的学历层次和文化程度实现了大幅度的提高。另外，管理学院和管理系科如雨后春笋般地在许多高校设立，干部人才培养逐步纳入了正规化轨道。随着我国政治体制改革中的重要内容——公务员制度的实行，学校教育将担负着更加重大的培养和输送管理干部的任务。以上这些说明，社会越发展，学校教育通过培养领导人才对政治、经济制度所起的作用就越大。

（二）教育通过影响社会舆论、道德风尚为社会政治制度服务

历史唯物主义认为，社会存在决定社会意识，社会意识反作用于社会存在。政治体制改革既需要科学的理论指导，也需要有强烈的政治改革意识来推动。所谓政治改革意识，是在对政治改革有了较充分认识的基础上形成的经过科学分析的改革政府的认识体系。它包括对政治改革的必要性与可能性的认识，对改革内容与改革过程的设计，对改革可能遇到的困难与可能出现的结果的分析，对各种错误改革理论的识别，以及中外类似改革的分析与借鉴等。

增强全国人民的政治改革意识对于推动我国当前的政治体制改革具有重大现实意义。它不仅有利于形成正确的改革理论，而且能更好地激发人民的改革热情，还能够促使大批既掌握改革理论又勇于进行改革实践探索的人才脱颖而出。

在我国，着手进行全国政治体制改革的条件已比较成熟。2013年5

月2日，民政部印发《村民委员会选举规程》(以下简称《规程》)。该《规程》分村民选举委员会的产生、选举宣传、登记参加选举的村民、提名确定候选人、选举竞争、投票选举、选举后续工作、村民委员会成员的罢免和补选8章。村委换届工作是农村民主政治生活中的一件大事，农民群众的民主意识、法制意识、参政意识不断增强，对参与权和选举权越来越重视。

增强改革意识，变革政治观念是全面开展政治体制改革的必要前提与重要组成部分。以愚昧、保守为主要特征的封建意识形态至今没有肃清；安于现状、固守陈见、不思改革、不图进取的心态，在不少地方成为阻碍改革进程的主要症结。这种消极的历史因袭在一部分青年学生中也有充分的表现，如不问政治，冷漠自私，惰性很大等。这种精神状态与政治改革的形势要求是很不适应的。为此，我们应该把培养和增强全国人民，尤其是广大青年学生的改革意识作为教育的一项主要任务。

教育可以提高国民的素质、提高民族的科学化水平；教育能为政治培养所需的人才；可以推进国家的民主化进程；可以通过传播思想、形成舆论作用于政治，使政治更加清明。尤其是高等教育应具有更强的批判精神，揭示政治的专制，针砭时弊，为社会提供预警。但是，教育具有自身的相对独立性：它具有自身的规律和特点，教育的内部关系规律就是要适用青少年身心发展的规律。因此，政治不能违背这些规律，更不能取代教育，对它横加干涉；教育也具有很强的历史继承性，后来的教育要在以前教育的基础上向前发展，教育思想、制度、内容和方法都与以往的教育具有渊源关系。

二、社会政治制度对教育的作用

教育作为社会的上层建筑，它的性质就是由社会的政治制度决定的。而且，经济对教育的作用，在很多情况下，也要通过政治制度的中介来实现。政治决定教育的领导权、受教育权，决定教育目的的性质和思想品德教育的内容。这种影响是通过颁布教育法律、政策，制定制度，规定教育的内容，派遣和任免教育行政人员、校长，聘任教师，控制教育的拨款等而实现的。然而，政治对教育的决定作用是有限的，并不能够决定教育的一切，而只能从宏观层面间接地影响教育，教育为政治提供基本文明精神、人文价值、法律意识以及提供人才支持等。关于教育、政治二者关系历来是学者们喜欢研究的课题。从历史分析的角度来看，大多数学者认为，教育与政治的关系经历了两个大的阶段：第一个阶段是教育从属于政治，第二个阶段是教育相对独立于政治。

(一)社会政治制度决定了教育目的

政治是一种社会现象，是任何人都无法回避的社会事实。任何社会成员或社会组织都以一定的方式与政治发生关系，教育也不例外。教育作为一种政治的工具，在影响社会政治生活，维护社会稳定，促进社会发展方面起着不容忽视的作用。教育作为一项社会事业，深受政治的制约，任何社会的教育都体现着该社会的政治特征。

教育的根本任务是为社会培养人，通过教育，培养具有怎样的政治方向、思想意识和道德品质的人，这是由社会的政治、经济制度所决定的。

一般说来古代奴隶社会和封建社会的教育主要是培养少数统治者和为他们服务的知识分子，又因民族、文化传统、教育指导思想的差异而表现出具体的差别。

奴隶社会学在官府，教育的政治功能显而易见。封建社会则主要依靠意识形态结构的组织能力与政治结构的统摄实力，赋予教育特殊的政治功能。从西周到清末这一时期，教育传授统治阶级的意识形态，为统治阶级培养忠诚于君主、朝廷的各级官吏。我国古代的教育向学生传授的大都是“修已治人之道”，明贵贱，别尊卑，宣传统治阶级的意识形态，使受教育者能自觉维护宗法等级制，目的是要他们能够“致君泽民”。中国古代学校实际上就是培养官员的场所，如奴隶社会的“学在官府”，奴隶主贵族子弟需要接受礼、乐、射、御、书、数六艺教育。在古代希腊的奴隶社会中，斯巴达城邦国的统治者从以 3 万斯巴达人统治 25 万奴隶的国情出发，使教育完全服从于对奴隶的残酷武装镇压和对外战争的需要，教育目的是培养忠于统治阶级的勇悍军人。

封建社会教育本质、教育目的、教育方针的确立、教学内容的选择，都集中体现了政治要求。官学等都是封建朝廷的附属物，其主要的作用就是替朝廷培养官员。隋唐以后，施行科举取士制度，学而优则仕，教育变为科举的附庸，被纳入培养官僚人才的轨道。统治者极力灌输君臣父子的“人伦之教”和“三纲五常”的封建秩序的恒常性思想，用以巩固封建统治。

到了资本主义社会，为了适应国家统治和新的生产力要求，资产阶级为学校教育制定了双重教育目的：一是培养国家事务管理人才和科技精英，二是培养适合于从事大机器生产的劳动者。统治者通过学校教育从政治上、思想上向受教育者施加资产阶级影响。为了保证教育内容能为教育目的服务，有些资本主义国家由中央政府主管部门直接掌握教科书的编审权。如日本就将审定教科书、指定各种义务教育学校使用的教科书发行人等列为文部省的职责。

到了社会主义社会，教育目的发生了根本性质的变化。在全国共建和谐社会的今天，教育与政治更加和谐发展。

(二)社会政治制度决定了教育的领导权

一种政治制度一旦形成，它就会作为一种独立的社会成分，利用国家政治直接或间接地干预经济生活，维护统治阶级所需要的内外秩序，所以它会对教育有特殊的需求，并利用其特有的手段去干预教育系统和教育过程。在迄今为止的阶级社会中，在经济和政治上占主导地位的统治阶级，也支配着精神生产力，其中较重要的是教育部门。统治阶级总是按照本阶级利益，利用其在政治上的特权，对教育进行组织、管理、指导和监督，使教育紧紧地为其政治经济制度服务。因此，社会政治制度决定教育权的归属。某种政治制度实质上是统治阶级经济利益的集中反映。

在阶级社会里，政治上占统治地位的阶级，为了使教育按自己的意志实施，总是要把教育权牢牢地掌握在自己手中，控制绝大部分教育机构。比如，执政党往往会对教育机构从组织上进行直接领导。汉武帝元朔五年开创太学，设在京师长安的西北城郊，规模相当可观。太学作为中国当时最高学府，与西方的雅典大学、亚历山大尼亚大学等同为世界上最古老的高等学校。西汉平帝元始四年为太学扩建校舍，能容纳万人。东汉太学学生最盛时曾达三万多人。及至唐初，太学规模完备，盛极一时。宋代时期，太学形成一套比较完整的学制。元、明、清时期则不设太学，只设国子学或国子监，都是教授王公贵族子弟的最高学府，就学的生员皆称太学生、国子生。国子监具有双重性质，既是大学，又是教育行政管理机构(教育部兼大学)，下设国子学、太学、四门学、书学、算学、律学等，此外还有弘文馆、崇文馆等，通称“六学二馆”。与帝王创办的“官学”相比，书院是我国封建教育的一种特殊形式，有点类似于今天的私立大学，是从古代“精舍”“精庐”“学馆”发展来的，具有聚徒讲学性质的书院起源于南唐时期的庐山国学，即著名的庐山白鹿洞书院。北宋时，以讲学为主的书院日渐增多。南宋时随理学的发展，书院逐渐成为学派活动的场所。书院大多是自筹经费，建造校舍。教学采取自学、共同讲习和教师指导相结合的形式进行，以自学为主。它的特点就是为了教育、培养人的学问和德行，而不是为了应试获取功名。但是明朝中后期相继出现了几次摧毁书院的破坏性行为。最严重的一次是在天启五年(1625年)发生对东林党的大残杀。当时宦官魏忠贤不仅残酷杀害东林党人，而且下令“摧毁天下书院，首及东林”。然而，书院有着顽强的生命力，多次毁而不绝，在严酷的政治压迫下，书院师生宁死不屈。东林书院的对联写道：“风声雨声读书声，声声入耳；家事国事天下事，事事关心。”自元代至清末，官方对书院控制日趋严重，加强了财政、思想上的监督，允许书院推荐学生参加科举考试，使官学、书院、科举逐步一体化，书院失去了宋代书院的本来特色。

（三）社会政治制度决定了受教育的权利

社会成员中哪些人能够享受学校教育，受什么程度的教育，受教育机会怎样分配，这是由一定社会的政治制度所直接决定的。进入阶级社会以后，统治阶级和被统治阶级在政治、经济上不平等，受教育的权利也不平等。

在奴隶社会中，学校是专为奴隶主子弟设立的。古代印度曾在法律中明文规定：谁若让低贱的首陀罗种姓的人接受文化教育，立即处以死刑。我国鲜卑奴隶主贵族建立的北魏，在太武帝拓跋焘统治时期，曾下令禁止劳动人民入私学学习，私学教师违令者便要处死，设立私学的主人要满门抄斩。在封建社会中，即使在统治阶级内部，受教育的权利也有鲜明的等级性。如我国东汉的大学，只有从大将军到俸禄六百石以上的官家子弟才能入学。唐代由中央设立的学校有六学二馆。国子学限于文武三品以上官员的子弟入学，太学限于文武五品以上官员的子弟入学，四门学限于文武七品以上官员的子弟入学，律学、书学和算学限于八品以上官员子弟及通其一学的庶族地主子弟入学。弘文馆和崇文馆则只许皇亲国戚和宰相大臣的子弟入学。

到了资本主义社会，出于适应生产力发展的需要，各资本主义国家从法律上废除了封建教育的等级性，宣扬教育平等。随着普及义务教育法令的颁布，学校教育得到了普及。但是，由于资产阶级和劳动人民之间仍然存在着政治、经济方面的不平等，也就造成了受教育权利的实质上的不平等。虽然表面上高等学校向所有适龄、适读的青年开放，但能进入什么样的学校以及能不能入学，不仅取决于学业成绩，还取决于是否缴纳得起高昂的学费。事实上，由于家庭经济条件的制约，穷人家书籍报刊少，父母知识水平低，家庭人口通常较多，住房条件差，也会给学习带来种种困难。而上层阶级家庭的情况恰好与此相反。这样的教育机会不均等的现象在各资本主义国家中都不同程度地存在着。

受教育权是一项基本人权，受教育权是中国公民所享有的并由国家保障实现的接受教育的权利，是宪法赋予的一项基本权利，也是公民享受其他文化教育的前提和基础。现代社会，公民享有从国家接受文化教育的机会和获得受教育的物质帮助的权利，国家不仅在法律上规定了受教育权利平等，而且为实现这一目标创造了有利的社会条件。侵犯受教育权的主要表现有：适龄儿童、少年没有依照法律规定接受国民教育，国家、社会、学校和家庭没有予以必要的保证；适龄儿童、少年没有入学，没有接受规定年限的义务教育；在义务教育阶段，对学生收学费；父母不让适龄儿童、少年接受义务教育；学校剥夺适龄儿童、少年受教育权；外界因素干扰适龄儿童、少年接受教育等。

我国幅员辽阔，各地区经济发展很不平衡，从而造成了各地区间的学生受教育条件的极大差别，使得经济落后地区的学生在获得受高等教育机会方面明显地处于不利地位。国家一直采取种种措施来努力减少受教育机会不均等的社会现象。比如，一直采用减免学费和提供助学金的办法资助经济条件差的家庭子女接受各种程度的教育；努力提供大量资金发展老、少、边、穷地区教育事业；用降低高考录取分数线的方式，增加教育落后地区学生接受高等教育的机会等。2014 年7 月30 日，在国务院新闻办公室举行新闻发布会上，教育部副部长刘利民介绍，截至当前，有 27 个省份明确了随迁子女在当地参加中考的政策，有 30 个省份明确了随迁子女在当地参加高考的政策。2014 年，5.6 万名符合条件的随迁子女办理了高考的报名手续。据刘利民介绍，下一步教育部将着力做好四方面工作：规划上，教育部要指导各地把常住人口包括随迁子女，纳入区域教育发展规划；经费上，各地要按照进城务工人员随迁子女在校的人数拨付教育经费；坚持分类指导，各省市因地制宜，合理确定随迁子女入学政策，保障平等接受教育；不断完善全国中小学生学籍信息管理系统。

三、社会政治制度与教育关系的性质

社会政治制度的性质决定了教育的性质，而不是相反。政治这个社会因素是以政权为核心的，它对其他社会活动都起着一定的决定性的作用。任何一个阶级、政党掌握了政权以后，都竭力使其他社会活动为巩固、维护自己的政权服务，至少要把这些活动限制在不威胁政权存在的范围之内。学校教育由于主要承担着培养新生一代的任务，更是历来被统治阶级重视和严加控制。有什么样性质的政治制度，就必然会有相应性质的教育。古今中外，概莫能外。任何一个阶级都不会花了人力、物力、财力去培养反对自己政权的人。因此，任何想使教育不受政治制约，处于超然状态的观点都是不科学的，都是不可能实现的。就像鲁迅先生形容的那样，是想拉着自己头发离开地球。

尽管政治制度与经济一样对教育起决定作用，但把这两种决定作用比较一下就可以看出其不同。从人类社会发展的历史看，经济对教育的决定作用是通过提供教育发展的条件和对教育的数量、质量、结构等提出需求的方式进行的。由于经济发展的总趋势呈积累上升状态，它对教育发展的影响也是逐渐增强，呈累加的近乎直线式上升的状态。而政治对教育的影响往往通过行政、法律等硬性手段，带有强制的性质。政权的性质越反动，色彩越浓，这种强制性干预也越突出。正因为如此，历史上政治对教育的决定作用不完全是促进其发展的，当政治是反动的时候，对教育不仅没有促进，还有摧残性的影响。此外，随着政权与社会的更替，教育的具体政治性质也不断更替。每当一个新阶级登上政治舞台，总要先对旧的教育做性质上的改造，然后再使新的教育得到巩固、发展。随着这个阶级由进步趋向于没落，其教育也逐渐趋向于保守。

在谈到政治制度对教育的决定性作用时，还必须正确认识这种决定性的含义和界线。政治决非万能，决不能用政治取代教育。

（一）政治对教育的决定作用并非从来就有

政治晚生于教育。在艺术、宗教、教育、经济、政治中，教育出现最早，而政治出现最晚；从与人类的关系远近来看，也是教育与人的关系最近，政治与人的关系最远。世界各国经历各种战乱、朝代和统治阶级的更替、国家的兴衰，但只有教育能够较为稳定地保存下来。历史也告诉我们，最早的学校并不是由政府举办的，更不是政治力量直接干预的结果，而是人们对知识的热切渴望和不断追求过程中连带产生的副产品，所有的学校最早都是由民间自发兴办的。因此，真正的大学最早应该与政治无关，但其可以研究政治。中国春秋战国时期的高等教育恰恰是因为政治集权的削弱，从而为文化的发展提供了一次绝好的历史机遇。中世纪欧洲的大学也是在西欧的“黑暗时代”结出的灿烂花朵。

可见，历史上政治对教育的影响不呈直线式，而是呈周期式的振荡更替、螺旋式上升的形态。

（二）政治对教育的决定性作用不总是良性的

开明的统治集团会自觉地维护大学自治、学术自由，自觉地坚守以人为本、思想自由，自觉地捍卫言论自由，自觉地促进社会的民主、公平、自由和人的解放。对教育进行宏观指导、微观放开，让教育自由、自主、和谐发展。然而，如果过分强调政治的作用或以政治取代教育，就势必会束缚教育的发展，使教育窒息、倒退，甚至摧残教育。

《中共中央关于教育体制改革的决定》指出：“‘文化大革命’使教育事业遭到严重破坏，广大教育工作者遭受严重摧残，耽误了整整一代青少年的成长，并且使我国教育事业同世界发达国家之间在许多方面本来已经缩小的差距又拉大起来。”“文化大革命”期间，一味强调“教育必须为无产阶级政治服务”，政治是决定者，教育是适应者。为了搞政治运动，在没有战争和瘟疫的情况下，大面积停课，这在世界教育史上是绝无仅有的，使我国教育几近崩溃边缘。市场经济又导致学术功利化，使人受教育越多离自然却更远，远离激情与梦想，缺乏公共情怀、人文情怀和深刻的理性。在市场需求、经济利益的驱动下，基础研究与应用研究、开发研究对立起来，偏离了学术的本质，影响了学校和学科的发展。我国提出科学发展观，构建和谐社会，强调以人为本、人的真正解放，重视、承认教育的个体本位价值，这将会使我国教育出现革命性的变化。

如果只看到政治消极限制的一面，那就使政治对教育的作用仅仅是一种防范，而不是一种促进与推动。另外，政治制度对教育的作用也是有限度的，这种限度表现为不能违背教育自身的发展规律，更不能以政治代教育。尽管政治可以采取强制的方式使教育“就范”，但是如果政治的要求不符合教育自身的发展规律，那么，实际这种要求并不会真正得到贯彻。这种限度还表现为不能用政治的要求去代替排挤社会其他方面，如经济、文化等对教育的要求，或者把政治工作的要求与社会其他要求对立起来。

从教育对政治的反作用中我们可以看到，对于政治制度来说，教育也不是恭顺的奴仆，它可以成为巩固政治的武器，也可以成为被统治阶级手中的武器，用来加速旧政权灭亡。教育对政治制度的反作用，取决于它所服务的政治经济的性质。当它为先进的政治、经济制度服务时，它就能推动社会进步，教育就起着进步的作用。当它为落后的、腐朽的政治、经济制度服务时，就会阻碍社会进步，教育就起着反动的作用。其作用程度大小取决于教育本身的成效，但这种反作用也是有限度的。

(三)政治应更自觉、更主动地为教育服务

对一个国家的政治而言，教育不仅生产劳动能力，还生产科技能力，促使国民经济的发展，并成为实现国家现代化和实践民主理想的工具。因此，国家是教育最直接的、最大的受益者，国家应成为教育的主要投资者，无论教育如何采取多种渠道筹资，政府都不应推卸自己作为主要投资者的义务和责任。随着社会经济的发展，国家对教育的投资就应越大。从某种意义上说，教育投入的充足与否，将直接制约一国教育事业发展目标的实现。公共教育经费占 GDP 比例的大小反映一个国家的政府为教育发展做出的财政贡献的大小。国际上通常用一个国家“公共教育经费占国内生产总值(GDP)的比例”作为衡量一国政府教育的重要指标，该指标与公共教育经费占公共财政支出比例指标一起，成为较为全面反映一国政府教育投入“努力程度”的两个基本指标。近二十年来，多数国家公共教育经费占GDP的比例稳定在5%左右，不少发展中国家该比例也在4%以上。

虽然我国政府的财政性教育投入不断增加，但与其他国家相比，我国的教育经费，一方面长期存在着“投入不足”“严重匮乏”的根本缺陷；另一方面同样也存在有限的教育经费使用结构不合理、效益不高、浪费严重的弊端。比如，在教育层级结构上，高等教育急剧膨胀，初等教育、基础教育相对萎缩；在城乡结构上，教育投资过多集中于城市，农村教育投资相对匮乏；在学校之间，重点、示范学校投资过剩，普通学校则资金奇缺。审计署审计长刘家义2009年在十一届全国人大常委会第九次会议上做审计报告时说，2006年至2007年，一些教育部门和学校违规收取择校、补课、赞助等费用5.02亿元，部分城市违规统筹使用、挤占挪用基础教育经费18.08亿元，一些地区和部门滞留基础教育经费24.31亿元。

政治对教育的决定作用不是从来就有，政治对教育有积极和消极的双重作用。当政治成为教育发展的桎梏时，要变革的是政治而不是教育。国家是教育的直接的最大受益者，国家对教育具有“社会责任”，政治(或政府)应更自觉、更主动地为教育服务。

专栏3-2

学术不该掺杂太多的社会、政治因素

历时30年、国内上百家研究单位、千余名研究者共同参与的肤纹研究，成了“中华民族自古就是一家人”的有力证据。这本是一个可能对历史、医学等研究有重大帮助的好消息，却惹来众人非议。有人认为这是统战的需要，有人认为这是无关轻重的研究。学术研究越来越像一场闹剧，专家结论变成了众人谈笑之资，这并不是一个应有的社会风气……

一、现象：大家都爱嘲笑“砖家”——专家辟谣地震传言两天后运城地震引发质疑

2010年1月24日10时36分，在山西省河津市发生4.8级有感地震。运城全市13个县(市、区)普遍有感，其中3县区震感强烈；临汾市5个县区、晋城市4个县区震感较强；长治市、吕梁市、晋中市部分县区有感。据悉，此前专家曾辟谣地震传言。自从汶川地震以后，地震研究人员的任何一句话都成了大家嘲笑和鄙视的对象。人们并没有耐心去了解地震的成因，地震预报仍是世界性难题的现状，一

有地震，尤其是伤亡的地震，似乎都成了地震局的专家学者们的错，他们成为众矢之的。

谩骂或者非议专家意见，似乎成为一种当下的主流舆论。任何专家说的话，都是错误的，都是有目的的，几乎成了人们下意识的反应。专家们、知识分子们仿佛又回到了过去“臭老九”的时代……

二、原因：是谁造成了这种局面？

1. 官场文化渗透到多领域，学术腐败难以根治

当学术掺杂了太多政治需要、利益关系之后，即使本来真实的学术，也开始伪科学化了。职称评定、科研经费申请，诸多环节，无不充满猫腻。正如许多学人所观察到的，中国现行的学术体制完全是以官本位为特征的体制。官场化的学术体制，遵循的完全是官场中的以权力为资源、以利益为鹄的权力规则。

2. 知识分子自身经受不住诱惑，缺乏学术道德

在这样的大环境下，在利益与道义权衡上，有多少人能够洁身自好？不规范、不诚实、缺乏学术道德的行为如今可谓是无处不在。如“被人称为用权力写作”的原上海大学法学院院长潘国和利用职权大肆进行学术剽窃活动的事例，就是一种典型。2009 年，国内知名学府复旦大学近日惊曝严重学术抄袭事件，涉及师出同门的两位博士后研究生及其导师。

3. 大众对知识分子缺乏应有的尊重与信任

上海在建住宅倒塌，使得“楼脆脆”和“压力差”成了流行词语。其实，就物理学理论来说，“压力差”直接导致楼倒并无错误，这个“专家结论”与此工程中可能存在的腐败问题、监管问题等并不矛盾。可是，所有的人们一拥而上，指责专家企图掩盖事实，我们在挖掘社会原因的同时，是不是也应该意识到这股风气并不正常？

三、建议：让学术尽量纯粹，让知识分子尽量独立

人类的伟大就在于崇尚知识，追求智慧，尊重知识分子。当今，无论是由于拜金主义的影响，还是由于知识分子自身的退步，或者其他原因，都让我们的社会风气远离了对知识的追求和崇拜，我们应该意识到这种现象的危险性……

1. 科学研究是严谨的，不能带着结论寻找证据

判断学术上的是与非，应当是实验、实证和实践。而不是以领导者和权威者的思想为判断真理的标准。有了论证才有结果，而不是带着结论去寻找证据，知识分子必须有严谨的科学态度，应有的学术道德。

2. 处理好学术与政治的关系

科学自然有其社会属性，比如人文科学等。但并不是所有的科学都需要和政治有如此紧密的联系。研究科学的知识分子应该是尽量自由、独立的，正如陈寅恪所主张的“独立之精神，自由之思想”。这样才有利于科学知识的进步和发展。

资料来源：http://news.sohu.com/s2010/dianji377/。

第三节　教育与文化

“文化”一词有广义和狭义两种理解。关于广义文化，比较普遍的认识是指人类在社会历史实践过程中所创造的物质财富和精神财富的总和，用来表达一定历史时代的物质和精神文明发展水平，也用来说明具体社会、部落、民族的风俗习惯以及生活方式的特点。狭义的文化则是指社会意识形态以及与之相适应的制度、机构等，较普遍地把它看作社会精神文化，即社会的思想道德、科技、教育、艺术、文学、宗教、传统习俗等及其制度的一种复合体。本节所讲的文化主要是指狭义文化，主要指的是与人类精神活动及其产品有关的方面，文化的作用主要是直接影响人的精神风貌和精神创造的能力，影响人类精神文明的发展，即把文化界定在精神生产的领域。

长期以来，关于文化与教育的关系，一直也没有引起研究者足够的重视。现在，随着文化的勃兴，各种新的文化形式不断涌现，教育的发展则显得相对滞后，这就迫使人们不得不思考：教育在文化发展中具有怎样的地位？面对当前文化发展的态势，教育是引导、顺应，还是抵制或反对？文化与教育之间仅仅是相互促进的关系吗？它们之间有没有“负作用”或反作用？

一、教育对文化的促进作用

(一)更新文化

文化的传播可分为两种：一种是在一定社会文化共同体内的文化传输，即指在同一社会文化共同体内将文化从这一代传到另一代，我们可称这种传播为“文化传递”。它在文化的时间维度上，使文化保持延续性。另一种是跨社会文化共同体的传输，即指文化从一个社会文化共同体传输到另一个社会文化共同体中去，我们可称之为“文化传播”。它在文化的空间维度上，使人类文化保持着某种程度上的“同一性”。当今世界各民族文化的多元化与全球文化的一体化趋势，便是各民族文化传播交流的结果。

文化的传输不像倒水，从一个容器倒进另一个容器，而是通过人们之间的互动或相互作用进行的。在文化的传播过程中，对于外来文化，本土文化的“深层结构”就像一个“变压器”，使外来文化，特别是精神文化，必须像电流一般通过它，才能发挥效用。在文化的传递过程中，亦不是单纯的灌输，不仅受着个体接受水平的制约，也受着全体文化知识结构和价值观念的制约。对此有一个深刻的认识，对我们考察教育在传递和传播文化中的作用及发挥作用的条件是有帮助的。

教育既是文化传递的重要工具，又是文化传播的重要工具。教育传递着文化，因而使得新生一代能较为迅捷、经济、高效地占有人类创造的精神文化财富的精华，使一个人从毫无文化内容的“自然人”变成一个具有摄取、鉴赏、创造文化的“文化人”。如果人类文化不从上一代传递给下一代，那么，人类文化的保存、积累与发展就成为绝对的不可能。任何新生的一代都得去重复前辈所经历的事，人类就不可能进化，就永远只能停留在结绳记事、钻木取火的蒙昧时代，并随时都有可能从地球上消失。人类是文化的创造者，也是文化的继承者，这是就其世代交替的整个人类而言的。就其每一代人来说，首先是文化的承继者，然后才能是文化的创造者。只有先承继文化，才能创造文化。一般说来，每一代人对于人类文化进步做出贡献的大小与他们的先辈们留下的文化遗产多少成正比。教育传递文化，从其对个体的生存和发展意义来说，个体受教育的过程，就是获得间接经验的过程。任何个体，如果没有间接经验，且不说发展，就连生存都不可能。谁都知道，一个言语器官生来很健全的儿童，如果出生以后不与人类社会接触，就不可能学会说话，甚至不可能形成人的心理。所谓“狼孩”，就是一个很好的例子。

教育传递文化，将人类的精神文化财富内化为个体的精神财富成为整个生命的一部分，这样，人类的精神财富便找到了它最安生、与人类共存亡且具有再生功能的“保险库”。因此，教育作为传递文化的手段，也就具有了保存文化的功能。教育传递文化，实质上是一个精神文化再生产的过程。这个再生产的过程，具有经济、高效、迅捷的特点。再生产科学，同重新生产科学所需的劳动时间是无法相比的，例如，学生在一小时内就能学会二项式定理。这一精神文化的再生产过程，是一个教育者与受教育者的互动作用过程，它是一个受教育者在客观精神文化的作用下不断重组和建构自身主观精神文化的过程。人类学家格里库里贝特森的研究是对上述观点的佐证。贝特森在《思想生态学的步骤》一书中，强调了这样一个观点：“文化本身是复杂的，学习文化的过程也是复杂的，从某种意义上看，每一代人对他们自己的文化，都有一个重新发现和理解的过程。每一代人不仅学习自己的文化，而且重新结构自己的文化。”在这里，我们不准备深入讨论教育传递文化的复杂机理问题，而只想强调教育作为传递文化的手段，具有保存文化的功能。在人类世代交替的过程中，它是不可或缺的，无论是对整个人类，还是任何个体。

(二)普及文化

教育是提高全民族文化水平的重要手段，是一个国家文化建设的重要内容。全民族文化水平的提高说到底是一个普及教育的问题。因此，人们常常以一个国家教育水平的高低作为衡量这个国家文化是否发达的标志。掌握文字和其他一些最基本的认识世界的工具，这是人吸收文化和创造文化的最基本条件，而这项任务是通过教育来实现的。实际上，处于不同的文化水平的人，都面临着重学习一些新知识、培养新能力的任务。当时代发展到使原先只有少数专家必须必须掌握的知识、技能，变为某一层次或全民都都必须掌握的知识、技能时，就面临着某一方面的“扫盲”任务，就必须借助于某种教育形式，来完成这一任务，而任务的完成则意味着某一方面的文化的普及。

在一个还具有相当数量文盲的国家内，扫除文盲、实现基础教育的普及，总是文化建设中重要的和必须完成的任务。联合国教科文组织在2014 年发布的《全民教育全球监测报告 2013—2014 年》中说，全世界72%的文盲人口集中在 10 个国家，这些国家的文盲人口达 5.57 亿，其中印度居首位。该组织驻印度办事处认为，教育危机将对今后几代人产生不利影响。报告显示，印度是世界上文盲人口最多的国家，成年人文盲人口达 2.87 亿，占全球文盲人口的 37%。发展中国家四分之一的人口无法阅读完整的句子。报告还特别指出，中国的表现突出，过去 20 年，成年人文盲减少了 1.3 亿(即下降了 70%)。联合国教科文组织驻印度办事处认为，虽然印度有义务教育法，但教育质量存在严重问题，而缺乏合格师资是主要原因。印度的教育危机将对今后几代人产生不利影响，而且最贫困的人口受该危机的冲击最大。①

据英国《卫报》网站 2014 年 1 月 29 日报道，报告显示，发展中国家四分之一的人口无法阅读完整的句子，这警示人们质量过低的教育将给人类留下文盲现象，而这种现象比之前人们预测的还要严重。联合国教科文组织总干事伊琳娜·博科娃在《全民教育全球监测报告 2013—2014》序言中表示：“缺乏受教育机会已不是发展中国家教育事业唯一的危机，

① http://www.guancha.cn/Education/2014_01_30_203395.shtml。

教育质量太差使得一些有机会上学的人也学不到什么东西。”

从当代来看，文化普及的问题不只是指扫除文盲。该报告的主管波林·罗斯女士说：“在一些贫穷国家，小学数量迅速增多，政府把大部分注意力放在小学的出勤率上，与此同时，他们却忽略了基本的读写能力和成人教育。”全球范围内，近三分之二的成年文盲为女性，这一比例自1990年来就相当稳定。就目前趋势来看，实现“发展中国家贫困女青年零文盲”这一目标最早要到2072年。该报告还提出，富裕国家的教育体制也有待提高。在新西兰，几乎所有四年级和八年级的富孩子们都能达到最低标准，而只有三分之二的穷孩子能够达标。在挪威和英国，超过10%的八年级学生在数学这一科目上都没能达标，这些目标包括儿童早期护理、小学和中学教育、成年人扫盲、性别平等和高教育质量等各个方面。

教育的普及文化的功能不只表现在知识或艺术形态的文化上，也表现在其他形态方面。如在改变人们的生活方式方面，要使全国人民的生活达到科学、健康、文明的水平，没有教育作为基础是难以实现的。如果饮食要讲究营养，衣着讲究美观，言行要讲究文明礼貌、社会公德，消费结构要讲究合理，整个生活要讲究情趣活泼、健康，就必须使每个公民不但具有基础的文化水平，并要懂得与此相关的知识，只有这样才能使我国人民在精神文明的建设方面也逐渐达到小康水平。

(三)交流、整合多元文化

文化的传播，一般指某一社会文化共同体的文化向另一社会文化共同体的传输过程，是单向的；而文化的交流，则是两个或两个以上文化共同体的文化相互传播，是双向的或多向的。

文化的传播交流，可以通过教育、战争、贸易、移民等途径和手段来进行。历史昭示我们：狭隘的地方主义会导致文化停滞。抱残守缺、故步自封的文化，不管它有怎样辉煌的过去，也不可能有真正的前途。一种文化只有对其他文化开放，在与其他文化的主动接触中吸收、融合别的文化的优良因素，才能得到丰富和发展。因为文化的传播交流，会促使各文化形态能增生出许多不被原地理环境和文化传统所羁束的、从更高层次上超越其地理环境和原有文化传统的新的文化因子。文化的交流，对于双方都是自我超越的过程，都是向自身灌注生命力和新鲜血液的过程。教育作为传播交流文化的重要手段和途径，也就具有了丰富文化的功能。如在日本明治维新运动中，在促进“文明开化”方面，公共教育扮演了先锋的角色。许多西方人士被邀请到日本来，并向他们学习和寻求异域现代文化的新知识。这些努力，使日本政府和社会得以高速西方化。

在此，我们似乎也有必要指出，在一定文化共同体内部，大众文化交流，特别是视听交流的各种形式的发展，加上信息的传播，给教育和文化交流开辟了新的境界并增加了两者之间的联系。文化交流可以创造一种“教育环境”，随着教育系统丧失对教育的垄断，交流成了教育的工具以及教育的课题。既然我们把“文化”理解为人类创造活动及其全部成就“人所加于自然的一切”，那么，文化交流无论是人与人之间的交流或是不同文化共同体之间的交流便成为一切生活方式的主要成分，因而也就是文化的主要活动方式。可以说，交流起着丰富文化的重要作用；作为文化交流的工具，教育也是文化的构成，它可以助长和影响人们的态度，激发并促进思想观念、行为方式的传播以及造成文化的多元化。

二、文化对教育的作用

(一)文化的发展使课程不断丰富和更新

作为精神文化对教育的影响，最直接的方面，就是学校课程内容(各门学科)，它正是文化的一部分。自然学科是文化，人文学科是文化，就是伦理、道德等内容的教学，也是社会价值对青年发展的一种界定，一种要求，其实这也是文化，甚至可以说是文化的核心。这里需要说明，经济、政治对教育的制约影响，往往要通过精神文化这一中介来实现。而文化对教育的影响，可以说是直接的。我们可以将某一种新思想、新认识、新的科学成果等，直接移植为教学内容。教学内容的取舍并不完全受经济发展水平的高低、受国家财富的多少所制约，而与文化发展有直接关系。

当前，科学以前所未有的速度发展，学校课程又面临着更新的局面。这种更新表现为几种形式，一是增设新的富有时代气息的新课程。如有条件的国家或地区，在中小学里开设计算机课程、信息课程、未来课程、环境课程，等等。这些课程中有部分作为基础课程，有部分作为选修课程。二是删去或压缩课程中已陈旧或相应显得简单的内容，把高年级的某些内容放到低年级去，或增加新的内容。近几年来数学、生物等课程的改革就采用了这种方法。但是，在强调教育内容与文化发展的相关性的同时，还必须指出，这两方面的变化在时间上并非完全同步。文化本身的变化在先，并且，要在这一变化的社会价值被认识并在社会发展中产生影响时，在这一变化的教育价值也被认识时，才会在教育内容中得到相应的反映。因此，相对于文化的发展、变化来说，课程内容具有相对稳定性，变化速度较缓慢，变化的过程也受教育者的自觉控制，它不是一个随文化发展而自发变化的过程，而是有意识的有控制的改造过程。因此不可能也不应该要求教育反映文化的每一个变化。

(二)文化的发展影响着教育方法、手段和组织形式

现代科学技术的发展使人类认识世界的能力有了新的飞跃，在传递文化的能力方面也由于新技术的采用而得到提高，传播文化的途径越来越多了。通信卫星的发射，使每个信息有可能传递到地球的每一个角落，空间的距离再也不能成为传递信息的障碍，信息传递的必需时间也大为缩短。因此就可能导致整个教育系统结构的变化，学校教育在教育系统中的中心地位将被由各种形式的教育构成的网络式结构取代。而就每个个体来说，随着传播手段的大众化，独立获取信息的可能也大为增强。这一切在学校教育中的应用，为教育内容的扩展与加深提供了技术上的保障，为教学方法的改革，教学手段和组织形式的灵活、多样化，教学效率的提高创造了技术前提。如电影、电视、录像、网络在教学中的运用，使学生的学习不受时空的限制，也不受课堂集体教学的限制。对学生来说，教学内容也变得形象、生动，并可按照每个学生的学习需要，整体或部分地反复再现。由学生自己控制学习的速度，这对于提高学生的学习兴趣和效率都会产生积极的影响，同时也改变了传统的课堂教学的单一形式，赋予学生更多的在学习中按自己的实际需要进行选择的权利。

同时，教师在教育中的地位与作用也会发生变化。教师在传统教学中处于中心信息源的位置，他的主要职能是传递信息和控制整个教学过程，使其按全班统一的步子进行。获取信息手段的多样化，改变了教师中心信息源的地位，唯一中心成了多中心，从而也削弱了教师传递信息的职能。甚至可以这样说，在现代化的社会中，如果教师只是已有信息的载负者和传递者的话，那么学校可以不要教师。在现代化的学校中，教师在教学中的作用更多是作为一个组织者、辅导者、协调者、控制者，其行为目的不再是全班的统一步伐，而是每个学生的最佳学习效果和全班活动多样化。此外，教师在从繁重的传递信息的任务中得到部分解脱后，就有可能在培养、发展学生的智力和能力方面，以及对学生的人格影响方面发挥更大的作用，使教师的工作在事实上更符合“人类灵魂工程师”的称号。

(三)文化的发展影响到教育目的

多元文化主义是特定时代的产物，与特定时代下社会的巨大变化，包括家庭、婚姻、宗教、教育和种族关系等领域的新变化甚至与国际大背景紧密相关。文化渗透到学校教育内部所产生的最深层的影响是对教育目的的影响。文化的发展并不是只意味着人类知识总量和精神财富的增加，数量的增加只是发展的最初效果，进一步发展的必然后果是使人

的思维方式、价值观念和由此而产生的行为方式，即人类自身的精神世界及其表现发生深刻的变化。比如，随着人类对客观世界认识的全面深化，人类的思维方式也由点状向线状、再向纵横交错的网络状变化，由单面向多侧面、再向多层次、多侧面的系统方式变化。与此同时，人类对自身的发展也越来越关注，从而带来价值观上的一系列变化。这些变化只要是代表着时代方向的，就不可避免地、或迟或早地反映到学校教育目的上来，使每一个时代文化的内在气质在形成一代新人过程中得到体现和发扬光大。这种影响与前面提到的两个方面相比，显得隐蔽，是一种无形的影响，然而却更深刻、更根本，影响的时间也更长久。

价值多元化社会中，各个集团、组织、群体在社会的一般法律秩序之外，强制要求成员内化其固有的理想和价值。这样，就有可能通过集团、组织、群体间接地使社会的基本理想和价值内化。因此，我们应该设定理解、尊重各个集团、组织、群体理想与价值观的教育目的，承认不同民族以及包含性别、职业、能力等各种差异的集团、组织、群体的文化、价值，保障其全体成员享有等同的权利。

三、教育与文化关系的性质

教育与文化之间关系，不是简单的决定与被决定的关系，而是互相部分包含，互相作用，并互为目的与手段的交融关系。从社会总系统的结构看，教育与文化都受社会生产力与政治决定，处在同一层次上。具体地讲，文化中的部分内容构成教育的内容，几乎每一种文化活动都具有教育的影响，而教育活动又是传播文化的重要手段之一，是文化活动的构成。因此，这两者的关系最为直接和密切。

虽然文化与教育之间的联系既直接又密切，但两者之间又是有区别的，它们各自又有着相对的独立性。并非所有的文化都构成教育的内容，而且构成教育内容的那部分文化还要进行一定的加工。

在对象和功能方面教育与文化也存在着差别。教育活动是以人为直接对象的社会活动，它的功能是为社会和个人的各方面发展服务。而文化活动的主要对象是人的精神活动的产品，它的主要功能是丰富社会和人的精神生活。因此，在处理教育与文化之间关系时，还必须注意两者的区别。从教育的角度看，尤其要注意从丰富多彩的古今中外的优秀文化遗产中做出正确的选择，分清主次轻重，处理好必修课与选修课之间的各种关系，使教育内容不是一种杂乱的文化堆积，而是滋养新生一代的精神佳品。在此，不仅要对有形的文化加以选择，对于无形的文化同样也要选择，通过教育使民族精神素质得到普遍提高，也使我们的教育富有鲜明的民族色彩，为人类文明的发展增添光辉。

20 世纪 90 年代以后，全球化使人们越来越感受到文化趋同的压力和文化异质的冲突。文化多元共存的持续发展对国家治理方式、公民归属情感以及政治认同等问题提出了根本性的挑战。文化认同、价值认同、公民身份认同乃至国家认同越来越有超越本土化的趋势。然而，现代国家始终追求的一个核心目标仍然是创造一种共同文化，保持政治共同体的团结和凝聚，维护国家的稳定和统一，寻求以国家为单位的利益最大化。因此，如何在多元文化社会中塑造国家认同与深化民主成为摆在人们面前的重要课题，公民教育亦因此成为现代国家重塑公民文化和国家地位新的聚焦。

多元文化主义教育理念认为，传统教育对非主流文化的排斥必须得到修正，学校必须帮助学生消除对其他文化的误解和歧视以及对文化冲突的恐惧，学会了解、尊重和欣赏其他文化，学习伴随着差异和多样性积极地生活。一种高效的和变革的公民教育应能够帮助学生获得在其文化社群、国家、地区乃至全球范围内都能有效发挥其作用所必需的知识、技能和价值。这样的一种教育也能够帮助学生获得世界主义的观念和价值，这是平等和社会正义所需要的。因此，多元文化主义教育理论与公民理论的主要目的是相连的。今天，世界的多样性以及边缘群体、民族和种族群体对于文化承认和权利的诉求更加强烈。学校需要实施多元文化公民教育，以使学生保持对他们的文化社群、跨国共同体以及对获得公民身份的国家的权利和需要的承认。同时，公民教育也应该帮助学生发展一种对于全球社会的认同与依恋，以及一种与全世界人民联结的纽带。公民教育应该使学生认识到他们与世界其他地区的人们紧密联系的命运。学校应该帮助学生理解文化、国家、地区和全球身份是如何相互联系、交错和演进的。这些身份以动态的方式相互作用。学生应该被鼓励去批判地审视他们的身份和承担的义务，以及理解他们相作用和建构的复杂方式。当人们更加愿意接受和承认文化和道德多样性时，文化多样性的合法性以及它与社会平等的关系就会更加明朗了。①

>>> 思考与练习

1. 简述教育与经济的关系。
2. 简述教育与社会政治制度的关系。
3. 简述教育与文化的关系。
4. 如何理解教育的相对独立性？

① http://cms.swu.edu.cn:8080/viscms/epcidex/fenleiliulan3472/20140801/133654.html。

>>> 推荐阅读

1. 联合国教科文组织：《教育——财富蕴藏其中》，北京：教育科学出版社，1996 年。

2. 联合国教科文组织：《教育的使命》，北京：教育科学出版社，1996 年。

3. 联合国教科文组织：《全球教育发展的研究热点》，赵中建选编，北京：教育科学出版社，1999 年。

4. 联合国教科文组织：《学会生存——教育世界的今天和明天》，北京：教育科学出版社，1996 年。

第四章　教育与人的发展

学习目标

1. 理解人的发展的含义。

2. 掌握影响人的身心发展的基本因素及其作用。

3. 掌握青少年儿童身心发展的规律及其教育。

4. 理解并能举例说明教育对个体发展的正向功能与负向功能，并能分析负向功能出现的原因。

教育是有目的地培养人的社会活动。教育能否对社会发生作用，归根到底还要看教育能不能促使人的身心得到发展。实践证明，并不是所有的教育都能促进人的发展。有的教育在影响人的身心发展方面收效甚微，有的教育不仅不能使人的身心获得健康的发展，反而会阻碍人的正常发展。因此，为使教育得以促进人的发展，教育工作者必须了解人的发展的含义和规律，认识影响人的发展的基本因素，正确处理教育与人的发展的关系，明确教育对人的发展的功能。对于教育与人的身心发展的关系，我们一方面，要看到教育在人的身心发展中所起的作用；另一方面，还要看到教育又为人的身心发展的客观规律所制约。这是按照科学规律做好教育工作、提高教育质量的重要保证。

第一节　人的发展的概念

发展，是哲学领域的概念，它是与衰退、下降相对而言，指的是进步、上升的变化过程。这种变化是一个复杂的过程，既有量的积累，又有质的飞跃。例如自然界的变迁、人类思维方式的革新、思维水平的提高等都可以被称为发展。

人的发展通常有两种理解：一是作为物种的人的发展，指人类在地球上出现以及进化的过程，即人类的发展或进化；二是指作为个体的人的发展，是随着时间的推进个体身心所发生的变化。教育学所讲的“人的发展”主要是指个体的发展，因为教育面对的是个体的、现实的、具体的人，教育的根本目的在于促进人的发展。

个体发展有广义和狭义之分。广义的个体发展，是指个体在从生命开始到生命结束的全部人生过程中不断发生的变化过程，其发展持续于人的一生。根据广义的发展观，发展的每一阶段都有自己的发展课题，都具有按发展的时间表依次出现的、有其独特意义的行为模式。对个体来说，每一个阶段都是重要的，不能认为某一阶段对个体的发展最重要，而另一阶段不重要。在日新月异的现代社会，我们需要确立的是广义的发展观，使个体的发展贯穿于生命的全程。

狭义的个体发展，是指个人从出生到成年的变化过程，主要是指儿童的发展。儿童的发展过程也就是儿童的成人过程。这既是由自然人向社会人，婴幼儿向成年人，个人小我向放眼世界、胸怀群体以至人类的大我的转化过程，也是不确定性与确定性、可能性与选择性、共性与个性相统一的发展过程。

个体的发展，包括身体和心理两个方面，这两个方面是密切相关的。由于心理是人脑的机能，因此，身体的发展，特别是神经系统发展的情况制约着心理的活动及其发展。同样，身体的发展，也要受到认识、情感、意志和性格等心理过程和特征的影响。人的身体发展，包括机体的正常发育和体质增强两个方面。这两方面也是相互联系的，正常发育的机体才能使体质增强，而体质的增强又有助于机体的正常发育。

心理发展，包括感觉、知觉、注意、记忆、思维、言语等认知的发展，需要、兴趣、情感、意志等意向的形成，能力、气质、性格等个性的完善。心理究其本质来说，是人脑对于客观世界的反映。心理的发展是两种反映的发展：一种是对于客观的对象以及各种对象之间关系的反映；另一种则是由个体或社会的要求所引起的对客观事物追求或倾向关系的反映。这两方面的反映是分不开的。人的发展是从可能性到现实性的渐变。人类面向未来的过程就是一个不断发展的过程，也是人自我生成的过程。这一过程是通过人与环境相互作用中的创造性活动来完成的。

本书所讲的人的发展，主要是指学校教育的对象年青一代的发展，指年青一代从出生到基本成熟这一过程中，随着年龄的增长，在身体和心理方面发生的积极变化和完善的过程。这样一个发展过程是在家庭、社会、学校的影响下进行的，使个体从一个软弱无能的新生儿发展成为具有一定的知识、能力和思想观点，能独立参加社会生活的社会成员。

总之，人的发展是一个非常复杂的发展变化过程。无论是生理发展，还是心理发展，都处于由低级向高级、由简单向复杂的不断的矛盾运动之中。

第二节　影响人的发展的基本因素及其作用

影响或制约人的发展的因素有哪些，它们相互之间是什么关系，这一直是教育研究者们积极关注的问题。因为只有把握好这个问题，才可以有意识地利用和创造各种因素促进个体的发展。然而，历史上对这些问题的回答可谓众说纷纭，莫衷一是，其中影响较大的有单因素说、三因素说及其变式等理论观点。

一、几种不同的影响个体发展的因素观

在众多的因素观中，比较有影响的几种观点可以按他们提出的因素的数量分为下列三类。

(一)单因素论

单因素论片面强调某一因素在人的身心发展中的作用，忽视影响人的身心发展的其他因素以及各因素之间的关系，遗传决定论、环境决定论和教育决定论都属于单因素论，它们的观点在下文中再作具体论述。

这些理论的贡献在于各从一个侧面提出并论证了该因素对个体发展的意义，其缺陷在于忽视因素间的相互关系以及绝对化的判断，所以它们不可能是全面、正确的，然而这似乎是人们在认识某一复杂问题时的必经阶段。

(二)三因素论

三因素论是在苏联凯洛夫主编的《教育学》中有关影响人发展的因素理论的简称。其主要论点是：个体的发展受遗传、环境与教育三方面的影响，但这些因素各自在发展中所起的作用不同。遗传是个体发展的基础，它为个体发展提供了可能，但是遗传对个体发展不具决定性意义，因为没有环境的作用，遗传提供的基础不可能实现，人也不可能成为人，世界上“狼孩”的存在就是实证，因此使人发展成为人的决定性因素是环境。其中作为特殊环境的学校教育，对人的发展具有主导作用。

三因素论在我国教育学中的一致公认地位约持续到20世纪80年代初，可以说是对1949年以后中国教育学理论有深广影响的一个基本观点。它之所以在我国相当长时期内被一致公认，除了历史原因以外，确实还因为它较之无论哪一种单因素论都更全面地体现了影响人发展因素

的组成及其相互关系，且对原有的一些观点作了改造：把带有一定宿命论色彩的遗传决定论中对遗传作用的认识，改造成人的发展的物质基础，体现了唯物主义精神；在环境因素中，突出了社会环境的作用，摆脱了部分生物化倾向；对教育的作用，则强调了它在人的发展中定向、加速与强化的主导作用。这些在理论上是一大进步。

然而，这一理论还存在着许多不足之处，这些不足已在20世纪70年代出版的由苏联教育家巴拉诺夫主编的《教育学》中得到了批评，并在20世纪80年代在我国引发强烈反响，因此而引出国内对影响人发展因素的深入探讨。有关批评主要集中在以下几个方面。首先，认为三因素论在分类标准上存在混乱，教育对于遗传、环境来说不是同一层次上的，按教育是特殊环境说的理解，它应含在环境因素中，而不是与遗传、环境并列的一大因素。其次，三因素论还没有能包含影响人发展基本因素的全部，同时对因素间的相互影响也缺乏分析，把人在发展过程中的主观能动性仅限在人主动参与实践活动上。

正是在这样反思的基础上，又提出了一些新的因素论。新的因素论沿着两个方向发展：一个是对因素重新分类和重新界定每一类中所包含的内容；另一个是增添新的因素，并进一步研究因素与因素之间的相互关系。前者发展成二因素论，后者孕育出各种多因素论。

（三）二因素论

在我国出版的《教育学》著作中，二因素论首次出现在巴拉诺夫等著的《教育学》中。该书是我国1977年后翻译出版的第一本苏联教育学教科书。书中提出了不同于三因素论的二因素论，即把影响人的发展的因素分为两大类，一类为生物因素，其中包括人的遗传因素、个体先天特点及生理结构、生理机制等方面的总和；另一类是社会因素，其中包括环境与教育等方面，尤其突出环境因素中人的作用。该著作强调生物因素与社会因素的关系并非对立，指出人的发展是在人的活动中实现的。二因素论避免了原三因素论分类的弊病，并丰富了有关生物因素的内容。但对人发展因素的探讨并没有跳出三因素论的模式。

（四）多因素论与二层次三因素说

针对三因素论的缺陷，以后又陆续出现了四因素论和五因素论，对三因素论进行了修订。四因素论是在三因素论的基础上加一个主观心理因素，而五因素论则是在四因素基础上再加一个反馈调节因素。但是，这种修改使分类标准更加复杂，而且都忽视了人的发展是一个动态变化的过程，影响人发展的因素也在变化之中，从而导致对问题的研究停留在平面、静止的水平上。同时，它忽视了发展主体是“人”，忽视了人的发展与生物学意义上的其他生命发展的本质区别，没有把人这个主体的独特能动性看作是影响人发展的重要因素。针对上述问题，20 世纪 80 年代，有的研究者从人的发展的特殊性出发，用动态的、系统的、辩证的思维方式对这一问题重新认识，提出了“二层次三因素说”。①

二层次三因素说从人的发展实质上是个体生命的多种潜在可能逐渐转化为现实个性的过程这一理解出发，在对影响人发展的因素的分类上打破了以往以因素本身的性质为划分依据的做法，转向以对人的发展的影响性质为依据。由此，把影响人发展的因素分为两大类，即“二层次”：一类是对个体发展的潜在可能产生影响的因素，即“可能性因素”；另一类是对个体发展从潜在可能转化为现实产生影响的因素，即“现实性因素”；在二层次中共含有三大类型的影响因素：个体自身条件、环境条件与活动。

- 影响个体发展的基本因素
  - 可能性因素
    - 个体自身条件
      - 先天因素
        - 遗传因素
        - 成熟机制
      - 后天因素
    - 环境
  - 现实性因素：活动

图 4-1 二层次三因素说结构图

二、影响人的发展的基本因素及其作用

影响人的发展的基本因素是一个颇为复杂的问题，也是一个正在持续讨论并不断加深认识的问题。影响人的身心发展的因素多样而复杂，概括起来，主要有这样三种：一是生物因素，包括遗传素质和不属于遗传素质的某些生理特点、健康状况等，其中，遗传素质的作用尤为关键。二是社会因素，包括人所处的各种社会组织、家庭、学校等环境和教育因素。三是人的主观能动性。人在接受各种因素给予的影响中并不是完全消极被动的，而是通过自己有意识的活动对各种因素进行反应，因此，人的主观能动性也是人的发展中一个不可忽视的影响因素。

（一）遗传素质在人的发展中的作用

所谓遗传素质，是指个体从上代继承下来的生理解剖的特点。它包括神经系统特别是脑的结构与机能特征，运动器官、感觉器官、语言器官等方面的结构与机能，以及肌体结构、形态等方面的特征。个体从上代继承下来的这些特点，是其存在与发展的自然的或生理的前提条件。

---

① 参见瞿葆奎主编：《教育基本理论之研究》，福州：福建教育出版社，1998 年，第 452—459 页；叶澜：《论影响人身心发展的诸因素及其与发展主体的动态关系》，《中国社会科学》，1986 年第 3 期。

如果没有这些条件，个体的存在与发展便不可思议。任何社会生命的个体，其之所以能成为生命的存在物，乃与其特有的“遗传性”密切相关。

一般说来，遗传素质对人的发展的作用主要表现在以下几个方面。

1. 遗传素质是人的发展的生物前提，为人的发展提供了可能性

遗传素质是人的身心发展的生物前提，是人类赖以发展的物质基础，它为人的身心发展提供了可能性。人的发展总是要以遗传获得的常态的遗传素质作为前提的，如果遗传素质有缺陷，人的身心发展就得不到正常发展。一个先天失明的人，就不能发展视觉，成为画家，一个生来就聋哑的人，也就不能发展听觉，成为音乐家。正是由于常态的遗传素质为人的发展提供了前提，才使人具有接受教育的可能性，其中神经系统特别是大脑的构造和机能是否正常对人的心理发展具有直接的关系。人体的器官中，脑是最宝贵、最重要的器官，人脑接受外界刺激所产生的心理现象，恩格斯称它是“地球上最美丽的花”。人体其他器官，在某些方面其功能远不如许多动物，但是，人类仍然是万物之灵，是这个地球上不可匹敌的主宰，唯一依靠的是人有世界上最高级的物质——人脑，它能思维、能想象、能认识和改造世界。可见，如果一个人大脑不正常，就不会有正常的思维发展和思维活动。

人的遗传素质优于动物的最大特点，在于它潜藏着发展的巨大可能性。恩格斯曾经指出，即使最低级的野蛮人的手，也能做几百种任何猿手所模仿不了的动作。人初生时，似乎比初生的其他动物软弱得多，但由于初生婴儿具有比其他动物优越于千百倍的遗传素质，就蕴藏着比其他动物大出千百倍的发展潜力和可能。在后天的环境和社会影响下，人就可以掌握丰富的语言文字和高深的科学文化知识，就具有发达的思维和高超的能力而成为万物之灵。

2. 遗传素质的发展过程制约着年青一代身心发展的年龄特征

遗传素质有一个发展过程，它表现在人身体的各种器官的构造及其机能的发展变化上。如青少年身高体重的增加，骨骼构造的变化，心肺和大脑的发育等。遗传素质的成熟程度，为一定年龄阶段的身心特点的出现提供可能与限制，制约着个体身心发展的年龄特征。

人的某些早期运动技能的获得，是直接建立在生理成熟基础之上的，只有有机体某一部分达到了成熟程度，某种相应的动作和技能才会出现。例如，胎儿的瞳孔在母体内不能对光线产生反射，但降生后第二天，见到光就能产生这种反射，这说明胎儿一出生，做出这些反射所需要的神经机制已经成熟。另外，人的一些后天习得行为也必须建立在一定的生理成熟之上。例如，人们常说“三翻、六坐、八爬叉，十个月会喊大大”，

所以如果让一个6个月大的婴儿学走路，是徒劳无益的，同样，让4岁的孩子去学习高等数学，也是难以成功的。只有当身体的发展具有了一定的条件，才为学习一定的知识和技能提供可能。

3. 遗传素质的差异性对人的身心发展具有一定的影响

儿童从出生到成年，身心逐渐发展成熟，同时个体的差异性也越来越明显。遗传素质的个体差异是客观存在的，它不仅表现在个体体态、感觉器官等方面，也表现在个体神经活动的类型上。比如，刚出生几天的婴儿，其表现差异就很大，有的比较安静，很容易入睡；有的则手脚乱动，经常哭闹。这是由高级神经活动过程强度、灵活性和平衡性等特征各有差别所决定的。从一两岁的婴儿身上，我们可以观察到，他们对外界事物的反应快慢、情感表现的强弱等方面也存在着差异。每个儿童的智力水平、个性特征等也都在一定程度上受先天遗传素质的影响。

遗传素质对人的发展影响的大小与其本身是否符合常态有关。大部分人的遗传素质处于常态。对遗传素质处于常态的人来说，遗传素质在人的身心发展中不起决定性作用。而对处于常态两端的各占约3%的个体来说，便常常具有决定性的作用。先天的生理缺陷或智商低于常态几乎决定了一个儿童终生处于低能状态；而对于超常儿童来说，则因为他具备了一般人不具备的极其优越的天赋条件，而使其处于发展的先天优势地位，并使他人无可比拟，虽然这一优势要受到相应条件的限制。

可见，遗传素质的差异性为人的发展的个别差异性提供了最初的可能性，对人的发展具有一定的影响，所以我们应高度重视优生优育问题。

4. 正确认识遗传素质在人的身心发展中的作用

遗传素质虽然对人的发展具有一定的影响，但是，它在人的发展中一般不起决定性作用。

(1)遗传素质只能为人的发展提供可能性

这种可能性必须经过一定的环境和教育条件才能转化成现实性。人虽然生来具有学习知识、技能，形成一定思想品德的遗传条件，但并不是生下来就具有现成的知识、技能、思想和品德。人怎样发展，朝什么方向发展，最终还是取决于环境、教育条件和人的主观能动性。一个天赋智力超常的儿童未必在将来会成为优秀的人才，一个音乐天赋很好的儿童也不见得一定能成为音乐家，因为遗传素质不决定人的发展，如果离开了后天的社会生活和教育，遗传素质所给予人的发展的可能性便不能变为现实。儿童从父母身上继承的是非常一般的才能，如某种注意力、某种程度的毅力、准确的判断力、想象力等。可是，一个想象力相当活跃的儿童，必须通过环境和他所受的教育，才能成为一名画家、诗人、富有创造力的工程师或颇有胆识的金融家。也就是说，儿童的前途严格说来并不是由先天遗传素质决定的。

(2)遗传素质具有可塑性

遗传素质本身可以随着环境和人类的实践活动的改变而改变，这说明遗传素质具有可塑性。就神经活动的类型来说，许多事实证明，一个在遗传素质上神经活动类型属于活泼型的人，在不良的环境和教育条件下，可能变成神经活动类型类似抑制型的人；相反，一个遗传素质属于抑制型的人，在良好的环境和教育条件下，也可能变成活泼好动、反应灵活、好交际的人。

科学实验还证明，神经细胞中核糖核酸的含量与人在积极活动中所接受的感觉刺激有直接联系，刺激的数量和种类可以加速或延缓先天的生长因素。根据形态学的研究证明，视觉输入的刺激能在不同程度上影响大脑皮层的厚度、神经元的大小、树突分支的多少、视神经的精细度等。实践经验证明，人们由于长期进行某一方面的训练，可以使大脑在某一方面的反应能力大大提高，如印染工人的颜色鉴别能力明显强于一般人，酿酒老工人具有比较敏锐的鉴别酒质的能力。

人的遗传素质发展的过程，也会因人的生活条件的变化而变化，如我国当今的青少年与旧中国的青少年相比，一般来说，在身高、体重上都有所增加，性成熟期提前了，智力的发展也有所提前与增强。所有这些，都说明遗传素质是具有可塑性的。

个体发展过程中，在儿童期遗传素质具有较大的可塑性，因此，恰当的培养教育可以促使他们的智力及身心各个方面得到充分发展，不仅可以使某些儿童能在早期表现出较为突出的才能，也可以及早弥补一些儿童遗传素质上的缺陷。

(3)遗传素质形成人的个别差异的作用不容夸大

由于人尤其是青少年儿童的可塑性比较大，因而他们在各自发展中表现出来的各种个别特点，不是由遗传素质简单决定的。人所生存于其中的社会环境，所受到的特殊教育，以及个人的主观努力程度都会对个性形成造成影响。因此，遗传素质在形成人的个别差异方面的影响力不容夸大。

关于遗传素质在个体发展中的作用，学术界曾有过极端的观点，这就是“遗传决定论”。这种观点认为，在个体的发展中起决定作用的是人的遗传素质，这些素质是在胚胎里已经具有的，是从祖先的遗传中承传下来的，个体的发展乃是这些先天素质的增长与量变，社会生活的条件和教育的作用，只在于延缓或加速遗传能力的实现。人的发展方向、顺序，每个时期的水平和心理特征，都是由遗传决定的。

遗传决定论的创始人是英国人类学家高尔顿(F·Galton)，他采用名人家谱调查法进行研究，把人的发展完全归因于遗传素质，甚至认为人的智力，乃至人的道德善恶都是在胚胎中形成的。他在1869年出版的《遗传的天才》一书中写道：一个人的能力，乃由遗传得来，其受遗传决定的程度，如同一切有机体的形态及躯体组织之受遗传决定的一样。美国心理学家、教育家霍尔(G. Stanley Hall)，也是遗传决定论的支持者，他曾说过："一两的遗传胜过一吨的教育。"美国心理学家桑代克(Edward Lee Thorndike)也说："人的智慧80%决定于基因，17%决定于训练，3%决定于偶然因素。"我国民间也有类似的说法："龙生龙，凤生凤，老鼠的儿子会打洞。""文化大革命"中，宣扬"老子英雄儿好汉，老子反动儿混蛋"的血统论，把人的革命或反革命看成是从父母那里遗传得来的，过分夸大了遗传在人的发展中的作用，更是荒谬的。

遗传素质只是人的发展的物质基础和前提条件，它只是为人的发展提供可能性，并不最终决定或预定人的发展，这种可能性必须通过后天社会环境和教育的作用才能转化为现实性，因此，不能夸大遗传的作用。"遗传决定论"把人的发展过程完全归结为遗传素质的作用，忽视和否认了后天的环境和教育对人的身心发展所起的作用，是错误的。

专栏 4-1

高尔顿名人家谱调查法

在人类心理与行为的发展方面，英国遗传学家高尔顿坚持以遗传的观点来解释个体差异。他认为遗传在发展中起决定作用，儿童的心理与品性早在生殖细胞的基因中就已经决定了，发展只是这些内在因素的自然展开，环境和教育只起引发作用。高尔顿运用名人家谱调查法，从英国的政治家、法官、军官、文学家、科学家和艺术家等名人中选出977人，调查他们的亲属中有多少人成名。结果发现，名人的亲属中有332人也同样出名。而对照组是人数相等的普通人，他们的亲属中只有1个名人。高尔顿认为，两组群体出名人比率如此悬殊，证明能力由遗传决定。在随后对名人的孩子与教皇的养子进行的比较调查还发现，教皇养子成名的比率不如名人之子多，高尔顿据此认为，教皇养子的环境条件与名人之子相仿，名人之子成名更多的原因在于遗传而不是环境。

资料来源：桑标：《当代儿童发展心理学》，上海，上海教育出版社，2003年，第75页。

(二)环境在人的发展中的作用

环境是围绕在个体周围的并对个体自发地发生影响的外部世界，或者是指人生活于其中，能影响于人的一切外部条件的综合。一切生物的生存与发展，都不能离开环境，人的身心发展也不例外。环境是一个复杂的综合体，它包括自然环境与社会环境。

1. 自然环境对个体的身心发展会带来一定影响

自然环境是指不依赖于人而存在，人与其他动物所共有的环境，是同人类生活和活动密切相关的、能够对人的存在和发展发生影响的种种自然条件的总称。比如，人的出生地的自然条件、气候状况、所处的地理位置、交通状况等。

个体的体态、外貌、身高甚至个性心理特征的某些方面的形成与发展既与其先天的遗传素质有关，也在一定程度上与个体生存的自然环境有关。不同地域的人群，其体态、外貌的发育在总体上有其相异的特征。例如我国西北高原的人群与江南水乡的人群在体态、外貌的发育上就明显地受到不同地域环境与自然气候的影响。地理环境、气候状况等不仅作用于个体的身体发展，甚至也在一定程度上作用于人的心理发展。有学者对我国南方人与北方人的个性作过比较研究，认为南方人机灵些、含蓄些，北方人憨厚些、直率些，这与南方多丘陵、山区和水田，北方多平原、高原和旱地有一定关系。

2. 社会环境对个体发展起着十分重要的作用

社会环境是指人们所生活的一定社会的物质生活和精神生活条件，包括宏观环境和微观环境两种。宏观环境如社会生产和生活方式、社会关系、社会精神文化等。微观环境如家庭、邻里、亲友、娱乐场所、工作单位等。人一生下来，就必然要生活在一定的社会之中，要受到社会环境的影响，并且在环境的影响下，发展着身体，获得一定的生活知识和经验，形成各种思想意识和行为习惯。这种影响可能是自发的、偶然的，但对人却具有耳濡目染、潜移默化的性质。所以我国古代教育家荀子说："蓬生麻中，不扶而直；白沙在涅，与之俱黑。……故君子居必择乡，游必就士，所以防邪僻而近中正也。"可见环境对人的影响之大。

社会环境对人的发展，其影响是非常广泛的，大致可概括为如下两个方面。

(1)宏观社会环境为人的发展提供了总的条件和背景，制约着人发展的方向和水平

宏观社会环境包括人所处的历史时代、社会制度、生产生活方式、民族文化、风俗习惯等社会大背景，它在总体上制约着人的发展。这种

制约表现在两个方面：①社会环境使人从遗传素质所得到的发展可能性变成了现实性；②宏观社会环境制约着一个人的发展方向和水平。社会环境的突出方面是社会物质生活条件，而社会物质生活条件又是人的社会实践的结果，正是人的社会实践在相当大的程度上规范或制约着人的发展。个体的思想是在后天的社会实践中逐步形成和发展起来的，这种社会实践又是在既定的社会物质生活条件下进行的。社会物质生活条件制约着个体社会实践的形式与内容，因而也对个体发展起着强大的制约作用。

(2)微观的社会环境对人的发展有直接的影响

微观环境比宏观环境对人的影响更为直接。人从出生开始，首先接触到的是家庭环境，它是对人的成长影响最为深远的微观环境，包括父母的教养方式和方法、父母的生活态度以及家庭条件等。鲁迅先生曾说："读书人家的子弟熟悉笔墨，木匠的孩子会玩弄斧凿，兵家儿早识刀枪。"此外，学校环境、工作环境都对人的发展产生直接的影响。

3. 正确认识环境在人的发展中的作用

(1)环境对人的发展有正反两方面的影响

环境既然是多种因素的复合体，那么其中就既有积极的因素，也有消极的因素，对人的发展就有正反两方面的影响。如"近朱者赤，近墨者黑""孟母三迁""墨悲丝染""里仁为美"等都是强调环境对人的这种影响。社会环境是多种因素的复合体，其中有积极的因素，也有消极的因素。

青少年学生处于成长阶段，辨别是非的能力比较低，加之好奇心强、善于模仿，求知欲旺盛，因而很容易受到环境因素的正、反两方面的影响。教育者应正确认识环境的性质、特点与作用方式，按时代发展方向，将环境因素作尽可能多的正向组合，使环境影响始终与学校教育保持一致，控制和减少环境因素对青少年学生产生的不利影响，提高环境积极因素的作用强度。

(2)人接受环境影响不是消极的、被动的，而是积极的、能动的实践过程

环境对人的发展虽然起着非常重要的作用，但绝不意味着人只是消极地、被动地适应环境，人具有主观能动性，自觉的能动性是人类的特点。因此，人是在社会实践的过程中接受着环境的影响，同时也改造着环境，并在改造环境的过程中改造自己。

如果离开了人的实践活动，客观的环境条件也不会对人的发展起什么作用。同时人们对待环境的主观态度不同，人们就有不同的发展和成就。离开人们的实践，单纯的客观环境不能决定一个人的发展和成就。

关于环境对个体发展的作用，学术界亦有过“环境决定论”的观点。这种观点认为，人纯粹是环境的产物，个体发展是环境影响的结果。中国古代哲学家墨子曾经说过：“染于苍则苍，染于黄则黄，所入者变，其色亦变。”美国行为主义心理学家华生(John B. Watson)则把环境对个体发展的影响与作用提到独一无二的地位，他在《行为主义》一书中曾写道，“给我一打健全的婴儿和我可用以培育他们的特殊世界，我就可以保证随机选出任何一个，不问他的才能、倾向、本领和他的父母的职业及种族如何，我都可以把他训练成为我所选定的任何类型的特殊人物，如医生、律师、艺术家、大商人或甚至于乞丐、小偷。”实际上，他过分强调了环境和后天教育的作用。“环境决定论”把人看成是环境的消极适应者，片面夸大环境的作用，是错误的。

(三)教育在人的发展中的作用

教育也是一种环境，是一种独特的环境。这里讲的教育区别于上述自然环境与社会环境，专指有目的、有计划地影响个体发展的一种活动，即学校教育。学校教育在个体发展中起着主导作用。所谓主导作用，即主要的并能引导事物向某方面发展的作用，即学校教育对人的发展具有主要的、导向性的作用。学校教育对人的发展起主导作用，是相对而言的，即与遗传因素和自发的环境的影响相比，在人的发展中起着主导作用。

这种主导作用主要体现在两个方面，一是学校教育能引导个体的发展方向，即帮助个体对发展的多种可能性作出判断和价值选择，使自身的发展方向与社会发展对人的要求和谐一致；二是体现在为人的终身发展奠定坚实的基础，为离开学校后个体的继续发展创造条件。

之所以说学校教育在人的发展中起主导作用，主要基于以下原因。

第一，学校教育具有明确的目的性和方向性。一般说来，环境对个体发展的影响具有自发性、离散性的特点，而教育对个体发展的影响则具有自主性，集中性的特点。不管何种形式、何种层次的教育，它都是有目的地培养人的活动，或者说它是以教育人为主要目的的活动。学校教育代表社会对人的要求，根据一定社会政治经济和生产力发展的需要，按照一定的目的与方向，选择适当的内容，采取有效的方法，利用集中的时间，对人进行系统的教育和训练，使人获得比较系统的文化科学知识和技能，形成一定的世界观和道德品质。相对于环境对个体发展的影响与作用而言，学校教育是一种特定的控制和利用环境的活动，它利用环境中符合教育目的的因素，控制与排除环境中不符合教育目的的因素。不仅如此，学校教育还通过有目的地培养人去作用与改变影响个体发展的生存环境。

学校教育还可以根据儿童的遗传素质，有意识地发挥他的长处，弥补其不足，使先天的遗传素质向有利于儿童成长的方向发展。特殊教育在超常儿童教育和残疾儿童教育方面所做的探索和成就充分证明了这一点。盲、聋、哑、残等特殊学校使许多残疾人获得了正常生活的能力，使他们融入了主流社会。

第二，学校教育具有较强的计划性和系统性。学校教育是在各种严格的规章制度的制约下进行的。它保证了教学的良好秩序，把青少年发展所需要的一切时间和空间纳入到可控的程序之内，保证了教学得以顺利、有节奏地进行。同时，学校教育又具有系统的学习内容。这些内容一方面考虑了社会政治经济对人才规格的需要；另一方面又考虑了知识的逻辑顺序和学生的年龄特点及接受能力，从而保证了人才培养的高质量与高效率。与自发的、偶然的、片面的环境因素的影响相比，学校教育给人的影响是全面的、系统的和深刻的。

第三，学校教育具有高度的组织性。学校教育主要是通过专门的教育机构——学校进行的。学校有比较完整的组织机构，是按照一定的教育目的组织起来的。学校教育是通过专门从事教育工作的教师进行的。教师是受过专门训练，闻道在先、学有专攻的人。学校通过教师按照一定的目的、选择适当的内容、运用适当的方法，并集中时间有计划、有系统地向学生进行德、智、体诸方面的教育。正是这样的教育加速着个体的身心发展，使年青一代健康成长，它对个体发展的影响较为全面深刻。由此可见，学校教育对个体发展具有不可替代的作用。

教育对个体发展的主导作用随着社会向前发展而不断强化。社会愈向前发展，其积累的文明成果愈多，经验愈多，而人要不断适应向前发展着的需要，就必须吸取更多的文明成果，这就需要更多的教育。对于科学技术高速发展的现代社会来说，教育对个体发展的主导作用显得更为重要。

虽然，教育在人的身心发展中起主导作用，但其主导作用的发挥也是有条件的，要受许多因素制约，教育既不能超越它所依存的社会条件，凌驾于社会之上去发挥它的主导作用，又不能违背儿童身心发展的客观规律任意决定人的发展，因而教育不是万能的。教育在人的身心发展中发挥主导作用的条件包括以下几个方面。

第一，教育的主导作用受遗传素质的限制。教育能够促进学生发生一定变化，但这种变化必须以学生的遗传素质的成熟为基础。人的遗传素质成熟的必然性和规律性，是学生发展变化的最初根据，教育影响只能在它许可的范围内才能促进人的发展。

第二，教育的主导作用受教育自身状况的影响。教育主导作用发挥的程度和效果的大小，与教育自身的条件有很大的关系，如教育的物质条件是教育赖以存在与发展的基础，也是教育功能正常发挥的前提条件；教师素质的高低制约着教育的水平；教育管理水平也会制约着教育功能的发挥。

第三，教育的主导作用会受到异质环境影响的干扰。学生生活在现实的社会环境中，除了主要接受教育影响外，还要从事其他各种实践活动。由于环境条件是多种因素构成的复合体，对于正在成长的学生来说，其影响具有两重性。有些环境影响是与学校的教育影响方向一致的，这当然有利于学生发展。但是，也有一些环境影响与学校教育的性质相反，不但不会强化影响力，反而会削弱甚至抵销教育影响，致使教育影响难以到位，不利于教育主导作用的发挥。

第四，教育必须遵循青少年身心发展的客观规律。教育虽然主导人的发展，但要真正发挥作用，必须考虑到青少年儿童发展的内在矛盾，要从他们身心发展的状态和水平出发，遵循其发展规律。

(四)个体的主观能动性在人的发展中的作用

人的发展既受环境条件的制约和遗传素质的限制，同时又受人自身的自我意识的有目的、有计划的能动调节。从一定意义上说，人的发展过程就是在生物条件下和环境条件下，人的自我选择、自我调节、自我实现的过程。这种个人自我意识的选择自励功能在哲学上称为“主观能动性”，个体的主观能动性是人身心发展中的内部动因。

第一，人是通过自身的活动实现自身发展的。环境条件的影响，只能通过个体的积极活动，才能成为促进个体发展的因素。环境的影响过程，实际上就是个体通过与客观环境的交互作用，反映并改造客观环境而实现的。一般来说，在同样的环境条件下，由于人所从事的是不同性质和水平的活动，环境也就从不同水平和方向上影响作用于人，导致人在发展状况上的差异性。如果一个人在某些活动领域里表现出的积极性比较高，他就会在这些方面得到比较迅猛的发展。相反，如果一个人囿于自我封闭的狭小圈子，则很难期望他有大的作为。

第二，人是按照自身已有的知识、经验以及个性品质有选择地对客观环境做出反应的。每个人在与环境交互作用的过程中，逐渐形成了定型化的反应图式。当客观刺激作用于人时，原有的反应图式就会对之加以改造和制作，从而形成不同的反应类型；同样，相同的客观刺激作用于不同的人身上，也可以产生不同的反应，从而显现出人的不同品位和风格。因此，人的主观能动性就像一个过滤器，对来自客观环境的刺激进行分析取舍，从而更大限度地促进人的发展。

第三，人的主观能动性可以在一定程度上控制、影响自身的发展进程。人所处的环境和生理特征都会在意识上唤起一定的主观状态。如果按照严格的决定论，有什么样的环境就会塑造出什么样的人，有什么样的遗传素质就会形成什么样的个体，但由于人的主观能动性的参与，这种一一对应的模式变得复杂起来。有些人虽然身处逆境，穷且益坚，屡创辉煌业绩；相反，有些人身处顺境，却浑浑噩噩，终生无为。这说明，人并不是听任命运的摆布，而是完全可以通过自己的主观努力，改变自己的不利处境。

总之，影响人发展的因素主要有四个方面。一是遗传素质，它为人的发展提供了生物前提和发展的潜在可能性；二是环境，其中最主要的是社会环境，宏观的社会环境为人的发展提供了总的条件和背景，制约着人发展的方向和水平，微观社会环境对人的发展产生直接的影响；三是教育，它也是一种环境影响，只是不同于一般环境的自发影响，学校教育具有明确的目的性、方向性、计划性、系统性和组织性，因而在人的发展中起主导作用；四是个体的主观能动性，是人身心发展中的内部动因。上述因素各具特点与作用，都是人的发展所不可或缺的必要因素，但任何一个因素都不是人的发展的充分的决定性因素，我们不可以片面夸大某个因素的作用。在人的发展过程中，四个方面的作用，既相互区别、各具特点，又相互作用、相互依存，必须依据人的发展的具体条件与需要，充分利用和发挥四个方面的作用，使其在每个人的发展中不断得到优化组合，从而使个体获得最佳的发展。

第三节　人的发展规律及其教育

人的身心发展是有规律的，这些规律是人在一定年龄阶段身心两方面发展的稳定的、典型的本质特征。人的身心发展的规律主要有以下几个方面。

一、人的发展的顺序性和阶段性及其教育

(一)人的发展的顺序性和阶段性

1. 人的身心发展有一定的顺序性。顺序性是指人的身心发展具有一定的方向性和先后顺序的特性。在正常情况下，个体之间的发展速度会有差异，但发展顺序不会颠倒，发展阶段也不会逾越，更不会逆向发展，一般遵循着由简单到复杂、由低级到高级、由量变到质变的连续不断的发展过程。如身体发展，是从头部、躯干向四肢，从中心部位向全身的

边缘发展的；行为的发展是先爬后行再跑；记忆的发展是从机械记忆到意义记忆；思维的发展是从具体思维到抽象思维；情感的发展是先有喜、怒、惧等一般情感，而后出现道德感、理智感等高级情感等。

2. 人的发展不但有顺序性，而且有明显的阶段性，它反映了量变与质变的统一。它表现为青少年身心发展的年龄特征，即在发展的不同年龄阶段中身心发展的一般的、典型的特征。发展心理学上一般把儿童个体的身心发展分为如下六个阶段：①乳儿期(出生至1岁)；②婴儿期(1～3岁)；③幼儿期(3～7岁)；④童年期(7～12岁)；⑤少年期(12～15岁)；⑥青年初期(15～18岁)。前后相邻的阶段是有规律地更替的，在一段时期内，发展主要表现为数量的变化，经过一段时间，发展由量变到质变，从而发展水平达到一个新的阶段。在童年期思维特征是以形象思维为主，情感特征是不稳定且形于外；而在少年期，其抽象思维已有较大发展，对情感的体验开始向深与细的方向发展，但很脆弱；在青年初期，以抽象思维为主，情感较丰富细腻、深刻稳定，同时道德感、理智感等在情感生活中占主要地位。

(二)根据人的发展的顺序性和阶段性，教育要做到循序渐进

个体身心发展的顺序性和阶段性的特点，要求教育工作必须适应青少年儿童身心发展的各个阶段的顺序，循序渐进。教育要做到由浅入深，由简到繁，由易到难，由具体到抽象，由低级到高级，逐渐前进，不能“揠苗助长”“陵节而施”。否则，就收不到应有的效果，更谈不上发挥教育的主导作用，甚至还会损害他们的身心健康。同时，由于身心发展各阶段是相互联系的，具有连续性，前一阶段是后一阶段的准备，这就要求教育工作要做好各阶段教育的衔接，使教育要求前后一贯，保持连续性。此外，教育工作更要针对年龄特征，对症下药，采取有针对性的教育方法和措施，不能搞“一刀切”和“一锅煮”。

二、人的发展的不均衡性及其教育

(一)人的发展的不均衡性

人的发展的不均衡性是指个体发展具有的非等速、非直线的特点。人的发展的不均衡性主要表现在以下两个方面。

第一，身心发展的同一方面，在不同的年龄阶段，发展是不均衡的。人的身心发展有一定的顺序性，但他们的身心发展速度并不是在每个阶段都是一样的，而是不均衡的，有的阶段发展快，有的阶段发展慢。例如，儿童身高的增长有两个高峰，一个是出生后第一年，另一个是青春发育期(一般在14～16岁)。再比如大脑的发育，青少年儿童大脑发育最迅速的时期是出生后的5～10个月；其后，脑的发育又经历了两个显著

的加速期，一个是5～6岁，另一个在13～14岁之间。之后，就变慢了些，到17～18岁就更慢了，20岁可达到高峰。从心理方面看，智力在11～12岁以前增长较快，以后较慢，到20岁左右达到高峰，35岁以后缓慢下降。

第二，身心发展的不同方面，在同一时期发展是不均衡的。即身心某些方面发展比较快，在较早的年龄阶段就已达到较高的发展水平，而有些方面发展比较慢，到较晚的年龄阶段才能达到较为成熟的发展水平。比如，神经系统的发展是先快后慢，婴儿在6个月时大脑已达到成人脑重的50%，2岁半时达75%，5岁时达90%，以后它的生长过程变慢，大约20岁时停止生长；而生殖系统的发展则呈现相反状态，是前慢后快，青春期以前增长很少，处于潜伏状态，青春发育期开始后才大幅度增长。

(二)根据人的发展的不均衡性，教育要抓住关键期

个体身心发展的不均衡性，要求教育应该抓住青少年儿童身心诸方面发展中的"关键期"，不失时机地采取教育措施，在关键期给予合理的教育和良好的影响，就可能获得事半功倍的效果，使其获得最佳发展。所谓发展关键期是指身体或心理的某一方面机能和能力最适宜于形成的时期。在这一时期中，对个体某一方面的训练可以获得最佳成效，并能充分发挥个体在这一方面的潜力。错过了关键期，相应方面的教育效果就会降低，甚至永远无法补偿。

一些研究表明：2岁以前是母语发展的关键期；2～3岁是口语发展的关键期，4～5岁是口语发展的第二个关键期；0～2岁是孩子建立亲子依恋的关键期；3岁前是性格发展的关键期，3岁以前形成了某种性格，以后就难以改变；5岁前是品德发展的关键期，也是乐感建立的关键期；5～6岁是数概念发展的关键期；7～8岁是进行体育训练的关键期；小学阶段，是行为发展的关键期；初中阶段，是智力发展的关键期；高中阶段，是人生观、世界观形成发展的关键期。

三、人的发展的个别差异性及其教育

(一)人的发展的个别差异性

个别差异性是指个体发展之间的差别性。由于遗传素质、环境、教育以及个体的主观能动性不同，同一年龄阶段的青少年儿童在发展上存在个别差异，主要表现在发展水平有高低、发展时间有早晚、发展类型有侧重、个性特点各异等方面。

发展水平方面，就体质来说，有的身强，有的体弱；就智商来说，同一年龄阶段的儿童有的较高，有的较低，有超常儿童，也有低常儿童。

发展时间早晚方面，就身高来说，有的早长，有的晚长；就思维来说，有的在小学抽象思维已有很好的发展，有的要到十四五岁才有显著表现；就智力来说，有人早慧，有人“大器晚成”。发展类型方面，青少年儿童有的具有艺术才能，有的具有科技活动才能，有的具有组织才能，有的具有体育才能等。个性特点方面，有的沉静，有的活泼，有的坚强，有的柔弱，有的勇敢，有的胆小等。

世界上没有两片完全相同的树叶，也没有两个完全相同的人，即使是同卵双生子也不例外。正是由于个体间的差异，才构成了多彩多姿的人类世界。

(二)根据人的发展的个别差异性，教育要做到因材施教

人的差异是多方面的，人的需要自然也就千差万别，其追求自然也就“远近高低各不同”。因此，也就给教育工作带来了一定的难度。教育工作不仅要把握青少年儿童发展的共同性，考虑普遍适用的教育措施，促进他们全体发展，又要充分重视个体之间的差异性，因材施教，长善救失，从而使所有学生都得到发展。教育要深入了解学生，针对学生不同的发展水平以及不同的兴趣、爱好和特长，引导学生扬长避短、发展个性，最大限度地发挥每个人的潜力和积极因素，促进学生自由地发展。

第四节　教育对个体发展的功能

教育功能可以概括为两大方面，即教育对个体发展的功能和教育对社会发展的功能。在这里，我们具体分析教育对个体发展的功能。教育对个体发展的功能是指教育活动和系统对个体发展所产生的各种影响和作用，它不是主观的期望，而是客观的结果，因此，它不只是正向的促进，也有负向的阻碍。但是，促进个体的发展是现代教育所预期的正向功能，也是教育的本体功能。

一、教育对个体发展的促进功能

一个人生活在社会上，他既是社会的人，又是个体的人。前者表现为人具有社会性，它追求个体的共同性；后者表现为人具有个性，它追求个体的独特性。社会性和个性是相互对立而又矛盾统一的，人是社会性和个性的双重统一体。个体发展从本质上说是一个包含着两个矛盾方向的变化，而又重新系统化的过程。方向之一是社会化，方向之二是个性化。教育就是通过个体的社会化和个体的个性化，促使一个生物体的自然人成为一个生活在现实社会中的具体的人。因此，教育的个体发展功能表现为促进个体社会化的功能和促进个体个性化的功能。

(一)教育促进个体社会化的功能

教育对人的培养，结果是试图使人成为一定社会所需要的人，即通过教育，加速实现人的社会化，实现由生物个体向社会实体的转变。每一个从母体来到人世的人，都要经历由生物实体向社会成员的转变过程。这个转变的目的就是使每一个不知不识的生物个体成长为一定社会所需要的人，成为能够适应社会要求、与社会规范自觉保持动态平衡的人，这就是人的社会化的实现。所以，所谓人的社会化，就是个人学习社会知识、技能、行为规范，逐渐适应社会生活，成为社会成员，满足社会需要的过程。

社会化是一个过程，这个过程可以通过多种形式进行。其中教育是促使人实现社会化，加速人由自然成长过程到社会成员过程转变的最有效形式。教育以有计划、有系统的教育内容和丰富的教育形式，使学生在比较短的时间内明确生活目标、社会信仰追求、伦理道德行为规范、社会需要与价值取向，掌握应有的社会生活基本技能，认同应该承担的社会责任与角色等，成为一个社会成员。

社会化的过程是一个持续终身的过程。从婴儿期到老年期，它不断地调整个体的观念和行为，以适应社会生活变化的要求。社会化的具体内容大致包括四个方面：(1)接受一定社会的文化价值与社会规范；(2)使个人追求的目标与社会要求相一致；(3)掌握个人获得社会成员资格和追求目标所必需的技能；(4)学会认同身份和在每一场合下自己所处的角色。

影响社会化的因素包括家庭、学校、同伴群体、大众传媒、职业组织、社区等。不同年龄阶段，社会化的主导因素不同。学校是个体社会化的场所，教育是个体社会化的途径，教育在促进个体社会化中的功能主要表现为以下几个方面。

1. 教育促进个体思想意识的社会化

人的行为是一种有意识的行为，思想意识成为支配人行为的内在力量。意识虽然为个人所具有，但它不是个体思维的产物，而是社会的产物。所以，个体的思想意识本质上是社会价值规范在个体头脑中的反映。

教育代表一定社会的要求，传播社会中的主流文化和价值观念，受这种文化和价值观念的影响，学生就易于形成与主流社会文化要求一致的思想意识，从而认可并自觉维持现存社会的种种关系。而且，由于教育所传播的文化价值观念的系统性和深刻性，还由于教育活动组织的计划性和严密性，教育形式的活泼性和多样性，就易于使学生接受这种价值观念，并形成完整的思想观念体系。教育促使个体思想意识的社会化，特别表现为个体的政治化。

2. 教育促进个体行为的社会化

人的行为要符合所属群体或社会的要求，这个要求就是社会规范。教育通过社会规范的传递，使人们认识社会规范的意义和内容，认识到应该干什么，不应该干什么。在日常生活中，教育还具有生活指导的功能。它授予人在社会生活中必需的知识技能，如处理人际关系的技能，帮助人们学会协调理想和现实之间的冲突，使人们学会生活、适应生活。

3. 教育培养个体的职业意识和角色

职业是社会化的集中体现。人生活在社会中，要以一定的职业为主，这就决定了为就业和生活做准备的教育，必须能够促进个体的职业化。对职业技术教育、高等教育和成人教育而言，培养人的职业角色意识、技能是其核心要求。基础教育作为一种全面的素质教育，也负有职业指导和职业定向的重要职责，要指导学生根据自己的兴趣、爱好和能力，结合国家的需要，确定自己的未来理想，帮助他们实现自己的职业理想。

(二)教育促进个体个性化的功能

人与人之间既有相同的一面，又有不同的一面。相同的一面表现为人的社会性，社会性反映的是人对社会的适应，是社会化的结果；不同的一面表现为人的个性，个性是个体在实践活动中形成的独特性，它是个体个性化的结果。个性化是一个尊重差异性的求异过程，它反映的不是对社会的适应，而是在继承基础上的发展、变革和创造，因而个性化的核心是个体在社会实践活动中促进自主性、独特性和创造性的形成。

1. 教育促进人的主体意识的形成和主体能力的发展

主体意识和主体能力是人的主体性表现。主体意识是人作为认识和实践活动的主体的自觉意识，它包括主体的自我意识和对象意识；主体能力是主体认识、改造外部对象世界的能力。主体意识是主体性的观念表现，主体能力是主体性的外在表征。无论是主体意识的形成，还是主体能力的获得都要通过教育。在某种意义上，教育正是通过对人的道德、智力、能力的培养而提高人对自我的认识。对于个体而言，教育的过程是一个不断提升自我的过程，是激发并张扬人的主体意识的过程。人通过接受教育，通过形成道德观念，增进知识、能力而达到能动地适应客观世界并变革客观世界的目的。因此，教育过程对个体而言，是一个提高自身素质，增强自我能力的过程。

2. 教育促进个体差异的充分发展，形成人的独特性

个体的独特性表现在人的个性心理上，诸如需要、兴趣、爱好、理想、信念、世界观、能力、气质、性格等。人的遗传素质蕴含着个体的

差异性，如气质类型的差异、智能优势的差异等。个体由于后天的生活环境、教育影响的不同，即便是相同的遗传素质，也会形成不同的发展结果。教育作为有目的的活动，可以根据学生的不同心理发展特征，选择适合他的发展通路、设计适合他的教育。因此，教育能够尊重个体的差异，因材施教，帮助不同的学生充分开发其内在潜力，形成自己的优势区域和特长。

3. 教育开发人的创造性，促进个体价值的实现

创造性是人的个性的重要品质，是个性的自主性、独特性的综合体现。它是个体在创造活动中所表现出的自主、独特、与众不同的心理倾向。创造活动是人生产新颖、独特、有社会价值的产品的活动。人们在创造活动中所表现出来的创造性不仅是个体独特的自我意识的体现，同时也符合社会价值的要求，具有社会性。因此，创造性是自我性和社会性的连接，它虽是个人才能的最高体现，但这种才能的发挥要受到社会的制约，要以对社会的贡献来衡量。

二、教育的个体谋生和享用功能

(一)教育的个体谋生功能

教育的个体谋生功能，是把教育作为一种生存手段和工具，是“成才”的教育，着眼于社会生产和生活对人的知识技能的要求，是“人才”的教育；教育的个体发展功能，旨在促进人身心和谐完善地发展，是“成人”的教育，着眼于个体自身发展的需要。当然，教育的最终目的是成“人”，但成“才”是成“人”的必要环节，同时，成“人”必须通过成“才”表现出来。

教育担负着传授知识、技能，促进人发展的功能，这也就使得教育在传授知识的同时，能让人获得谋生的本领。马克思讲到，“要改变一般的人的本性，使他获得一定劳动部门的技能和技巧，成为发达的和专门的劳动力，就要有一定的教育或训练”①，因此，教育成为现代社会生产劳动力的必要条件，而且，随着社会的不断发展，对工作者受教育层次的要求越来越高。

教育的个体谋生功能，一方面可以通过个体社会化，将社会文化行为规范传递给年青一代，使他们获得未来社会生活或职业生活中相应的角色和意识，以便他们在进入社会生活时能尽快地适应社会环境。另一方面教育要传授“何以为生”的本领。英国教育家斯宾塞曾经将“个人完满生活的准备”作为教育的目的，认为“为我们的生活做准备是教育应尽的

---

① 《马克思恩格斯全集》第23卷，北京：人民出版社，1972年，第105页。

职责”，这在人本位教育家看来，虽然具有功利主义的色彩，但它确是现阶段社会的需要。因为现代社会还没有达到生产力高度发达和对产品的各取所需，劳动既是人的需要，更是人谋生的手段。教育，尤其是普通教育基础上的职业技术教育、高等教育、成人教育就是要造就和培养具有谋生本领的劳动者和建设者，成为推动社会生活发展进步的人力资源。个体谋生的需要，要求教育必须教人“学会生存”，在当代，这不仅是学校教育的任务，还是整个终身教育的职责。

(二)教育的个体享用功能

教育在促进个体发展的同时，还能使个体获得一种特殊的享受，即使个体生活需要得到满足，求知欲得到实现，获得高层次的精神享受，并进而获得幸福和自由。这是教育的个体享用功能。

教育的个体享用功能主要体现在人接受教育与获得幸福的关系上，即它能使个体获得特殊的满足从而产生幸福感。具体体现在：首先，教育充分满足了人的本能需要，人的本能的满足是个体幸福的基础；其次，教育给人以体验生活和感受幸福的能力；最后，学校生活本身是一种幸福生活，求真、向善、达美是校园生活的主体价值。

三、教育对个体发展的负向功能

从我国当前的教育现状看，学生在身心发展方面不同程度地存在着主体意识淡漠(如学习活动中缺乏自主性)、个体被压抑(如过分的从众心理与行为)、功利思想严重(如重成绩轻人格)、素质发展不全面(如智力发展较强但思想道德素质和心理素质薄弱)等现象。教育对个体发展的负向功能主要归纳为以下五个方面。

(一)教育的效率化压抑个性发展

现代学校教育中，对教育技术和效率的追求几乎渗透到教育活动的每一个方面。“率”字在现代学校教育中是一个常见的字眼，学校之间相互攀比“升学率”，班级之间比较“优秀率”“及格率”，“向四十五分钟要效率”等现象比比皆是，“效率优先、兼顾公平”的原则在学校教育中得到了最有效的贯彻。为了迎合高效率的目标追求，“学校教育不仅对不同的人(无论这些人的自身需要、兴趣、先天资质和社会背景如何)提供同样的、预先套装好的一组组知识和价值，而且还要求这些人在同样的年龄、通过同样的步骤、以同样的方式学习这些套装的教育内容。”①学生的素质基础、个体特长、认知能力是有差异的，用一种统一的教育模式实施于

① 项贤明：《泛教育论——广义教育学的初步探索》，太原：山西教育出版社，2000年，第249页。

千差万别的个体，无疑会在提高教育效率的同时导致对学生个性的压抑。

(二)教育的社会适应使教育具有保守性，不利于个体批判精神的培养

教育具有极强的社会性和阶级局限性，它要适应社会，传承社会意志，就必然表现出保守的特征。所以，学校教育在引导学生遵守现行社会政治秩序、传递社会价值准则和规范的同时，容易造成个体批判精神的失落。

(三)文化的消极面通过教育对个体产生消极影响

不适应时代发展的消极文化因素必然会对个体发展产生负面效应，例如我国“师道尊严”“学而优则仕”等传统的价值观就对教育产生了潜移默化的影响，使教育中师生处于不平等的地位，并使教育带上了明显的功利性，这对个体主体性的形成和自身素质的全面提高是不利的。

(四)教育者的局限对个体发展产生直接的消极影响

由于教育发展迅速，教师队伍素质参差不齐，许多教师的职业道德、教育观念、知识水平和能力素养等跟不上时代发展和个体成长的要求，不能深刻地把握教育的规律，这势必对个体发展产生消极影响。

(五)功利性的教育导向和“过度”的教育活动使个体感受不到教育的幸福感

以分数论英雄、以升学为目的的功利性教育严重压抑了个性的发展，使学生难以感受到教育应有的幸福感。同时，学校为了追求升学率而增加学生负担，对学生进行“过度”教育的行为，更使学生对教育产生了厌恶和恐惧。“在任何一个时代，孩子都应该是社会上最快乐最不知忧愁的人，都应该是社会上玩得最多的人。然而，在我们这个时代，某种意义上，孩子却成了社会上最忙碌最忧愁最痛苦的人，成了社会上玩得最少的人，这无论如何是一种荒唐悲哀的现象。”①这样，教育的个体享用功能也就难以实现。

>>> 思考与练习

1. 影响人的身心发展的因素有哪些？如何理解它们所起的作用？
2. 如何对教育功能进行分类？怎样认识教育的正功能与负功能？

---

① 转引自刘济良：《青少年价值观教育研究》，广州：广东教育出版社，2003年，第166页。

3. 青少年儿童身心发展的规律有哪些？教育应如何适应青少年儿童身心发展的规律？

>>> 推荐阅读

1.［德］卡尔·H.G. 威特：《卡尔·威特的教育》，丽红译，北京：京华出版社，2006年。

2. 王东华：《发现母亲》，成都：四川人民出版社，1999年。

第五章　教育目的

学习目标

1. 理解和识记教育目的的含义，教育目的的作用；了解教育目的与教育方针的关系，掌握教育目的的层次结构。

2. 理解和掌握个人本位论和社会本位论观点，把握正确的教育目的价值取向。

3. 理解制约教育目的的因素，掌握我国确立教育目的的理论依据。

4. 结合 1949 年以来我国教育目的的变化，正确理解和表述新时期的教育目的实质。

5. 掌握全面发展教育的内容。

人类同动物不同的一个明显之处，就在于他们活动的目的性和意识性，正如马克思所说："蜜蜂建筑蜂房的本领使许多建筑师感到惭愧。但是，最蹩脚的建筑师从一开始就比最灵巧的蜜蜂高明的地方，是他在用蜂蜡建筑蜂房以前，已经在自己的头脑中把它建成了。劳动过程结束时得到的结果，在这个过程开始时就已经在劳动者的表象中存在着，即已经观念地存在着。它不仅使自然物发生形式的变化，同时他还在自然物中实现自己的目的。"①同人类所有活动一样，教育对人的培养，也是按照一定目的进行的。教育是人类一种有意识地依据自觉设定的目的所进

① 《马克思恩格斯全集》第 23 卷，人民出版社，1972 年，第 202 页。

行的对象性活动，是一个有计划地培养人的社会实践活动。虽然对于培养什么样的人，不同社会、不同时期没有统一答案，但都是依据所确定的教育目的来进行的。

第一节 教育目的概述

一、教育目的的内涵

当面对天真无邪的孩子时，人们会思考教育究竟要把孩子培养成什么样的人呢？一个君子，一个绅士，一个淑女，一个德智体美全面发展的人，一个孝顺父母的人，一个对社会有用的人，还是一个社会上的职业者，比如教育家、政治家、思想家、艺术家？对于把受教育者培养成什么样的人，这是人们的教育理想，也体现了教育的目的。

通常，不管在哪个时代，教育目的往往勾画出某种哲学观指导下的理想社会中的理想公民形象，以指明教育努力的方向。如我国儒家的“格物、致知、诚意、正心、修身、齐家、治国、平天下”的“君子”，墨家的“兼士”或“贤士”，道家的“无为而治”的人，封建社会的“忠臣”，柏拉图的“理想公民”，亚里士多德的“自由人”，赫尔巴特的“道德”的人，卢梭的“自然人”，资本主义国家的“民主、自由、平等”的人，社会主义国家的“全面发展”的人等。因而，教育目的具有一定程度的理想色彩，它的来源更多地不在教育本身，而在于社会、时代及由二者决定的哲学观点，是一种经过抽象与概括的“理念”的东西，不足以产生对教育过程的具体指导与调控作用。但无疑，它对把握教育的总方向及表明教育的性质方面具有重要意义。

在教育理论界，对教育目的的概念没有完全统一的表述，其内涵在不同的场合各不相同。但一般认为，教育目的是把受教育者培养成为一定社会所需要的人的总要求，它规定了把受教育者培养成什么样的人，是培养人的质量规格标准。教育目的是教育要达到的预期结果，是根据一定社会的发展和受教育者的身心发展规律制定的。通常由两部分组成，一部分规定人的社会角色，就教育所要培养出的人的社会价值作出规定，即培养具有何种功能的社会成员，就是通常所说的教育要为社会培养什么人的问题，主要指明其应符合的社会要求、社会倾向，以及要实现的社会价值和要体现的阶级利益。比如“公民”“绅士”“建设者”“劳动者”“接班人”等；另一部分是规定人的质量规格，就教育所要培养出的人的身心素质作出规定，即提出受教育者在知识、能力、品德、审美、体质诸方面的发展要求，以期受教育者形成某种个性结构。比如“和谐发展”“全面发展”等。教育目的一般由国家或国家教育行政部门制定，指导一定时期的各级各类教育工作。

教育目的有广义和狭义之分。广义的教育目的存在于一切教育之中，从最原始的教育到最现代化的教育，从学校教育到家庭教育、社会教育都具有一定的目的。它是指人们对受教育者的期望和要求，即人们希望受教育者通过教育在身心诸方面发生什么样的变化或产生什么样的结果。国家和社会教育机构、家长、教师等对新一代寄予的期望都可以理解为广义的教育目的。

狭义的教育目的是国家提出的教育总目的和各级各类学校的教育目标，以及课程与教学等方面对所培养人的要求。各级各类学校无论具体培养什么领域和什么层次的人才，都必须努力使所有学生都符合国家提出的总的要求。如我国现阶段的教育目的是培养学生的创新精神和实践能力，造就有理想、有道德、有文化、有纪律的德、智、体美等方面全面发展的社会主义事业的建设者和接班人。这是我国目前教育活动的出发点和归宿。指导着我国整个教育的发展方向。

二、教育目的与教育方针的关系

要想正确理解教育目的，我们需要明确它与教育方针的关系，不少人认为，教育目的就是教育方针，也有人认为教育方针包含教育目的或教育目的决定教育方针，教育方针是实现教育目的的手段。这些观点有失偏颇。教育目的与教育方针是既有联系又有区别的两个概念。

教育方针是教育工作的宏观指导思想，是国家或政党根据一定社会的政治、经济和文化的要求，为实现一定时期的教育目的而规定的教育工作总方向。教育方针是教育政策的总概括，是教育目的的政策性表达，是全国各级各类教育的目的必须遵循的准则，是指导整个教育事业发展的战略原则和行动纲领。它是一个国家在一定时期内关于教育工作的总要求，它一般包括国家教育的根本性质、总的指导思想和教育工作的总方向等要素。教育目的是教育方针中核心和基本的内容。正确的教育目的观有助于制定有效的教育方针。

教育目的与教育方针联系在于：教育方针是根据教育目的制定的，教育目的是教育方针的重要组成部分，教育目的的确立及其内容必须符合教育方针的规定。有时候教育方针一身二任，即是方针又是目的。它们在教育的社会性质的规定性上具有内在的一致性，都包含为谁培养人的规定性，都是一定社会各级各类教育在性质和方向上不能违背的根本指导原则。

教育目的与教育方针的区别在于：第一，“教育目的”是理论术语，是学术性概念，属于教育基本理论范畴；“教育方针”则是工作术语，是政治性概念，属于教育政策学范畴。同时，教育目的也属于目的性范畴，而教育方针则属于手段性范畴。第二，教育目的着重于对人才培养规格做出明确规定，教育方针着重于对教育事业发展方向如“办什么样的教育”“怎样办教育”提出要求。或者说，教育目的反映的是一定社会对人才培养的总要求，规定教育培养人才的质量规格；教育方针是阶级或政党确定的一定时期内教育发展的基本指导思想。第三，教育目的有时是由社会团体或个人提出的，对教育实践可以不具约束力；而教育方针则是由政府或政党提出的，对教育实践具有强制性。第四，教育方针作为国家教育政策的概括，它对于教育工作产生的影响要大于教育目的，因为教育方针的内容中不只限于教育目的的规定，还涉及教育的性质和实现教育目的的途径。

三、教育目的的层次结构

教育目的是各级各类学校遵循的工作总方针，但各级各类学校还有各自的具体工作方针，这便决定了教育目的的层次性。所谓教育目的的层次结构，是指在国家教育的总目标指导下，由各级各类学校的培养目标以及实现这些目标所必需的课程与教育目标构成的教育目标系统，它们由抽象到具体形成了一个完整的目标体系结构。这一结构从上到下包括四个层次：国家的教育目的、各级各类学校的培养目标、课程目标、教学目标。

(一)国家的教育目的

国家的教育目的居于第一个层次，是国家或社会所规定的教育总目的。它是由国家提出来的，其决策要经过一定的组织程序，一般体现在国家的教育文本和教育法令中。它是国家对教育所要造就的个体在质量规格上的总的规定和对教育培养的个体在从事社会职业时的各种基本素质的规定。

(二)各级各类学校的培养目标

各级各类学校的培养目标居于第二个层次，培养目标一般是指教育目的在各级各类教育机构的具体化。它是根据国家的教育目的制定的某一级或某一类学校、某一专业对人才培养的具体要求，是国家教育目的在不同教育阶段、不同类别学校、不同专业方面的具体化。

1. 各级各类学校培养目标的确立

根据各级各类学校的任务和办学宗旨，确定对所培养的人的层次规格、学生完成学业后的出路去向等事项，习惯上称为培养目标。它是由特定的社会领域和特定的社会层次的需要决定的，各级各类学校要完成各自的教育任务，必须因校制宜，制定各自的培养目标。

2. 教育目的与培养目标之间的关系

教育目的与培养目标是普遍与特殊的关系。二者的联系主要表现如下：教育目的是培养目标的依据，教育的总目的决定具体的培养目标，同时又必须通过具体的培养目标才能实现，即教育目的只有具体化为各级各类学校的培养目标，才能现实操作和具体落实。二者的区别在于：教育目的反映了培养人的方向性，培养目标体现了培养人的层次性和具体规定性；教育目的反映了一定社会历史时期培养人的共同要求，培养目标则体现培养人的具体要求。

(三)课程目标

课程目标居于第三个层次，是指课程本身要实现的具体目标和意图，它是教育目的和培养目标在课程上的具体化，同时又是确定教学目标和教学方法的基础。它是微观层次的教育目的，是一切教育活动的基础，它具有很强的操作性。课程是为实现教育目标而选择的教育内容的总和。

(四)教学目标

教学目标居于第四个层次，教学目标是指教育者在教育教学过程中，在完成某一阶段的工作时，希望受教者达到的要求或产生的变化即所能达到的预期标准。教学目标是教育目的、培养目标、课程目标在教学活动中的进一步具体化。教学工作是学校教育中最重要和最基本的活动，教学是实现教育目的的最基本途径。教学目标的确定必须反映教育目的的基本要求，最终为实现教育目的服务。

教学目标与教育目的、培养目标、课程目标之间的关系如下：教学目标与教育目的、培养目标、课程目标之间的关系是具体与抽象的关系。教育目的是最高层次的概念，它是培养各级各类人才的总的规定、各级各类学校的培养目标、课程目标、教学目标都要依据教育目的制定。培养目标是指不同类型、不同层次的学校培养人的具体要求。课程目标是教育目的和培养目标在课程上的具体化，教学目标是四者中最低层次的概念，更为具体，微观到每堂课甚至是每个知识内容，教育目的和学校的培养目标、课程目标是制定教学目标的依据。教学目标日积月累得以实现，就会渐次达到课程目标、培养目标，以致教育目的。

四、教育目的的意义和作用

(一)教育目的的意义

教育目的是教育活动的出发点和归宿，是整个教育工作的核心，是教育活动的依据和评判标准。它贯穿于教育活动的全过程，对一切教育活动都有指导意义，也是确定教育内容、选择教育方法和评价教育效果的根本依据。教育目的的意义体现在以下三个方面。

第一，就教育者而言，教育目的是教育者组织和开展教育活动的依据，为教育者的教育活动指明了方向。

第二，就受教育者而言，教育目的对受教育者的成长与发展具有规定性的作用，它调控着受教育者的发展，保证受教育者按照社会的要求健康地成长。

第三，对教育活动而言，教育目的作为教育活动的出发点和归宿，它能保证教育活动的连贯性和科学性。

(二)教育目的的作用

教育是有目的地培养人的社会活动。教育这一社会活动所面临的问题是要解决个体发展与社会发展之间的矛盾，即促进受教育者的社会化，引导他以某种方式参与社会生活。因此，以此为出发点，教育目的对教育工作具有以下作用。

1. 导向、支配作用

教育目的是关系着教育的全局性的问题，它贯穿于教育工作的始终和一切方面，对教育工作具有导向、支配作用，它不仅为受教育者指明发展方向，预定发展结果，也为教育工作者指明工作方向和奋斗目标。教育内容、教育方法的选择、教育制度的制定，都要受教育目的的制约，都要符合教育目的的要求。教育目的是一切教育活动的出发点和归宿，一切教育活动都是为实现教育目的服务并在教育目的的支配下进行的。因此，教育工作者应该宣传教育目的，让家长、社会各方面了解教育目的，并配合学校共同搞好教育工作。

2. 对贯彻教育方针具有激励作用

教育目的深刻影响着教师的教育观和学生观，激励着教育工作者按教育方针的规定去培养人才。它对贯彻教育方针具有激励作用，它不仅能指导整个教育实践活动过程，而且能够激励人们为实现共同的目标而努力。如我国的教育目的是培养德智体全面发展的社会主义建设者和接班人，这就要求教师大力实施素质教育。教育目的本身包含对学生成长的期望和要求，因此也对学生的发展具有很大的激励作用。

3. 教育目的是对教育效果进行评价的重要标准

教育工作的最后归宿是取得一定的教育效果，也就是使受教育者的身心得到发展，行为发生改变并达到一定标准，而这个标准就是教育目的。教育目的是衡量、评价教育实施效果的根本依据和标准。教育效果必须与事先确定的教育目的相对照。评价学校的办学水平、办学效益，检查教育教学工作的质量，评价教师的教学质量和工作效果，检查学生的学习质量和发展程度等，都必须以教育目的为依据和标准来进行，即以是否达到教育目的的要求来加以衡量。

第二节　教育目的理论

一、教育目的的价值取向

教育目的的价值取向是指教育目的的提出者或从事教育活动的主体依据自身的需要对教育价值做出选择时表现出的一种倾向性。如果教育目的回答的是“教育为什么”的问题，那么教育目的的价值取向，回答的就是“教育应该为什么”的问题。价值取向不是一个抽象的价值，总是在它对个人对社会的关系中显现出来。价值追求是人类认识活动和实践活动的根本目的，对教育价值的追求是古今中外各种各样的教育思想、形形色色的教育行为的终极原因。因此人们在制定教育目的的过程中，可以根据自己的需要选择教育的价值。不同的人由于需要不同，教育目的也就不同，因而具有不同的价值取向。

(一)教育目的的双重性：内在目的和外在目的

在教育史上，人们曾提出过各种各样的教育目的，不管什么教育目的，都是要求教育要致力于对受教育者个体的培养、塑造、促进个体身心发展，满足个体自身发展的需求，同时也要致力于通过对一代又一代人的培养，造就出社会所需要的各种人才，来促进社会的发展。由此可以看出，教育目的的价值取向具有双重性。

教育目的的双重性表现在教育既有内在目的又有外在目的，或者说，教育既有直接目的又有间接目的。教育的内在目的，即直接目的，也是个体目的。在教育活动实施之前，教育者已经设想要运用各种教育手段去影响受教育者的身心，促使受教育者的身心变化发展，这是教育者开展一切教育活动的原因，也是教育者开展一切教育活动的结果。我们把这种在教育活动实施之前就已存在于教育者头脑之中，并且通过教育活动得实现促进受教育者身心变化发展的意图称之为教育的内在目的。它直接促使受教育者的身心发生变化，故又称直接目的。这种目的又是指向受教育者个体的，因此，还可以称之为教育的个体目的。从社会心理学的角度讲就是促进受教育者的个体化发展。

教育的外在目的，即间接目的，也是社会性目的，是指任何教育，都要适应一定社会的需要，为一定的社会需要所制约并为一定的社会目的服务。我们把这种旨在通过教育来传递社会生产和生活经验及一定的思想意识来为社会生产、生活服务，促进社会变化发展的意图称为教育的外在目的。教育为社会服务的作用是通过教育所培养的各种人才而实现的，为社会生产、生活服务，促进社会进步和发展是教育活动的间接结果，因此，教育的外在目的也可称作教育的间接目的。而这种目的又是指向社会的，因而还可以称之为教育的社会目的。从社会心理学的角度讲就是促进受教育者的个体的社会化，以成为合格的社会成员。

(二)个人本位论与社会本位论

正是教育目的的双重性制约了教育目的的价值取向。争论最多、影响最大的是教育活动究竟是注重于个人个性的发展还是注重于社会需要。人们往往从社会的需要和人自身发展的需要出发来阐述教育目的。就个人发展与社会的关系来说，有人认为应当把促进个人发展作为教育目的，有人则认为把满足社会需要来作为教育目的。就个人的发展来说，有人强调知识的积累，有人强调智能的增进，有人强调品德完善，有人强调美感的陶冶，有人强调德智体美和谐发展，有人强调个性的培养，有人强调实践能力的培养等；就社会需要来说，有人注重政治效益，要求培养政治家，有人注重经济效益，要求培养建设者，有人注重文化效益，提高国民的整体文化素质。有人注重长远效益，有人急功近利，有人倒退，企图谋求维护过时的社会秩序，如袁世凯复辟帝制时，提出了忠君的目的。有的向前看，力图进行社会的变革，改变社会现状，如文艺复兴运动中的人文主义。凡此种种，人们对教育目的的价值取向众说纷纭。实际上，教育目的的价值是多方面多层次的。这主要是因为社会生活是复杂的，教育功能是多方面的，人有多项选择的可能。还因为人的政治经济地位、文化背景、实践经验、认识水平、政治倾向、社会理想和不同的利益需要、不同的价值观念，影响了对教育目的价值取向的不同选择。但归纳起来，主要有两种倾向，教育是注重对个人的个性发展，还是注重于社会的需要？注重人的个性发展的是个人本位论，注重社会需要的是社会本位论。二者是对立的。

1. 个人本位论及其基本观点

个人本位论追求教育的个人价值，主张教育目的服务于受教育者的个人利益，教育目的的制定应当由人的本性、本能的需要来决定，从受教育者的个人利益出发，而不是从社会需要出发。教育的目的在于把受教育者培养成人，充分发展受教育者的个性，增进受教育者的个人价值，评价教育的价值应当以教育对个人的发展所起的作用来衡量。个人本位论否认社会制度和权威，反对社会对个人的束缚。

个人本位论具有强烈的人道主义色彩，突出人的本性需要和自由发展，反对神学等观点。其代表人物有孟子、卢梭、裴斯泰洛齐、福禄贝尔、马利坦、赫钦斯、奈勒、马斯洛、萨特等。现代新人文主义学者、人本主义学者在教育目的观上也多持这种观点。其盛行是在18—19世纪上半叶。

卢梭认为，人本性善，儿童的教育要远离腐化的上层社会的生活，远离充满罪恶的城市，主张把儿童带到大自然的淳朴环境中，把他们从社会的不良影响下挽救出来，在教育中保护儿童善良的天性；裴斯泰洛齐在他的《林哈德与葛笃德》一书中指出："为人在世，可贵者在于发展，在于发展个人天赋的内在力量，使其经过锻炼，使人能尽其才，能在社会上达到他应有的地位。这就是教育的最终目的。"永恒主义者赫斯钦指出：一个公民或一个国家的职能……在不同的社会之间可能各不相同……但是作为人的职能，在每一个时代和每一个社会中都是一样的，教育制度的目的就是提高作为人的人；马利坦指出：教育的主要目的，在最广泛意义上就是"塑造人"，或者更确切地说，帮助儿童成为充分成型和完善发展的人。其他目的如传递特定文明区域的文化遗产，为参与社会生活和成为优良的公民做好准备，以及履行整个社会的特定职能，完成家庭责任和谋生所需要的精神准备，乃是一些推论，它们是重要的，但属于第二位的目的。

个人本位论的提出，具有反对宗教神权和专制统治对人性的禁锢与迫害的性质，具有重要的教育理论和实践价值。

个人本位论的基本观点体现在以下三方面。

第一，教育目的是依据个人的发展需要确定的。教育目的应立足于个体的发展，使人们的"自然本性"得到完善的发展。社会则成了个体生存、发展的必需条件，是个体实现自己生命价值与发挥潜力的舞台。卢梭曾充满深情地呼吁：要爱护儿童，要允许儿童充分地进行自由活动，而不应强制儿童像服苦役似地读书。在个人本位论派别的人看来，如果按照一定的阶级功利标准来培养人，教育就成为一种强迫的外在过程，就会抹杀人的本性。

第二，个人价值高于社会价值。个人本位论重视人的价值、个性的发展及其需要，把人的个性发展及需要的满足视为教育的价值所在；教育的目的在于把受教育者培养成"全乎自然本性"的人，而不是将其强制性地塑造成社会或某阶级意志所要求的那个样子。在个人与社会的关系结构中，个体是处于中心的地位，社会是为个体生存与发展服务的手段。这种观点相信人有学习与创造的本能，每个个体的生命都有存在的价值，因此，每个人的个性与独特都应得到尊重，就是所谓的"天赋人权"。

第三，人生来就有健全的本能，教育的根本目的在于使人的本性、本能得到自然的发展，使其需要得到满足。个人本位论中的很多人认为，如果按照社会或阶级意志来规划人的发展，就会阻碍人的本性按照本身固有的自然原则进行发展，就会使自然人格受到歪曲。教育的职能就在于使这种本能不受影响地得到完善和最理想的发展。

个人本位论的优点在于：第一，它确立了儿童在学校教育中的主体地位，强调尊重儿童的发展需要，促使其个性发展，否定了传统教育对儿童的压抑和灌输等弊端。第二，提出了培养“自由的人”“自我实现的人”和“健全人格”的理论体系，倡导民主教育观，对现代学校教育有积极意义。

个人本位论的不足在于：首先，以人性代替对社会的理性分析，忽视社会发展对教育要求，这是不现实和行不通的。其次，过于强调人性中的天性倾向对人发展的作用，忽视了个人主观努力和社会影响的作用。

2. 社会本位论及其基本观点

社会本位论是一种历史最为久远的教育目的观。在人类社会产生教育之初和整个古代社会的教育发展中，教育目的主要是以社会发展需要来制定教育目的和建构教育活动。

社会本位论者主张，教育目的是由社会的需要所决定的，培养社会所需要的人就是教育要追求的根本目的，教育应该按照社会对个人的要求来设计。个人只是教育加工的原料，个人的发展必须服从社会需要；教育目的就在于把受教育者培养成为合格的社会成员和公民，使受教育者社会化，保证社会生活的稳定和延续。在他们看来，社会价值高于个人价值，个人的存在与发展依赖并从属于社会，评价教育的价值只能以教育对社会的效益来衡量。简言之，教育以社会的稳定和发展为最高宗旨。

这一派的代表人物有荀况、柏拉图、康德、赫尔巴特、涂尔干、纳托普、凯兴斯泰纳、孔德、巴格莱等。19 世纪后期到 20 世纪上半叶盛行的一种视国家利益高于一切的政治主张——国家主义的教育目的也可纳入这个流派。

中国儒家的重要代表荀况重视礼，认为“不学礼，无以立”，要成为合格的社会成员，要立足于社会，就得学礼，“礼”是社会的准则，也是教育目的制定的依据，教育是要培养推行“礼法”的贤能之士。近代法国的社会学家和教育家涂尔干认为教育的任务在于使青年社会化，培养个人使其具备作为社会成员与特定群体成员所必须具备的身心状况，塑造社会我。德国教育家凯兴斯泰纳指出，培养有用的国家公民是国民学校的教育目的，也是一切教育的目的。法国社会学家孔德指出，个人的一切发展，都有赖于社会。从实质上讲，社会本位论反映了统治阶级的意志。

社会本位论的基本观点包括以下三点。

第一，从社会需要出发，注重教育的社会价值，个人的一切发展有赖于社会。按照社会或某阶级意志来规划人的发展，是这一理论派别的核心主张。如社会学派的那笃尔普就说，“在事实上个人是不存在的，因为人之所以为人，只因为他生活于人群之中，并且参加社会生活。”在他们看来，一个人赤裸裸地来到世间，他身心的各方面都依赖社会，都受社会的制约，他身心的一切方面都是社会给予的。这种观点忽视了“社会是由一个个具体的人构成的”，而是一味迎合自称代表社会的统治阶级的意志，在教育目的价值取向上无视人的“文明、幸福地生活”。

第二，教育除了社会目的之外，别无其他目的，主张教育的目的是培养符合社会准则的公民和社会成员，教育的一切活动都应服从和服务于社会。社会本位论认为教育的目的在于按照社会要求的标准培养人，个人的价值在于成为社会所要求的那个样子。国家的教育制度只有一个目标，就是造就合格的公民。

第三，教育是国家的事业，以对社会功能的好坏来作为教育结果的评价标准。社会本位论认为，教育是国家的事业，教育的价值如何，只能以其对社会的功能来加以衡量。离开了这个衡量标准，就无法确定教育的价值。教育质量和效果可以用社会发展的各种指标来评价。简言之，教育以社会的稳定和发展为最高宗旨。

社会本位论看到了社会政治、经济、文化对教育目的的制约作用，强调教育目的要根据社会需要来制定，重视教育目的的社会制约性，国家要承担国民教育的主要责任。这对保证教育的地位，发挥教育的社会功能，促进社会的发展都具有积极的意义，这是值得肯定的。但是，它忽视教育在人的活动中的相对独立性，否认了教育目的受人的发展规律制约的特点，忽视了个性发展的需要，容易造成对受教育者个性发展的压抑；它较多地站在统治阶级的立场上，主张教育目的在于使受教育者社会化，成为符合社会准则的人才，并进而保证社会生活的稳定和延续。他们追求的只是社会价值，而没有看到教育离开了对每个人的意义，教育的社会价值只是空谈。显然，这种教育价值判断是片面的。

总之，个人本位论和社会本位论都看到了问题的一个方面，都具有一定的正确性。但二者都有片面性，都没有看到问题的全部，都犯了机械的、片面认识事物的错误。他们都只是看到了个体与社会、个体发展与社会发展之间的差别与对立，而没有认识到个体与社会、个体发展与社会发展之间的辩证统一，导致了对确定教育目的依据的片面认识。以这种片面的认识来指导教育实践必然产生一定的危害。仅从个体本能需要出发，不考虑社会发展的客观需求而制定的教育目的，势必要导致教育的自然主义和自由主义；仅从社会发展需要出发，而不顾个体的兴趣、爱好、心理特征及发展规律而制定的教育目的，则极易破坏教育的因材施教与生动活泼，导致对人身心、个性的压抑和摧残。

3. 个人本位和社会本位的历史的、具体的统一

个人价值与社会价值并没有一个孰轻孰重的问题，个人本位与社会本位也没有一个谁正确谁错误的问题。从理论上讲，二者具有同等的合理性和同等的局限性。教育目的中的个人价值与社会价值的权衡与选择，要受具体的社会历史条件的制约，是随着社会历史条件的变化而有所变化与侧重的。社会需要与个人发展是辩证统一的，教育目的必须体现这种辩证统一的关系。

我国的教育目的就较好地体现了个人本位和社会本位的历史的、具体的统一。首先，我们培养的是德智体美全面发展的人，体现了对个人价值的尊重；其次，我们培养的人又是社会主义的建设者和接班人，体现了社会对人的需求。

（三）"教育准备生活说"与"教育适应生活说"

"教育准备生活说"是19世纪后期英国著名教育家斯宾塞提出来的，他主张教育的目的在于为"完满的生活"做准备，他指出："为我们的完满生活做准备，是教育应尽的职责，而评判一门教学科目的唯一合理的办法就是看它对这个职责尽到什么程度。"①教育的主要任务就是教会人们怎样生活，教会他们运用一切能力，做到对人对己最为有益。斯宾塞认为最重要的问题并不在于某些知识是否有价值，而在于它的比较价值。比较的尺度在于它们与生活、生产和个人发展的关系，为此，"我们第一步显然应当是按照重要的程度把人类生活的几种主要活动加以分类。它们可以自然的排列成为：1. 直接有助于自我保全的活动；2. 从获得生活必需品而间接有助于自我保全的活动；3. 目的在于抚养和教育子女的活动；4. 与维持正常的社会和政治关系有关的活动；5. 把生活中的闲暇时间用于满足爱好和感情的各种活动。"②为促使个人有能力从事上述五类活动，学校应施行五种类型的教育，分别是：准备直接保全自己的教育，准备间接保全自己的教育，准备做父母的教育，准备做公民的教育，准备生活中各项文化活动的教育。这是制定合理课程体系的出发点，只有这样，学生才能在有限的学习条件下学习最需要知道和掌握的知识。"教

① 王彦才，郭翠菊：《教育学》，北京：北京师范大学出版社，2010年，第117页。

② 胡毅，王承绪译：《斯宾塞教育论著选》，北京：人民教育出版社，1997年，第59页。

育准备生活说”反映了人们期望通过教育获取能够使个人幸福的知识与能力的现实要求，在今天的教育实践和现实生活中仍然占有一定的地位。

与斯宾塞不同，杜威提出了“教育适应生活说”。杜威反对将教育视为未来生活的准备，他认为，教育就是儿童现在生活的过程，而不是将来生活的预备。杜威反对学校教育脱离儿童生活，使儿童在学校受到压抑；反对学校教育脱离社会生活，使儿童跟不上社会变革的节拍。因此他主张教育要与儿童的生活相联系，使学校生活成为儿童生活和社会生活的契合点。为此他提出“教育即生活”，“教育即生长”，“教育即经验的持续不断的改造”。他说“生活就是发展，而不断发展、不断生长就是生活”。最好的教育就是从生活中学，从经验中学。他认为，一旦把教育看作为儿童未来的生活做准备，必然要教以成人的经验，而忽视儿童此时此刻的兴趣与需要，把儿童置于被动的地位。学校教育应该利用现有的生活情境作为其主要内容，教儿童适应眼前的生活环境，即培养完全适应眼前社会生活的人。

二、制约教育目的确立的因素

(一)教育目的的社会制约性

在中外教育上，人们提出过各种各样的教育目的，但是不管哪种教育目的都不是超越社会现实的，不同国家、不同社会的教育目的尽管各不相同，却都是社会对其成员质量规格的客观需求在意识中的反映，教育目的的内容规定性是由所处时代的社会要求决定的，这就是教育目的的社会制约性。教育目的的确立必然要受到一定社会历史条件的制约。

教育是社会的一个子系统。社会系统中的各种因素如生产力、生产关系、政治、经济、科技发展水平、社会意识、民族传统等，都对教育目的发生影响。其中生产力和生产关系结成的生产方式是社会存在和发展的基础，也是教育目的产生和变化的现实基础。

1. 生产力和科学技术发展水平制约教育目的

确定教育目的的客观依据是生产力和科技发展水平。生产力是一个社会进行物质再生产的能力，而科学技术是第一生产力，生产力的发展水平体现人类已有的发展程度，又对人的进一步发展提供可能和提出要求。生产力是社会发展的最终决定力量，从而也是制约教育目的最终决定因素。一定的生产力总是要根据自己的发展水平，对劳动者的培养提出自己的要求。

生产力的主体是人。生产力的承担者，在其最终意义上是人而不是物，至于科学技术和先进的生产工具，这些都是由人创造并且具体操作的。人是生产力的主体，社会的进一步发展要求新生的一代成为既有科学技术和生产工具的主人，这也是社会向教育提出的一个培养人的标准。掌握什么样的科学技术和具备怎样的生产能力，这不是由每一代人自由选定的，而是社会的客观发展过程在某一个历史阶段所客观要求的。如，在原始社会，由于生产力水平低下，生存条件十分恶劣，人们只有结成群体才能生存下来，故教育目的都是为了集体的生存，为了社会已有资源的保存。也就是为了使生产技术和社会习俗一代一代往下传，进一步说，他们的目的在于后代的生养延续。

进入古代社会，由于阶级的产生、社会生产力的发展和体脑分工的出现，学校教育开始产生。此时的教育改变了原始的全民性及与生产劳动结合在一起的自然特征，教育目的也因教育形式的不同，凸显出阶级特性。学校教育并没有把培养劳动者作为主要目的。当时学校教育的主要目的在于为国家机关培养官吏，同这种生产力发展水平相适应，劳动者的教育主要是在劳动过程中进行的。古代教育注重人文教育的内容，目的在于使民众成为权力社会所认可的“顺民”或宗教信徒。例如在我国古代社会，对于受教育者的要求首先是成为权力社会所认可的道德规范的垂范者，孟子就把“明人伦”作为教育目的，“人伦明于上，小民亲于下”；其次是掌握与统治才能有关的“六艺”或四书五经等。在古代希腊的斯巴达城邦中，教育目的是培养保家卫国的体格强壮的军人，而另一个城邦雅典，教育目的是培养当时社会所需要的和谐发展的政治家。在西欧中世纪，宗教教育占主导的时期，教育目的主要是培养虔诚的基督信徒。

到了近代，机器生产和商品经济的发展，以及科学技术在生产中的运用，要求教育必须一方面培养管理现代国家及企业、事业的各类专业人才，另一方面还必须培养具有一定技术的工人，以适应工业生产的需要。

在现代社会，新技术革命的浪潮使社会生产力获得飞速发展。社会主义教育的最终目的，是为每一个人的全面和谐的发展创造更好的社会环境，实现人真正地幸福文明的生活这一目的。

2. 社会的政治、文化状况制约教育目的

教育目的是社会历史性与时代性的动态结合。作为国家机关制定或认可的教育目的，直接反映了统治阶级的阶级利益。由于统治阶级掌握着国家教育的领导权，因此它不但直接地规定学校教育的培养目标，而且还会对经典文化进行政治功利化解释。统治阶级会借助圣贤之口来表达自己的意志。如，我国正统的儒家思想，本来是具有很广泛的人文道德意义的，但是经过近两千年的封建政治的解释和运用，统治阶级对传统文化的政治解释和运用，直接地影响和改变了传统文化的内涵。东方文化的教育更注重服从社会，西方文化的教育则更突出张扬个性。

(二)人的身心发展特点和需要

教育目的含有对人的素质发展的要求，这种要求不仅要依据社会现实及其发展来确定，也要依据人的身心发展特点和需要来确定。人的身心发展特点是确定各级各类教育目的(或目标)的重要依据，如果不考虑这一点，就会导致实际教育活动脱离学生身心发展水平，难以有效地促进学生发展。人的发展需要是教育目的的选择、确立不可忽视的重要因素之一，它包括物质的和精神的、现实的和未来的、生存的和发展的等。人是社会的主体，正是人的主体性需求满足人的主体性需要的教育目的，才更有利于人的价值的提升和本质力量的增强。

(三)教育理想

教育目的是由人提出来的，它必然体现教育目的的提出者的主观愿望、人生动机、文化信仰以及科学文化修养。从根本上说，教育目的是存在于人脑中的一种观念，它反映的是教育者在观念上预先建立起来的关于未来新人生的主观形象。因此教育目的是一种理想。这种理想同政治理想、社会理想等紧密结合在一起。从不同的哲学观点出发产生了不同的教育目的，如实用主义教育目的，要素主义教育目的，永恒主义教育目的等。

三、我国确立教育目的的理论依据

我国确立教育目的的理论依据是“马克思主义关于人的全面发展学说”。人的全面发展是人类千百年来的执着追求。马克思全面研究了社会发展和人类自身发展的规律，批判地吸取了历史先哲们关于人的和谐发展思想，尤其是直接吸取了欧文的关于教育与生产劳动相结合的思想精华，使人的全面发展由空想变为现实，从而创立“马克思主义关于人的全面发展学说”，论述了人的全面发展及其条件，为我国社会主义教育目的的提出提供了理论基础。

(一)人的全面发展

马克思在研究经济问题时提出了人的全面发展理论。所谓人的全面发展是指人的劳动能力，即人的体力和智力的全面、和谐、充分的发展，还包括人的道德的发展和个性的充分发展。而全面发展的人，也就是智力和体力获得充分的自由发展的人，脑力劳动与体力劳动相结合的人。这种人将摆脱旧的分工的奴役，能够“把不同社会职能当作相互交替的方式”，“根据社会的需要或他们自己的爱好，轮流地从一个生产部门转到另一个生产部门”。

(二)旧式分工造成了人的片面发展

马克思和恩格斯通过对社会发展史的考察指出第一次社会大分工造成了人的片面发展。第一次社会大分工是指城市和农村的分离，脑力劳动和体力劳动的分离。旧的社会生产分工和不合理的生产关系是人的片面发展的原因。人的片面发展的基本特征是脑力劳动与体力劳动的分离和对立。

(三)机器大工业生产为人的全面发展提供了基础和可能

资本主义机器大工业的出现与发展，为人的全面发展开辟了道路。首先，机器大工业生产对人的全面发展提出了客观需要。其次，机器大工业生产也为人的全面发展提供了可能和条件。因为机器大工业生产创造了极高的劳动生产率和丰富的社会财富，使工人有物质条件、时间、精力去从事学习，发展自己。

(四)社会主义制度是实现全面发展的社会条件

机器大工业生产所提供的人的全面发展的可能性，在资本主义社会并不能充分的实现。只有消灭剥削，实现生产资料公有制，为全体劳动者提供物质的和精神的条件，才能使他们全面发展。社会主义制度是实现人的全面发展的社会条件。

(五)教育同生产劳动相结合是造就全面发展的人的唯一方法

社会主义制度通过什么途径和方法才能实现人的全面发展？马克思指出，这种方法就是教育与生产劳动相结合。马克思说：“教育与生产劳动相结合，不仅是提高社会生产的一种方法，而且是造就全面发展的人的唯一方法”。教育与生产劳动相结合是培养全面发展的人的根本途径，也是唯一途径。

专栏 5-1

完人的教育目的

这并不是说，获得知识、掌握研究与表达思想的工具，在人的发展中是不重要的。人的好奇心是这类活动和其他活动的根源。其他的活动还有：一个人的观察、实验和对经验与知识进行分类的能力；在讨论过程中表达自己和听取别人意见的能力；不断进行阅读的能力；把科学精神和诗情意境两相结合以探索世界的能力。

如果一个人按照他自己及其同伴所应该发展的方向去发展，那么在学校教育中尊重人格的各个方面是非常重要的。因此，我们必须鼓励这种复合态度，并在一个人的教育过程中养成这种态度。

教育的一个特定目的就是要培养情感方面的品质，特别是在人和人的关系中的感情品质。系统的训练有助于人们学会彼此如何交往，如何在共同的任务中彼此合作。教育由于人文科学的许多发明而得到了加强。这种教育也有责任消除各种思想障碍，这些思想障碍是由于无知，或是由于早期训练或训练不足而产生的。

个人表现的另一个重要方面是美感活动。然而，对美的兴趣，识别美的能力，把美吸收到一个人的人格中去，以及其他美感经验的组成部分等，都是和一项或几项艺术活动实践分不开的。

今天的文化价值幸而和天然的重视身体健康结合在一起了：人们重新欣赏他们的身体，把它当作生命力与体格的和谐、美感享受、自信心、个人表现与情绪体验的基本源泉。如果我们还必须适当地注意性的教育，注意加强体力及其技巧才能，注意训练肌肉与神经。严肃负责的教育工作者从现在起就要经常关心培养各种官感，养成人们的卫生与包含习惯，抵制由于各种刺激引起的自我堕落和败坏的倾向。

把一个人在体力、智力、情绪、伦理各方面的因素综合起来，使他成为一个完善的人，这就是对教育基本目的的一个广义的界说。

我们几乎在所有的国家，在整个历史过程中，在哲学家和道德学家们那里，在大多数教育理论家和理想家们那里，都可以找到这个教育理想。它一直是各个时代人道主义思潮的一个根本主题。它的应用也许并不完善，但它是有成效的，它对于许多极其崇高的教育事业具有启发作用。

资料来源：联合国教科文组织国际教育发展委员会：《学会生存》，北京：教育科学出版社，1996年，第194—195页。

第三节　我国的教育目的

一、我国古代教育目的

我国古代社会经历了原始社会、奴隶社会和封建社会。原始社会的教育活动是一种自然形态的教育，还没有从社会生产生活中分离出来，教育目的寓于生产劳动和生活劳动本身，主要是培养合格的群体成员。在我国的奴隶社会和封建社会，教育的功能主要体现在政治伦理方面，教育的根本目的就是要培养能够维护政治制度和伦理秩序的德治人才。如中国古代著名教育家孟子就提出教育目的在于“明人伦”。在中国的封建社会，儒家思想是社会的主流意识形态，是封建社会的统治思想。儒家的经典著作《大学》，对封建时代的教育目的做了比较全面的阐述，提出“大学之道，在明明德，在亲民，在止于至善”，即三纲领；为了实现三纲领，提出了“格物、致知、诚意、正心、修身、齐家、治国、平天下”，即八条目。这些表述都反映了我国封建时代教育的宗旨和目的。

二、我国近现代教育目的

在新中国成立之前，我国教育目的的表述多是用教育宗旨的形式，在新中国成立之后，我国教育目的的表述则多采用教育方针的形式。

1902 年，维新派教育家梁启超发表了《论教育当定教育宗旨》一文，首次提出了制定和贯彻全国统一的教育宗旨的必要性，提出培养具有资产阶级政治信仰、思想观念、道德修养和适应资本主义社会生活的“新民”。此后，严复提出培养“德、智、体兼备的真国民”。

在中国近代，由国家确定的教育目的始于 1904 年清政府的《奏定学堂章程》。其中规定：“至于立学宗旨，勿论何等学堂，均以忠孝为本，以中国经史之学为基，俾学生心术壹归于纯正，而后以西学瀹其知识，练其艺能，务期他日成材，各适实用，以仰附国家造就通才，慎防流蔽之意”。这一教育目的反映了“中学为体，西学为用”的指导思想。

1906 年，清政府的学部针对民权思想的流行和资产阶级革命派的活动，拟定了“忠君、尊孔、尚公、尚武、尚实”的五项教育宗旨。这一教育目的也反映了对封建传统礼教的继承和对西方新思想的吸收。这是中国近代第一次正式宣布的教育宗旨。

1912 年，“中华民国”建立以后，时任教育总长的蔡元培在“新教育意见”中，主张废除清政府的“忠君、尊孔、尚公、尚武、尚实”的教育宗旨，强调教育应以“军国民教育、实利主义教育、公民道德教育、世界观教育、美感教育”五项为教育目的，反映了现代社会对教育的要求。同年 9 月，民国政府教育部公布了教育宗旨，即“注重道德教育，以实利主义教育、军国民教育辅之，更以美感教育完成其道德”，体现了蔡元培的基本思想，否定了清末以来的“尊孔”和“忠君”等内容，是教育目的认识上的一大进步。

1929 年，国民党召开代表大会，确定“中华民国之教育，根据三民主义，以充实人民生活，扶植社会生存，发展民国生计，延续民国生命为目的；务期民族独立，民权普遍，民生发展，以促进世界大同”。这一教育目的更重视了教育与人的发展、与人民生活的联系。

1934 年，毛泽东在江西革命根据地提出了崭新的教育方针，他指出，苏维埃文化教育的总方针“在于以共产主义的精神来教育广大的劳苦大众，在于使文化教育为革命战争和阶级斗争服务，在于使教育与劳动联系起来，在于使广大中国民众都成为享受文明幸福的人”。

1936年，国民党政府公布了《中华民国宪法草案》，规定“中华民国之教育宗旨，在发扬民族精神，培养国民道德，训练自制能力，增进生活智能，以造就健全国民”。这一教育宗旨的表述是比较全面的。

三、新中国不同历史时期的教育目的

新中国成立以来，我国伴随着社会的发展变化和对教育的不断探索，党和国家在各个时期的工作侧重点不同，因而在对教育目的的表述中，提法有所不同。但它们都是符合各个时期党和国家工作的需要以及青少年学生身心发展的需要的。1949年12月，新中国诞生不久，教育部在第一次全国教育工作会议上，确定了全国教育的总方针：“中华人民共和国的教育是新民主主义的教育，它的主要任务是提高人民的文化水平，培养国家建设人才，肃清封建的、买办的、法西斯的思想，发展为人民服务的思想。这种新教育是民族的、科学的、大众的教育，其方法是理论与实际一致，其目的是为人民服务，首先为工农兵服务，为当前的革命斗争与建设服务。”这个方针后来被称为新民主主义文化教育方针。

1957年，在生产资料所有制的社会主义改造基本完成以后，毛泽东根据社会主义政治经济和生产建设对人才的需要，在最高国务会议上做了《关于正确处理人民内部矛盾的问题》报告，提出：“我们的教育方针，应该使受教育者在德育、智育、体育几方面都得到发展，成为有社会主义觉悟的、有文化的劳动者。”这一教育方针指明了我们应当培养什么样的人，反映了社会主义教育对人才规格的要求，对我国社会主义教育目的做出了规定。1958年由中共中央、国务院颁发的《关于教育工作的指示》，规定“党的教育工作方针，是教育为无产阶级政治服务，教育与生产劳动相结合，为了实现这个方针，教育必须有党来领导。”直到“文化大革命”结束，我国的教育目的一致采用1957年和1958年的提法。但是，1957年以后由于我们对国内形势的估计产生了严重失误，错误地强调以阶级斗争为纲，没有能够把全国工作的重点及时转移到社会主义建设上来，在很多方面出现了严重的“左”的偏差，在对教育目的的理解和具体执行中，也同样受到这种“左”的思想路线的干扰，特别是在“十年动乱”中，这一教育方针就完全被歪曲了。

1978年，十一届三中全会以后，我党对新中国成立以来的社会主义实践进行了全面的反思和拨乱反正。我国的教育目的在人大会议上通过的宪法中被表述为：“我国的教育方针是教育必须为无产阶级政治服务，教育必须与生产劳动相结合，使受教育者在德育、智育、体育几方面都得到发展，成为有社会主义觉悟的有文化的劳动者。”这一教育目的，是马克思主义关于人的全面发展学说同我国具体实际相结合的产物。

1981年，《关于建国以来党的若干历史问题的决议》对教育目的有新的表述：“坚持德智体全面发展、又红又专、知识分子和工人农民相结合、脑力劳动和体力劳动相结合的教育方针。”

1982年，《中华人民共和国宪法》规定：“国家培养青年、少年、儿童在品德、智力、体质等方面全面发展。”这一规定是针对当时精神文明建设和物质文明建设的需要以及我国教育事业的实际状况提出来的，也是1949年以来第一个以法的形式出现的教育目的。

1983年，邓小平同志给北京景山学校的题词是：“教育要面向现代化、面向世界、面向未来。”为教育的发展指明了方向。

1985年，《中共中央关于教育体制改革的决定》指出：“教育要为我国的经济和社会发展培养各级各类合格人才，所有这些人才，都应该有思想、有道德、有文化、有纪律，热爱社会主义祖国和社会主义事业，具有为国家富强和人民富裕而艰苦奋斗的奉献精神，都应该不断追求新知识，具有实事求是、独立思考、勇于创造的科学精神。”人们经常把这一表述简称为“四有、两爱、两精神”。这一表述完整地概括了我国教育目的对所培养的人才的素质要求，是符合我国国情和青少年身心发展特点的。

1986年，《中华人民共和国教育法》规定：“义务教育必须贯彻国家的教育方针，努力提高教育质量，使儿童、少年在品德、智力、体质等方面全面发展，为提高全民族的素质，培养有理想、有道德、有文化、有纪律的社会主义人才奠定基础。”这既是义务教育的教育目的，同时也涉及整个教育目的。这里首次把提高全民族素质纳入教育目的。

1990年，《中共中央关于制定国民经济和社会发展十年规划和“八五”计划的建议》把教育方针和教育目的明确表述为“教育必须为社会主义现代化建设服务，必须与生产劳动相结合，培养德、智、体全面发展的建设者和接班人。”这就是我国社会主义现代化建设时期的教育目的。

1993年，中共中央、国务院印发的《中国教育改革和发展纲要》，总结了新中国成立四十多年来，特别是十一届三中全会以来教育改革和发展的经验，提出了20世纪90年代我国教育改革和发展的目标，指出“教育改革和发展的根本目的是提高民族素质，多出人才，出好人才。各级各类学校要认真贯彻教育必须为社会主义现代化建设服务，必须与生产劳动结合，培养德、智、体全面发展的建设者和接班人。”

1995年3月，第八届全国人民代表大会第三次会议通过了《中华人民共和国教育法》，规定“教育必为社会主义现代化建设服务，必须与生产劳动相结合，须培养德、智、体等方面全面发展的社会主义事业的建设者和接班人。”这一目的，明确了人才素质的培养规格是“德、智、体全面发展”，对于培养什么样人的问题上更强调“社会主义事业的建设者和接班人”的性质和方向。

1999 年 6 月，在国家的第三次全国教育工作会议上，中共中央、国务院颁布了《关于深化教育改革，全面推进素质教育的决定》，提出“实施素质教育，就是全面贯彻党的教育方针，以提高国民素质为根本宗旨，以培养学生的创新精神和实践能力为重点，造就德、智、体、美等全面发展的社会主义事业建设者和接班人。”

2001 年，《国务院关于基础教育改革与发展的决定》提出：“坚持教育必须为社会主义现代化服务，为人民服务，必须与生产劳动和社会实践相结合，培养德、智、体、美等全面发展的社会主义事业建设者和接班人。”

2006 年 6 月，第十届全国人民代表大会常务委员会第二十二次会议修订的《中华人民共和国义务教育法》规定：“义务教育必须贯彻国家的教育方针，实施素质教育，提高教育质量，使适龄儿童、少年在品德、智力、体质等方面全面发展，为培养有理想、有道德、有文化、有纪律的社会主义建设者和接班人奠定基础。”

以上不同阶段教育目的的提出，对规范我国教育事业的发展、对人才的培养，发挥了重大的作用。

四、现阶段我国教育目的的基本精神

现阶段我国的教育目的是以 1999 年 6 月中共中央、国务院颁布的《关于深化教育改革，全面推进素质教育的决定》中提出的教育要“以培养学生的创新精神和实践能力为重点，造就有理想、有道德、有文化、有纪律、德智体美等全面发展的社会主义事业建设者和接班人”。这一表述体现了时代的特征，反映了现阶段我国教育目的的基本精神。主要内容如下：我国教育目的要求培养的人是社会主义事业的建设者和接班人，因此要坚持政治思想道德素质与科学文化知识能力的统一；要求学生在德智体等方面全面发展，要求坚持脑力与体力两方面的和谐发展；适应时代要求，强调学生个性的发展，重点是培养学生的创新精神和实践能力；注重提高全民素质。

2010 年，《国家中长期教育改革和发展规划纲要(2010－2020 年)》，在第一部分“总体战略”中再次强调了我国的教育目的是：“全面贯彻党的教育方针，坚持教育为社会主义现代化建设服务，为人民服务，与生产劳动和社会实践相结合，培养德智体美全面发展的社会主义建设者和接班人。”

五、我国社会主义教育目的的基本要求

综观我国社会主义各个时期的教育目的，尽管随着党和国家工作侧重点的不断变化，教育目的的表述不尽相同，但仔细分析就会发现，它们的基本精神是一致的。概括起来，包括以下几个基本点：

(一)坚持教育目的的社会主义方向，强调教育必须为社会主义现代化建设服务，规定了我国教育工作的性质和任务

“社会主义”是我国教育性质的根本体现，我国的教育目的是为维护社会主义利益，巩固和发展社会主义服务的，这就从根本上决定了我国教育的社会性质，保证了我国教育发展的社会主义方向。

首先，坚持培养劳动者的观念。各时期均强调有理想、有道德、有文化、有纪律的劳动者，或者培养社会主义事业的建设者和接班人。这一点指明了我国教育的社会主义方向和人才培养的政治导向，也指明了通过教育所要培养的人的社会价值。

我国是社会主义国家，通过教育所培养的各级各类的建设者和接班人，不论他们在社会中扮演什么角色，他们都是国家的主人，是社会主义的建设者，他们都要参与社会劳动，这既是他们谋生的必要手段，也是为他人、为社会做贡献的基本形式，同时还是他们为社会主义现代化建设服务的具体表现。这一基本点在各个时期所提出的教育目的中均有表现，如“有社会主义觉悟的有文化的劳动者”“社会主义人才”“社会主义建设者和接班人”等。

其次，坚持体力劳动者和脑力劳动者相结合的观念。在我国，工人、农民和知识分子是三支基本的社会力量。工人、农民主要是体力劳动者，知识分子主要是脑力劳动者。我国的社会主义现代化建设，不仅需要通过教育造就亿万新型的工人、农民，也需要通过教育造就大批掌握专门知识的建设人才。在教育目的中所说的“建设者”“劳动者”和“接班人”均包括体力劳动者和脑力劳动者，他们的差别只在于社会职业分工的不同，根本不存在高低贵贱之分，他们都是为社会主义建设服务的劳动大军中的一员。

(二)教育必须与生产劳动相结合，是实现教育目的的根本途径

教育与生产劳动相结合，指明了我国人才培养的根本途径。这是马克思主义教育理论的重要组成部分。在新的历史条件下，我国教劳结合的理论和实践在广度和深度两方面都获得了新的发展，反映出许多时代特征。

首先，体现了现代经济发展的根本趋势，推动了教育和经济发展的一体化。邓小平认为，教育与生产劳动相结合，“更重要的是整个教育事业必须同国民经济发展的要求相适应”，“使教育事业的计划成为国民相对适度计划的一个重要组成部分”，制订教育规划应该与国家的劳动计划结合起来，切实考虑劳动就业发展的需要。这些论点深刻揭示了教劳结合的实质是教育与经济发展的关系问题，是邓小平教劳结合思想的核心。因为，现代社会的产品和商品的知识含量越来越高，科技、文化、教育等因素在经济发展中的作用越来越大，必然导致教育与经济的一体化。

其次，注入“科学技术是第一生产力”的观点，强化教劳结合中的技术教育因素。现代科学技术的发展推动着产业革命，改变着整个社会的产业结构和劳动结构，劳动者掌握科学技术的重要性和迫切性越来越为人们所认识和理解。因此，在对学生的劳动教育中加强技术教育成分，也就成为必然。许多教育实验成果表明，科学技术是教育同生产劳动相结合的真正结合点。

最后，顺应市场经济发展，促进教育与产业结合。市场经济的发展对教劳结合产生了极大影响。可以这样断言：市场经济对学校教育的真正本质的需求，就是教育与生产劳动相结合。正像邓小平所说：“学生学的和将来要从事的职业不相适应，学非所用，用非所学，岂不是从根本上破坏了教育与生产劳动相结合的方针?”同时，市场经济的发展促进企业重视教育，注意对在岗人员的培训；另一方面，重视教育同生产劳动相结合，是希望学校注意培养学生将来从业所需的文化科学知识和技能技巧。脱离产业实际需要的教育和缺乏良好教育支持的产业，必然会在市场经济中被淘汰。发达的、完善的市场经济，总是以教育与产业密切合作为前提的。

总之，坚持教育与生产劳动相结合，对人才培养的作用主要在于两方面。

一是认知方面的功能：有助于学生获得生产方面的知识和技能，有助于促进学生智力的发展，有助于学生对劳动市场和市场经济的熟悉，有助于培养学生解决实际问题的能力。

二是情感方面的功能：有助于培养学生热爱劳动、热爱劳动人民的感情；有助于培养学生的责任心、坚韧性、纪律性、创造性等性格特征；有助于使学生树立运用自己的双手为物质生产服务的精神；有助于他们热爱生活、热爱集体，形成正确的价值观念和道德标准；有助于培养他们具有自力更生、艰苦奋斗的精神和坚强的意志品质等。

（三）坚持全面的人才观念，培养德、智、体等方面全面发展的社会主义建设者和接班人，规定了我国的教育目的对培养人才的规格和素质要求

这一基本点体现了教育目的中对受教育者身心素质的要求，是社会主义教育目的的总要求。要求受教育者德智体全面发展是对受教育者所应该具备的素质的整体性规定，而不是仅仅局限于对受教育者进行德育、智育、体育几方面的教育。1949 年以后，党和国家非常关心青少年一代的成长，多次强调要使受教育者德智体全面发展。尽管毛泽东 1957 年所提的教育方针中有“使受教育者在德育、智育、体育几方面都得到发展”的表述，但并没有限定只能对受教育者进行德育、智育、体育三方面的教育。事实上，作为教育内容组成部分的德育、智育和体育与人的素质方面的德智体全面发展是实现后者的具体途径和形式。而且后者的实现并不仅仅是通过前者来达到的，后者包含的内容相当广泛，层次很高，除了通过前者来达成后者以外，后者的实现还要通过其他很多途径和形式。

学生德智体全面发展，完整地体现了教育目的对受教育者所应具备的身心素质的规定，其中“德”是学生行为的导向机制，“智”是学生行为的运行准备机制，“体”是学生行为的动力机制。这几方面的完整结合，全面发展，就可以使学生的行为按照一定的方向充分地合理地运行和发展。

第四节　全面发展教育的组成部分

全面发展的教育目的决定了全面发展教育的内容，德育、智育、体育、美育、劳动技术教育是全面发展教育的基本组成部分。

一、德育

德育是培养学生正确的人生观、世界观、价值观，使学生具有良好的道德品质和正确的政治观念，形成正确的思想方法的教育。德育在全面发展教育中起灵魂和统帅作用。德育的基本任务：培养学生良好的道德品质和文明行为；培养学生正确的政治方向；培养学生正确的价值观；培养学生良好、健康的心理品质；培养学生良好的思想品德能力等。要保证教育方向，培养社会主义拥护者和建设者，必须做好德育工作。

二、智育

智育是传授给学生系统的科学文化知识、技能，发展他们的智力和与学习有关的非认知因素的教育。智育在全面发展教育中起着前提和支持作用。智育的基本任务：向学生系统传授科学文化知识，为学生各方面发展奠定良好的知识基础；培养训练学生，使其形成基本技能；培养和发展学生的智力才能，增强学生各个方面能力；培养学生良好的学习品质和热爱科学的精神。

三、体育

体育是授予学生健康的知识、技能，发展他们的体力，增强他们的自我保健意识和体质，培养他们参加体育活动的需要和习惯，增强其意志力的教育。体育在全面发展教育中起着基础教育作用。体育的基本任务：指导学生身体锻炼，促进身体正常发育和技能的发展，增强学生体质，提高健康水平；使学生掌握运动锻炼的科学知识和基本技能，掌握运动锻炼的方法，增强运动能力；使学生掌握身心卫生保健知识，养成良好的身心卫生保健习惯；发展学生良好品德，养成学生文明习惯。

四、美育

美育是培养学生健康的审美观，发展他们鉴赏美、创造美的能力，培养他们高尚的情操与文明素养的教育。美育在全面发展教育中起着动力作用。美育的主要任务：培养学生正确的审美观点，使他们具有感受美、理解美和鉴赏美的知识与技能；培养学生心灵美和行为美，使他们在生活中体现内在美和外在美的统一。

五、劳动技术教育

劳动技术教育是引导学生掌握劳动技术知识和技能，形成劳动观点和习惯的教育。劳动技术教育起着综合德育、智育、体育和美育的作用。劳动技术教育的任务：培养学生的劳动观点、劳动习惯和学习生产技术的兴趣；使学生初步掌握现代生产技术的基础知识和基本技能，学会使用一般的生产工具；掌握组织生产和管理生产的初步知识和技能。

德育、智育、体育、美育、劳动技术教育紧密相连，它们互为条件，互相促进，相辅相成，构成一个统一的整体。

要确立和体现全面发展的教育观需做到以下几点：确立全面发展教育观的必要性，正确理解和把握全面发展，正确认识和处理各育关系，要防止教育目的的实践性缺失。

>>> 思考与练习

1. 什么是教育目的？教育目的的作用有哪些？
2. 简述教育目的的层次结构及其关系。
3. 试评述个人本位论和社会本位论，我们应持怎样的教育目的观？

4. 我国教育目的确立的依据是什么？

5. 什么是素质教育？结合实际谈谈实施素质教育的策略。

6. 试述全面发展教育的内容。

>>> 推荐阅读

1. 扈仲平，李方，张俊平：《现代教育学》，北京：高等教育出版社，2000 年。

2. 胡寅生：《小学教育学教程》，北京：人民教育出版社，1995 年。

3. 王彦才，郭翠菊：《教育学》，北京：北京师范大学出版社，2010 年。

第六章 教育制度

学习目标

1. 识记教育制度和学校教育制度的含义、现代学校教育制度的类型。

2. 了解我国学校教育制度的历史发展过程。

3. 掌握我国现行的学校教育制度。

4. 掌握义务教育的含义和特点。

5. 运用教育制度的有关知识来分析现行教育制度的问题。

良好的社会制度是实现国家长治久安的重要条件。而教育作为立国治国的要素之一，要想得到完善的发展，也必须建立合理的教育制度，正如《学记》中指出的："古之王者，建国君民，教学为先。"因此，在现代社会，国家为了全面实现教育目的，培养社会所需要的各级各类人才，就必须设立相应的教育机构，建立能够充分发挥所有教育机构整体功能的教育制度，促进教育事业的有效发展。而且，一个国家总是通过建立和不断改进、完善教育制度的方式来实现教育目的，使教育培养的人才在类型、数量和质量上全面满足社会的多方面需要，促进社会的稳定和发展。

第一节　教育制度概述

一、教育制度的含义和特点

(一)教育制度的含义

教育制度是指一个国家各级种类教育机构与组织的体系及其管理规则的总称。它包括相互联系的两个基本方面：一是各级各类教育机构与组织的体系；二是教育机构与组织体系赖以存在和运行的一整套规则，如各种各样的教育法律、规则、条例等。教育制度有广义和狭义之分。广义的教育制度是指国民教育制度，是一个国家为实现其国民教育目的，从组织系统上建立起来的一切教育设施和有关规章制度的总和。

首先，广义的教育制度包括一切教育设施。这些教育设施既有教育行政机构，也有教育实施机构。在教育实施机构中，既有学校，也有校外教育机关，如少年宫、少年之家、儿童图书馆、儿童科技站、少年体校等；还包括成人文化教育机构，如文化宫、博物馆、图书馆、美术馆、影剧院、俱乐部等。

其次，广义的教育制度还包括有关规章制度，如国家的教育领导体制、办学体制、管理体制、招生考试制度、升留级制度、课堂管理制度、奖惩制度、评价制度等。具体而言，教育制度应包括生活惯例习俗、教育教学制度、学校管理制度、学校教育制度、教育行政体制、教育政策法规、教育价值理念七个方面。

狭义的教育制度是指学校教育制度，简称学制。是一个国家各级各类学校的系统(或总体系)，具体规定着各级各类学校的性质、任务、培养目标、入学条件、修业年限，以及它们之间的相互关系等。国家通过立法规定本国学制，保证全国在学制上的统一性、稳定性和完整性。学校教育制度是教育制度体系中最严密、最有效的基本制度，是国家实现教育目的的基本制度保证，对社会的政治、经济、文化等各个领域的发展具有重要影响。

学校教育制度是国民教育制度的核心与主体，是国民教育制度中最重要的组成部分，体现了一个国家国民教育制度的实质。一般来说，学校教育制度是由三个基本要素构成的，即学校的类型、学校的级别、学校的结构。学校的类型是根据学校的性质、学科、专业等划分的，包括普通教育、职业技术教育、师范教育、成人教育、继续教育等。学校的级别包括学前、初等、中等和高等教育。学校的结构主要指学校的组织机构和权力结构。

(二)教育制度的特点

1. 客观性

教育制度是实现教育目的的重要保障，它不是从来就有的，它是一定社会的人们根据自己的需要制定的，反映着人们的一些主观愿望和特殊的价值需求。但是，人们却不能随心所欲地制定或废止教育制度，教育制度的制定或废止，是由社会生产力发展水平所决定的。社会生产力发展水平是教育制度的客观基础和规律性依据。例如，在原始社会，社会生产力水平低下，人们过着自然形态的生活，自然没有规范的教育制度。随着生产力水平的提高和生产关系的变化，出现了阶级分化，出现了脑体的分工。为了培养社会所需要的人才因而产生了学校，建立了教育制度。又如，近代以来普及义务教育的提出，虽然与个别机构或个别人的提倡有关，在不同国家提出的时间和普及的年限也有所不同，但是归根结底反映了现代大机器生产对劳动者文化素质的要求，反映了大工业时代初期体力劳动和脑力劳动由分离走向结合的趋势。这些都是客观的，不以个别人意志为转移的。

2. 规范性

教育制度是社会制度的组成部分。社会制度具有规范性，教育制度也不例外。教育制度的规范性主要表现为受教育权和各级各类学校培养目标的日益标准化。

在阶级社会中，教育制度的规范性主要表现为其阶级性，即教育制度总是体现着某一阶级的价值取向，总是为某一阶级的利益服务。社会主义的教育制度是为广大人民的利益服务的，它最大限度地保障和满足广大人民日益增长的文化教育需要，从而体现社会主义教育的性质。比如，我国的义务教育制度年限为九年，就体现了保障和满足广大人民日益增长的文化教育需要的特点。

3. 发展性

发展性即历史性。教育制度是社会对教育需求的客观反映，具有一定的客观性；同时它又要满足其制定者的需要，体现一定的规范性和阶级性。而客观性和规范性的具体内容又是随着社会对人才需求的变化而变化的，因此在不同的社会历史时期和不同的文化背景下，就需要建立不同的教育制度。教育制度是随着时代的发展和文化背景的变化而不断发展和创新的。教育制度的创新是教育改革的一个重要内容，也是教育实践得以深化的一个重要条件。比如，我国高等教育改革的职业化倾向日益明显。

教育制度在历史的发展过程中，在形式上经历了从非正式教育到正式教育、从非正规教育再到正规教育的演变。正规教育的主要标志是近代以学校系统为核心的教育制度，又称制度化教育。以制度化教育为参照，之前的非正式、非正规教育都可归前制度化教育。而之后的非正式教育、非正规教育则都归为非制度化教育。因此教育制度的发展经历了从前制度化教育到制度化教育，再到非制度化教育的过程。

4. 强制性

制度本身具有强制性的特点，在制度没有被废除之前，都不管个人的好恶，无条件地要求个体遵守，违反制度就要受到不同形式的惩罚。教育制度也不例外，教育制度作为教育系统活动的规范是面向整个教育系统的。在某种意义上说，它独立于个体之外，对个体的行为具有一定的强制作用。例如，义务教育的强制性尤为突出。

二、教育制度的任务和意义

著名教育家蔡元培先生曾说“教育者，非为以亡、非为现在、而专为将来。”教育制度的任务是保障一个国家教育目的的实现，为社会发展培养所需要的各类人才。学校教育制度的任务是把共同的抽象的教育目的、教育要求与教育价值具体化为办学的各个环节、各个方面、各个部分以及它们之间的关系与结构，以使一般的总体的教育规定转化为具体的培养目标与方案，使教育落到实处。

教育制度的意义在于保障教育功能的实现。随着现代社会的发展，学制日趋复杂化，并在逐步完善。一个符合国情的、科学的学制，既要为国家培养高水平的科技与管理人才服务，又要着眼于民族素质的提高和普通劳动者就业能力的培养，使每个社会成员都享有受教育的权利和机会。因此，完善的教育制度不仅可以保障教育对社会发展的功能的实现，还可以保障教育对个体发展的功能的实现。

三、教育制度确立的依据

学校教育制度的制定不是随意的，它要为一定的社会政治经济状况和人的身心发展的规律所制约。从历史上看，各社会、各国家或者一个国家的不同政治经济状况不一，生产发展水平不同，民族文化传统、人口、地域、学制沿革等情况各异。教育制度的制定和确立主要受以下因素制约。

(一)生产力的发展水平和科学技术发展状况

社会生产力的发展水平和科学技术发展状况为教育制度的建立提供了基础。它们制约着教育结构和学校教育制度。在生产力水平较低的情况下，教育形式和学校类型比较单一，规模也比较小。随着生产力的发展，特别是到了资本主义大工业时期，社会需要各种类型的人才，与之相适应，产生了近代学制，提出了普及教育的思想和职业技术教育制度。当代社会学校类型更加多样化，各项教育制度日益完善，终身教育思想被纳入教育制度中，这些都是生产力发展的反映。

在学校教育制度中，其内容不可能超越当时社会生产力发展水平和科技发展状况，因为它们直接影响学校教育的物质条件、规模大小、发展速度、普及程度、课程结构、专业设置等。学制的发展历史说明，学制是随着各国社会生产力和科技的不断发展而逐步发展完善的。

(二)社会政治经济制度

教育制度是社会发展到一定历史时期的产物。在原始社会，没有阶级、没有国家，人们过着原始的大同生活，没有专门的教育机构和专职的教育人员，没有教育制度，是一种自然形态的教育。直到进入奴隶社会，奴隶主贵族为了维护自己的政治经济利益，培养社会所需要的统治人才，建立了学校，确立了教育制度。在封建社会，为了维护封建地主阶级的政治经济利益，国家规定人们按照各自的社会政治经济地位进入不同等级的学校。在资本主义社会，为了维护资产阶级的政治经济利益，尽管提倡民主、自由平等的受教育权，但是一些好学校收费很高，从而限制了贫穷人家子弟入学。进入社会主义社会后，学制理所当然地要反映整个国家和全民族的政治经济利益的要求，为巩固社会主义政治经济制度服务，因此人人享有真正的平等的受教育权。可见，教育制度是一定历史时期政治经济制度的要求，并为一定的统治阶级服务。特别是学校教育制度中关于学校专业的设置，各级各类学校教育目的，学制年限，入学条件等，直接受统治阶级的有关方针、政策的制约，反映着统治阶级的愿望和要求。因此，在阶级社会中，教育制度具有鲜明的阶级性。同时，不同的学校教育制度，受不同社会政治经济制度所制约，反映不同社会的政治经济要求。

(三)文化因素

教育活动是在一定的文化背景下进行的，同时它又是文化的组成部分，承担着文化选择、文化传承、文化整合与文化创造等功能。不同的文化类型必然会影响到教育的类型，影响到教育制度。例如，中国封建社会儒学文化占主流的各个朝代，其教育的主导类型是儒学教育。又如，在资本主义国家，法国、日本在教育行政上实施中央集权制，而美国在教育行政上实施地方分权制；同样是实施分权制，美国的分权制又与英国的分权制不同，各自有自己的传统和特色。这些都是由于文化的不同而引起的。在文化因素中，科学技术对教育制度的影响非常明显，而且其影响力还在逐渐增大。当代科学技术知识的激增已经极大地冲击了传统的以掌握和再现知识为主的学校教育制度，人们纷纷研究适应这种知识状况的新的教学制度、考试制度、奖励制度、教师培训制度、评价制度等。

(四)人的身心发展规律

在人的一生中，经历着不同的年龄发展阶段，从出生到青年，从青年到壮年，从壮年到老年，在身心发展上各有其特点和规律。制定学制，规定入学年龄与修业年限，确定各类学校的分段与衔接，升学制度中某些弹性限度的规定，特殊学校、特殊班级的设立，职业技术教育从哪个年龄阶段起始，某些职业技能适合于哪一年龄阶段的学生，继续教育、终身教育的实行，教育结构的调整，都须考虑人的身心发展规律，都要适合年青一代的智力和体力发展水平。

(五)本国学制的历史发展和外国学制的影响

每个国家学制的形成和发展，都有一个过程。新的学制总是在旧学制基础上发展完善而成，因此，制定学制必须研究本国学制的演变过程，对旧学制有用的部分适当加以继承和发扬；同时还需要借鉴外国学制中的有益经验，如在入学年龄、修业年限、学校阶段划分、教育结构、管理体制等方面的合理成分，加以吸收借鉴。借以完善和补充本国的学制。比如，我国目前仍然实行“六三三学制”，这是在我国近现代学制发展的基础上并借鉴美国的学制发展而来的。我国实行“分支型学制”也是借鉴欧美并结合我国实际需要确定的。

第二节　我国学校教育制度的沿革

一、旧中国的学制沿革

(一)古代学校教育制度的发展

中国进入奴隶社会后正式出现了学校，至周朝便出现了学校系统。周朝的学校分为两类两级，两类是指国学与乡学之分，两级是指小学和大学之分。

国学是设在王都的学校，主为统治阶级和上层贵族子弟而设，国学设有小学与大学两级。小学设于王宫的东南，小学的入学年龄因学生家庭政治地位的差异而不同。8 岁是王侯太子入小学的年龄，10 岁或 13 岁是公卿之太子、大夫元士之適子入小学的年龄，15 岁是众子及部分平民子弟入小学的年龄。大学的位置，《礼记·王制》中记载：“大学在郊，天子曰辟雍，诸侯曰泮宫。”王大子入大学年龄为 15 岁，其他人 20 岁入大学。

乡学是地方学校，设在王都郊外六乡行政区中。《礼记·学记》：“家有塾，党有庠，术有序，国有学。”按地方行政区划建立学校。周朝除了小学、大学外，还有家庭教育，家庭教育主要承担了蒙养教育的任务。周朝的大学建立了考核制度。《礼记·学记》：“比年入学，中年考校。一年视离经辨志；三年视敬业乐群；五年视博习亲师；七年视论学取友；谓之小成。九年知类通达，强立而不反，谓之大成。”

中国封建社会的教育制度，初步轮廓自汉朝而定，唐宋加以完备后相延千年。学校有官学、私学和亦官亦私的书院三种主要类型，家庭教育承担了学前教育的任务。官学分为中央官学和地方官学两级。如唐朝中央官学一般设有国子学、太学、四门学、书学、律学、算学等，还有教皇侯子孙的小学。地方官学按地方建制设学，有州学、县学、军学等等。私学中一级是教授识字和日用知识的小学或蒙学，主要有乡校、村学、义学、家塾等；一级是程度较高的青年学子研究学问或准备科举的经馆。书院是私学教育发展的高级形态，作为一种教育制度正式确立下来是在北宋，主要是读书人在此学习、研究儒家的纲常明教或部分准备科举，自元代起日益官学化。封建社会的官学制度等级严格，贵族子弟按身份地位入不同的学校。在科举制度产生后，学校逐渐沦为科举的附庸，严重束缚了教育发展的速度、规模，限制了普通劳动子弟入学受教育的权利。

(二)近现代学制的演变

1840 年鸦片战争后，中国沦为半殖民地半封建社会。帝国主义列强的疯狂侵略和国内民族资本主义势力的兴起，迫使清政府不得不实行新政，对封建教育制度进行改革，采取废科举，兴学堂，建立学制等措施。

1.“壬寅学制”

1902 年，清政府以法令形式颁布了由管学大臣张百熙拟定的《钦定学堂章程》，因该年为壬寅年，又称《壬寅学制》。《壬寅学制》以日本学制为蓝图，这是中国近代第一个以中央政府名义制定的全国性学制，规定了各级各类学堂的性质、培养目标、入学条件、在学年限、课程设置和相互衔接关系。《壬寅学制》虽经公布，但未及实施，很快被“癸卯学制”所替代。

2.“癸卯学制”

1903 年，张之洞等拟定了《奏定学堂章程》，清政府于 1904 年 1 月颁布施行，又称“癸卯学制”。从纵向看，该学制分为三段七级：第一阶段为初等教育，分为三级，包括蒙养院(4 年)、初等小学堂(5 年)、高等小学堂(4 年)，蒙养院是幼儿教育机构，招收 3～7 岁幼儿，初等小学堂为强迫教育阶段，儿童 7 岁入学；第二阶段为中等教育，仅设中学堂一级

(5 年)；第三阶段为高等教育，分为三级，高等学堂或大学预科(3 年)、大学堂(3～4 年)、通儒院(5 年)，通儒院属于研究院性质；从横的方面看，还有与各段平行的各类学堂，主要有师范类和实业类。学制还详细地规定了各级各类学堂必修课程、学时及达到的标准。学制的年限比较长，从初小到通儒院共需 20～21 年。该学制没有规定女子入学堂的地位，而且还把学校制度与科举制度结合，根据学生的表现和学业程度奖励相应的科举功名，授予不同级别毕业的学生不同出身和相应的官职。“癸卯学制”主要模仿日本的学制，其指导思想是“中学为体、西学为用”，同时保留了封建教育(如读经、讲经、科举制度)的残余。它是我国第一个正式实施的学制，直至辛亥革命时为止。

3.“壬子—癸丑学制”

1911 年辛亥革命的成功，推翻了统治中国两千多年的封建帝制，建立了资产阶级的民主共和国。随着政治体制的变革，学制系统也做了相应的调整。1912—1913 年民国政府废除了旧学制，颁布了新学制。该学制首先废除了清末学制的“忠君、尊孔”思想，代之以“军国民教育”“实利教育”“公民道德教育”和“美育”作为教育的宗旨，以提升国民素质，培养建国人才。与 1902 年、1904 年学制相比，该学制是一个真正意义上的现代学制，它废除了中小学的读经科和大学的经学科，废除了奖励出身的规定，反映了近代民族资本主义发展的要求；缩短了初等教育的年限，便于初等教育的普及；同时强调对学生个性的培养等，比较全面地反映了资产阶级对教育的要求，具有一定的进步意义。

4.“壬戌学制”

中国现代学制形成以后，虽经过民国初年的教育改革，仍存在不少问题，如小学过长，中学过短(七四制)，中等教育又太偏于普通教育，学校的种类太简单，模仿日本和德国的痕迹较深，没有从本国实际出发等，已不适应日益发展的政治经济，因而需要对学制进行新的改革。1922 年 11 月 1 日以大总统令公布了《学校系统改革案》，即“壬戌学制”，又称“新学制”。该学制是由当时的留美归国人士主持的全国教育联合会以美国学制为蓝本制定的。它把小学、初级中学、高级中学的修业年限分别规定为 6 年、3 年、3 年，所以该学制又称为“六三三”学制，是仿美学制。新学制最显著的特点是第一次根据儿童的身心发展规律划分教育阶段。学制还建立了比较完善的职业教育系统，兼顾学生的升学和就业。学制提出了七项标准作为指导思想：①适应社会进化之需要；②发扬平民教育精神；③谋个性之发展；④注意国民经济力；⑤注意生活教育；⑥使教育易于普及；⑦多留各地伸缩余地。很明显，“壬戌学制”深受美国教育家杜威的实用主义教育思想的影响，美国教育学者孟禄还亲自参加过学制的制定工作。但该学制并不完全是美国学制的翻版，新学制所体现出来的主流是新文化运动以来所倡导的“民主”与“科学”的精神，它在一定程度上反映了当时我国教育学者结合中国国情的一些思考，反映了发展中的中国民族资本主义的需要。

二、新中国的学制沿革

新中国成立后，为了使教育适应社会发展的需要，中央人民政府在社会发展的不同阶段颁布了一系列新学制。

(一)1951 年颁布中华人民共和国新学制

随着国民经济的恢复和发展，旧学制已经不能适应新中国政治经济发展的需要。为了在最短时间内培育出社会所需要的各类人才，为了满足劳动人民学习文化科学知识的需要，1951 年 10 月 1 日，中央人民政府政务院在吸取新中国成立前旧学制的合理因素，借鉴苏联学制的经验基础上，颁布了《关于改革学制的决定》，确定了新中国的第一个学制，标志着我国学制的发展进入了一个新的阶段。

新学制分为四段六级，包括了从幼儿教育到高等教育的完整体系。新学制的特点是：它体现了民族平等、男女平等的原则；职业教育在新学制中占重要地位，体现了教育为经济建设服务的方针；重视工农干部的速成教育和工农群众的业余教育，体现了学校面向工农的原则；向包括幼儿教育、成人教育在内的现代教育施教系统的发展，显示出终身教育的萌芽。它的颁布实施，标志着我国普通教育、职业教育和业余教育相结合的社会主义教育体系的形成，促进了我国教育事业的发展。

(二)1958 年的学制改革

全面大规模的社会主义建设开始后，“为了多快好省地发展教育事业”，中共中央、国务院于 1958 年 9 月，公布了《关于教育工作的指示》，明确指出要积极稳妥的改革现行学制。提出了“两条腿走路”的办学方针和“三个结合”“六个并举”的具体办学原则。

“三个结合”是统一性与多样性相结合，普及与提高相结合，全面规划与地方分权相结合。“六个并举”是国家办学与厂矿、企业、农业合作办学并举，普通教育与职业教育并举，成人教育与儿童教育并举，全日制学校与半工半读、业余学校并举，学校教育与自学并举，免费教育与不免费教育并举。

《指示》明确规定全国将有三类学校：全日制学校、半工半读学校、业余学校。根据《指示》精神，全国展开了中小学学生学制改革实验。

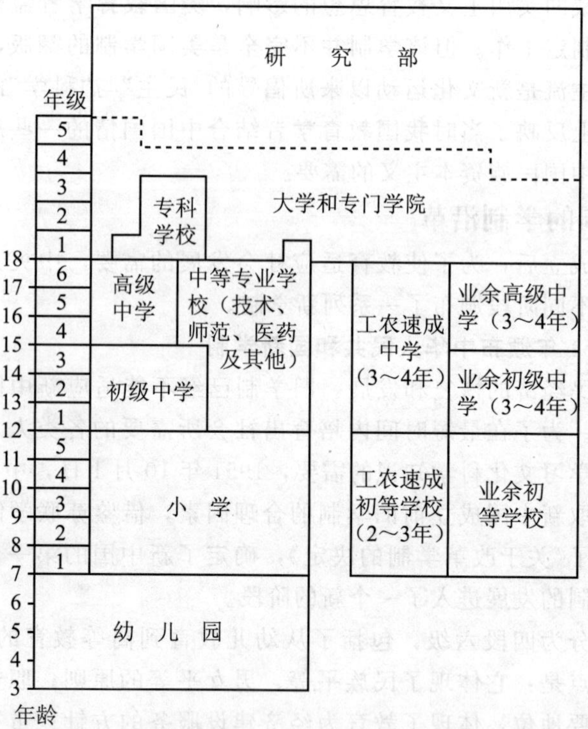

图 6-1　中华人民共和国学校系统图(1951 年)①

1958 年的学制改革改革在调动一切积极因素、群众办学等方面积累了丰富的经验。但由于受“左”倾思想的影响，夸大了人的主观能动性，急躁冒进，不按客观规律办事，因此学制改革一哄而起，一哄而散，没能取得预期的效果。

(三)1966—1976 年的学制变化

1966—1976 年期间，“四人帮”借口“教育要革命”“学制要缩短”，大肆破坏学制。他们毫无根据地把中学学制大加缩短，初、高中都缩短为两年；盲目发展普通中学、砍杀农业中学和各种中专、技工学校，从而使两者的比例完全失调；撤销全部函授教育、职工教育和业余大学教育机关，剥夺了职工提高文化科学知识水平的机会；停办财经、管理、政法等院校、系科和专业，使人才培养的比例完全失调。这样，新中国成立后逐步改革、完善的新学制被破坏得面目全非，严重阻碍了教育事业的发展。

① 黄济，王策三主编：《现代教育论》，北京：人民教育出版社，1996 年，第 297 页。

（四）1985年的《中共中央关于教育体制改革的决定》

党的十一届三中全会以后，教育战线拨乱反正，各级各类学校初步得到了整顿恢复，但是教育不适应新形势的情况越来越突出。如政府有关部门对学校统得过死，学校缺乏应有的活力，教育结构不合理等。因此，1985年6月27日，正式颁布了《中共中央关于教育体制改革的决定》（以下简称《决定》）。

《决定》指出，教育体制改革的根本目的是提高民族素质，多出人才，出好人才。《决定》指出了我国教育体制在教育事业管理权限的划分、教育结构、教育思想、教育内容、教育方法上存在的弊端，提出我国教育体制改革的主要内容：第一，实行九年义务教育。把发展基础教育的责任交给地方，有步骤地实行九年制义务教育。第二，调整中等教育结构，大力发展职业技术教育。在小学、初中、高中后进行三级分流，以中等职业技术教育为重点，逐步建立从初级到高级行业配套、结构合理、又能与普通教育相互沟通的职业技术教育体系，从而扭转中等教育结构不合理的状况。第三，改革高等教育招生与分配制度，扩大高等学校办学自主权。第四，基础教育权属于地方，学校逐步实行校长负责制。实行基础教育由地方负责，分级管理的原则。第五，强调加强领导，调动各方面积极因素，保证教育体制改革的顺利进行。

（五）1993年的《中国教育改革和发展纲要》

为了提高全民族的思想道德和科学文化水平，指导20世纪末、21世纪初的教育改革和发展，使教育更好地为社会主义现代化建设服务，1993年3月，中共中央、国务院发布《中国教育改革和发展纲要》（以下简称《纲要》），提出了优先发展教育的重要思想，并对教育制度做出了新的规定。

第一，确定到20世纪末教育发展的总目标是：基本普及九年义务教育和基本扫除青壮年文盲；全面贯彻党的教育方针，全面提高教育质量；要建设好一批重点学校和一批重点学科。简称为“两基”“两全”“两重”。

第二，调整中等教育结构；确定了基础教育、职业教育、成人教育、高等教育四种类型；完善研究生培养和学位制度。

第三，改革办学体制。改变政府包揽办学的格局，逐步建立以政府办学为主体、社会各界共同办学的体制。基础教育应以地方政府办学为主；高等教育要逐步形成以中央、省（自治区、直辖市）两级政府办学为主、社会各界参与办学的新格局；职业技术教育和成人教育主要依靠行业、企业、事业单位办学和社会各方面联合办学。国家对社会团体和公民个人依法办学，采取积极鼓励、大力支持、正确引导、加强管理的方针。国家欢迎港、澳、台同胞、海外侨胞和外国友好人士捐资助学。在国家有关法律和法规的范围内进行国际合作办学。举办具有颁发国家承认的学历文凭资格的各类学校，应按国家有关规定办理审批手续。

第四，改革高等学校的招生和毕业生就业制度。改变全部按国家统一计划招生的体制，实行国家任务计划和调节性计划相结合，并逐步实行收费制度，改变“统包统分”和“包当干部”的就业制度，实行少数毕业生由国家安排就业，多数毕业生“自主择业”的制度。

第五，改革和完善教育投资体制。增加教育经费，逐步建立以国家财政拨款为主，以征收教育税费、收取学费、校办产业收入、社会捐资集资、设立教育基金等为辅的多渠道筹措教育经费制度。

(六)1995 年的《教育法》

1995 年 3 月 18 日，第八届全国人民代表大会第三次会议审议通过了《中华人民共和国教育法》，以法律的形式巩固了 1949 年以来我国学制改革的成果，并在第二章专门规定了我国的教育基本制度。

第一，国家实行学前教育、初等教育、中等教育、高等教育的学校教育制度。国家建立科学的学制系统，学制系统内的学校和其他教育机构的设置、教育形式、修业年限、招生对象、培养目标等，由国务院或者由国务院授权教育行政部门规定。

第二，国家实行九年制义务教育制度。各级人民政府采取各种措施保障适龄儿童、少年就学。适龄儿童、少年的父母或者其他监护人以及有关社会组织和个人有义务使适龄儿童、少年接受并完成规定年限的义务教育。

第三，国家实行职业教育制度和成人教育制度。各级人民政府、有关行政部门以及企业事业组织应当采取措施，发展并保障公民接受职业学校教育或者各种形式的职业培训。国家鼓励发展多种形式的成人教育，使公民接受适当形式的政治、经济、文化、科学、技术、业务教育和终身教育。

第四，国家实行国家教育考试制度。国家教育考试由国务院教育行政部门确定种类，并由国家批准的实施教育考试的机构承办。

第五，国家实行学业证书制度。经国家批准设立或者认可的学校及其他教育机构按照国家有关规定，颁发学历证书或者其他学业证书。

第六，国家实行学位制度。学位授予单位依法对达到一定学术水平或者专业技术水平的人员授予相应的学位，颁发学位证书。我国实行学士、硕士、博士三级学位。

第七，各级人民政府、基层群众性自治组织和企业事业组织应当采取各种措施，开展扫除文盲的教育工作。按照国家规定具有接受扫除文盲教育能力的公民，应当接受扫除文盲的教育。

第八，国家实行教育督导制度和学校及其他教育机构教育评估制度。

专栏 6-1

面向 21 世纪教育振兴行动计划

1999 年 1 月 13 日国务院批准的《面向 21 世纪教育振兴行动计划》，是在贯彻落实《教育法》和《中国教育改革和发展纲要》的基础上提出的跨世纪教育改革和发展的施工蓝图。行动计划的主要目标是：到 2000 年，全国基本普及九年义务教育，基本扫除青壮年文盲，大力推进素质教育；完善职业教育培训和继续教育化改革；稳步发展高等教育，高等教育入学率达到 11%左右；深化改革，建立起教育新体制的基本框架，主动适应社会发展。到 2010 年，城市和经济发达地区有步骤地普及高中阶段的教育，全国人口受教育年限达到发展中国家先进水平，高等教育规模有较大扩展，入学率接近 15%，基本建立起终身学习体系。

为此，国家在该计划中提出 12 项重大行动：实施"跨世纪素质教育工程"，提高国民素质；实施"跨世纪园丁工程"，大力提高教师队伍素质；实施"高层次创造性人才工程"，加强高等学校科研工作，积极参加国家创新体系建设；继续并加快进行"211 工程"建设，大力提高高等学校的知识创新能力；创建若干所世界先进水平的一流大学和一流学科；实施"现代远程教育工程"，形成开放式教育网络，构建终身学习体系；实施"高新技术产业化工程"，带动国家高新技术产业化的发展，为培养经济新的增长点做贡献；贯彻《高等教育法》，积极稳步发展高等教育，加快高教改革步伐，提高教育质量和办学效益；积极发展职业教育和成人教育；深化办学体制改革，调动各方面发展教育事业的积极性；依法保证教育经费"三个增长"，切实增加教育投入；高举邓小平理论伟大旗帜，加强党的建设和思想政治工作。

资料来源：节选自《面向 21 世纪教育振兴行动计划》。

(七)1999 年的《关于深化教育改革，全面推进素质教育的决定》

1999 年 6 月，在第三次全国教育工作会议上颁布了《中共中央国务院关于深化教育改革，全面推进素质教育的决定》，其中关于教育制度的内容主要如下。

第一，把两基作为全面推进素质教育的基础。地方各级人民政府要继续将“两基”作为教育工作的“重中之重”，确保2000年“两基”目标的实现和达标后的巩固与提高。各地要从实际出发，改造薄弱学校，提高义务教育阶段的整体办学水平。

第二，调整现有教育体系结构，扩大高中阶段教育和高等教育的规模，通过多种形式积极发展高等教育。积极发展包括普通教育和职业教育在内的高中阶段教育，为初中毕业生提供多种形式的学习机会。在城市和经济发达地区要有步骤地普及高中阶段教育。要大力发展高等职业教育，培养一大批具有必要的理论知识和较强实践能力，生产、建设、管理、服务第一线和农村急需的专门人才。

第三，构建与社会主义市场经济体制和教育内在规律相适应、不同类型教育相互沟通相互衔接的教育体制，为学校毕业生提供继续学习深造的机会。高等学校和中等职业学校要创造条件实行弹性的学习制度，放宽招生和入学的年龄限制，允许分阶段完成学业。大力发展现代远程教育、职业资格证书教育和其他继续教育。完善自学考试制度，形成社会化、开放式的教育网络，为适应多层次、多形式的教育需求开辟更为广阔的途径。

第四，加快改革招生考试和评价制度，改变“一次考试定终身”的状况。

第五，第一次明确提出“终身教育”，形成社会化、开放式的教育网络，逐渐完善终身学习体系。而且还要求在减轻学生课业负担、课程设置、教学内容、考试等方面进行改革。

专栏 6-2

国务院关于基础教育改革与发展的决定

2001年6月，国务院颁布了《国务院关于基础教育改革与发展的决定》，要求：

第一，确立基础教育在社会主义现代化建设中的战略地位，坚持基础教育优先发展。“十五”期间，地方各级人民政府要坚持将普及九年义务教育和扫除青壮年文盲作为教育工作的“重中之重”。大力发展高中阶段教育，促进高中阶段教育协调发展。重视和发展学前教育。第二，完善体制，保障投入，推进发展。第三，深化教育教学改革，扎实推进素质教育。第四，改革考试评价和招生选拔制度。第五，推进办学体制改革，促进社会力量办学健康发展。

资料来源：节选自：《国务院关于基础教育改革与发展的决定》。

(八)教育部《2003—2007年教育振兴行动计划》

在此文件中，关于教育制度的主要内容如下。

第一，国家重点推进农村教育的发展与改革，努力提高普及九年义务教育的水平和质量，为2010年全面普及九年义务教育和全面提高义务教育质量打好基础。深化农村教育改革，发展农村职业教育和成人教育，推进“三教统筹”和“农科教结合”。落实“以县为主”的农村义务教育管理体制，加大投入，完善保障机制。建立和健全助学制度，扶持农村家庭经济困难学生接受义务教育。实施“农村中小学现代远程教育计划”。

第二，国家重点推进高水平大学和重点学科建设。继续实施“985工程”和“211工程”，努力建设一批高水平大学和重点学科，加大实施“高层次创造性人才计划”力度，推进“研究生教育创新计划”。

第三，国家实施“新世纪素质教育工程”，积极推进普通高中、学前教育和特殊教育的改革与发展。

第四，国家实施“职业教育与培训创新工程”，大力发展职业教育，大量培养高素质的技能型人才特别是高技能人才，以就业为导向，大力推动职业教育转变办学模式，大力发展多样化的成人教育和继续教育。

第五，国家大力支持和促进民办教育持续健康协调快速发展。深化学校内部管理体制改革，探索建立现代学校制度。

第三节　现代学校教育制度的类型

教育制度的核心是学校教育制度。现代学校教育制度最早在西方国家形成。随着资本主义大工业的发展，欧洲的现代学校随之迅猛发展起来，形成了现代学校系统。其形成的途径有两条：一条是自上而下的发展，首先是以中世纪的大学形成顶端，向下延伸，产生了古典文科中学，经过长期发展形成了大学和中学系统。另一条是自下而上的发展。由最初面向广大劳动人民的国民小学发展到中学，中学包括初级中学、高级中学、职业学校等，由中学发展到高等职业学校。到19世纪末，西方现代学校教育制度逐步形成。

现代学校教育制度主要有三种类型：单轨制、双轨制和分支型学制。原来的西欧属于双轨学制，美国的学制是单轨学制，苏联的学制是分支型学制。

一、双轨制

双轨制出现最早，这种学制是古代等级特权在学制发展过程中遗留的结果，18世纪已初露端倪，19世纪开始定型。主要代表是第二次世界大战前的德、法、英等欧洲国家。双轨制实际上就是根据不同的教育对象（划分的标准主要是种族与出身）规定了不同的受教育的权利，从而使教育呈现出两种不同的态势，学校系统分为两轨：一轨是下延型教育系统，是以中世纪发展起来的大学为起点，向下发展即为升大学做准备的中等学校教育。这类学校后来发展成专为上层社会、贵族与高级僧侣等特权阶层子弟所设，学校多从古代学校发展而来，初中毕业后，可以继续接受高等教育。各方面条件都比较优越，学术性很强而且水平高，是具有等级性和学术性的一轨，负担培养学术人才和管理人才，属于精英教育的范畴；另一轨是上延型教育系统，是为劳动人民子女设立的。小学毕业后，只能就业或接受初等与中等的职业教育，学习从事劳动生产的技术，属生产性的一轨。这类学校负担培养熟练劳动力。英国是双轨制的典型代表。

双轨制既与古代教育等级性有关，与资产阶级的自身利益有关，又与资本主义发展初期脑力劳动和体力劳动还存在严重的分离有关。其特点是把学校系统分为两个互不相通、完全独立的轨道。在同一教育阶段，不仅开设的课程不同，任课教师不同，而且更重要的是培养目标也不一样。两轨学校系统之间分工明确，分别承担精英教育和大众教育。但其背离了现代教育普及化、公平化的基本精神。

第二次世界大战之后，随着生产领域中脑力劳动与体力劳动的进一步结合，加上教育民主化浪潮的压力，双轨制才渐渐自下而上并轨。在现代社会的发展过程中，随着特权阶层的削弱，具有较高学术水平的一轨，已经逐渐向劳动人民的子女开放，但由于收费昂贵，劳动人民子女入学率仍然不高。只有少数优秀学生因免费或接受资助而得以入学。这种学制显然不利于教育普及。但这种学制的学术性一轨的学术水平较高，像牛津、剑桥大学等就培养出许多杰出的人才。

二、单轨制

单轨制是相对于双轨学制而言的。19 世纪后期，体现教育民主的单轨学制最早在美国确立。它只有一种结构，要么是自上而下，要么是自下而上的。单轨制的特征是所有的学生在同样的学校系统中学习，从小学直至大学，各级各类学校互相衔接。形式上任何儿童都可以入学，有利于教育的普及，体现了教育的平等性，有利于提高国民素质。相对于双轨制来说，这是历史的一个进步。但在一定时期、一定程度上也往往存在着教育参差不齐，发展失衡、效益低下，同级学校教学质量相差较大，许多学校的水平不高。学术性的一轨没有充分的发展，而群众性的新学校迅速发展起来。应该说，单轨制、双轨制在产生发展之初，都是各国根据不同国情做出的历史抉择，具有相当的必然性和合理性。

由于美国没有像英国皇室那样的特权阶层，形成了典型的单轨制。后来这一学制类型为许多国家所采纳。

三、分支型学制

分支型学制，又称为"Y"型学制，相对出现最晚，以第二次世界大战前的日本、苏联以及中国为代表。20 世纪上半叶苏联形成分支型学制。分支型学制是一种介于双轨制和单轨制之间的学制，是在双轨制教育受到社会强烈抨击后，一些实行双轨制教育的国家做出变革的结果。它试图融汇单轨和双轨之长，兼顾公平与效益，它吸收了西欧双轨制中的一些积极因素，如职业技术学校单独设立，又兼顾了单轨制的特色，既有上下级学校间的相互衔接，又有职业技术学校横向的相互联系，形成了立体式的学制。其特点是"上通（高等学校）下达（初等学校），左右（中等专业学校和中等职业学校）相通。"因此，在国家教育权与公民受教育权的关系上具有双重性。一方面，这种学制既有利于教育的普及，又使学术性保持较高水平。另一方面，要在不同的历史时期强化受教育权的差异性，突出实用主义学科教育。但这种学制由于课时多、课程复杂，教学计划、大纲和教科书必须统一而使教学不够灵活。

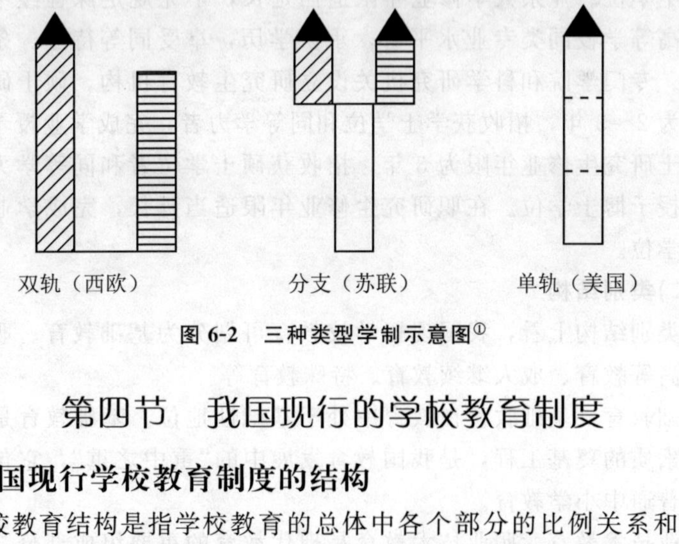

图 6-2　三种类型学制示意图①

第四节　我国现行的学校教育制度

一、我国现行学校教育制度的结构

学校教育结构是指学校教育的总体中各个部分的比例关系和组合方式。任何学校教育系统都包含一定的组成部分，而他们的层次和类别以某种方式组合起来，并形成一定的关系，就是学校教育结构。

---

① 黄济，王策三主编：《现代教育论》，北京：人民教育出版社，1996 年，第 269 页。

(一)层次结构

目前我国的学校教育包括以下几个层次的教育。

学前教育：我国学前教育招收 3～6 岁的幼儿。主要是进行启蒙教育，使他们的身心得到全面发展，为接受小学教育打下良好基础。实施机构主要是幼儿园、托儿所、学前班等。

初等教育：主要指全日制小学教育，招收六七岁儿童入学。学制为 5～6 年，对儿童实施全面发展的基础教育，为接受中等教育打下基础。

中等教育：指全日制普通中学、各类中等职业学校和业余中学。全日制中学修业年限为 6 年，初中 3 年，高中 3 年，对学生实施全面发展教育。一方面，为国家培养劳动后备力量；另一方面，为高一级学校输送合格的新生。职业高中 2～3 年，中等专业学校 3～4 年，技工学校 2～3 年。属成人教育的各类业余中学，修业年限适当延长。

高等教育：指全日制大学、专门学院、专科学校、研究生院和各种形式的业余大学，是在完全中等教育的基础上进行的专业教育，是培养高级专门人才的社会活动。高等学校招收高中毕业生和同等学力者。专科学校修业为 2～3 年。大学和专门学院为 4～5 年，毕业考试合格者，授予学士学位。业余大学修业年限适当延长，学完规定课程经考核达到全日制高等学校同类专业水平者，承认学历，享受同等待遇。条件较好的大学、专门学院和科学研究机关设立研究生教育机构。硕士研究生修业年限为 2～3 年，招收获学士学位和同等学力者，完成学业授予硕士学位。博士研究生修业年限为 3 年，招收获硕士学位者和同等学力者，完成学业授予博士学位。在职研究生修业年限适当延长，完成学业者也可获相应学位。

(二)类别结构

从类别结构上看，我国现行学校教育可划分为基础教育、职业技术教育、高等教育、成人继续教育、特殊教育等。

基础教育：基础教育在教育中处于基础性地位。基础教育是我国提高民族素质的奠基工程，是我国教育发展中的“重中之重”，它包括学前教育和普通中小学教育。

职业技术教育：职业技术教育是现代教育的重要组成部分。职业技术教育包括技工学校、职业中学、中等专业学校和专业技术学院。它是工业化和生产社会化、现代化的重要支柱。

高等教育：高等教育是培养高级专门人才的教育，反映着一个国家的科学文化发展水平。我国高等教育包括综合性大学、专门学院、专科学校、研究生院等，也包括与成人继续教育相重合的职工大学、农民大学、广播电视大学、函授刊授学院等各种成人高等教育机构。高等教育担负着为国家输送高级专门人才、发展科学技术、促进我国现代化建设的任务。

成人教育：成人教育是专门为走上工作岗位的成人设置的教育机构，是为适应社会各行各业对知识不断更新的时代要求，为成人再次接受学校教育提供机会。成人教育包括独立设置的职工大学、农业大学、干部管理学院、行政干部管理学院，也包括普通高校中设立的继续教育学院、成人教育学院等。

特殊教育：由政府、企业事业组织、社会团体、其他社会组织及公民个人依法举办的专门对残疾人实施教育的机构。特殊教育是促进残疾人全面发展、帮助残疾人更好地融入社会的基本途径。我国的特殊教育涵盖了学前教育、义务教育、职业教育、高级中等以上教育等方面。

二、我国现行学校教育制度的类型

我国现行学制是从单轨学制发展而来的分支型学制。

我国在 20 世纪初从西方引入的学制，从总体上看是单轨学制，那是因为我国的现代生产、现代科技和商品经济还很不发达，学校的主要任务还是培养政治人才、管理人才和提高部分人口的科学文化水平，而不是培养大批为生产和经济服务的各级各类人才。因此，这种单轨学制不是像美国单轨学制那样是由于现代生产的急剧发展，群众性一轨淹没了另一轨的那种单轨学制。换句话说，这种单轨学制是现代生产和现代社会生活还未充分发展条件下的单轨学制，而不是现代生产和现代社会生活充分发展条件下形成的单轨学制。这种单轨学制中的中学阶段的职业教育极其薄弱就是明证。

随着生产和社会的发展，对有文化的劳动者的需求越来越大和越来越迫切，我国的单轨学制必然要走向分支型学制。为此，1951 年参考苏联分支型学制制定我国的新学制，在总体上是正确的和进步的。近三十年来，我国学制改革和发展的基本方向就是重建和完善分支型学制，即通过发展基础教育后的职业教育走向分支型学制，再通过高中综合化走向单轨学制。

为了寻找更加适合我国的学制，我们曾先后进行过学制实验，主要有五四制、六三制和九年一贯制。

三、我国当前的学校教育制度改革

2010 年 6 月 21 日，中共中央审议并通过了《国家中长期教育改革和发展规划纲要(2010—2020 年)》(以下简称《教育规划纲要》)。这是进入 21 世纪以来我国第一个教育规划纲要，是指导教育改革和发展的纲领性文件。

根据这一规划，今后一个时期我国教育事业改革发展的工作方针是：优先发展、育人为本、改革创新、促进公平、提高质量。提出了坚持把教育摆在优先发展的战略地位，把育人为本作为教育工作的根本要求，把改革创新作为教育发展的强大动力，把促进公平作为国家基本教育政策，把提高质量作为教育改革发展的核心任务。

《教育规划纲要》提出，教育改革发展的战略目标是：到 2020 年，基本实现教育现代化，基本形成学习型社会，进入人力资源强国行列，即“两基本、一进入”。

《教育规划纲要》提出，坚持以人为本、全面实施素质教育是教育改革发展的战略主题。核心是解决好培养什么人、怎样培养人的问题。目标是培养德、智、体、美全面发展的社会主义建设者和接班人，重点是提高学生的社会责任感、创新精神和实践能力，推进思路是坚持德育为先、能力为重、全面发展。

健全充满活力的教育体制。形成与社会主义市场经济体制和全面建设小康社会目标相适应的充满活力、富有效率、更加开放、有利于科学发展的教育体制机制，办出具有中国特色、世界水平的现代教育。

在学制方面，《教育规划纲要》按照完善现代国民教育体系、形成终身教育体系的要求，明确了今后一个时期我国学制方面的发展任务。主要有：积极发展学前教育，重点发展农村学前教育；巩固提高九年义务教育水平，重点推进均衡发展；加快普及高中阶段教育，推动普通高中多样化发展；大力发展职业教育，把职业教育放在更加突出的位置，调动行业企业的积极性。职业教育和普通教育相互沟通，职前教育和职后教育有效衔接。建立健全政府主导、行业指导、企业参与的办学机制。加快发展面向农村的职业教育；全面提高高等教育质量，把提高质量作为高等教育发展的核心任务。到 2020 年，高等教育结构更加合理，特色更加鲜明，人才培养、科学研究和社会服务整体水平全面提升，建成一批国际知名、有特色、高水平的高等学校，若干所大学达到或接近世界一流大学水平，高等教育国际竞争力显著增强；发展继续教育，建立健全继续教育体制机制，构建灵活开放的终身教育体系，努力建设学习型社会。更新继续教育观念，加大投入力度，以加强人力资源能力建设为核心，大力发展非学历继续教育，稳步发展学历继续教育，学历教育和非学历教育协调发展。重视老年教育，倡导全民阅读，广泛开展城乡社区教育，加快各类学习型组织建设，基本形成全民学习、终身学习的学习型社会；重视和支持民族教育事业，全面提高少数民族和民族地区教育发展水平；关心和支持特殊教育，完善特殊教育体系，健全特殊教育保障机制。

四、义务教育制度

(一)义务教育的含义

义务教育，是指依据法律规定，适龄儿童和青少年都必须接受的，国家、社会、学校和家庭必须予以保障的教育。其实质是国家依照法律的规定对适龄儿童和青少年实施一定年限的强迫教育的制度。义务教育又称强迫教育或免费义务教育。

我国新修订的《义务教育法》第三条规定："义务教育是国家统一实施的所有适龄儿童、少年必须接受的教育，是国家必须予以保障的公益性事业。"义务教育是国民教育的基础。

(二)义务教育的特征

义务教育作为一项教育制度和法律制度，表现出"强制性""普及性""免费性"和"公益性"等鲜明特征。

1. 强制性

义务教育又称强迫性教育或必需的教育，义务教育作为国民教育的基础，是每个社会成员都必须接受的。强制性是义务教育的最本质特征。法律规定适龄儿童和青少年，无论是否愿意，都必须接受义务教育，否则国家法律机关将强制执行。它是用法律规定的强制性措施来保证适龄儿童入学，用法律来规定人们的权利和义务，用国家的意志来实现在全体适龄儿童中普及教育的目标，以保证全体公民的共同利益和要求。

2. 普及性

普及性是义务教育的基本特征，是指义务教育面向所有适龄儿童。其目的是为了保证所有儿童都能平等地接受基础教育。它是通过法律的形式赋予每一个儿童接受教育的权利，并监督其权利的实现。同其他的教育类型相比，它的普及性极为突出。可见，义务教育是强制性的普及教育。不论城市乡村、山区平原，不论种族民族、贫富智愚，不论社会地位，不分男女性别，只要有适龄儿童居住的地方，就应设有学校，招收所有儿童入学。

3. 免费性

免费性是义务教育的重要特征，是实施义务教育的最基本保障。义务教育是免费的教育，没有免费作为前提，外在的强制性无论多么强硬，家长由于缺乏起码的生存条件，经济困难，无力支付教育及相关费用，就无法保证适龄儿童入学，因此，没有免费教育也就没有义务教育。义务教育也是国家的法律义务，中央和地方政府必须负担义务教育的经费，对接受义务教育的学生免收学费，动员社会力量捐资办学，学校应积极改善办学条件，为接受义务教育的学生提供良好的学习条件，父母和监护人负有保证子女接受义务教育的责任。

4. 公益性

义务教育作为国民基础教育应是一项公益事业，属于国民教育的范畴。它是面向本地区、本民族全体国民的教育，它能培养国民共同的社会意识和价值观，能够提高国民素质，增强国家的竞争力，既是提高国民福利的途径，也是全体国民的福祉所在，可见，义务教育是公益性事业。

>>> 思考与练习

1. 名词解释：教育制度、学校教育制度、单轨制、双轨制、分支型学制、义务教育。

2. 简述制约教育制度的因素。

3. 简述我国学制的发展历程。

4. 请结合义务教育的知识内容谈谈你对我国义务教育的看法。

5. 请结合现代教育制度发展的趋势，谈谈你对我教育制度改革的看法。

>>> 推荐阅读

1. 保尔·朗格朗：《终身教育引论》，周南照，陈树清译，北京：中国对外翻译出版公司，1985年。

2. 联合国教科文组织国际教育发展委员会：《学会生存——教育世界的今天和明天》，上海：华东师范大学比较教育研究所译，北京：教育科学出版社，1996年。

第七章　教师与学生

学习目标

1. 了解教师职业的产生与发展，分析其特征。
2. 理解教师劳动的特点。
3. 掌握教师应具备的职业素养，确定今后努力的方向。
4. 掌握学生的基本特征，理解学生的地位。
5. 掌握理想的师生关系，树立科学的学生观。

在教育系统中，教师、学生等作为具有主体性的人构成了教育的主体因素。当然，在构成教学系统的诸主体因素中，教师和学生是两个最活跃的因素。教师是教的活动的主体，学生是学的活动的主体，由教师的教和学生的学构成的教学活动，便是主体之间相互作用的结果。同时，在师与生的这种活动过程中产生了主体间性——师生关系，它既是教育活动的产物，又极大地影响了教育活动。

第一节　教师

一、教师职业

(一)教师的概念及教师职业的产生与发展

教师是履行教育教学职责的专业人员，承担教书育人、培养社会主义事业建设者和接班人，提高民族素质的使命。一般来讲，“教师”一词具有双重含义，其一是指一种社会职业，其二是指这一职业的从业者。作为职业来讲，教师是由社会分工而形成的社会职业，其鲜明特征就是承担着教育学生的社会劳动任务。作为从业者来讲，从广义上看，教师与教育者是同义语；从狭义上看，教师指学校中的专职教育者。

“教师”的概念是与教育的发展、教师职业的发展联系在一起的。古代原始部落的氏族首领和具有生产、生活经验的长者，为了部落自身的生存和发展，把生产知识、生活经验，特别是风俗习惯、行为准则，有意识地传授给年青一代，于是就成为最早的兼职教师。专职教师是在学校产生后出现的。西周时，实行政教合一，官师一体，官学中设有专职的教育官“师氏”，有“大师”“小师”之分。战国时期，韩非子主张以法为教，以吏为师。秦始皇三十四年(公元前213年)采纳丞相李斯“若欲有学法令，以吏为师”的建议，实行吏师制度。汉代以后，中央及地方官学中有“博士”“祭酒”“助教”“直讲”“典学”等专职教师。唐代以后，除了有“祭酒”“司业”“博士”“助教”以外，还有“学正”“学录”“监丞”“典簿”“典籍”“掌馔”等专职教师。除官学外，春秋战国之后，私学兴起，既有官吏兼任或辞官还乡专任教师；也有名儒大师，不愿出仕，退而授徒；亦有清贫文人充任乡间塾师、书师。我国古代教师多以“学识”和“人格”为本，所谓“智如泉涌，行可以为仪表者，人之师也”①，“师者，人之模范也”②，“师者，所以传道授业解惑也”③。教师的功能主要表现为社会政治伦理功能和教化功能。

在西方，古希腊时期出现的“智者”是最早的教师，以给无知的人教授知识而生存。在中世纪，僧院学校、教会学校多以僧侣、神父、牧师为师。

近代，随着教育的制度化，教育教学工作日益成为一种越来越重要的专门的职业，教师的社会功能日益显著。如英国哲学家培根就曾把教师称为“科学知识的传播者，文明之树的栽培者，人类灵魂的设计者”。俄国教育家乌申斯基说：“一个教师如果不落后于现代社会进程，他就会感到自己是克服人类无知和恶习大机构中的一个活跃而积极的成员，是过去历史上所有高尚而伟大的人物跟新一代之间的中间人，是那些争取真理和幸福的人的神圣遗训的保存者。”④苏联教育家加里宁称教师是“人类心灵的工程师”。我国教育家杨昌济称教师有“神圣之天职，扶危定倾，端赖于此”。这些说法都揭示了教师在人类社会发展中的历史和现实意

---

① 《韩诗外传》。

② 扬雄：《法言·学行篇》。

③ 韩愈：《师说》。

④ 凯洛夫主编：《教育学》，北京：人民教育出版社，1957年，第6页。

义。可见，人民对教师职业的认识在不断发展。

现代教育已成为社会持续发展的动力，教师的作用也在增强和扩大，他不仅是人类文化的继承者与传递者，也是社会物质财富的创造者，还是社会发展与变革的重要力量；教师不仅要传授知识，还要培养和发展学生的智力和能力，陶冶他们的情操，关怀和指导他们的学习和全面成长。要实现教师的功能，教师必须经过严格的专业训练，要做终身学习的模范。师范教育走向教师教育，并在全球范围内的迅速发展正是这种需要的体现。

总之，现代意义上的"教师"与古代意义上的"教师"有着本质的区别：一是多功能性；二是专门性，作为教师，必须经过培养和培训，取得合格证书；三是高素质性，现代教师的内涵更丰富，是"经师"与"人师"的统一；四是发展性，现代教师必须终身学习，不断更新自己的知识结构、能力结构，使自己成为会学习的人。

(二)教师职业的基本特征

1. 教师职业是一种专门性职业

20 世纪 70 年代以来，日本、美国及我国的社会学者和教育学者曾对教师的职业地位进行了专门研究并提出了几种不同的见解。第一，"圣职说"，从教师工作的神圣性角度出发，认为教师职业像神职一样；第二，"劳动者说"，强调教师群体是社会劳动集团之一，教师是和其他行业劳动者等同的社会劳动者；第三，"公务员说"，考虑到现代教育主要是国家的事业，教师是代表国家为社会培养人才，从而主张应将教师列入国家公务员行列；第四，"专业人员说"，提出教师是专业人员，教师职业是专门性职业。种种观点，从不同角度对教师的职业地位予以了不同程度的确认。

所谓专门性职业，简言之，就是需要经过专门教育或培训，掌握专门知识和技能，按照一定专业标准从事工作，从而获得相应报酬待遇和社会地位的职业。即并非不学而能、人人皆会、万金油式的简单职业。其基本特征是：①从业前，要经过较长时间、比较严格的、相对成本较高的专业教育；②具有较高的从业标准，入业须经专门的从业资格考试，取得专业资格证书；③在本专业领域，具有权威性的发言权和行动权；④成立了专业性的学会、协会等自治性组织；⑤具有较高的经济报酬和社会地位。根据学术标准衡量，教师职业是一种专门性职业，它需要经过专门的教师教育训练、掌握专门知识和技能、通过培养人才为社会服务。

教师职业的专业性被普遍认可与自觉建设在 20 世纪中叶以后才出

现。1966年10月，国际劳工组织和联合国教科文组织联合发表了《关于教师地位的建议书》，建议书指出："教师职业是专门性职业，教员是专门性职业的从事者，教员在其职务的执持过程中享有学问自由。"20世纪末，教师职业地位的法律认定逐渐开始走向明朗化。在我国，1993年通过的《中华人民共和国教师法》第三条规定："教师是履行教育教学职责的专业人员。"至此，教师职业作为专门性职业在我国也以法律形式予以确认。

目前，公认典型的专业人员主要有医生、律师、注册会计师、工程师等，而教师一度被部分学者认为"半专业"，尚未达到"完全专业"。实事求是地讲，教师职业要成为完全的专业性职业的确还有一段很长的路要走。究其原因主要是：教育理论和教育教学方法、手段有待于进一步发展和完善，以便与其他职业严格区别；教师的工作绩效具有模糊性，比较难以进行准确评价；教师的专业成长年限较其他专业性职业要短；教师资格的获得比医师、律师、注册会计师等要相对容易；教师的薪酬水平还比较低；等等。正因为如此，每一位有志成为教师者，更应为实现自身的专业化而不懈努力。教师将在走向专业化，在不断迈向更高水平的过程中逐渐确立起自身的社会地位。

2. 教师职业是以教书育人为职责的职业

有目的地培养人才是教育区别于其他社会领域的根本特征。教师的基本任务就是教书育人。所谓教书育人，就是教师通过承担各门课程的教学，向学生传授系统的科学文化知识，引导学生树立科学的世界观、人生观，指导学生主动地、有效地进行学习，营造良好的教学氛围来促进学生健康、快速地成长。

教书与育人是同一过程的两个方面，但不是两者的简单相加。教书是向学生传递文化科学知识，开发学生智能，是育人的基础和前提；而育人是教书的方向和目标；教书和育人两者辩证统一，融为一体。这是教师与从事管理育人、服务育人、环境育人的其他教职工的本质区别。教书与育人的辩证关系，表明教师只有教好书，才能谈得上育人，教不好书就谈不上育人，教书是育人的必要条件。学校工作总体目标是育人，育人是一个系统工程。教师应自觉把教书这个子系统与学校育人大系统紧密联系起来，才能在教书的岗位上完成育人任务。尽管"教书育人"的目标、内容、方法可能因时代、社会、教师个体而有差别，但不能改变"教书育人"作为教师职业区别于其他职业的特殊性质。

一名称职的、有创新精神的教师，必须深刻理解教书育人的深刻内涵，认真负责地承担教书育人的神圣职责，成为教书育人的专家和学者，正如苏联教育家苏霍姆林斯基所强调的那样，教师“不仅是自己学科的教员，而且是学生的教育者、生活的导师和道德的引路人”。①

二、教师的劳动特点

(一)教师劳动的示范性

教师劳动之所以具有示范性，首先在于教育是培养人的活动的这一本质属性。在教育过程中，教师的素质和活动与教育影响、教育手段融为一体，对学生产生积极的教育影响。教师的劳动是教师用自身的知识、技能、情感、品质和个性为手段，通过示范的方式直接去影响教育对象，从而使之身心发生预期的变化。德国著名教育家第斯多惠也曾指出：“教师本人就是学校里最重要的师表，是最直观的最有教益的模范，是学生最活生生的榜样。”②无论是就教育者的职责来说，还是就其在受教育者心目中的地位来说，教师总是学生的楷模和表率，其一言一行和对事物的褒贬爱憎无不对学生产生影响。

其次，教师劳动之所以具有示范性，还在于学生的模仿性和向师性。中小学生无论在学识、智力，还是在心理素质、思想道德等方面的发展，都处于不成熟期，独立性、自我教育能力都比较欠缺。这一年龄阶段的学生对教师有一种特殊的信任和依恋情感，他们的学习往往是通过对教师的模仿来进行的。所谓学生的向师性，是说学生大都有尊重、崇敬教师，乐意接受教师教导的自然倾向，都希望得到教师的注重、关怀、鼓励和指导。教育心理学研究表明，学生具有明显的向师性心理特征。他们乐意接受教师的指导，尊重教师、信赖教师，无论在知识的传授上还是在人生道路的把握上，都把教师看成是自己崇拜和效法的对象。中小学生对教师具有特殊的依赖感，他们常把对父母的依赖转移到教师身上。在他们眼里，教师自然是权威的象征和模仿的对象，教师的一言一行都会在学生的心灵中烙下痕迹。随着年龄的增长，学生由对教师的依赖和模仿逐渐转变为崇尚教师广博的知识、高尚的人格，并由此产生对教师的热爱尊重之情。初中生更强调教师要有爱心、和蔼亲切、开朗活泼的性格特点；高中生逐渐在意教师的理性、威信、气质和品德。因此教师的言谈举止、性格品质对学生有着深刻影响。

教师劳动的示范性在教育活动的各个方面都有所表现。在智育活动中，教师积极演示、直观教学，如领读课文、演算习题、操作实验等；

---

① B. A. 苏霍姆林斯基，杜殿坤编译：《给教师的建议》，北京：教育科学出版社，2000 年，第 96 页。

② 第斯多惠：《教育文选》，莫斯科 1956 年俄文版，第 203 页。

在德育活动中，教师身体力行，为人师表，用自己的良好品德给学生起表率作用；在体育美育等活动中，教师的示范作用更为明显，教师的动作示范等往往成为学生练习的模板。另外，教师的个体道德品质和心理健康水平对学生也有示范作用。

(二)教师劳动的创造性

从表面上看，教师的劳动日复一日，年复一年，周而复始地进行着，教师工作似乎是最单调平凡的工作。但就其本质而言，教师的劳动是一项充满着创造性的劳动。教师劳动的创造性具有与其他创造性劳动所不同的特点。概括地说，教师劳动的创造性比一般劳动的创造性更具有灵活性。教师在教育过程中没有固定不变的模式，他必须根据教育教学规律，灵活运用教育方法，塑造学生个性，培养社会所需要的人才。

首先，教育对象的特殊性决定着教师劳动的创造性。教师劳动的对象既不是死的自然材料，也不是没有意识的动物或植物，而是具有各种独特品质的社会成员。他们是活生生的人，有着不同的经历，不同的兴趣、爱好，不同的禀赋、能力，不同的气质、性格，不同的意志、情感，不同的思想、行为，而且他们又是处在不断发展变化之中的。总之，世界上没有绝对相同的两个人，每个学生都有一个自己的生活世界；世界上也没有绝对相同的一个人，每个学生都在不断发展变化。再者，教师劳动对象还具有主观能动性，是自我教育的主体。他们并不是消极被动地接受教师的影响，同时也影响着教师，影响着整个教育过程。任何教育活动都不是教师的单向作用，而是师生之间的双向作用。教育对象的这些特殊性必然会使教育过程异常复杂和多变。而且，随着学生年龄的增长和自我意识的发展，这一特点还会愈加明显。

其次，教育内容的复杂性决定了教师劳动的创造性。教育内容不仅受教育目的的制约，而且受学生的身心发展阶段、认知能力和水平的影响。另外，教育内容还应反映出时代的要求。教师备课时既要了解学生已有的知识结构和发展水平，又要内化教学内容，同时也要考虑教学方法，在此基础上对教学内容进行创造性的加工，以符合学生特点的形式呈现给学生。

最后，教育情境的复杂性决定了教师劳动的创造性。在教育情境中，教师和学生都是具有能动性的"活的因素"，他们双方交互作用，使整个教育过程都处于变化中。这就需要教师创造性地运用教育教学规律，在复杂多变的教育情境中培养人。

教师劳动的创造性首先表现在因材施教上。教师不仅要针对学生集体的特点，而且还要针对学生个体的特点进行教育。通俗地说，就是要一把钥匙开一把锁。如果“一刀切”“一锅煮”，必然不会收到好的教育效果。

教师劳动的创造性，也表现在对教育、教学的原则、方法、内容的运用、选择和处理上。教育有原则可循，但无死框框可套。教育对象是复杂多变的人，在什么时候、什么情况下运用什么原则以及怎样运用，在很大程度上取决于教师劳动的创造性。同样，教育有方法可依，但无定法可抄。教育内容不同，教育对象不同，教育条件和教师水平不同，所运用的教育方法也就不同。同样的教育方法在一种情况下是适用的，而在另一种情况下可能就是完全不适用的。照抄照搬别人的或以往的经验，通常是不能达到目的的。因此，教师必须根据不同的情况创造性的选择和运用教育方法，并经常寻求探索新的、更有效的教育方法。教师对教材内容的处理和加工，同样也需要创造性的劳动。以知识的传授来说，教师不是把科学家发现和概括出来的知识简单地传授给学生，而是必须对知识进行加工，使知识易于学生理解和接受。教师为帮助学生掌握某一概念或原理，往往需要选择多方面的资料，采取一定的方法和手段，帮助学生理解，并通过练习达到掌握的目的。这都需要教师付出创造性劳动，更不用说还要进行思想教育，发展智力和能力，以及培养良好的心理品质了。

教师劳动的创造性，还表现在教师的教育机智上。简单地说，教育机智就是一种对突发性教育情景做出迅速、恰当处理的随机应变的能力。教育工作并不是千篇一律的，教育条件不可能毫无差异地重复出现，因此，教育工作绝没有一个固定的程序和模式。教育是心灵的撞击，是情感的交融和呼应。在师生的交互作用中，教育情景往往是难以控制的，事先预料不到的情况随时可能发生。教师要善于捕捉教育情景的细微变化，迅速机敏地采取恰当的措施。富有创造性的教师，常常能够巧妙地利用突然发生的情况，或者创设新的情景把教育活动引向深入，或者化消极因素为积极因素使教育活动更加生动活泼。教育机智突出表现为因势利导的教育艺术，包括三个方面。第一，取决于教师的职业责任感。有高度事业心和责任感的教师才有可能发现问题，才会积极主动地去解决问题。第二，取决于教师对学生的热爱和尊重。教师只有热爱学生才会给予学生比较多的关注，才能比较客观地发现学生的优点和缺点，教师只有尊重学生，学生的自尊心才不会受到伤害，蕴藏在学生内心的积极因素才会被激发出来。第三，取决于教师的观察与发现。教育经验丰富的教师善于在瞬间捕捉到学生的情绪变化和临场表现的积极因素，通过积极引导，使学生朝着良性成长的方面发展，使学生美善的一面得到展示。

(三)教师劳动的长期性

教师劳动的长期性是由教育对象成长发展的长期性决定的。教师劳动的目的是培养合格的人才，而人才培养的周期较长。一个人入小学获得读、写、算的能力需要6年，入中学掌握各门学科基础知识和基本能力也需要6年，入大学成为某个领域专门人才需要4～5年。正如中国古代思想家管仲所说："一年之计，莫如树谷；十年之计，莫如树木；终身之计，莫如树人。"不仅个体成长的各个阶段需要很长时间，就是一个基本观点的形成或思想品德的某个方面的提高也需要很长时间，并且往往需要多次反复才能趋于成熟。

教师劳动的长期性的一个重要体现，就是劳动的效果需要很长时间才能得到检验。苏霍姆林斯基曾说过："教育工作的最后结果如何，不是今天或者明天就能看到，而是需要经过很长时间才见分晓的。"一个人在每个阶段的成长也能使教育效果得到某种检验，但人才成长和教育效果最终要在参加独立的社会实践活动后才能得到检验。这种劳动社会效果的长期性，既表现为后效性，又表现为长效性，即人才成长和教育效果在人的一生中都将发挥作用。"教师的身体可以退出教育过程，精神却永远融入了学生的心灵，滋润着学生的未来生活，他是无法完全从学生那里隐退出去的。学生是教师内在素质的体现者，教师借学生之身巧妙地扩展着自己。在这里，学生的一举一动都反映着教师的影子，学生的生命就是教师的生命，学生的成败深切地牵动着教师的心灵。……教师的劳动在学生身上结出果实，学生的活动再现着教师的精神。"①

(四)教师劳动的复杂性

教师劳动的复杂性，首先是由教育对象的复杂性决定的。教育对象是人，是正在成长中的青少年。人的成长因素是多方面的，它包括遗传、环境、教育与人的主观能动性等因素，哪一方面受到忽视，都可能给青少年成长带来损失。不同的成长历程还会使人形成不同的个性特征，它也成为影响教育的因素。

教师劳动的复杂性也是由教育任务的复杂性决定的。教育目的和任务是使青少年在德、智、体、美等方面都得到发展，它们是互相制约、互相促进的。从智育目标和任务来说，不但要向学生传授知识和技能，而且要发展他们的智力和能力，特别是分析问题和解决问题的能力、实际操作能力、创新能力和创业能力。德育、体育、美育的结构和任务也很复杂。

---

① 刘次林：《教师的幸福》，《教育研究》，2000年第5期。

教师劳动的复杂性也是由教育过程、教育方法和教育手段的复杂性决定的。教育过程是一个系统工程，它要在有限的时间里，通过多种因素相互作用，完成一个复杂的综合性的任务目标，即形成人。这个过程必然是复杂的。教师的劳动虽然以个体劳动为主，但要在学生身上形成最佳的教育效果，教师还必须善于协调家庭、社会和学校之间的各种影响，特别是当前社会信息量激增，社会环境复杂多样，都需要教师细心观察了解，周密调查研究，根据情况的变化，善于组织利用学生成长的多方面的积极因素，随时调整教育方式方法，使学生在最佳影响中不断进步，这无疑增加了教师劳动的复杂性。

三、教师的职业素养

教师劳动的特点及其在社会历史上的特定作用，必然要求教师具有良好的职业素养。这些职业素养包括以下三个方面。

(一)教师的职业道德

教师的职业道德，是指通过社会舆论和教师的自我修养形成的教师在教育过程中必须遵循的行为规范和道德准则。教师的职业道德是教师道德结构中的主体部分，在调节教师全部道德品质中起重要作用，尤其是当它成为教师的自我要求、自我评价标准和自我修养时，将对教育工作起着特别重要的作用。教师职业道德是教师顺利进行教育工作、履行自己崇高的社会责任的重要保证，教师的职业道德水平，影响着教师整个生活目标、理想信念，也直接影响教师的兴趣、爱好、情操。遵循教师的职业道德，规范教师的行为，对促进教育活动，提高教育质量，具有重要的意义。

1. 爱岗敬业——对待教育事业的道德

一个人不论从事什么职业，他要想做好工作，首先就必须热爱自己的工作岗位，这是最基本的职业道德。热爱教育事业，是做好教育工作的基本前提，是教师工作动力的源泉。它不仅可以激发教师对工作的责任感和对事业的忠诚，而且可以使教师产生对教育工作的高涨热情和浓厚兴趣。卢梭曾指出："一个好教师应该具备哪些品质，我所要求的头一个品质是：他绝不能做一个出卖的人。"也就是说，教师劳动决不仅仅是为了工资而做的交换。选择了一种职业，就是选择了一种人生，选择了教师这一职业的人，就是选择了爱岗敬业的人生。我国 2008 年修订的《中小学教师职业道德规范》中规定：教师应"爱岗敬业。忠诚于人民教育事业，志存高远，勤恳敬业，甘为人梯，乐于奉献。对工作高度负责，认真备课上课，认真批改作业，认真辅导学生。不得敷衍塞责。"

教育工作的性质和特点，需要教师爱岗敬业。这是因为教育工作是培养人的工作，教师劳动是复杂的创造性的脑力劳动。因此，作为一名教师，如果没有忠于教育事业、甘于在教育岗位上无私奉献的精神，必定不能安于教师岗位，也不可能做出成绩和贡献。

作为一名教师，尤其要充分认识到教育工作的重大社会作用，认识到自身劳动的价值，忠于教育事业，以饱满的情绪投入到教育工作中去，更要有如陶行知般“捧着一颗心来，不带半根草去”的无私奉献精神。许多优秀教师的经验证明，他们之所以能在教育工作中做出卓越的成绩，首先是因为他们热爱教育事业，愿意为下一代的成长贡献自己的毕生精力。

2. 热爱学生——对待学生的道德

热爱学生是教师热爱教育事业的具体体现，是教师职业道德的核心。俄国大作家托尔斯泰曾说：“如果一个教师把热爱事业与热爱学生结合起来，他就是一个完美的教师。”教师要从高度的工作责任感和社会责任感出发，全心全意地关心和热爱每一个学生，尊重学生的人格和自尊心，严格要求学生，把学生培养成才。

教师与学生之间的情感和态度是相互影响的。这种影响常常会形成两种循环，一种是良性循环，教师以爱对待学生，学生则对教师产生好感，也以爱对待教师，有人称这种爱为“爱的回流”。而这种回流又会激起教师对学生的新的爱。另一种是恶性循环，教师用冷漠的态度对待学生，必然引起学生对教师的厌恶，学生的这种情感反过来又影响到教师。我国近代教育家夏丏尊说，“教育之没有情感，没有爱，如同池塘没有水一样。没有水，就不成其为池塘，没有爱就没有教育。”因此，师爱是教育的灵魂，是教育的前提。心理学告诉我们，良好的师生关系为学生的安全需要、爱和归属的需要提供了满足。

师爱具有十分深刻和广泛的内容。首先，师爱是教师对学生的亲近感，是教师对学生以生活上的关怀体贴为起点而产生的爱的情感。教师对学生的亲近感是师爱的最基本的内容，既是教育学生的起点，又始终是教育学生的基础。其次，师爱在较高的层次上是理解感和尊重感。这是教师对学生随年龄的增长、自主和独立意识的增强，所产生的不同于成人的尊重与理解的情感。教师只有尊重和理解学生，才能在师生之间产生心灵的共鸣，使教师得到学生的认同，并甘愿听从教师的教导。最后，师爱在更高的层次上是由衷的期待感。它是教师期望学生获得较快进步和成长的情感，教师的这种深沉的情感触动学生的心灵，不但可以诱发和鼓舞学生克服困难、积极向上，而且对学生的智力、品德和个性的发展产生直接影响。

热爱学生并不是一件容易做到的事情，让学生体会到教师的爱就更加困难。教师对学生的爱，从本质上说是一种只讲付出不求回报、无私的、没有血缘关系的爱，是一种严慈相济的爱，这种爱是极其神圣纯真的。这种圣洁的爱是教师培桃育李的感情基础，学生一旦体会到这种真情友谊，就会“亲其师、敬其师”，从而“信其道”，也正是在这个过程中，教育就实现了其根本功能。

要培养师爱，首先要增强对师爱的认识。教师对学生的爱，应该同把学生看作祖国未来社会主义建设者和接班人这样一种崇高的信念联系在一起的。从这种在理性指导下的爱的情感出发，教师就会全面地关心和爱护每个学生。师爱的培养还必须在实践中进行，师爱要求教师平等地关心和爱护每一个学生，要帮助全体学生在原有的基础上逐步提高。

专栏 7-1

教师要有一颗宽容的心

陶行知先生有一天发现学生王友用泥块砸自己的同学，他当即制止了王友，并令他放学后到校长办公室。放学时陶先生来到校长室，发现王友已等在门口。陶先生立即掏出一块糖果送给他：“这是奖给你的，因为你按时来到这里，我却迟到了。”王友带着怀疑的眼神接过糖果。陶先生又掏出一块糖果放在他手里：“这也是奖给你的，因为我不让你再打人时，你立即就住手了，这说明你很尊重我。”接着陶先生又掏出第三块糖果塞进王友手里：“我调查过了，你砸他们，是因为他们欺负女学生。这说明你很正直，有跟坏人做斗争的勇气！”王友哭了：“你打我两下吧，我错了，我砸的不是坏人，是我的同学呀……”

陶先生满意地笑了，他随即掏出第四块糖果递给王友：“为你正确地认识错误，我再奖给你一块糖果……我的糖完了，我看我们的谈话也该完了。”

无独有偶，当代著名教育家魏书生老师处罚学生用三种方式。

犯了小错误，罚他给全班同学唱支歌；犯了比较重一点的错误，要去做一件好事来补偿；犯了严重错误，写一份五百字的说明书。魏老师还向学生说明，说明书不是检讨书，犯错误的学生可以为自己辩护。如果确实认识到自己的错误，写明犯错误的心理活动过程就行了。

魏老师的这个提议自然得到全班同学的一致表决通过。从此，有人迟到了，作为小错误看待，他要在自习课上给大家唱支歌，既训练了唱歌的本领，又提高了当众表演的能力。当然，唱歌时心中还隐隐地升起一种羞愧感。至于犯了重一点的错误，需要自己去寻找做好事的机会，比如，给班级洗窗帘什么的。

我认为，陶先生与魏老师的成功就在于他们都有一颗宽容的心。教师对犯错学生的宽容，最能引发起学生心中的愧疚感，对老师产生感激之情，下意识地改掉自己的毛病。因此，宽容教育是最成功的教育形式，带着爱心与宽容心走向学生心中的教师，必将成为最成功的教育大师。

资料来源：林华民：《世界经典教育案例启示录》，北京：农村读物出版社，2003年，第88—89页。

3. 为人师表——对待自己的道德

以身作则、为人师表是教师形成威信的必要条件，也是教师做好教育工作的保证。教师劳动的主要手段是“言传身教”，示范性很强，这个特点就决定了教师必须严于律己、以身作则、为人师表。教师要时时处处做好学生的表率，给学生以积极的影响，促进学生的健康成长。

在中国教育史上，孔子是最早提出教师应以身作则、为人师表思想的人。他指出，“其身正，不令而行，其身不正，虽令不从。”唐代教育家韩愈则进一步提出教师应“以身立教”。我国伟大的人民教育家陶行知是教师以身立教的杰出典范，他倡导“教师应当以身作则”“以教人者教己”。他为发展人民的教育事业，忘我奋斗，鞠躬尽瘁。

为人师表，第一，应表现在教师义务方面。教师必须遵守法律、法规，依法执教，努力贯彻国家的教育方针和执行学校教育教学计划，认真完成任务。第二，应表现在教师行为方面。教师应从自身行为规范做起，处处严于律己，做学生的表率。第三，应表现在教师品德方面。在思想境界、道德情操诸方面，教师要真正成为青少年儿童的榜样。另外，还要廉洁从教。第四，应表现在治学方面。学而不厌、严谨治学是我国教师的传统美德。为了满足学生不断发展的求知需要，教师必须不断地学习，吸取新知识的营养。教师在教育工作中，好学上进，始终保持旺盛的求知欲，为学生树立了榜样。第五，应表现在教师风度方面。教师风度是指教师在教育活动中，通过言谈举止、待人接物、步态手势、面部表情、服饰仪容等方面表现出来的一种外在的行为方式和特征。教师的风度，包括他的一言一行、一举一动，无不对学生起着潜移默化的作用。我国学校对教师风度的基本要求是：语言文明；举止端庄，仪容整洁大方；礼貌待人。

4. 团结协作——对待教师集体的道德

为了搞好教育工作，教师不仅要正确处理好与学生之间的关系，还要正确处理好教师集体之间的关系。教育是一项系统工作，需要这个系统中每一个成员的积极努力，互相配合，才能使教育工作有效地进行。为此，每一个教师在充分发挥自己个体积极性、创造性的同时，还必须为建设良好的教师集体做出努力。教师之间应该互相尊重，团结协作，优势互补，形成强大的教育合力。

教育劳动既是教师个体的劳动，又是教师集体的劳动。教育工作就好比"流水作业"，环环相扣，相互影响，相互信赖，前面的教师没把学生教会，就会为后面上课的教师设置了障碍。特别是在今天，学科发展越来越细，学科之间的渗透性、联系性也在加大，因此各个教师的工作之间更是密不可分。这就要求教师不能只是从自己所教的学科看问题，以至在教学中"扬此抑彼"，或教师对学生的教育要求不一致，"各吹各的号，各唱各的调"，就会导致学生思想混乱，无所适从。

实践证明，每个人都会生活于一定的社会心理环境中，而人与人之间的相互理解、信任、关心和友爱会形成良好的社会心理环境。它能使每个人的心理需要得到不同程度的满足，从而使人产生开朗、乐观的情绪，对生活更加热爱，并使整个群体保持一种稳定而积极的状态。相反，人与人之间如果经常发生冲突或关系冷漠，就会形成一种不良的心理环境，使人感到压抑、孤寂、苦闷，使人对生活、对人生、对工作抱一种消极的态度。在一个矛盾重重，关系紧张的环境里，教师就会把集体场合看成"是非之地"，避之唯恐不及，对待集体的事业就会怀有"事不关己高高挂起"的心理，而不愿关心和参与；在恶劣的人际关系环境中，教师不是无心积极工作，就是不敢积极工作。

事实上，教师之间需要互通有无，一起学习，共同思考，共享发展。教师在同行切磋中学习，视彼此为伙伴，能够更深入地了解彼此，能够建立起一种良好的关系氛围。

专栏 7-2

中小学教师职业道德规范

（2008 年修订）

一、爱国守法。热爱祖国，热爱人民，拥护中国共产党领导，拥护社会主义。全面贯彻国家教育方针，自觉遵守教育法律法规，依法履行教师职责权利。不得有违背党和国家方针政策的言行。

二、爱岗敬业。忠诚于人民教育事业，志存高远，勤恳敬业，甘为人梯，乐于奉献。对工作高度负责，认真备课上课，认真批改作业，认真辅导学生。不得敷衍塞责。

三、关爱学生。关心爱护全体学生，尊重学生人格，平等公正对待学生。对学生严慈相济，做学生良师益友。保护学生安全，关心学生健康，维护学生权益。不讽刺、挖苦、歧视学生，不体罚或变相体罚学生。

四、教书育人。遵循教育规律，实施素质教育。循循善诱，诲人不倦，因材施教。培养学生良好品行，激发学生创新精神，促进学生全面发展。不以分数作为评价学生的唯一标准。

五、为人师表。坚守高尚情操，知荣明耻，严于律己，以身作则。衣着得体，语言规范，举止文明。关心集体，团结协作，尊重同事，尊重家长。作风正派，廉洁奉公。自觉抵制有偿家教，不利用职务之便谋取私利。

六、终身学习。崇尚科学精神，树立终身学习理念，拓宽知识视野，更新知识结构。潜心钻研业务，勇于探索创新，不断提高专业素养和教育教学水平。

资料来源：中华人民共和国教育部网站：《中国教科文卫体工会全国委员会关于重新修订和印发〈中小学教师职业道德规范〉的通知》，http://www.moe.gov.cn/publicfiles/business/htmlfiles/moe/moe_2391/201212/xxgk_145824.html。

(二)教师的知识结构

教师的主要任务是向学生传授科学文化知识，促进学生个性全面发展。因此，具有比较渊博合理的知识是教师做好本职工作的一个重要条件。怎样的知识结构才有利于教师在教育过程中充分发挥其功能呢？我们认为，合理的教师知识结构应由以下三个方面组成。

1. 精深的专业知识

这是教师知识结构的核心，也是教师用以向学生传授知识的必备基础。教师为了出色地完成教学任务，必须精通所教学科的基础知识，熟悉学科的基本结构和各部分知识之间的内在联系，了解学科的发展动向和最新研究方向。教师的专业知识越丰富，越精深，就越容易准确地把握教材，做到深入浅出，引人入胜，使学生不仅“知其然”，而且“知其所以然”。这也就是人们常说的，要给学生一杯水，教师自己先要有一桶水，而且，在现代科学迅猛发展、知识不断激增的时代，教师的这“一桶水”还需要经常更新。教师对自己所从事的专业知识，必须站得高，始终了解它的发展趋势，这样才能居高临下，胸有成竹，熟练驾驭教学内容，灵活掌握教学进程，讲课才能深入浅出，融会贯通，才能把教材讲活，避免“照本宣科”。

我们通常说，“课上一分钟，课下十年功”。作为学生，他们对知识的探求是无止境的，他们企图从教师这一知识源泉那里获得一切，确实是十分奢望的。但是一名博古通今的教师将给那些正在走上人生道路上的青少年带来何种程度的震动，这也确实是无法估量的。马卡连柯说过：“假如你的工作和学问都非常出色，那么你尽管放心，学生会站在你的一边，如果你的工作总是一事无成，处处看出你不通业务，那么尽管你和蔼可亲，但是，除了蔑视之外，你永远不配得到什么。”知识是连接教师和学生的中介和纽带，通过它使教师与学生在心理上更为接近，使教师获得更高的威信。

2. 广博的文化科学基础知识

教师既要学有专攻，又要广泛涉猎；既要精通一门学科，又要研究相邻学科。多方面的知识能开阔教师的视野，有利于形成教师的创新意识和创新才能。青少年正是身心发展的旺盛时期，思想活跃，兴趣广泛，求知欲强。教师只有具备广博的文化科学基础知识和多方面的兴趣、修养，才能有更多的机会接近学生，才能满足学生强烈的求知欲望，培养学生的开拓精神和创造能力，获得向学生施加全面影响的手段和才能。

3. 系统的教育理论知识

系统的教育理论知识包括教师应当系统地掌握教育学、心理学、学科教学法等知识，了解教育工作的原理和学生身心发展的规律。教育具有科学性，教师只有遵循教育规律，才能把教育教学搞好。为此，教师必须掌握教育科学的基本理论，在教育科学理论指导下从事教育实践。在知识经济时代，科学迅速发展，教育科学也日新月异。学习系统的教育科学理论，能帮助教师树立正确的教育观念，掌握教育规律，采用正确的教育方法，提高教育质量和效率，提高教育水平，更好地推动现代化建设事业。教师学习和掌握教育科学理论知识，要注意联系实际，培养自己把理论应用于实际的能力，使教育科学理论真正发挥作用。

从某种意义上说，是否懂得并掌握了教育的规律和理论，直接决定着教师教育教学活动的成败和效率。目前，世界上许多国家都十分重视教师教育科学理论知识的培养，把是否掌握教育科学理论知识作为考察一个人能否做好教育工作的一个必备条件。

教师知识结构的三个方面，不应是孤立的、平行的。合理的教师知识结构，是三个子系统的知识相互渗透、纵横交错、融为一体。这样，在教育和教学活动中，教师才能胜任教书育人的光荣职责。教师只有像海绵一样不断从各方面吸取知识，不断提高自己的思想水平、业务水平和文化修养，才能满足学生的要求，才能适应科学技术日益发展的需要。

(三)教师的能力结构

教师合理的知识结构能否在教育和教学中发挥效应，还必须依靠教师的能力结构。教师的能力素养是进行教育活动，完成教育任务的重要保证。教师应具备以下几方面的能力。

1. 加工教育信息的能力

教师的加工教育信息的能力是指教师善于组织、改造和编排教育和教学内容，以便于学生接受的能力。它是教师能否出色完成教学工作的关键。教师高超的加工教育信息的能力，能将教师的教与学生的学两个方面的积极性充分地调动和发挥出来，更好地完成教书育人的任务。

教师加工教育信息的能力包括：根据课程标准和教学目的编制教学进展计划和教案的能力；分析和重组教材体系的能力；运用教学参考书及编写补充教材的能力；恰当选择和运用教学方法的能力；运用现代化教学手段和制作教具的能力；收集、整理、归纳教学反馈信息的能力等。教育信息主要是思想品德教育内容和教学内容。在教育教学过程中，教师不能把它机械、呆板地“翻录”给学生，教师要根据实际情况和实际需要，对这些原材料重新加工、改造，以动态的形式，生动地展现给学生。

对于思想品德教育内容，教师要善于根据学生特点，根据学校条件和环境，组织生动活泼的教育活动。在活动中，潜移默化地把这些教育内容转化为学生的思想意识和行为方式。同时，在整个教育活动中，教师要分析、整合来自各方面的不同影响，促进学生思想品德的健康发展。

对于教学内容，教师也不能照本宣科，需要根据知识的逻辑体系和学生的心理特征、学习特点、知识水平，进行有效重组，艺术化地处理，使学生在和谐的气氛中，形成良好的知识结构。加工、处理、重组后的教学内容，更便于学生生动活泼地学习。

2. 教育传导能力

教师的教育传导能力是指教师在教育过程中，能够准确而迅速地传递教育信息，达到预期的教育、教学目的的能力，即我们通常所说的良好的表达能力。教师良好的表达能力，包括语言文字的表达能力和非语言文字的表达能力。

在语言文字的表达能力中，最主要的是教师的口头表达能力，其基本要求是：第一，准确、流畅、简洁、生动。准确，要求用词恰当，意思表达明白；流畅，要求熟练顺畅，衔接流利，富有逻辑性；简洁，要求教师用最少的语言获得传递的高频率；生动，要求教师语言有情感，富有感染力，活泼幽默，对学生有强烈的吸引力。第二，有教育性。教师要注意语言修养，讲究文明，用健康高尚的语言影响学生，提升学生的思想境界。第三，有艺术性。要快慢适中、抑扬顿挫、富含感情。要依据不同对象、不同环境，使用不同的话语、语气和语调，以达到语言表达的理想效果。

教师的非语言文字的表达能力，指面部表情、眼神、手势、姿势等表达能力。它既有独立表达教师情感和思想倾向、传递教育信息的功能，又有配合教师语言表达，增强语言表达效果的功能。教师要善于把语言表达和非语言表达有机结合起来才能收到事半功倍的良好效果。

3. 组织管理能力

教师的能力结构中还应包括对学生进行组织、领导、管理、监督和调控等组织管理能力。教师面对班集体进行教育工作，其组织管理能力必然会影响到教育教学工作的进行。这种组织管理能力包括两方面：一是教学过程中的组织管理，教师面对不同个性特点的学生群体，既要把课堂组织得有条不紊，使学生有秩序地学习，又要创造出思维活跃和生动活泼的学习气氛；二是学生集体的组织管理，这主要是针对班主任而言，作为一名班主任，必须具有培养良好班集体的能力。

现代的教师所面对的对象不只是单个或少数的学生，而且还有成为一个集体的班级。在集体中进行共同的教育活动，需要教师有一定的管理和领导才能，按照总体的要求来协调各人的活动，才能保证集体活动的顺利进行。管理因素是教育过程中的一个不可忽视的因素，它是教育影响发生作用的组织保证。有的教师虽然在教育内容的加工、教育信息的传导等方面做出了种种努力，但由于管理不善，教师的正向功能不能充分发挥。因此，组织管理能力是教师所不可缺少的能力，对于担任班主任工作的教师来说更是如此。

另外，教师还应具备运用教育机智处理突发问题的能力。教师的教育机智，是指一种面对新的突发事件，能够迅速而正确地做出判断，随机应变地采取恰当而有效的教育措施，以解决问题的能力。教师的教育机智表现了教师的教育机敏性品质。教师的教育机敏性品质，首先是产生于教师平时对教育问题的不断的艰苦的思考，也恰恰体现出教师劳动创造性的特点。其次，这种教育的机敏性品质也来源于对学生年龄特征和个性特征的观察和了解。最后，教师的教育机敏性还有赖于教育经验的积累。

教师在运用教育机智时，应注意以下两点：第一，应遵循因势利导、扬长避短、达到正面教育效果的指导原则。作为教师要表现出对学生的尊重、热爱和责任感，要认识到每个学生都有这样或那样的优点和长处，蕴藏着等待诱发的积极因素。第二，处理和解决偶发事件，教师应针对不同情况，采取多种方式，对症下药。例如，学生在课间发生冲突，情绪波动而影响上课。有经验的教师会首先抚慰受害较大的一方，利用其优点，让其有好的表现，然后加以表扬，使其情绪稳定，从而进入正常教学活动，矛盾的具体解决留待课后进行。对有生理、心理缺陷或学习落后的学生，有经验的教师则能根据现场情况，及时发现可能出现的问题，鼓励全体学生有耐心，并有意识地帮助他们。

4. 教育科研能力

教师的教育科研能力主要是指学校教育科研能力，即各级各类教师在进行教育教学工作的同时，从事与教育、教学相关课题的总结、实验、研究的能力。教育科研能力是现代学校教师所不可缺少的一种能力，最基本的要求是教师应具有对他人的成果进行分析、鉴别并提出个人见解的能力。教学工作和教学改革本身就是一个不断探索的过程。教师要多观察、善于积累和总结经验，用教育理论解释教育现象，把教学实践、教学改革与课题研究结合起来，促进教学质量的提高，从而不断提高自己的教育水平。叶澜教授认为，以往对教师传递知识功能的强调，使人们忽视了教师工作的创造性特征。做教育研究者，是促进教师专业成长的重要方面，同时也是教师生命完善的必然途径。

5. 自我调控能力

教师的自我调控能力主要是指教师善于调节自己的情感和心理状态的能力。首先，教师要善于控制自己的情感，约束自己的行为。教师的劳动琐碎复杂，学生的个性千差万别，工作中经常会发生难以预料的事情。教师既不能将自己的不快迁怒于学生，也不能由于高兴在学生面前忘乎所以，教师的情感要永远处于理智控制之下。其次，教师要善于调节自己的心理状态。因为教师的心理状态，随着年龄增长，总是要发生某种变化。教师要认识到：教师生理年龄不断增大，都要经历从青年、中年到老年，而自己面对的教育对象，却始终是一批又一批相对稳定的、天真活泼的青少年一代。教师随生理年龄的增长，心理结构容易离"童心"越来越远，这就要求教师必须学会经常调整自己的心理状态，使自己虽然生理年龄增大，而心理年龄却始终青春常在。只有这样，才能拉近教师与学生的心理距离，永葆青春活力，适应青少年的心理需求。

第二节 学生

学生是教育的对象，是学习的主体。然而“学生是怎样的人”是其中的关键问题。现代教育学有了基本的认定：首先，学生是人，是一个能动体，是具有思想感情的个体，具有独特的创造价值；其次，学生是特殊的人，表现在学生是发展的人，学生是一个完整的人，学生是以学习为主要任务的人。

在信息化社会中，“学生”的外延在扩大，从原来的儿童和青少年扩大到现在的全体。随着终身教育体系的建立，人在其一生中，在任何一个年龄阶段都有可能走进学校，成为学生。学生也不再有年龄的规定性，老年人成为大学生更是一个例子。

一、学生的本质特征

学生首先是人，具有人的本质属性，是生活在一定的社会关系中，具有特定的社会属性的人。但人共有的本质属性不能代替学生特有的本质属性。

(一)学生是发展的人

青少年学生不是成人的雏形，而是具有身心不稳定特点的可塑性极强的个体和群体。他们的思想、品德、观念和行为习惯等都在形成过程中，容易受到外界各种各样的影响。他们在生理上和心理上所展现出来的各种特征并不是已经达到发展的顶峰和终极，而是还都处在不断变化和趋向于成熟的过程中。这就意味着，学生具有较大的发展潜能和很强的可塑性。发展是一个不断进步的过程，发展过程总是与克服原有的不足和原有的矛盾联系在一起，没有缺陷，没有矛盾，就没有发展的动力和方向。也正是由于青少年学生各方面发展都不够成熟，因此获得成人的教育和关怀就成为他们发展中的必然需要。

对于发展中的学生，教师要用发展的眼光来对待，要理解学生身上存在的不足，要允许学生犯错，而不应求全责备，要求他们做到十全十美。教师不仅要赏识学生的优点，更要包容学生的缺点。学生具有无限的发展可能性，不能用定型化的眼光去看待他们。“聪明的学生人人爱，后进的学生惹人嫌。”有的老师会这样抱怨，这正是教师缺乏包容心的一种表现。长期的教学实践告诉我们，在6～15岁的孩子中判定谁是“坏孩子、双差生”是不科学的，为时过早的。因为青少年学生正在成长发育阶段，一切都还未“定型”，由于年龄小、知识贫乏，意志也不够坚定，出现这样那样的缺点和错误是不足为怪的。重要的是，教师要辩证地看待学生身上的缺点和错误，既不能全盘否定，更不能消极对待，而要从中发现积极的、进步的方面，帮助学生解决问题，改正错误，从而不断促进学生的进步与发展。

如果人的潜能和人的差别得到尊重，自我创造的方法必然是多种多样的。正因为学生身心的各个方面都潜藏着极大的发展可能性，具有极大的可塑性，所以，在学生发展的每一个阶段里，教育都应设法去滋养学生正在兴起及发展中的特殊潜能。每一位学生都有特殊的潜能，而教育的任务就是要开掘每一位学生的创造力，着眼于学生潜能的唤醒和提升，促进学生的自主发展。教师要相信每一位学生都是可以积极成长的，要对每一位学生充满信心。

(二)学生是完整的人

人是具有内在潜能的生命整体。学生的成长过程，是其自然属性与社会属性不断整合的过程，是生理机能和心理能力不断提高、强化的过程，是智力因素和非智力因素协调发展的过程，是人格不断完善的过程。教育活动必须促进学生的完整性的发展，教育的实施过程不应该割裂、损害学生的整体性和完整性。

在现实生活中，人们往往把学生仅仅作为受教育的对象或学习者来对待，忽视学生身心的整体性。事实上，学生并不是单纯的抽象的学习者，而是有着丰富个性的完整的人，他们既是自然实体，又是社会实体。教育所要实现的是人的身心的全面和谐发展。从教育学意义上看，学生必须是一个完整的人、全面的人，而不是被割裂开的、片面的人。在教育活动中，作为完整的人而存在的学生，不仅具备全部的智慧力量和人格力量，而且体验着全部的教育生活。也就是说，学习过程并不是单纯的知识接受或技能训练，而是伴随着交往、创造、追求、选择、意志努力、喜怒哀乐等的综合过程，是学生整个内心世界的全面参与。如果不从人的整体性上来理解和对待学生，那么，教育措施就容易脱离学生的实际，教育活动就难以取得预期的效果。而要把学生作为完整的人来对待，就必须反对那种割裂人的完整性的做法，还学生完整的生活世界，丰富学生的精神生活，给予学生全面展现个性力量的时间和空间。学生的学校生活包括人的感情的、心理的和理智的全部存在，教师的使命是帮助学生发展他们全部的潜能，因此，教育必须着眼于学生的全面成长，促进学生认知、情感、态度和技能等方面的和谐发展。

(三)学生是以学习为主要任务的人

人生的不同阶段有不同的任务，学生的主要任务是学习，他们是在以学习为主的各种活动中去认识世界、改造世界，并从中得到发展的。

而且这种学习与日常生活和工作中的学习不同，它是在教师的指导下进行的有目的、有计划、有组织的规范化学习。教师的指导对学生学习的质和量都发生着重要影响。

学生身份一旦确定，学习就成为学生的主要任务，他们的学习内容、学习方式方法、学习习惯以及在学习过程中形成的人际关系等，都是学生生活当中必然的组成部分。学校教育是有目的、有计划、有组织的培养人的社会活动，它以有发展潜能和发展需要的个体为活动的对象，由一定的教育者按照一定的教育目的来选择内容，组织教材，并采取一定的教育方法来实施有意识的影响。与环境对个体的影响相比，教育对个体的成长起着主导作用。作为学校教育的对象，学生是学习的主体，他们是具有主观能动性、具有不同素质的个体，教育者必须承认并尊重这一事实，满足学生各方面发展的需要。

二、学生的地位

学生的地位包括学生的社会地位和学生在教育过程中的地位。前者是后者的基础和依据，后者是前者的具体化。

(一)学生的社会地位

学生的社会地位是指他们作为社会成员应具有的主体地位。长期以来，学生被看成是没有独立性、主体性的存在，处于从属和依赖地位。相对于具有社会正式成员地位的成年人来说，学生确实是不成熟的，是未进入正式成人社会的“边际人”。因此整个社会也并没有把青少年儿童看作是有独立价值的生命存在，忽视儿童的兴趣和需要，侵害儿童身心健康的现象仍屡见不鲜。但青少年儿童是未来社会的主人，有着独立的社会地位，并应依法享有各项社会权利。要确保儿童的主体地位，关键是看儿童的合法权利是否得到保障。

1. 青少年儿童是权利的主体

青少年儿童是社会的未来，人类的希望，有着独立的社会地位，是行使权利的主体。世界各国都非常重视儿童权益问题，并制定了相应的法规。1959 年联合国通过了《儿童权利宣言》，1989 年又通过了《儿童权利公约》，明确提出：18 岁以下的任何人都是积极和创造性的权利主体，拥有包括生存、发展和充分参与社会、文化、教育、生活以及他们个人成长与福利所必需的其他活动的权利。为了保护这些权利，又提出 4 条基本原则：第一，儿童利益最佳原则；第二，尊重儿童尊严原则；第三，尊重儿童观点与意见原则；第四，无歧视原则。

2. 青少年儿童的合法权利

青少年儿童是权利的主体，享有法律所规定的各项社会权利。国际社会及许多国家对青少年所享有的权利都做了具体的规定。我国作为《儿童权利公约》的缔约国之一，在履行《公约》的同时，在一系列有关法律、法规和政策中也对青少年享有的权利做出了规定，如《宪法》《婚姻法》《教育法》《义务教育法》《未成年人保护法》等。我国对青少年儿童权利的规定主要有如下概括。

(1)生存的权利

我国《宪法》第 49 条规定："父母有抚养未成年子女的义务。"《婚姻法》除规定了同样的内容外，还针对许多具体的情况做出了规定。《未成年人保护法》第 8 条也规定："父母或者其他监护人应当依法履行对未成年人的监护职责和抚养义务，不得虐待、遗弃未成年人；不得歧视女性未成年人或者有残疾的未成年人；禁止溺婴、弃婴。"

(2)安全的权利

《中华人民共和国未成年人保护法》第 16 条、第 25 条、第 27 条规定："学校不得使未成年学生在危及人身安全、健康的校舍和其他教育教学设施中活动。""严禁任何组织和个人向未成年人出售、出租或者以其他方式传播淫秽、暴力、凶杀、恐怖等毒害未成年人的图书、报刊、音像制品。""任何人不得在中小学、幼儿园、托儿所的教室、寝室、活动室和其他未成年人集中活动的室内吸烟。"

(3)受教育的权利

我国《宪法》第 46 条规定："国家培养青年、少年、儿童在品德、智力、体质等方面全面发展。"《义务教育法》第 4 条和第 5 条规定："国家、社会、学校和家庭依法保障适龄儿童、少年接受义务教育的权利。""凡年满六周岁的儿童，不分性别、民族、种族，应当入学接受规定年限的义务教育。"《未成年人保护法》第 9 条和第 14 条规定："父母或者其他监护人应当尊重未成年人接受教育的权利，必须使适龄未成年人按照规定接受义务教育，不得使在校接受义务教育的未成年人辍学。""学校应当尊重未成年学生的受教育权，不得随意开除未成年学生。"

(4)受尊重的权利

《未成年人保护法》第 15 条规定："学校、幼儿园的教职员应当尊重未成年人的人格尊严，不得对未成年学生和儿童实施体罚、变相体罚或者其他侮辱人格尊严的行为。"第 30 条、第 31 条和第 36 条规定："任何组织和个人不得披露未成年人的个人隐私。""对未成年人的信件，任何组织和个人不得隐匿、毁弃；除对无行为能力的未成年人的信件由父母或者其他监护人代为开拆外，任何组织或者个人不得开拆。""国家依法保护未成年人的智力成果和荣誉权不受侵犯。"

(二)学生在教育过程中的地位

学生在教育过程中的地位一直是教育史上争论的重大问题，其中主要有两种对立的观点。一种是“教师中心论”，它把学生看成是可以随意涂抹的一张白纸，一个可以任意填灌的装知识的容器，学生对教师来说，处于一种从属地位。另一种是“学生中心论”，它把学生视为教育过程的中心，“儿童变成了太阳，而教育的一切措施则围绕着他们转动，儿童是中心，教育的措施便围绕着他们而组织起来”，① 全部的教育教学都要从学生的兴趣、需要出发，教师只能处于辅助地位。这两种观念都不适当地贬低或抬高了学生的地位，是不科学的。现代教育理论认为，在教育过程中，学生既是认识的客体，又是认识的主体。

学生作为教育认识的客体是指学生相对于社会的要求、新的教学内容和教师的认识来说都处于一种被动状态，需要教师有目的、有计划、有组织地引导，将一定社会要求转化为学生内部需要，将新的教学内容转化为学生的素质。承认学生的客体性和客体地位，就是强调教育和教师的主导作用。然而，在教育过程中外界的一切影响并不是简单地输送或移植给学生，必须经过学生主体的主动吸收、转化，因为学生是活生生的具有主观能动性的人，是学习的主人。教师的作用只是外因，任何知识技能的领会与掌握都要依靠学生独立自主的学习，教师不能包办代替；任何有效的教学必须以尊重学生身心发展规律，特别是学习规律为前提。因此，学生在教育过程中处于主体地位，是主体与客体的统一体。

三、中小学生发展的时代特点

本书第四章中述及人的发展具有顺序性、阶段性、不均衡性和个别差异性的基本规律，学生首先是人，学生的发展自然也具有这些基本规律。除此之外，当代中小学生的发展还具有时代特点。中小学生发展的时代特点就是当代中小学生区别于过去时代中小学生的共有的典型特征，了解和研究这些特征是教师开展教育工作的前提，根据这些特征进行科学的教育是实现教育目的的基本保证。

(一)生理成熟期提前

我国小学生年龄为 6～12 岁，初中生年龄为 12～16 岁，高中生年龄为 15～18 岁，其生理特征如身体形态、体内机能、神经系统特点和性发育成熟都较过去有很大变化。首先是身高和体重有明显的增加；其次是性发育成熟以及由此引起的第二性征的出现有明显提前。而高中生身高、

① 赵祥麟，王承绪译：《杜威教育论著选》，上海：华东师范大学出版社，1981 年，第 32 页。

体重都快接近成人的标准，脑的机能也和成人相当，性机能已发育成熟，性意识越来越强烈。青少年儿童的这些生理变化要求教育工作者要敏于观察，及时地、有针对性地开展青春期教育。

(二)思维活跃，但部分学生学习兴趣不高

由于教育的普及、信息的不断涌现和信息传播的多渠道等原因，青少年的认识发展具有丰富的刺激因素和时空条件，学生成为多种文化资源的占有者、享用者，特别是通过网络，学生获得的知识信息甚至比教师还多。但部分中小学生对学校中的课程存在不欢迎的现象。调查表明：除了像物理、化学这样操作性、探索性强的课程外，其他课程喜欢比例随年级升高呈下降的趋势，喜欢“语文”和“数学”的学生比例由小学一年级的65.31%和60.77%降到初中三年级的39.04%和42.90%；喜欢“外语”的学生比例小学随年级的增高而上升，但初中却随年级增高而下降。结果还显示，学习的动力主要来自对好成绩的追求。① 这就给教育提出了挑战：怎样才能使学生学会正确地选择和利用有价值的信息？如何才能激发学生的求知欲，启发他们积极地思维？

(三)价值观念多元化

21世纪，中小学生的价值取向发生了很大变化。中小学生的价值观念是社会政治、经济、文化发展变化的直接反映，总体上是积极向上的，人生观是务实的。但也反映出复杂性、多样性，这就要求学校、家庭、社会高度重视，加强科学的人生观、价值观、义利观的教育，努力营造有利于青少年健康成长的环境，切实加强学校德育的针对性和实效性。

(四)自我意识增强，具有一定的社会交往能力

自我意识不仅包括自我利益的意识，也包括自我地位、能力、情感、形象、行为等的意识。当代中学生具有鲜明的自我利益意识、积极主动的参与意识、强烈的个性表现欲望、有主见等。其优点是主体性增强，富于创造性，其不足之处就是容易导致自我中心、自私自利、心胸狭窄。正确地保护学生的自我意识，并将自我意识与他人意识结合起来，充分发挥自我意识在学习自觉性、主动性、创造性以及生活的反思性、建构性中的作用，是当前教育中值得关注的问题。

(五)心理问题增多

由于时代的急剧变化、学生身心发展的不平衡性以及片面追求升学率、忽视心理教育等原因，学生的心理困惑、矛盾冲突不断增加：调查

---

① 中国儿童中心：《中国少年儿童素质状况抽样调查报告(摘要)》，《父母世界》(京)，2001年第9期。

表明，小学生、初中生、高中生有心理和行为问题的分别约占10%、15%、19%。①

中学生常见的心理问题大致有：①学习方面的困扰，包括学习方法烦恼、学习压力感大、考试焦虑、学习挫折、记忆力衰退、神经衰弱等；②人际关系方面的困扰，包括同学关系烦恼、交友困惑、师生关系烦恼、与家庭的间离感等；③青春期生理、心理困扰，如性心里苦闷、早恋困惑、体相烦恼、孤独感等；④人生发展中的烦恼，如理想与现实的冲突、新生综合症、人生困惑感、自卑感、自杀倾向等。中学生的心理问题发生率之高、影响程度之深是教育工作者不能回避的现实。怎样预防和避免由心理问题转化为心理疾病，维护学生的心理健康，培养良好的心理品质，开发心理潜能，是教育工作者面临的重要任务。为此，必须了解和研究学生的心理特点，全面关心学生的成长，及时化解心理矛盾，引导他们学会自我调节；同时，教师还必须提高自我的心理素质。

第三节　师生关系

师生关系是指教师和学生在教育教学过程中结成的相互关系，包括彼此所处的地位、作用和相互对待的态度等。它是一种特殊的社会关系和人际关系，是教师和学生为实现教育目标，以各自独特的身份和地位通过教与学的直接交流活动而形成的多性质、多层次的关系体系。良好的师生关系不仅是顺利完成教学任务的必要手段，而且是师生在教育教学活动中的价值、生命意义的具体体现。

师生关系中的感情关系，不同于血缘感情关系，它必须服从于教育目的；师生关系与纯粹的朋友关系也不同，朋友关系双方可以自由选择，也可以自由解除，而师生关系必须符合教育规律的要求，教师即使对某个学生不满意，也不可抛弃，教师的职责不容许放弃对任何一个学生的呵护和教育。在教育过程中，教师和学生的关系是教育活动中最重要、最复杂、最具有活力的关系。因此研究教师和学生的关系，建立良好的师生关系，对教师和学生都具有重要的意义。

一、师生关系在教育中的作用

(一)良好的师生关系是教育教学活动顺利进行的重要条件

教师是以学生的发展为最终目的的，要达到这一目的，必须充分调动学生的积极性、主动性，促进其生动活泼地发展。然而，学生愿不愿

① 叶澜等：《教师角色与教师发展新探》，北京：教育科学出版社，2001年，第276—321页。

意接受教师的教育影响，能不能主动参与到教师组织的教育教学活动中，直接影响着教育教学质量。研究表明：师生关系与学生学习成绩显著相关；教师与学生建立一种友谊关系，对于促进学生学习兴趣和完整人格的形成有着重要意义。① 良好的师生关系使学生产生安全感，乐于接受教师的教育和影响；激发学习的兴趣，集中学习的注意力，启发积极思维，同时，也唤醒教师的教学热情与责任感，激励教师专心致志地从事教育工作。相反，师生关系紧张，甚至互不信任、彼此戒备，将会干扰教育教学活动的顺利进行，降低学生的学习兴趣和教师的教学热情，影响教育教学质量。

(二)师生关系是衡量教师和学生学校生活质量的重要指标

教育教学活动是教师和学生的生命活动，特别是精神活动的方式，教育教学中结成的师生关系是教师和学生生存方式的具体表现。不同类型的师生关系，体现了师生不同的生命活动形态，对建构师生自身的价值形成不同的意义。专制的师生关系会培养学生的依从性、专制的品质，民主的师生关系会培养学生的民主素质。因此，师生关系除了对教育教学目标的实现具有手段价值外，还对教师和学生的发展具有本体价值、目的价值。理想的师生关系是教师和学生作为独立的完整的人，又作为合作者、共享共创者形成相互理解、相互尊重、相互信任的和谐亲密关系。学生在和谐的师生交往中会感受到人格的尊严，体现出自主，张扬着个性，体验到人生的价值和最初的人生幸福，进而发展自由的个性，形成健康的人格。教师在与丰富多彩的年轻生命的交往中，感受到生命的神奇与可敬，体验到自己工作的价值。

(三)师生关系是校园文化的重要内容

师生关系是学校中最基本、最重要的人际关系，是一所学校的精神风貌、校风、教风、学风的整体反映和最直观反映。师生关系状况也投射出学校价值取向、人际关系状况、管理水平等。师生关系作为校园文化的组成部分，对学校精神文化的建设、对学生在校的发展和今后的成长都起着重要的作用。

二、师生关系的历史概况

(一)中国古代的师生关系

我国历史上有重视培养和建立良好师生关系的优良传统。追溯我国两千多年来的教育史，在先秦时代，师生关系是十分朴素和单纯的，在

① 李春苗，刘祖平：《关于师生关系对中学生学习影响的研究》，《教育探索》，1998 年第 1 期。

社会地位上没有等级的分化；师生交往是十分自然、融洽的，可以说是亦师亦友，亦友亦生。如春秋时期的孔子和其弟子的关系，是那个时期师生关系的典范。孔子热爱学生，循循善诱，诲人不倦，学生对他既尊重敬仰，又亲密无间。这种师生关系成为后世确立良好师生关系的楷模，它是我国学校教育的宝贵精神财富。

韩愈在《师说》中提出："闻道有先后，术业有专攻。"在我国漫长的封建社会中占主导地位的师生关系，受封建等级制度所控制，造成学校教育的"师道尊严"，教师的权威地位得以建立。学生对教师必须绝对服从，只能听而不问，信而不疑。传统的师生关系，大多是"一日为师，终身为父"。教师永远以"能者"凌驾在学生之上，二者难以在平等中取得良好的沟通。

(二)西方近代的师生关系

西方爆发资产阶级革命后，一些思想家、教育家提出民主、平等、个性自由和个性解放等口号。这在反对压制儿童天性和无视学生人格的封建师生关系上具有进步意义。但法国教育家卢梭又把它引向另一个极端。他认为凡是出自造物主之手的东西都是好的，但一到了人的手里就变坏了。他在《爱弥儿》中主张把儿童放到大自然中去培养，出现否认教育和教师的倾向。此后，德国著名教育家赫尔巴特提出"学生对教师必须保持一种被动状态"的"教师中心论"，美国著名教育家杜威主张"教育要把儿童当作太阳"的"儿童中心论"。这两个学说长期争论，对西方师生关系的理论和实践有很大影响。

三、师生关系的类型

根据师生之间在教育过程中不同的情感、态度和行为表现，可以将师生关系分为三种类型：专制型、放任型和民主型。不同类型的师生关系，有着不同的表现特点。

(一)专制型

这一类型是以命令、权威、服从、疏远为其心态和行为特征的。教师对学生不够热爱和尊重，常使用权威和强制手段管理学生，教育方法简单、粗暴、甚至苛刻。学生对教师缺乏了解，表面畏服，背后抗拒，处于被动地位。师生之间缺少交流、沟通和作用，关系疏远，甚至紧张和对立。

(二)放任型

这一类是以无序、随意、放纵为其心态和行为特征的。教师对工作不负责，对学生也缺乏感情，对学生的问题不闻不问，采取放任自流的态度。学生对教师也持有无所谓的态度，消极对待教师的要求。师生之间交往甚少，交流有限，既缺少相互期望和帮助、也无明显的冲突和对抗，关系冷淡。

(三)民主型

这种类型是以开放、平等、互助为其主要心态和行为特征的。教师热爱、关心、尊重和信任学生，既利用权威，又用自己的学识、才能和品德去教育学生。学生理解和尊重教师，师生之间交往较多，互相支持配合，关系融洽、密切。这种关系的形成往往源于教师的民主意识，平等观念，创造精神以及教师的业务素质和人格力量，这也是师生关系的最佳模式，是我们所应努力做到的。

教育心理学的一些实验表明，不同师生关系的模式，对教育过程及效果会产生不同的影响。实验结果是：在民主型师生关系下，成员之间的友好性和参与集体的程度高，活动的组织程度高，效率也高。在专制型师生关系之下，则以集体为中心的行动和有组织的行动为主，学生对教师容易产生不满情绪。在放任型的师生关系下，有组织的行动和以集体为中心的行动少，对教师的满意度低。

四、理想师生关系的基本特征

师生关系是教育活动赖以进行和教育目标能否实现的重要因素，建立良好的师生关系是教育规律的客观要求。衡量师生关系的好坏，主要是根据人际关系的基本品质进行判断的，理想的师生关系主要有四个方面的基本特征。

(一)民主平等

师生关系的民主平等体现了师生在教育过程中的相互尊重人格和权利、相互开放、平等对话、相互理解、相互接纳等关系。虽然教师和学生在教育过程中的角色、地位和知识水平等方面存在着差异，但在科学真理面前，师生之间无论在政治上，还是在人格上都是平等的。教师尊重学生的人格，发扬教学民主，并不意味着削弱权威，反而还会有助于教师创造性和主导作用的发挥。民主平等是建立良好师生关系的基本要求。

民主平等不仅是现代社会民主化趋势的需要，而且是教学生活的人文性的直接要求和现代人格的具体体现。它要求教师能向学生学习、理解学生，发挥非权力性影响力，并一视同仁地与所有学生交往，善于倾听不同意见；也要求学生正确地表达自己的思想和行为，学会合作和共同学习。民主平等是师生在共同参与的过程中形成的。共同参与，意味着教师和学生以不同的主体地位和作用进入实际的教育生活，形成需要、智能、个性等方面的互补，发挥各自的积极性、主动性、创造性。民主平等、共同参与的结果是师生的融洽、协调。

师生之间的民主平等关系，要求教师对学生负有教育管理的职责，学生要听从教师的教导，但也要求教师要向学生学习，认真接受学生提出的合理意见和要求。教师容许和鼓励学生提出疑问和不同见解，师生共同服从真理，探讨真理。教师对待学生的弱点、缺点及错误，应该给予真诚的教育和帮助，而绝不是歧视、讽刺和挖苦，否则就会伤害到学生的人格和尊严。

(二)尊师爱生

尊师爱生就是学生应当尊重教师，教师应当热爱学生，师生之间彼此尊重、相互友爱、这是建立良好师生关系的感情基础。

尊师就是尊重教师，尊重教师的劳动和教师的人格与尊严，对教师要有礼貌，了解和认识教师工作的意义，理解教师的意愿和心情，主动支持和协助教师工作，虚心接受教师的指导；尊师是学生对教师正确的认识、情感和行为的综合体现，是人类的美德。得到学生尊重是教师最大的需要和满足。学生对教师的尊敬和信赖随着学生年龄和学识的增长而变化，小学生以教师对自己的态度为依据，中学生对教师的尊敬和信赖主要依据教师的学识和人格。

爱生包括尊重和信任学生，严格要求学生并公正地对待学生。热爱学生是教师的职业道德，是教师职业责任感的反映，它能使教师对教育教学工作高度负责。如果教师不热爱学生，就会失去教育学生的感情基础，就难以在教育实践中建立良好的师生关系，教育工作的成效就会受到很大的限制。而且，爱生是尊师的基础，它能激发起学生对教师的尊重和信赖，缩短师生间的距离，使学生易于接受教师的教育和影响。

现代“尊师爱生”不是封建等级关系，不是政治连带关系，不是伦理依附关系，而是体现了新型师生关系，是师生交往与沟通的情感基础、道德基础，其目的主要是相互配合与合作，顺利开展教育活动。当然教师是教育者，在建立尊师爱生新型师生关系中起主导作用。

(三)心理相容

心理相容是群体成员在心理与行为上的彼此协调一致与谅解。从师生之间人际关系的角度看，师生心理相容是指教师和学生集体之间、教师和学生个人之间，在心理上彼此协调一致，并相互接纳。教师与学生之间虽然文化水平不同，但教师和学生的社会目标和根本利益是一致的。心理相容能造成师生之间融洽的气氛，对维系正常的师生关系起着重大的情感作用。

在师生之间建立良好人际关系的前提下，从教师那里获得的信息就特别容易为学生所接受，并赋予它以一种特殊的意义。师生之间良好的人际关系意味着学生在心理上趋向于教师，教师和学生的交往在时间上频率增加，在空间上距离缩短，易于使学生模仿教师的思想行为和接受教师的暗示，它不仅有助于学生形成某种行为准则，而且对学生的个性，诸如价值定向、性格特征等的形成和发展，都能发挥较大的作用。每个学生都有一把开启他的钥匙，关键是要从师生间的情感交流开始。

(四)教学相长

教学相长是指在教育教学过程中教师和学生是相互制约、相互促进、共同提高的。教师只有了解学生及其教育目的，才能正确地引导和教育学生，使自己的知识和教育能得以发挥和发展；学生只有了解教师和教师职业特点，才能积极参与教育活动，在教育活动中获得自己的知识，促进智能和品德的发展。所以，师生双方是相互促进、彼此推动的关系。正如《学记》所载："虽有佳肴，弗食不知其旨也；虽有至道，弗学不知其善也。是故学然后知不足，教然后知困，知不足，然后能自反也；知困，然后能自强也。故曰：教学相长也。"韩愈继承并发展了这一思想，他提出："弟子不必不如师，师不必贤于弟子。"这种观点进一步指出师生关系完全是平等的，学生不一定完全处于被动接受的地位，在某种条件转换下，学生也有可能变成老师。对教学相长关系的认识越深，师生关系就越容易改善和发展，对师生双方面的帮助也越大。因此，教学相长是良好师生关系的一个重要特征。

五、构建良好师生关系的基本策略

良好的师生关系的建立尽管要受多种因素的影响和制约，但是由于教师是教育活动的主要设计者和教学过程的主要调控者，在教育教学活动中起主导作用，所以师生关系的建立和发展主要取决于教师的工作作风和人格品质。

良好的师生关系对教学质量的提高、学生的发展都具有积极的作用。但是，从我国目前教育的现状来看，师生之间关系还不太令人满意：学校里师生感情相斥、难以沟通的现象时有发生；师生之间对立冲突的事件常有报道；师生关系平淡与不和谐的现象也较为普遍。为此，作为师生关系主要责任人的教师应该反思自己的行为，并要采取积极的措施建立良好的师生关系。具体说来，建立良好的师生关系对教师的基本要求如下。

(一)了解和研究学生

教师要与学生取得共同语言，使教育影响深入学生的内心世界，就必须了解和研究学生。了解和研究学生包括了解学生个体的思想意识、道德品质、兴趣、需要、知识水平、学习态度和方法、个性特点、身体状况和班集体的特点及其形成原因。了解和研究学生存在于教师教育生活的每一时空。

(二)树立正确的学生观

教师的学生观指的是教师对自己的教育对象的基本的观点、看法和态度。它是教师在教育过程中对学生采取何种态度和采用何种教育方法的出发点和依据，由此也是影响乃至决定师生关系的性质和内涵。我国传统的学生观将学生看作被动的受体、教师塑造与控制的对象，学生在教育中处于边缘位置，对学生的教育是规范、预设的。正确的学生观包括：学生是独特的个体；学生都有巨大的发展潜力；学生的不成熟性具有成长价值；学生具有主体性，特别是创造性；学生是责权主体，有正当的权利和利益；学生是一个整体的人，是知、情、意、行的统一体等。正确的学生观来自教师对学生的观察和了解，来自教师向学生的学习和对自我的反思。

当代学校中师生关系的矛盾和冲突很多就反映在教师对学生的看法上，即社会评价标准上。不少教师眼中好学生的标准就是高分、听话、顺眼。然而，急剧变革的社会环境、价值观念和行为方式都在不断影响着青少年的社会评价标准，使他们不断扩大着评价个性特征的价值范围和内涵取向。而一些教师一旦从学生身上发现与自己原有的价值观念和思维方式不符时，就往往运用自己的权威去同化和规范学生，对学生的思想、行为打出不可接受的牌子，在师生交往的通道上设置障碍，从而导致师生关系的疏离、紧张乃至冲突。可见，树立正确的学生观，就要求教师要尊重学生的人格和重视学生的需要，真正的了解学生所想、所需，对学生做出客观的评价并给予真正的帮助。每一个学生都有一种被尊重，被重视的心理需求，教师在教育时，应运用鼓励的方法来强化这种意识，以期待的目光，乐观的态度来看待每个学生的成长，相信他们的潜能及发展前景，这是推动学生进步发展的动力。只有这样，教师才会对学生产生应有的情感，采取正确的教育态度，运用适当的教育方法。

(三)热爱、尊重学生，公平对待学生

热爱学生包括热爱所有学生，对学生充满爱心，经常走到学生之中，忌讳挖苦、讽刺学生、粗暴对待学生。尊重学生特别要尊重学生的人格，保护学生的自尊心，维护学生的合法权益，避免师生对立。教师应该在

平等的基础上建立教师威信，并在处理问题时做到客观公正，才能使学生心悦诚服。

(四)主动与学生沟通，善于与学生交往

加强师生之间的交往，是建立良好师生关系的基础。师生关系一般要经历生疏、接触、亲近、依赖、协调、默契阶段。在师生交往的初期，往往出现不和谐因素，如因为不了解而不敢交往或因误解而造成冲突等。一位教师尽管抱着热爱教育事业的满腔热情走进教室，但当他面临着新的教育对象时总会有一种生疏感觉，甚至会产生紧张不安的情绪。随着他与学生接触的增加，就会由生疏感变为熟悉感，感到自己开始能掌握班上学生的情况，缩短了与学生之间的心理距离。以后，教师的感情又进一步发展到亲近的阶段，这时他不仅熟悉学生，而且感到学生可亲，与学生在一起感到愉快，出现趋向于学生的心理状态。教师感情的高度发展是对学生的热爱，教师把自己的全部感情都倾注于学生，与学生息息相关，心心相印，从学生的成长中，教师获得心理上的最大满足。这就要求教师掌握沟通与交往的主动性，经常与学生保持接触、交心；同时，教师还要掌握与学生交往的策略和技巧，如寻找共同的兴趣或话题、一起参加活动、邀请学生到家做客、网络联系等。

(五)努力提高自我修养，健全人格

教师的素质是影响师生关系的核心因素。教师的师德修养、知识能力、教育态度、个性心理品质无不对学生发生深刻的影响。学生的向师心、尊师情都是由这个基础条件而引发的，特别是对于有一定社会阅历、判断能力的中学生而言尤为如此。如果教师知识贫乏，治学经验欠缺，又怎能为学生打开科学视野、引导学生探索科学的奥秘？教师严谨的治学态度，良好的教学风格和教学方法，在教学中表现出来的热情和投入，管理教学过程的艺术，使学生获得掌握知识的成功和喜悦，都会使学生喜爱教师的教学。所以，对于每个教育工作者来说，不断提高自己的业务修养、理论修养和品德修养是改善师生关系的途径。

教师要使师生关系和谐，就必须通过自己崇高的理想、科学的世界观、人生观、渊博的知识、严谨的治学态度、活泼开朗的性格、多方面的爱好与兴趣等来吸引学生。为此，教师必须：①加强学习和研究，使自己更加智慧；②经常进行自我反思，正确评价自己，克服个人的偏见和定势；③培养自己多方面的兴趣和积极向上的人生观；④学会自我控制，培养耐心、豁达、宽容、理解等个性品质。

专栏 7-3

成功教师的五项标准

美国教师专业标准委员会所确定的成功教师的五项标准是：

1. 成功教师对学生及其学习尽职尽责；
2. 成功教师懂得其所教学科及如何向学生传授该学科知识；
3. 成功教师对监督和管理的学生负责；
4. 成功教师系统地思考其实践并从经验中总结学习；
5. 成功教师是学习共同体成员。

资料来源：叶澜等：《教育理论与学校改革》，北京：高等教育出版社，2000 年，第 293—295 页。

>>> 思考与练习

1. 教师职业是一种专门性职业吗？试列举理由支持你的观点。
2. 论述你心目中理想的教师形象。
3. 教师的劳动有哪些特点？
4. 如何看待学生的本质特征？
5. 试举例论述如何建立良好的师生关系。

>>> 推荐阅读

1. 叶澜等：《教师角色与教师发展新探》，北京：教育科学出版社，2001 年。

2. [美] 霍华德 · 加德纳：《多元智能》，北京：新华出版社，1999 年。

3. [苏联]苏霍姆林斯基：《给教师的建议》，北京：教育科学出版社，1984 年。

第八章　教学工作(上)

学习目标

1. 理解教学的任务。

2. 掌握并理解教学的基本概念。

3. 掌握教学过程的基本规律，并能运用相关原理解释实际教学问题。

教学无论是对教师、学生个体，还是对文化的传承与创新、社会的发展与进步，都具有重要作用。教学工作也是实现教育目的，完成德、智、体、美、劳五育任务的基本途径，教学在整个教育体系中居于中心地位。通过教学，课程从文本走向实践，学生逐渐掌握知识、形成能力、提高思想、养成个性。本章主要阐述教学的概念、意义和任务，揭示教学过程的基本规律。

第一节　教学概述

一、教学的概念

(一)教学的界定

教是一个十分微妙的过程，它并不像过去所想的那样，是具体知识的灌输或传授，它包含了教与学的双边活动。我们说“教是为了不教”，为了不教而教，即给学生“授渔而鱼”，也就是说，我们不是把知识这条“大鱼”奉送给学生，而是引导学生进行学习，授给学生捕鱼的方法。

“教”有教授、教诲、教化、告诫等含义。东汉学者许慎在《说文解字》中记载，“教，上所施，下所效也”，施，就是操作、演示，效，就是模仿，仿效。“教”“学”两个字的连用，最早见于《尚书·兑命》中的“教学半”，《学记》对其做了生动的解释：“学然后知不足，教然后知困，知不足，然后能自反也；知困，然后能自强也。故曰：教学相长。”教学一词在英文中也有很多表达，如 teach，learn，instruct 等，teach 常与教师的行为联系，learn 含有学习之义，instruct 常与教学情境有关系，强调教学过程。因此，英语词汇中通常情况下使用 teach and learn，同时强调教师的教和学生的学。

现代教学论研究中，对教学概念有多种不同的理解。目前，我国学术界对教学的理解主要包括“统一活动说”和“广义—狭义理解说”等。“统一活动说”的代表人物主要有王策三、李秉德等。王策三先生认为，所谓教学，是教师教、学生学的统一活动，在这个活动中，学生掌握一定的知识和技能，同时，身心获得一定的发展，形成一定的思想品德。李秉德先生认为，教学是指教的人指导学的人进行学习的活动。“广义—狭义理解说”认为，广义的教学泛指一切经验获得的活动，是能者为师，不拘形式、场合，不拘内容。狭义的教学是指学校教育中培养人的基本途径，即在各级各类学校中进行的教学活动。

综合相关文献，我们将教学界定为：教学是由教师的“教”和学生的“学”共同组成的活动，是学生在教师有目的、有计划、有组织的指导下，积极、主动地掌握系统的文化科学基础知识和基本技能，发展能力，增强体质，并形成一定的思想品德的教育活动。

(二)教学与相关概念的辨析

1. 教学与教育

教学与教育既相互联系，又相互区别，两者是部分与整体的关系。教育包括教学，教学是学校进行全面教育一个基本途径。除教学外，学校还通过课外活动、生产劳动、社会实践等途径向学生进行教育。教学工作是学校教育工作的重要组成部分，是学校教育的中心工作。学校教育工作除教学外，还有德育工作、行政工作、体育工作、后勤工作等。

2. 教学与智育

智育是指向学生传授系统的文化科学知识和技能，发展学生智力的教育活动，它是教育的组成部分。教学是智育的途径，但不是唯一途径，课外活动、社会实践等途径同样可以使学生增知识、长智慧；教学要完成智育任务，但智育不是教学的唯一任务，教学也要完成德育、体育、美育、劳动技术教育的任务。将教学等同于智育，容易导致对智育的途径和教学的功能产生狭隘化甚至唯一化的片面认识。

二、教学的意义

学校要卓有成效地实现培养目标、造就合格人才，就必须以教学为主，并围绕教学这个中心安排其他工作，建立学校的正常秩序。

(一)教学是传递人类知识经验的捷径，是促进学生发展的最有效形式

教学是通过有目的、有组织的形式把人类长期积累起来的知识经验和智慧传递给下一代，转化为学生的精神财富，促进学生的身心发展，使个体的身心发展逐步跟上人类社会历史前进的步伐，推动人类社会不断向前发展。在社会主义现代化建设发展加速、知识技术猛增的今天，这种作用尤其重要，只有通过改进教学、提高教学，其功效才能更好地实现。

(二)教学是进行全面发展教育、学校实现教育目的的基本途径

教学能够将智育、德育、美育、体育和综合实践活动的基础知识、基本技能与基本规范传授给学生，为他们的发展奠定坚实的基础，并且丰富的教学认识与交往活动也构成了学生特有的一种学习生活。这种学习生活，为学生提供了多样化的发展时空，提供了一个展示自己、经受锻炼、自主成长的平台。在这里，学生能够根据自己的意愿与需要进行学习、交往与生活，形成不同的人际关系，生成个人独特的经历，逐步学会学习，养成善于与人共处和协作等现代人的素质。因此，教学是促进学生社会化与个性化、成人与成才最有效的活动，是进行全面发展教育的基本途径。

(三)教学是学校教育的主要工作

学校必须以教学为主，这是学校和社会其他部门的根本区别。学校是培养人的地方，经常的、大量的基本实践活动应该是培养人的活动。在学校内部来说，培养人是通过多方面的工作来进行的，但是，教学所占时间最多，对学生的影响最大，直接关系到学校教育质量的高低。学生的身心发展基本上是通过教学工作来实现的。学校只有围绕教学这一中心工作全面、妥善地安排各项工作，才能把学校办好。我国教育的实践经验证明，坚持教学为主，教学秩序就会稳定，教学质量就会提高，学校就能有效地发挥其社会职能。反之，就不会有稳定的教学环境和秩序，教学质量就必然下降。但坚持教学为主，并不意味可以轻视其他教育活动，它们必须有机地配合，才能充分发挥其职能。所以，学校工作应该以教学为主，全面安排。

三、教学的任务

教学任务是在教学中为实现教育目的所提出的不同层次的要求。教

学任务既是教学活动的出发点，也是确定教学内容、选择教学方法和教学手段的依据。教学应全面完成教育目的所提出的使学生德智体全面发展的任务。我国中小学教学的基本任务有以下几个方面。

1. 传授系统的科学文化知识和基本技能

教学的首要任务是传授和引导学生学习、运用和掌握基础知识和基本技能。基础知识是教学大纲所规定的学生必须掌握的关于自然、社会和人类思维的基本知识，具体体现为各门学科中的基本事实、概念、定理、法则及其体系。基础知识是最主要、最基本、最常用的，为认识、实践与交往所不可或缺的知识。基本技能是各门学科中最主要、最常用的技能，针对特定的具体任务或问题，经过多次的练习而形成的确保达到规定目标、合乎规定标准的操作系统。基本技能的形成与基础知识的教学密不可分，但是它属于能力的范畴，是发展能力的基础，它由智慧技能、动作技能和认知策略三部分构成。智慧技能是通过练习而形成的完成一定的智力活动的能力；动作技能是通过练习而形成的完成一定的肌肉运动的能力，它以明显的行动表现出来；认知策略是学生用来调节自己内部认知活动的技能。上述技能经过反复练习达到自动化的程度，做到迅速精确、运用自如，就成为技巧。知识是形成技能技巧的基础，而技能技巧的形成又有利于进一步理解和掌握知识，并为学生学习新知识提供条件。

2. 发展学生的智力、体力和创造才能

发展学生的智力、体力，培养学生的创造才能，既是顺利、高质量地进行教学的重要条件，也是培养全面发展人才的基本要求。

智力是指个人在认知过程中表现出来的认知能力系统，它包括注意力、观察力、记忆力、想象力和思维力，其核心是思维能力。具有一定的智力是学生从事学习活动的必要条件和前提，教师要提高教学效率，就必须提高学生的智力，现代教学日益重视发展学生的智力。

体力是指人体活动时所能付出的力量，包括持久力、适应力和抵抗力，与身体健康水平有关。在教学中发展学生的体力，主要应注意教学卫生，如引导学生坐、立、读、写和其他学习活动中保持正确的姿势，保护学生视力，防止课业负担过重等，促进学生体力的健康发展。

创造才能，对学生来说，主要是指能够运用自己已有的知识、智能、灵感与意志去探索、发现、创建他尚未知晓的新的知识或方法的能力。创造才能是智能发展的高级形态，教学应使每一个人都能发现、发挥和加强自己的创造潜力。

3. 培养良好的品德和审美情趣，奠定学生的科学世界观基础

高尚的审美情趣、良好的思想品德和行为习惯，是青少年健康成长

的需要，也是教学的重要任务。世界观是对世界的总的看法和态度。青少年正处在品德、审美情趣和世界观急速发展和逐步形成的重要时期，教学在使学生形成科学的世界观、培养良好的道德品质和审美情趣方面起着重要作用。除专门的德育课和美育课外，学生在教学中进行的学习和交往，也是他们在生活中认识世界和进行社会交往的组成部分。学生在掌握自然科学、社会科学知识和联系实际中，将提高自己的道德修养和审美情趣；他们在班级的集体活动中，将依据一定的规范和要求来调节自己的思想和行为。教师应自觉地结合各科教学的特点，挖掘渗透其中的思想内容，对学生进行思想品德教育，为其健康成长奠定良好的基础。

4. 关注学生个性发展

个性是指一个人的整个精神面貌，即具有一定倾向性的心理特征的总和，包括兴趣、动机、情感、意志、理想、信念、性格等。现代教学关注学生个性的发展，要以马克思主义关于人的全面发展学说为指导，协调学生知识、智力、兴趣、情感、意志、性格等各方面的因素，追求教学与教育的统一，促进学生个性的发展。为此，通过教学，激励发展每个学生的主体能动性，不仅使他们有现代科技文化知识，而且有自觉性、独立性和开拓创新性，有强烈的竞争意识、平等观念和合作精神。

教学的基本任务是一个整体，是在统一的教学过程中完成的，各个任务之间互为前提和基础，相辅相成、相互促进。在教学工作中，要把各项任务落实到具体的教学过程中去，全面考虑，不可有所偏废。

第二节　教学过程

教学过程是在一定的时空条件下，教学活动的实施过程或完成教学任务的过程，是由教师的教和学生的学所组成的双边活动过程。教师、学生、教学内容和教学手段构成了教学过程的必不可少的基本因素。其中，教师是教育者，起主导作用，是教学过程的设计者和组织者，学生是受教育者，是学习的主体。它们之间存在着必然的、内在的联系。

一、教学过程的本质

(一)教学过程是一种特殊的认识过程

教学过程是学生在教师的指导下，通过书本知识的学习去认识客观世界的过程。由于书本知识是人们长期实践经验的总结，学生掌握了这些知识，也就间接地认识了客观世界。但是，教学过程又具有特殊性。主要表现在：①间接性，学生不是直接去发现人们未知的事物，探索未知真理，而主要以掌握人类长期积累起来的科学文化知识为中介，间接地认识现实世界；②引导性，学生不是在自然状态下，而是在特定的教学环境中，在教师的指导下进行认识的；③简捷性，学生在教学过程中走的是一条认识的捷径，他们没有重复前人在探索中所走过的曲折道路，是一种科学文化知识的再生产。

(二)教学过程是促进学生个体发展的过程

随着社会的发展，要求在教学过程中，能自觉地促进学生的身心发展，培养体力、智能、创造才能、个性都得到充分发展的人才。

教学过程是按照一定的学习任务和内容，依据认识论的规律和学生认识的特点，以促进学生的身心发展的过程。学生的认识并非以掌握知识为目的，而是促进自身的全面发展。古代教学很少注意儿童的发展，甚至一味压抑学生的个性，方法简单、效率很低。到了近代，在实践中才逐渐明确教学要适应学生的身心发展，注意量力、直观、循序渐进、启发诱导等，从而逐步提高教学质量。

专栏 8-1

各种教学本质观

特殊认识说：教学是一个认识过程，又有其特殊性。具体来说，教学是教学生认识世界获得发展的特殊认识形式，教育性、间接性和有领导是它区别于其他认识活动的主要特点。

认识发展说：教学是促进学生身心全面发展的过程。

传递说：教学是传授知识经验的过程。

学习说：教学是学生在教师指导下的学习活动。

实践说：教学是一种特殊的实践活动。具体来说，有的把教学视为教师的社会实践，是教师对学生进行指导、转变和塑造的活动；也有的则将其视为师生共同的实践活动。

交往说：教学是一种特殊的交往活动。具体来说，有的把交往视为教学背景，有的把交往视为教学手段和方法，也有的把交往视为教学内容乃至目标。

关联说：教学是教师的教和学生的学的统一活动。

层次类型说：教学是一个多层次、多方面、多形式、多序列和多矛盾的复杂过程，教学过程的本质应该是一个多层次、多类型的结构。

资料来源：李定仁，张广君：《教学本质问题的比较研究》，《华东师范大学学报(教育科学版)》，1997 年第 3 期。

二、教学过程的基本阶段

在教师引导下的学生掌握知识的活动是教学过程中最基本的活动。而学生掌握知识又是按一个课题（或单元）周而复始地进行的。阐述这种周期性的学生掌握知识过程阶段的规律性，对教学具有普遍的指导意义。

历史上许多教育学家都曾对教学过程的基本环节做过一些探索。如孔子把教学过程分为学、思、行三个环节，后辈儒家思孟学派在《中庸》一书中，将学习过程分为"博学之，审问之，慎思之，明辨之，笃行之"；在西方，德国教育家赫尔巴特提出五段教学法：准备、明了、联想、系统、方法。我们认为，教学过程中学生掌握知识一般可分为互相联系的六个阶段，分别是激发学习动机、感知教材、理解教材、巩固知识、运用知识和检查学习效果。

（一）激发学习动机

学生掌握知识始于感知。因此，教学过程应该从感知学习材料开始。那么，怎样才能使学生积极投入感知活动呢？教学应从诱发和激起求知欲开始，从引导学生做好学习的心理准备开始。

教学史上，许多教育家把引起求知欲的工作作为教学的起始阶段，或称准备、导入，或叫困难、问题、引起学习诱因等。要引起学生的求知欲，教师需要物质的、心理的、组织的和方法的准备，其中主要是心理的准备。一般来说，只有当学生面临问题、困境，渴求新知识寻找答案，并获得突破时，学生在认识上便会产生了知与不知的矛盾，出现了求知的内在动力，他们才能产生积极的学习活动，会主动地看书，听老师讲解，去寻求正确的答案、科学的结论。一旦学生的求知欲被调动起来，认知的内在矛盾会推动学生主动投入到学习进程中，这种基于内在动力的学习过程是持久的、强大的。

教学活动中，引起求知欲的方法有很多，如通过一些引人思考的问题，讲述有趣的故事，演示引人注目、给人新知的直观材料，指出新知识的重要性，等等。教师可根据不同的课程类型、教学内容、学生特点灵活选择。无论选用什么方法，需要注意的是，引起求知欲是为了引导学生去积极学习和运用知识，所以这个阶段不宜费时过多。当学生的求知欲被激发出来后，应立即引导他们积极投入学习，并在教学过程中不断强化他们的求知欲。

（二）感知教材

感知教材是整个教学过程的基础阶段。通过感知教材，学生对教材内容进行初步的、感性的认识，通过感知形成表象，达到了解教材内容的重点问题所在的目的。教材是一种符号表征的书本知识，是他人的实践经验，学生只有凭借自己的生活经验或有关的感性知识才能理解书本知识。如果学生有了必要的感性知识，形成了清晰的表象，就比较容易理解书本知识。学生感性知识的来源是多方面的，有的是他们在生活中积累的，有的是以往学习中获得的，有的是教学中通过演示、实验或参观、实习取得的，有的是经过教师的生动描述和学生的再造想象产生的。

(三)理解教材

教学过程中，要引导学生把感知的材料同书本知识相联系，进行抽象思维的加工，不断发现事物的本质和规律，逐步上升到理性认识。

理解教材是教学过程的中心环节，也是难度最大的一个阶段，它需要引导学生在学习上取得较大的发展，在认识上得到飞跃。为了使学生的思想情感活跃起来，教学多半由激发学生的疑问、好奇与冲动开始，但“随着好奇而来的是注意力分散与单纯的嬉戏”①，因此，教师应设法将学生的注意力集中，通过深入细致的引导，使学生深刻地掌握概念和原理。

(四)巩固知识

巩固知识主要是引导学生把所学的知识牢固地保持在记忆中，这是由学生在教学过程中的认识特点所决定的。学生学习书本知识，易受遗忘规律所制约，因为巩固知识是大脑皮层上暂时神经联系的不断强化，如果不抓巩固工作，暂时联系得不到强化，就会产生遗忘。学生对已学过的知识不巩固，就不能进一步领会和掌握新知识，而且只有当学生巩固了所学的知识，今后才能将知识应用于实践，因此，巩固知识在教学过程中是必要的。

(五)运用知识

运用知识是将所学的知识应用于各种课业中，用实践检验知识，通过反复的练习活动使所学的知识形成技能、技巧。这个阶段教师要为学生提供必要的练习素材，练习题目不要过难，也不要过易，过难不利于学生建立学习信心，过易会使学生感到没意思。练习的数量也不要过大，避免学生产生厌烦情绪。

在教学过程中，要努力使学生将所学的知识用于实践，转化为技能、技巧，使其获得比较全面的知识，加深对所学教材的理解和记忆。运用知识，也是认识上的一次更重要、更高一级的飞跃。因为这是在各种条件下，要求学生再现、重新组合、灵活运用知识，特别有利于锻炼学生

---

① [德]赫尔巴特：《普通教育学》，李其龙译，北京：人民教育出版社，1989年，第65页。

独立思考能力和创造性，培养分析问题和解决问题的能力。

(六)检查学习效果

检查学生的学习效果，主要由教师负责进行。通过检查可以发现学生对知识理解和掌握的情况，以便及时调节教学的内容、进度、方法。检查一般主要采取课堂提问、检查课内外作业和进行各种测验等形式来进行。同时，为促使学生更好地掌握知识和提高自学能力，培养学生学习的自主性和自觉性，及时对所学知识作自我检查的能力和习惯也是非常必要的。

在教学过程中，以上各阶段均有其独特的作用，但它们又是紧密联系、相互渗透的，不能机械地划分，更不能机械死板地套用。教师应根据学科特点、教材内容、学生掌握教材的条件和具体任务，合理地、灵活地、创造性地安排和运用它们，才能保证教学的顺利进行。

专栏 8-2

国外有代表性的教学过程阶段论

赫尔巴特(J. F. Herbart)：明了——联想——系统——方法

戚勒(T. Ziller)：分析——综合——联想——系统——方法

赖因(W. Rein)：预备——提示——比较——概括——应用

多普费尔德(F. W. Dorpfeld)：直观——思考——应用

威尔曼(O. Willmann)：认知——理解——实行

莫里逊(H. C. Morrison)：探索——提示——类化——组织——巩固

杜威(J. Dewey)：暗示——理智化——假设——推理——验证

沙伊普那(O. Seheibner)：目的——手段准备——计划——实行——反省

克伯屈(W. H. Kilpatriek)：目的——计划——实行——评价

奥根(W. Okon)：秩序——提示——概括——巩固——熟练——实践——检查

资料来源：[日]筑波大学教育学研究会编：《现代教育学基础》，钟启泉译，上海：上海教育出版社，1986 年，第 284—285 页。

三、教学过程的基本规律

教学过程是一个有规律的过程，教学过程的规律主要表现在教师引导下学生掌握知识过程的阶段上和教学过程内部一些因素之间的必然联系上。这些规律在教学过程中经常存在、反复出现，并显示出它的重要作用。弄清这些教学过程的规律有助于阐明教学的基本原理，能够指导我们比较科学地进行教学活动，提高教学的效率和质量。

(一)掌握知识与发展智力相统一的规律

掌握知识与发展智力的关系，一直是教学理论和实践的一个重要问题。形式教育论者与实质教育论者曾有过长期的争论。形式教育论者认为，教学的主要任务在于训练学生的思维形式，知识的传授是无关紧要的。而实质教育论者则认为，教学的任务在于传授对实际生活有用的知识，至于学生的智力，则无须特别训练。形式教育论虽然强调了发展智力的重要性，但他们看不到智力的发展依赖于知识的掌握，把智力的发展和知识的掌握割裂开来，认为学生的智力可以离开知识的掌握得到发展。实质教育论者虽然强调了教学对学生传授知识的必要性，但他们看不到掌握知识与发展智力的区别，错误地认为掌握了知识，智力就会自然而然地得到发展。因此，在教学实践中，我们要防止将二者割裂与对立。

1. 掌握知识是发展智力的基础

教学过程中，学生对知识的掌握是发展智力的内容和手段。因为系统的知识是智力发展的必要条件，人们的智力发展离不开知识和经验，否则就成了无源之水、无本之木。可以说，知识是人脑进行思维的“原料”。思维需要借助一定的概念进行分析、判断和推理，而概念本身就是知识。“巧妇难为无米之炊”说的就是这个道理。不爱学习，知识与经验都很贫乏的人，他的智力不可能发展得很好。对学生来说，掌握知识的过程也是智力运用的过程，只有在掌握知识的过程中才能使智力得到更好的发展。

2. 智力发展是掌握知识的条件

学生对知识的掌握又依赖于他们的智力发展。因为人们的智力同样是人们掌握知识的必要条件。智力发展好的学生，他们的接受能力强、学习效率高；而智力发展较差的学生在学习中则有较多的困难。有人把教学中掌握知识和发展智力的关系比喻为“杠杆原理”，即智力发展作为“动力臂”，掌握知识为举起的重物，教学作为“支点”，如果学生智力发展的“动力臂”加长，即使是用少量的力，也能举起较重的物体，它形象地说明了发展学生智力对掌握知识的促进作用。在多数情况下，人们的智力都是差不多的，很少有超常儿童。天道酬勤，我们每个人都需要付出自己的努力，才能获得成功。

3. 掌握知识与发展智力不同步

通过传授知识来发展学生的智力是教学的一个重要任务。但两者又不完全是一回事，智力在掌握知识过程中的形成和发展不是自发的，二者不是同步进行的。一个学生掌握知识的多少并不一定标志着他的智力发展的高低。如果只是进行“填鸭式”教学，学生只知道机械地记忆和搬用知识，那么，即使他们头脑里被填满了一大堆知识，也不可能增进思考力，而且往往会使他们变得更加呆头呆脑，即我们常说的“高分低能”现象。

在教学中，教师应启发学生了解掌握知识的过程，弄清获得知识的方法，学会独立思考、逻辑推导与论证，能够自如地、甚至创造性地运用知识来解决实际问题，才能使学生的智力获得高水平的发展，具有创造性才能。学生的学习活动进行得越是富有创造性，他们的智力就将发展得越快，达到的水平就越高。这是掌握知识与发展智力之间的必然联系。

(二)间接经验与直接经验相统一的规律

学生认识有两个方面：一个方面是获取直接经验，即学生通过亲自活动，探索获得的经验；另一方面是获取间接经验，即他人的认识成果。在教学中，学生主要学习间接经验，但并不排斥直接经验，而是包含了直接经验。

1. 教学过程以传递和学习间接经验为主

儿童认识始于直接经验，并通过个人的直接经验不断扩大对世界的认识。但个体的活动范围是狭小的，而人类已有漫长的发展历史，在这个过程中积累了大量的经验与知识，因此，无论个人如何努力，仅仅依靠直接经验来认识世界显然是不可能的。作为现代社会的后继者，学会适应社会，就必须借助于书本知识和其他形式的间接经验，这样既可以突破时空的局限，用最短的时间和最高的效率把人类长期积累的大量知识接受下来，在新起点上获得新发展。

2. 学生学习间接经验必须以直接经验为基础

现成的书本知识，一般是偏于理性的知识，是抽象的，对于抽象逻辑思维发展尚未成熟的青少年学生来说，是不容易理解的。因此，在教学中，要充分利用学生已有的经验，将书本中抽象的概念、原理同他们头脑中鲜明的表象结合起来，增加学生学习新知识所必需的感性认识，有助于学生理解和掌握知识，利于教学的顺利进行。

3. 在教学中适当组织学生的实践活动

在教学中要防止出现两种片面倾向，一是在传统教育观影响下产生的偏向于搞书本至上，强调学习间接经验的重要性，强调对书本知识的服从，习惯于教师讲，学生听，不注重引导学生通过一定的实际活动、独立操作去探寻与积累知识，其结果导致了注入式教学，造成学生掌握知识方面的一知半解、形式主义；二是在实用主义教育观影响下，过于注重个人直接经验的积累，片面强调从做中学，忽视了系统知识的传授，教师的主导作用流于形式，浪费了学生的时间和精力。

因此，在教学中，教师要坚持以传授和学习书本知识为主，既要重视书本知识的教学，又要适当组织学生的实践活动，使学生学好书本知识的同时，增加实践能力。要在间接经验和直接经验的相互联系、相互作用中提高学生的学习质量。

(三)教师主导与学生主体相统一的规律

教学过程是师生共同活动的过程，只有在教与学积极的相互作用中，才能构成一个完整的教学过程。在教学过程中，教师要处理好教师主导作用和学生主体作用的关系，即是“教师中心”还是“学生中心”。

1. 教师是教育者，在教学过程中起着主导作用

在教学中，一方面，教师对所教内容是已知者，教师具有一定的专业知识，受过专门的职业训练，接受社会的委托，按照社会的要求培养和教育人。因此，教学任务的制定，教学内容的安排，教学方法的选择，教学组织形式的确定和教学活动的组织，都要由教师来具体实施。可以说，教师的知识、品格、修养以及工作精神、教师主导作用的性质和程度直接决定着教学过程的思想方向和活动过程，决定着教学质量的高低。教师主导作用发挥的程度，决定着学生学习的自觉性、积极性发挥的程度。另一方面，学生处于成长发育时期，体力、智力、心理品质尚不成熟，要走一条认识世界和学习改造世界的最经济的捷径，离不开教师的指引。

2. 学生既是教育的对象，又是学习的主体

在教学过程中，学生对于教师的影响不是被动的接受者，也不是教师可以任意注入知识的容器，而是学习的主体。学生是教学活动的直接参与者和实践者，他们是活生生的人。学生在教师的指导下进行的学习，要随着教师的教做出积极的自我调整和控制，因此必须调动学生学习的积极性。通过学生的积极思考和实际活动，才能使他们把人类的认识成果变成自己的知识财富，把知识转化为智力，把知识转化为思想观点，进而促进学生的全面发展。

3. 教无止境，学无止境，教学相长

教和学两者虽然相互联系，但不能相互代替。教与学双方都要通过

学而"知不足"，教师还要通过教而"知困"。教师要注意向学生学习，学生更要努力向教师学习，这样才能使教师的教和学生的学互相促进，共同提高。

(四)传授知识与思想教育相统一的规律

教学过程是学生受教育的过程，作为教师，要处理好传授知识与思想教育的关系。德国教育家赫尔巴特曾指出，"教学如果没有进行道德教育，只是一种没有目的的手段，道德教育如果没有教学，就是失去手段的目的。"即没有"无教学的教育"，也没有"无教育的教学"。社会发展到今天，人们正在更加自觉地运用教学具有教育性这一客观规律，既教书又育人。

1. 掌握知识是提高思想觉悟的基础

各科教材的知识中，都渗透着大量的思想教育内容，这些教育因素在教书活动中发挥着育人的作用。向学生传授文化科学基础知识，不仅能增长学生的聪明才智，而且可以帮助学生辨别是非、善恶，分清荣辱、美丑。

2. 思想觉悟是学生学习知识的方向和动力

学生掌握文化科学基础知识是一个能动的认识过程，其思想状况决定着他们的学习目的和学习积极性。在教学过程中，教师要根据教学的目的，结合教材的特点，深入挖掘其内在的思想教育因素，针对学生的思想实际，自觉进行思想品德教育，不断提高他们的思想觉悟，充分调动学生学习的积极性，使他们勤奋学习，不断提高自己的知识水平。

3. 掌握知识并不等于提高了思想觉悟

教书不等于育人，学生有时领悟了某一思想观点，掌握了某些道德认识，却不一定能用来调节自己的思想和行为。要使知识转化为学生的思想观点，不仅要求教师在传授知识的基础上，有的放矢地对学生进行思想教育，而且要联系实际，引起感情共鸣。只有这样，文化科学知识才能转化为学生的观点和观念，成为调节他们行为的力量。

教学过程是一个包含着多种因素的复杂的运动系统，教学的成败，不是取决于上述哪一条规律的作用，而是各条规律综合作用的结果。教学过程除了受以上四条基本规律的制约外，其他因素之间的相互作用，如智力因素和非智力因素之间的关系、教学与社会发展需要之间的关系、教学与人的身心发展规律的关系，也制约着教学的成败。只有综合地发挥各条规律的作用，才能有效地指导教学实践。

>>> 思考与练习

1. 什么是教学？教学在学校工作中有何重要意义？

2. 教学的任务有哪些？

3. 根据对学生内在认知规律的认识，教学过程主要包括哪些阶段？

4. 教学过程的基本规律有哪些？

>>> 推荐阅读

1.［巴西］弗莱雷：《被压迫者教育学》，顾建新等译，上海：华东师范大学出版社，2001 年。

2. 傅道春：《教育学：情境与原理》，北京：教育科学出版社，1999 年。

第九章　教学工作(中)

学习目标

1. 了解教学原则的含义，掌握中小学常用的教学原则。
2. 掌握中小学常用教学方法的含义及使用要求。
3. 理解教学组织形式的含义与功能，掌握班级授课制的优势与不足。

教学原则是教学研究的基本问题之一，是沟通教学理论和教学实践的桥梁和中介。教学原则是人们主观制定的，但有效的教学原则绝不是在教育者偏好的影响下任意所为，它必须反映教学过程的基本规律，为此，教学原则的提出往往要经过长期的实践准备，并对实践经验加以体现。教学方法是解决教师怎样教，学生怎样学的问题，教学方法的合理选择和正确使用对教学目标的达成至关重要。

第一节　教学原则

一、教学原则的概念

教学原则是根据教育目的的要求和对教育规律的认识，教师在教学工作中必须遵循的基本要求和一般原理。

教学原则既指导教师的教，也指导学生的学，贯穿于教学过程的始终。教学原则是从人们的教学实践经验中提炼和总结出来的。我国古代《学记》中便总结了“教学相长”“启发诱导”“藏息相辅”“豫时孙摩”“长善救失”等宝贵的教学经验。这些都属于教学原则范畴，只不过未经科学论证。随着科学与教学实践的发展，教育界对教学原则的探讨便日益深入。17世纪捷克教育家夸美纽斯第一个系统化地论述了教学原则，他在《大教学论》中提出了37条教学原则。此后，裴斯泰洛齐、赫尔巴特等都对教学原则有系统的论述。

二、中小学常用的教学原则

在中小学要坚持科学性与思想性相统一原则、理论联系实际原则、直观性原则、启发性原则、循序渐进原则、巩固性原则与因材施教原则等教学原则。

(一)科学性与思想性相统一原则

科学性与思想性相统一原则，要求教师在引导学生掌握系统的文化科学知识的同时，要对学生进行科学世界观和思想品德的教育，培养学生实事求是的态度和科学的方法。科学性是指教学内容必须是正确的、科学的，反映客观真理的知识，反映当代最新的科学成就。思想性是指教学应结合教材内容对学生进行思想教育。教学的科学性和思想性密切联系，二者相得益彰。科学性是思想性的前提和基础，教学的思想性取决于教学的科学性；而教学的思想性又是提高教学科学性的重要保证，要确保教学的科学性，必须坚持以辩证唯物主义世界观和科学的方法论来分析和解决问题。

科学性与思想性统一原则，是一个有关教学方向性的原则，这既是“教学具有教育性”这一客观规律的反映，又是我国教育目的的基本要求，也是科学知识本身的要求。

贯彻科学性与思想性统一原则，要求做到以下几点。

1. 确保教学的科学性

科学性是思想性的基础，是教学的根本要求，如果教学不能保证科学性，就会影响教学质量，甚至误人子弟。因此，在教学中，教师无论是对概念、定义的表达，所做的论证，引述的事实，进行的演示、实验，还是对学生作业、试卷的批改，进行的个别辅导等，都要正确无误，应该是科学的。此外，教学还要反映最新的科学成果，对尚有争议的重要问题，必要时可向学生(尤其是高年级学生)适当介绍一些不同观点和学说，扩大学生的知识面，并向他们介绍科学的认识方法和学习方法。教学的科学性要求教师的教学方法也应该是科学的，讲授应当表达准确、深入浅出、生动有趣、通俗易懂，但又不能因一味追求通俗有趣而影响了教学的科学性。教师一旦发现教学中有错误，要及时纠正，以培养学生实事求是的科学态度和精神。

2. 发掘教材的思想性，注意在教学中对学生进行品德教育

在教学中，应根据各学科的特点，结合知识的传授，深入发掘教材内在的思想性，联系实际，有的放矢地对学生进行思想品德教育，把思想性和科学性融于一体，做到既教书又育人。如果老师脱离教学的具体内容，空泛地对学生进行道德说教或生拉硬扯地进行思想教育，一律按照政治课的要求来教，那么不仅会打乱和削弱传授知识的系统性，影响学生对知识的理解，而且往往会引起学生的反感。

3. 教师要不断提高自己的专业水平和思想修养

教学的科学性与思想性主要靠教师来保障。教师必须不断充实与更新知识，提高文化水平、理论水平和思想修养，从而提高知识教学的科学化程度，并通过自己内在的思想观念、精神风貌、情感状态等对学生品德的养成产生积极影响。总之，教师要不断提高自己的德、才、识、学，才能确保教学的科学性与思想性的统一。

(二)理论联系实际原则

理论联系实际原则，要求在理论与实际结合中传授和学习基础知识和基本技能，引导学生学会并能运用于实际，培养学生运用知识分析问题和解决问题的能力。乌申斯基指出：“空洞的毫无根据的理论是一点用处没有的，理论不能脱离实际，事实不能离开思想。”理论联系实际原则，是人类认识规律的要求，也是教学过程中间接经验与直接经验相统一的规律的反映。

由于学生的学习以书本知识为主，是间接经验，客观上容易产生脱离实际的问题。只有认真贯彻理论联系实际的原则，把知识的讲授与生动的实际相结合，把学习知识与运用知识相结合，才能解决好间接经验与直接经验的关系、理性认识与感性认识的关系、学与用的关系、动脑与动手的关系，使学生获得比较全面的知识，做到学以致用。

贯彻理论联系实际原则，要求做到以下几点。

1. 加强基本理论和基础知识的教学

理论联系实际，首先要求教师必须教好基本理论和基础知识，以理论为主导，否则就谈不上联系实际。教师要根据教学大纲的要求，结合教学的实际需要，联系学生的生活经验和已有的知识、能力、思想品德等的实际，以及社会主义现代化建设的实际进行讲授，使学生更好地理解和掌握所学的基础知识和基本技能。

2. 重视培养学生运用知识的能力

学生掌握知识的目的在于运用，而学生运用知识的能力只有在知识的实际运用中才能得到发展。因此，在教学中，教师要十分重视培养学

生运用知识于实际的能力。首先，要重视教学实践，如练习、实验、参观、实习等，这是学生理论联系实际的主要形式。其次，要重视恰当地组织学生参加课外活动和社会实践。这样，既可以加深学生对书本知识的理解，补充书本知识的不足，又培养了学生的应用能力。最后，教师要提高学生对理论联系实际的认识，明确知识来源于实践又应用于实践，实践是检验真理的唯一标准的道理。

3. 正确处理知识教学与技能训练的关系

在教学中，教师除了重视加强基础知识教学的同时，还要注意基本技能的训练，做到精讲巧练。精讲，就是教师讲授要突出重点，言简意赅；巧练，就是学生练习要讲究方法，短时高效，处理好练习数量与质量的关系。教师要根据教学目的和学生实际，精心选择习题，进行组合练习，全面培训，并注意避免“题海战术”、学生学业负担过重的现象。

4. 适当补充必要的乡土教材

乡土教材是以本地方的地理、历史、政治、经济、文化和民族等为主要内容的教材。我国幅员辽阔，南方与北方，沿海与内地，在自然条件、生产建设和社会生活等方面都有较大差异，因此，在教学中适当补充乡土教材，对教学内容与实际的联系有很大意义，不仅能满足不同地区、不同学生的实际需要，而且有助于学生认识家乡和培养热爱故土的观念。

(三)直观性原则

直观性原则，是指在教学过程中，教师运用实物、模型、形象的语言描述等多种直观手段，丰富学生的直接经验和感性认识，使概念的形成以具体且清晰的事实、实物和表象为基础。

直观性原则是根据学生的认识规律提出来的，即学生掌握书本知识必须以感性认识或直接经验为基础。直观性原则同时也反映了学生思维发展的特点，即由具体形象思维到抽象逻辑思维的发展过程。贯彻直观性教学原则，能促使具体感知与抽象思维相结合，减少学生掌握抽象概念的困难，提高他们的学习兴趣和积极性，帮助他们更容易地领会和接受知识。随着教学手段的现代化，直观性原则的作用和意义将更加显著。

贯彻直观性原则，要求做到以下几点。

1. 正确选择直观教具和现代化教学手段

直观教学是一种手段，其目的是为了帮助学生掌握抽象的理论知识，发展学生的智力。直观手段多种多样，一般可分为三类，即实物直观、模像直观和言语直观。实物直观，指在感知实际事物的基础上提供感性材料的直观方式，如观察标本、演示实验、实地观测、现场参观等；模像直观，指通过对实际事物的模拟性形象的感知提供感性材料的直观方式，如观看图片、图表、模型、幻灯、录像、电影等；言语直观，是建立在实物直观和图表模型直观的基础上，但不如实物直观和图表模型直观鲜明、生动与真实，经常需要实物直观、图表模型直观的支持。

各直观手段的选择要根据多方面因素综合考虑，不同学科、不同教材、不同年龄的学生，对直观教学的要求也各不相同。因此，在运用时，必须有针对性地根据教学任务、教学内容和学生的年龄特点，恰当地选择不同的直观手段。

2. 直观与讲解相结合

讲解与直观手段的结合一般有三种形式：先直观后讲解、先讲解后直观、直观与讲解同时进行。不管采用哪种形式，直观手段的运用都要尽量与教师的讲解密切配合，通过教师的提问或解释，使学生明确观察的任务和要求，指导学生进行有目的地观察，帮助他们认识事物的主要特征和抓住关键部分，从现象去认识事物的本质，更深刻地掌握理性知识。

3. 重视运用语言直观

语言直观是教师运用自己的语言、借助学生已有的知识经验进行比喻描述，引起学生的感性认识，达到直观的效果。语言直观的特点，在于它可以摆脱实物直观和模像直观等所需时间、地点、设备和其他条件的限制，学生只要有必要的表象储备，就能够起到直观的作用。由于语言的描绘具有更开阔的意境，所以语言直观可以充分调动学生的想象力，促进学生思维能力的进一步发展。随着学生年龄的增长，抽象思维能力的发展，教师要突出语言直观的作用。

4. 注意防止直观教学中可能产生的消极影响

直观只是手段，而不是教学的目的，不能为直观而直观，不是直观得越多越好。必须注意它的典型性和代表性，突出教学所需要的部分，注意通过变式，突出事物的本质特征。如果直观教具运用不当，一味追求形式上的热闹，不讲实效，或滥用直观教具，必然导致直观过多或直观不当，不仅浪费了宝贵的时间，而且也会影响学生抽象思维、创造性想象和探究能力的发展。

(四)启发性原则

启发性原则，是指在教学中教师要充分调动学生的学习主动性，引导他们独立思考，积极探索，生动活泼地学习，自觉地掌握科学知识，提高分析问题和解决问题的能力。

“启发”一词源于孔子的“不愤不启，不悱不发”，愤与悱是内在心理状态在外部容色言辞上的表现。朱熹在《论语集注》上说，“愤者，心求通而未得之意，悱者，口欲言而未能之貌。”孔子的意思是：在教学时必先让学生认真思考，已经思考相当时间还想不通，然后可以去启发他，虽经思考相当时间并已有所领会，但未能以适当的言辞表达出来，此时可以去开导他。后来，《学记》又发展了孔子的启发教学思想，提出“道而弗牵，强而弗抑，开而弗达”的教学要求，阐明了教师应注重引导、激励、启发，要注重调动学生的学习积极性和主动性。在西方，古希腊哲学家苏格拉底提出“助产术”或叫“问答法”，它是通过问答方式来激发和引导学生自己去寻求正确答案，教师在引导学生探求知识过程中起着助产的作用。在当代，启发式的教学思想已成为各发达国家进行教学改革的重要依据。

贯彻启发性原则，要求做到以下几点。

1. 调动学生学习的主动性

这是贯彻启发性原则的首要问题。在教学中，教师要根据教材内容和学生的年龄特点，运用各种方法，激发他们的好奇心和求知欲，并使之转化为学生学习的强大动力，使学生进入“乐学”状态。否则，如果学生的学习只靠外力来强迫命令，而没有内在的追求与动力，学习将很难持久。

2. 创设问题情境，引导学生独立思考，发展逻辑思维能力

学习是复杂的思维活动，是学生在教师指导下不断地提出问题、分析问题和解决问题的过程。学生的积极思维通常是从遇到疑难问题开始的，因此，教师要研究教材内容的“启发点”，根据学生的实际，创设问题情境，提出生动有趣、富有启发性的问题，激起学生的思考。

在教学中，为了培养学生的创造能力，教师首先要充分采用“扩散性”问题进行提问，使学生产生尽可能多、尽可能新和具有独创性的见解，以培养学生多方位、多角度认识事物、解决问题的能力和习惯。其次，教师要充分显示和分析自己思维活动的全过程，使学生明确怎样思考，从什么角度思考等，从而激发学生的创造性思维。最后，教师应当有意识地发展学生的直觉思维，直觉思维是创造性思维的一个重要组成部分。为了培养学生直觉思维，教学中要允许学生大胆猜想，然后再做出证明，还要启发学生利用类比或形象化的方法去思考问题。

3. 引导学生动脑、动口、动手，培养独立解决问题的能力

学生在掌握知识的过程中，懂得了并不等于会做，因此，不仅要让学生动脑、动口，还要让学生动手，独立地去解决实际问题。在教学过程中，教师要注重为学生提供必要的设备与条件，向学生提出要解决的

一定任务或问题，让学生亲自去做，通过自己的探索和总结去发现知识。

4. 发扬教学民主

这是启发教学的重要条件。心理学研究表明，强制式、放任式的师生关系，都不能取得最佳的教学效果，只有建立民主的师生关系，创造宽松、和谐、民主、平等、活跃的课堂教学气氛，鼓励学生敢于发表自己的见解，允许学生向教师质疑问难，教学相长，才能取得最佳的教学效果。

专栏 9-1

启发式教学的精神意蕴

启发式教学作为一种方法，古已有之，孔子精辟地概括为“不愤不启，不悱不发”。在西方，比孔子晚几十年的苏格拉底提出了“产婆术”，就是通过问答、交谈、争辩的方法来宣传自己的观点，从而使学生在与自己的语言和交锋中“自我生成”正确结论。

启发式教学在孔子和苏格拉底那里产生了教学效益，其突出表现就是对话教学。但由于当时所处的时代等级森严，民主的精神远远没有到来，使教育家个人民主作风和对学生的对话情怀无法发挥，所以在这样一个非对话的时代，启发式教学只能作为一种方法。

而今，我们已经进入了对话时代，所以建构主义沐浴着民主的朝阳正逐步引领理论潮流，它的核心思想就是：知识是主动建构的，而不是被动接受的，如果没有主体的主动参与，知识是不可能被告之并被接受的，所以不能机械灌输，必须依靠个人先前知识经验的主动建构。基于建构主义的对话思想我们可以说启发式教学不仅是一种方法，它也是一种现代精神，尤其对于大学来说。

这是基于自己的经历对启发式教学的思考。在《教育哲学》课上常常会被老师独到的思维方式所震撼，也常常会害怕老师的追问：什么是知识？我们的回答可谓千差万别，但有一个共同点就是绕开了知识是什么而去谈论知识的类型和性质，这是经过老师的不断追问我们所意识到的。面对这种情况，老师没有给出答案，而是从知识与教育的关系入手，以推论的方式一步步理清两者的渊源，也不断明晰知识的本质。用老师的话来说就是：“知识的界定很难，我所要达到的目的是让你们学会如何思考问题。”我想这就是我学这门课的最大收获——学会思考。

从这个意义上讲，启发式教学的精神意蕴我认为就体现在启发学生的心智和思维，或者说是关于知识的追问，而非知识本身。而要体现这种精神意蕴需要老师的宽容和对学生答案的珍视。（作者系南京师范大学教育科学学院学生）

资料来源：《中国教育报》2006-06-09，第 4 版。

（五）循序渐进原则

循序渐进原则，是指教学按照学科的逻辑顺序和学生的认知发展顺序，系统、循序、连贯地进行，使学生系统地掌握基础知识和基本技能。在教育史上，对循序渐进原则的论述有很多。《学记》提出“学不躐等”“不陵节而施”，提出“杂施而不孙，则坏乱而不修”，也就是说，如果教学不按一定的顺序、杂乱无章地进行，学生就会陷入紊乱而没有收获。朱熹进一步指出“循序而渐进，熟读而精思”，在我国第一次明确提出了循序渐进的教学要求。

首先，循序渐进原则是由科学知识本身的特点决定的。科学知识有内在的逻辑联系，学生对知识的掌握包括对这些联系的把握。学校开设的各门学科，都是以相应的科学体系为基础，本身具有严密的逻辑性，如果打破了这些逻辑，对知识的掌握不可能是系统的。其次，循序渐进原则也是学生认知规律的反映。学生的认知是一个渐进的过程，有其内在的规律，是一个从已知到未知，从简单到复杂逐步深化的过程。

贯彻循序渐进原则，要求做到以下几点。

1. 按教材的系统性进行教学

在教学中，教师要深入领会教材的系统性，做到对知识的融会贯通，掌握其逻辑结构。同时，教师应结合学生认识特点和本班学生具体情况，做到由浅入深、由易到难、由已知到未知，使教材内容前后连贯，环环相扣，帮助学生系统地掌握每一门学科的完整知识体系和内在结构。除此之外，教师还要注意各门学科之间的联系，使相关学科互相衔接，互相照应，互相促进。

2. 根据学生认知发展的规律组织教学

学生的认知发展顺序一般是从已知到未知、从具体到抽象、从易到难、从简到繁、从近到远、从浅到深。因此，教师应按照学生认知发展规律安排教学活动，提出教学要求，使学生在点滴积累、逐步提高、由量变到质变的认识过程中不断发展。

3. 注意与一定的难度和速度相结合

循序渐进并不意味着平铺直叙，面面俱到，而是在保证学科体系的前提下，区别主次、分清难易、有详有略地教学。注意突出教材的重点，突破教材的难点，抓住教材的关键。循序渐进也不是循序慢进，在教学中，要把量力性和尽力性结合起来，适当增加知识的难度和加快教学的进度，把教学的难度和速度控制在“跳一跳，摘桃子”的程度，使学生的大脑处于紧张的、积极的思维状态，以收到事半功倍的效果。

(六)巩固性原则

巩固性原则，是指在教学中，教师要引导学生在理解的基础上牢固地掌握所学的知识和技能，并使之持久地保持在记忆中，以便需要时能及时而准确地再现出来，加以运用。巩固性原则是由教学的特点决定的。学生在短时间内集中学习大量的间接知识与经验，容易遗忘，而要使学生熟练地运用知识，顺利地接受新知识，则需及时巩固。

历代教育家都很重视掌握知识的巩固问题。孔子主张“学而时习之”，“温故而知新”，朱熹提倡“熟读而精思”；在国外，捷克教育家夸美纽斯曾形象地比喻不巩固的教学就像“把水泼到筛子里一样”，俄国教育家乌申斯基把巩固认识的“复习”称为“学习之母”，他形象地把学习中不注意巩固知识的现象，比喻为醉汉拉货车，边拉边丢，最后到家时，只剩一辆空车。这些见解极为深刻，在一定程度上反映了教学的规律。有人把知识的巩固和死记硬背混为一谈，这是极其错误的。我们反对呆读死记，但决不忽视知识的巩固。没有知识的巩固，就没有知识的积累和运用，也就不可能使学生各方面得以发展。

贯彻巩固性原则，要求做到以下几点。

1. 在理解的基础上巩固

理解知识是巩固知识的前提。教师要不断提高自身的教学水平，讲课时努力做到条理清楚、重点突出、逻辑严密、生动形象、引人入胜，使学生感知清晰、理解深刻，并留下深刻的印象。教师还要注意指导学生学会整理所学知识，把理解知识与巩固、记忆知识结合起来，把握教材要点和逻辑结构，寻找规律，从而透彻理解和牢固掌握所学知识。

2. 重视组织各种复习和练习

复习就是重温已经学过的知识，它是巩固知识的主要方法。学生通过系统的复习，不仅能巩固已学过的知识，检查纠正记忆中的错误，而且还能使知识系统化。复习可分为学期开始复习、经常性复习、阶段性复习、期末复习等几种形式。

3. 指导学生掌握记忆的方法

实践证明，把理解记忆和机械记忆相结合，把培养思考力和记忆力相结合，把学习书本知识和引导学生直接认识周围世界、获取直接经验相结合，是培养记忆的有效方法。实验表明，意义识记比无意义识记的遗忘要慢得多，因此，应引导学生进行理解记忆，这样保持的时间更长。

4. 在扩充、改组和运用知识中积极巩固

复习是主要的巩固方法，但不是唯一的方法。在教学中，教师应引导学生在学习新知识的同时，不断扩大、加深、改组原有知识，以及积极运用所学知识来解决实际问题，从而巩固原有知识。这是一种比复习更为积极的巩固。苏联教育家赞可夫主张以知识的广度来达到知识的深度(巩固性)，是很有道理的。

(七)因材施教原则

因材施教原则，要求教师从学生的实际情况出发，依据学生的年龄特征和个别差异，有的放矢地进行有差别的教学，使教学的深度、进度适合学生的知识水平和接受能力，同时考虑学生的个性特点和个别差异，使每个学生都能扬长避短、获得充分发展。我国古代的孔子善于根据学生的不同特点，有针对性地进行教育，以发挥他们各自的专长。宋代朱熹把孔子这一经验概括为："孔子施教，各因其材"。这是"因材施教"的来源。

贯彻因材施教原则，要求做到以下几点。

1. 深入了解学生，从学生实际出发进行教学

教师要通过各种形式对学生进行客观、全面的调查了解，如学生的知识基础、智力水平、学习态度、兴趣爱好、意志性格、家庭环境等，把握班级学生的整体面貌，熟知每个学生的特点。教学必须适应学生各方面的特点，否则是难以有实效的。

2. 正确对待个别差异，针对学生的特点进行有区别的教学

学生中存在个别差异的情况，教师必须用全面的和发展的观点来认识和对待。学生作为尚未成熟的完整的人，其身心各方面的发展，由于种种原因，存在着不平衡性，某些方面或某个方面乃至某些点上表现出长处，而在另一些方面或另一些点上可能有短处。同一方面或同一点上，不同的学生也表现出不同的特点。教师必须用全面的观点，既要看到其长处又要看到其短处，认真分析研究其特点，有目的地因材施教，防止片面性，更不可单凭学生一时的表现就轻率下结论。

3. 要善于把集体教学和个别指导结合起来，既统一要求又因材施教

在教学中，教师要处理好一般与个别、集体与个人的关系。教师要

把主要精力放在面向全班的集体教学上，使教学的广度、深度和进度是大多数学生经过努力能够达到和接受的，同时，也要善于在集体教学中兼顾学生的个别差异，做到集体教学与个别辅导相结合，课内与课外相结合，培养“尖子”与“大面积丰收”相结合。这样才能使程度好的学生“吃得饱”，使程度差的学生“吃得了”，防止“吃不饱”和“吃不了”现象的发生。总之，教师在教学中，要照顾两头、抓好中间，使每个学生都得到相应的发展。

教学过程是一个多种矛盾运动的综合过程。上述各教学原则反映和解决的矛盾虽各有所侧重，但它们相互联系，相辅相成，构成了一个完整、统一的教学原则体系。教师要深刻理解和熟练掌握各项教学原则的含义、依据和贯彻要求，在教学实践中加以综合运用，并不断丰富和发展这些原则，力求使教学取得最佳效果。

专栏 9-2

动物学校

动物们决定创办一所学校，以应付日益变化的世界的需要。学校里开设的活动课程包括跑步、爬行、游泳、飞行。为了便于管理，动物们要学习所有的科目。

第一批学员有鸭子、兔子、松鼠、鹰以及泥鳅。

鸭子在“游泳”这门课上表现相当突出，甚至比他的老师还优秀。但在“飞行”这门课，他的成绩只是勉强及格，而对“跑步”这门课感到非常吃力。因为跑得太慢，所以放学后不得不放弃游泳，留下来练习跑步。他不停地补课练习，脚掌都磨破了，期末考试时终于获得了勉强及格的成绩。而他的游泳科目，由于长期得不到练习，期末时只获得了中等成绩。学校对中等成绩是能够接受的，所以，除了鸭子本人以外，没有人在乎这件事。

兔子在刚开学时跑步成绩在班上名列前茅，但由于在游泳科目中有太多的作业要做，他不得不整天泡在水里，泡得他几乎神经衰弱了。

小松鼠本来在爬行课程上表现优异，但对飞行科目感到非常沮丧。因为他的老师只许他从地面上起飞，而不允许从树顶上起飞。由于他非常喜欢跳跃，并花了很多时间致力于发明一种跳跃的游戏，结果期末考试时爬行科目只得了 C，跑步只得了 D。

鹰由于活泼爱动，被视为“问题儿童”，受到老师们的严格管制。在爬行课上的一次测验中，他战胜了所有的同学，第一个到达了树的顶端。但他用的是自己的方式而不是老师所教的那种方式。因此他并没有得到老师的表扬。

学期末公布成绩，普普通通的泥鳅同学，由于游泳还马马虎虎，跑、跳、爬成绩一般，也能飞一点，因此他的总分是班级里最高的。毕业典礼那天，他作为全体学员的唯一代表在大会上发了言。

生活在草原上的许多鼠类动物没有在这所学校里读书，同时也反对纳税，因为这所学校的管理者拒绝增加“挖掘”这门课程。为了子女的将来着想，他们没让自己的孩子在这所学校里就读，而是先把他们送到獾那里做学徒，之后又联合其他鼠类创办了一所私立学校。

据说这所学校办得相当成功……

资料来源：张健鹏，胡足青主编：《故事时代：小故事中的大智慧》，北京：当代世界出版社，2006年，第524—525页。

第二节　教学方法

一、教学方法概述

教学方法是教师和学生为达到一定的教学目标而采取的相互关联的内隐和外显的动作体系。它受教学理论的指导，受教学内容和对象的制约，是实现教学目标的手段，是根据一定的规则而确定的有计划的一连串行为或操作体系。它包括教师教的方法和学生学的方法，是教师引导学生掌握知识技能、获得身心发展而共同活动的方法。教学方法是教学过程整体结构中的一个重要组成部分，直接关系着教学的成败、效率的高低和把学生培养成什么样的人。

在教学中，存在两种对立的教学方法的指导思想。一种是启发式，强调教师把学生看成学习的主体，以学习过程的客观规律为依据，从学生的实际出发，采取一切有效的形式和手段，调动学生学习的积极性、主动性和创造性，教给学生科学的学习方法，培养学生的学习能力，发展其智力，变被动地学为主动地学。另一种是注入式，强调把学生看成是没有主观能动性的单纯接受知识的容器，教师的教只从主观愿望出发，向学生灌输知识，很少考虑学生的接受水平和兴趣需要。在教学中，教师仅起信息的载负和传递作用，学生接受储存。在这种思想指导下的教学成为记诵式教学，学生机械学习、死记硬背，教师一味灌输，不讲效率，最终导致学生课业负担过重，产生苦学、厌学、逃学的现象。有的教师简单地把教学方法的某些表面形式作为判别启发式、注入式教学的标志，简单地认为凡是课堂上采取提问的教学就是启发式，教师一讲到底就是注入式，这完全是对启发式教学的误解，判别一种教学是启发式还是注入式，关键在于是否充分调动了学生学习的积极性和主动性，即学生主体作用发挥的程度。

二、中小学常用的教学方法

教学方法的分类有很多种，按照教学方法的表现形态，可以把教学方法分为三种：以语言传递信息为主的方法，主要有讲授法、谈话法、讨论法和读书指导法；以直接感知为主的方法，主要包括演示法和参观法；以实际训练为主的教学方法，主要包括实验法、实习作业法和练习法。

（一）讲授法

讲授法是教师通过口头语言系统连贯地向学生传授科学文化知识，发展学生能力的方法。它是教师使用最早、应用最广的教学方法，既可用于传授新知识，也可用于巩固旧知识。即使运用其他教学方法，也几乎都需要同讲授法相结合进行。

讲授法可分讲述、讲解、讲演、讲读四种。讲述是教师运用具体生动的语言叙述、描绘和概述所要讲的知识内容。讲解是教师运用阐释、说明、分析、论证和概括等手段教授知识内容。讲演是在广泛、深入地分析、论证事实的基础上做出科学结论。讲读是教师把讲述、讲解同阅读材料有机结合，讲、读、练、思相结合的一种讲授方式。

讲授法的优点是教师能够很经济地同时向许多人传授知识，有利于教师充分发挥主导作用，使学生在较短的时间内获得较多的系统而连贯的知识。但讲授也具有一些局限性，首先，讲授法对于学生的学习目标和学习动机有比较严格的要求；其次，讲授法受到学生言语和思维发展水平的限制；最后，即使最佳的讲授也难以满足认识活动，特别是实践或物质活动的需要，因此，必须与其他教学方法相互配合。

由于讲授法本身所具有的局限性，在教育史上，讲授法曾受到了一些质疑。我们对待讲授法的科学态度应是既要认识它的合理性，坚持它在诸多教学方法中的基础性，同时，更要不断地在实践中探讨和提高它的科学化水平。

运用讲授法，要注意以下要求。

1. 讲授内容要有科学性、思想性和系统性

教师首先要精通本门课程的主要教学内容，做到融会贯通。其次，

要认真钻研教材，抓住重点、难点和关键。最后，正确把握讲授体系，做到观点和材料的统一。

2. 讲授安排要考虑合乎学生的认知规律

讲授要由简到繁，由易到难；在讲授学生不太熟悉的内容时，可以向学生呈现“先行组织者”，以明确新知识的内在结构和新旧知识之间的联系；要结合内容本身选择某种组织形式，以使讲授条理清楚，逻辑严密，重点突出，难点分散，详略得当，主次分明。

3. 讲授要有启发性和艺术性

在讲授过程中，教师要主动了解学生已有的知识基础和认知发展水平，既要善于激发学生的学习动机，设疑问难，启发学生积极思考，注意创新精神的培养，并提供必要的听课方法指导；同时又要注意讲授的艺术性，教师可以通过生活经历、直观教具、问题情境、文学作品、表情姿势、音调音速等手段提高课堂讲授的形象性，从而达到艺术性讲授的水平。

(二)谈话法

谈话法又称问答法，是教师根据一定的教学目的要求和教学内容，借助启发性问题，通过口头问答的方式，引导学生在已有知识经验的基础上积极思考，回答教师提出的问题，从而获得知识、巩固知识、发展智能的一种教学方法。谈话法是一种师生互动的“共同解决型教学方法”。

谈话法有四个基本环节：一是发问，即提出要研究谈论的问题并向学生提问；二是候答，即等待学生的问答；三是叫答，即要求学生问答问题；四是理答，即教师对学生的回答进行反馈性评价或作进一步阐述。

谈话法的优点在于，能够比较充分地激发学生的主动思维，促进学生的独立思考，对于学生智力的发展有积极作用，同时也有助于学生表达能力的锻炼和提高。缺点在于，与讲授法相比，完成同样的教学任务，它需要较多的时间。此外，当学生人数较多时，很难照顾到每个学生。因此，谈话法经常与讲授法等其他方法配合使用。

运用谈话法的基本要求包括六个方面。

1. 做好充分准备

在上课前，教师要根据教学目的，事先拟好谈话提纲，准备好谈话的问题、顺序，考虑好学生可能出现的问题及其对策。其中，最关键的是问题的设计。教师设计的问题要明确，要有启发性，要难易恰当。提问的对象，要普遍，对不同性质、不同程度的问题，要适当地让不同程度的学生回答。

2. 提问艺术要讲究

第一，提问要抓住重点和关键；第二，提问要把握住时机，做到"不愤不启，不悱不发"；第三，要面向全体，设法调动每个学生回答问题的积极性；第四，要注意表情和态度，提问时过于严肃，会导致学生产生紧张心理，影响发言的积极性，而自然和谐则会使每个学生信心大增，畅所欲言。

3. 候答环节要耐心

候答时间可分为两档：一档是教师提问后学生回答前，教师可适当延长这档时间，以给学生提供更多的思考时间，创造有利于学生思考的宽松气氛。第二档是学生回答问题后教师做出反应前，如果这档时间过短，师生之间的问答性质往往是质问性的，气氛比较紧张，导致学生过度焦虑，教师这时可适当延长到3秒以上，变成对话式，有利于学生集中注意力，提高学习成绩。

4. 叫答机会要均等

按学生可以预见的规则叫答方式要比教师随机叫答方式要好，前者有利于减轻学生的焦虑水平，集中学生的注意。后者往往集中在好学生身上，不利于调动差生的积极性。教师应适当控制对自愿回答者的叫答，以保证其他人回答的机会。研究表明，叫答范围与教学效果成正比。总之，保证每个学生有尽可能多且均等的叫答机会，是叫答的基本原则。

5. 理答行为针对化

教师对学生回答问题的反应，一般有四种。一是对正确的回答做出积极反应，如及时表扬、物质奖励和精神鼓励。这时必须注意的是教师的表扬与奖励效果取决于学生对受表扬和奖励的原因的理解。一般来说，被表扬的行为越具体越好，依赖性越强越易焦虑的学生越应表扬。二是对非知识性问题而做出的错误回答或拒答行为，进行消极反应，如批评、训斥等，但应注意过多的消极反应有可能挫伤学生的积极性。三是针对学生的不正确回答，进行转问和探问(换一种策略就同一内容重新提问该学生)。四是归纳小结，即对学生的回答重新组织概括，给学生一个明确清晰完整的答案。

6. 谈话结束时进行总结

谈话中学生的理解和掌握往往表达得不够准确、精练，因此在谈话的最后阶段，教师应当用规范和科学的表述对学生通过谈话所获得的知识加以概括总结，从而强化他们的收获，促进学生知识的系统化和完整化。

(三)讨论法

讨论法是在教师指导下，学生以班级或小组为单位，围绕教学中的某一问题，发表自己的看法，相互启发、讨论，相互学习，以获取知识的方法。讨论法的基本形式是学生在教师的引导下借助独立思考和相互交流来学习。

讨论法的优点在于，能使学生加深对知识的理解，帮助问题的解决；能培养学生的批判性思维能力，培养其独立思考问题的能力和习惯；学生在群体思考过程中，能增长才干，培养其创新精神和创造能力；有助于培养学生的团队合作精神，转变人生态度；有助于培养参与、倾听、表达、竞争等各种技能。讨论法的缺点在于，受到学生知识经验水平和能力发展的限制，容易出现讨论流于形式或者脱离主题的情况，对小学生而言更是如此，需要教师加以注意。

在讨论中，教师主要扮演着讨论发起者和支持者的角色，即教师要协调推进小组活动，保障讨论目标的如期完成；教师要加强小组成员之间的联系，形成热情友好民主平等的气氛，支持讨论活动的不断深入。

运用讨论法的基本要求体现在以下三个方面。

第一，讨论前，选好讨论内容。教师根据教学目的来确定有讨论价值的内容，并且它必须是重要的，有吸引力的，同时，所选择的讨论内容难度应恰当，过于复杂或过于简单的内容都不适当。

第二，讨论过程中，教师要充分启发学生独立思考，勇于发表自己的见解，鼓励他们各抒己见；教师要耐心倾听并谨慎做出反应，不要急于指出各种意见正确或错误，应让学生畅所欲言；教师应在学生讨论时全面巡视、注意倾听，并适时地介入讨论，以确保讨论不离题；教师要善于引导学生深入到问题的实质，研究关键问题，并就有分歧的问题展开讨论，培养学生创造性解决问题的能力。

第三，讨论结束时，教师要及时归纳总结学生的各种意见和观点，以使学生获得正确的观点和系统的知识，并指出进一步思考和研究的问题。

(四)读书指导法

读书指导法是指教师指导学生通过阅读教科书和参考书以及课外读物以获得或巩固知识，养成良好的读书习惯，发展能力的教学方法。它包括指导学生自学教材，预习、复习、阅读参考书等形式。读书指导法是加深理解和牢固掌握知识，扩大学生的知识领域，培养学生自学能力的一种很好的方法。

阅读指导主要有两大功能，一是帮助学生理解特定的阅读材料，二是帮助学生掌握阅读的技巧与策略。阅读指导有两种表现方式：一是渗透式，即教师结合学生阅读具体材料给予相应的策略和方法指导；二是附加式，即以专题课的形式向学生介绍系统的阅读策略和方法。

读书指导法的基本要求如下。

第一，提出明确的目的、要求和思考题，让学生带着问题和任务有计划地、自觉地学习。

第二，教给学生科学的阅读方法，帮助他们掌握阅读的策略。教师要有意识地指导和训练学生对框架结构的把握能力和推理能力，如告诉学生记住策略的基本内容，在大量的练习过程中运用并逐渐理解策略应用的条件，以实现策略的自动迁移。教师要指导学生学会使用各种工具书及计算机检索工具，以养成目览、口诵、脑思、手写的习惯，教给学生拟定读书计划，及泛读、精读、默读的技巧，养成整理资料、分析资料和读书笔记的习惯。

第三，要从教科书的阅读指导入手，逐渐扩大到课外读物。教科书是学生获得知识的主要途径，课外读物是教科书的补充和延伸，教师通过对课外读物的指导，可以丰富学生的知识，开阔视野，促进学生对教科书内容的理解和巩固，同时还能提高学生的阅读兴趣和自学能力。

第四，要适当组织学生相互交流读书心得，以培养读书的兴趣爱好，加深对学习内容的理解，巩固和增进读书的收获。

(五)演示法

演示法是教师在课堂上通过展示实物、模型、图片等直观教具，或通过示范性操作实验和现代化电教手段，使学生认识事物、获得知识或巩固知识的方法。演示法有助于加强教学的直观性，为学生学习新知识提供丰富的感性材料，有利于认识过程的飞跃，便于激发学生的学习兴趣，提高学习效果，同时还能促进学生观察力、思维力和想象力的发展。演示法是一种辅助性教学方法，常和讲授法、谈话法等结合使用。

在中小学中，演示的手段大体有三类。第一是实物或模型、标本、图片、图画的演示，目的在于使学生获得某一事物或现象的外在感性认识。第二是用连续成套的模型、标本、图片或幻灯、电影等，进行序列性演示，使学生了解客观事物和现象发生发展的过程。第三是音乐、体育、劳动等课上教师的示范性动作或操作等。

运用演示法的基本要求如下。

第一，有明确的演示目的和恰当的演示对象。演示前，教师要激活或提供相关的背景知识，使学生的感觉器官处于一种开放接收状态，让学生明确知道要看什么、怎样看，需要考虑哪些问题，以便积极主动地投入观察与思考。

第二，要事先选择和准备好演示的教具，并在适当的时间以适当的方式进行演示。教师要结合教学内容及教学对象的特点，选择典型的教具，放大需要认真观察的部分，同时要注意与教学紧密配合，及时进行演示。

第三，演示要面向全体学生，把握好演示的速度和节奏，在演示过程中教师要注意言语的指导和动作的示范，引导学生边看、边听、边思考，以获取最佳教学效果。

（六）参观法

参观法是教师根据教学任务的要求，组织和指导学生到校外的某些场所，如自然界、工厂、农村、博物馆等直接观察客观事物，从而获得知识的教学方法。参观法的优点是，可使学生观察到处于自然状态和运动中的各种鲜明具体的事物，获得丰富的感性知识；可以理论联系实际，扩大学生的视野，发展学生对周围事物及科学的兴趣，发展认识能力，培养热爱家乡、热爱祖国的积极情感。

运用参观法的基本要求如下。

1. 事先做好准备工作

根据教学目的和要求，教师首先要明确参观的目的和对象，确定参观的地点，考虑参观的形式和方法，拟订参观计划，认真做好组织工作。

2. 加强参观的过程管理

教师要引导学生有目的、有重点地进行观察，要求学生认真听取介绍和讲解，收集有关资料，并适当记录；同时，教师要特别注意参观的组织纪律教育、文明礼貌教育和安全教育。

3. 引导学生做好总结工作

组织学生讨论参观的收获，指导学生把参观所得的感性材料上升到理性认识，与所学知识联系起来，并写好参观报告。

（七）实验法

实验法是在教师的指导下，学生利用一定的仪器设备或其他手段，通过条件控制引起实验对象的某些变化，从观察这些变化和具体数据中，获得知识和技能的教学方法。它的主要特点是学生自己动手操作。运用实验法不仅能加深学生对概念、规律、原理等知识的理解和巩固，培养学生正确使用实验设备和材料的技能技巧，而且能培养学生严肃的科学态度和研究精神。

运用实验法，应注意以下几点要求。

第一，做好前期准备工作。制订详细的实验计划，准备好实验用品，提前编好小组。

第二，做好实验过程中的指导工作。加强集体和个别指导，讲明操作方法、工具使用及注意事项，必要时教师可给予示范。同时要教育学生严格遵守纪律，注意实验安全，爱护实验设备和器材。

第三，做好总结工作。要求学生独立操作，及时检查结果，总结评定并写出有关的研究报告，以巩固收获。

(八)实习作业法

实习作业法，又称“实习法”，教师根据教学大纲的要求，组织学生在校内外进行实际操作或其他社会实践活动，以获得一定的知识技能技巧的方法。实习作业法的实践性、独立性、创造性比实验法更强，能使学生学到书本上学不到的知识。

运用实习作业法的基本要求如下。

第一，实习之前，要使学生明确实习的目的和要求，并制订出实习计划，联系好实习单位。

第二，学生进行实习时，教师要切实的指导。

第三，实习结束后，教师要指导学生写出实习小结，并从整体上对全班学生的实习活动进行总结，并作出具体评定。

(九)练习法

练习法是在教师指导下，学生通过独立的智力、体力和情感活动，将所学的知识运用于实际，借以达到理解、巩固知识，并形成技能技巧的教学方法。练习法是各科教学中运用得最为普遍的方法之一。

练习的种类有很多。按照练习的形式分，可分为口头练习(包括朗读、口头作文和各种口头解答问题等)、书面练习、动作或技能练习三种。按照练习的性质分，可以分为训练型练习和创造性练习两种。

影响学生练习的因素有很多。一是学生对独立练习的准备程度，准备程度越高，学生独立练习的专心程度就越高，练习效果也就越好；反之，如果在独立练习阶段教师还有大量的补充讲解，就会导致学生练习错误率上升，且讲解时间量与学生成绩呈负相关。二是问题的类型及其安排的合理与否。三是独立练习的常规，如果学生了解练习的程序安排和步骤，那么学生分心行为就会减少，练习积极性和效率都会提高，练习就会成为一种主动学习的行为。四是教师适度的监控也能提高学生的练习效率。

运用练习法的基本要求如下。

第一，明确练习目的和要求，建立练习常规。首先，教师要根据教学目的要求和学生发展的实际需要，帮助学生做好练习所必需的知识技能的准备。其次，教师要让学生明确练习目的，练习旨在加深对知识技能的理解，以及技能技巧的提高，它是以掌握内容为第一要义的。最后，教师还要尽早建立练习的常规程序，加强练习方法的指导及练习结果的及时反馈。

第二，精选练习材料。注意练习方式的多样化，把握练习的“度”和“量”，过少过易起不到练习的作用，过多过难则会加重学生的负担。练习量的大小以学生能够完成而又不致产生做“附加作业”为前提，既要保证学生对同一题型问题的充分练习以达到熟能生巧的目的，又要使他们接触尽量多的题型，培养学生思维的灵活性与创造性。练习的“度”与“量”的把握要以练习的效率为标准。

第三，合理安排时间，养成良好习惯。经常化是练习的基本要求。中学阶段课程内容多，分量重，练习任务艰巨，因此，教师就要合理安排时间，科学地选择练习方式，同时要形成学生良好的练习习惯，使练习真正成为大脑的体操。

三、教学方法的选择

任何一种教学方法都有它的适用范围和局限性，没有一种教学方法是万能的。实践证明，不能单一的运用某种方法，而要根据特定的情境和条件，正确选择、合理搭配教学方法，确定最佳的教学方法结构，充分发挥各种教学方法的效能，可起到事半功倍的效果。

(一)选择教学方法的依据

1. 依据教学规律和原则

教学方法的选择要根据教学活动的特点和规律，要根据简捷、高效、最优的发展原则来选择最合理、最有效的教学方法。

2. 依据具体的教学目的和任务

教学目的和任务不同，选择的教学方法往往也不同。如果教学的目的和任务主要是向学生传授新知识，则要运用讲授法、演示法、谈话法等；如果教学的主要目的和任务是为了巩固知识，则要运用谈话、讨论和练习法等方法；如果教学的主要目的和任务是发展学生的动作技能和操作能力，则要选择演示法和练习法。

3. 依据学生的心理特征和知识基础

教学方法的选择还要受到学生的不同年龄发展阶段与知识水平的制约。学生的年龄差异会造成心理发展水平的差异，因此要对不同年龄阶段的学生采用不同的教学方法。对于初中阶段的社会学科常用讲述法，高中阶段历史则常用讲演法。运用实验法时，初中要求教师多指导，而高中则应有较大的独立性。即便是同一年龄阶段学生，也存在个性心理特征的差异，选择教学方法时应考虑到这些特点。此外，学生已有知识基础及其构成方式也是千差万别的，有的对某事物已有大量的感性知识，教师只要通过一般的讲解，学生就可以理解，不必采用直观教具演示；反之，则需要采用直观演示法。需要注意的是，教学方法的选择并非消极地适应学生的发展，而应积极促进学生身心向更高阶段发展。

4. 依据学科特点和具体教学内容

不同的学科要采用不同的教学方法进行教学。如语文、外语常用讲读法，物理、化学常用实验法，数学多用练习法。即便同一门课程，由于具体内容不同，也要求采取相适应的教学方法。

5. 依据学校条件和教师特点

学校条件指学校设备及周围环境，如学校的仪器设备，学校周围的工厂、农村状况等。教师要实事求是地采用可行有效的教学方法。此外，还要考虑选择最能发挥教师自己特长的教学方法，在课堂教学中扬长避短。

(二)选择方法的程序

巴班斯基认为，要实现教学方法的优化组合，除了强调选择的标准之外，还有一个优选的程序问题。他提出教师在选择教学方法时的一般思考程序是：

第一步，决定是选择由学生独立地学习该课题的方法，还是选择在教师指导下学习材料的方法；

第二步，决定是选用再现法还是选用探索法；

第三步，决定是选用归纳的教学法还是演绎的教学法；

第四步，决定如何结合选用口述法、直观法和实际操作法；

第五步，决定选用哪些激发学习动机的方法；

第六步，决定选用哪些检查和自我检查的方法；

第七步，详细考虑各种教学方法相结合的备用方案，以供在完成家庭作业和复习课业中发现学生学业上出现可能有的偏差时择用。

第三节　教学组织形式

教学组织形式随着社会政治经济和科学文化的发展在不断发展和改进。当社会从封建制度向资本主义制度过渡，科学文化日益发展，新兴资产阶级要求学校教育扩大教学规模、提高效率、培养更多人才的时候，最能反映这一改革要求的教学组织形式——班级授课制便应运而生了。

一、教学组织形式概述

教学是通过一定的组织形式进行的。教学组织形式是指为完成特定的教学任务，教师和学生按一定要求组合起来进行活动的结构。具体地说，教学组织形式要解决的问题包括：第一，教师与学生以什么形式组合起来，即确定学生是以个别形式还是集体形式参加教学活动。若以集体形式参加，学习团体应按什么原则结合。教师在各种形式的教学活动中起什么作用，学生的认知活动又以什么形式进行。第二，教学活动的程序如何确定，即确定教学活动最基本的时间单位是什么；在每个基本单位中教学过程的成分应如何搭配和如何展开。

教学组织形式不是固定不变的，而是随着社会政治经济和科学文化的发展及其对培养人才要求的不断提高，教学组织形式也在不断地发展和改进。历史上出现的教学组织形式主要有个别教学制、班级授课制和分组教学制。古代教学基本采用个别教学制。随着资本主义工商业的发展，教学内容迅速增加，教育对象也逐步扩大，个别教学已不能满足社会需要。16世纪，欧洲有些学校逐渐采用班级授课形式。17世纪，捷克教育家夸美纽斯在《大教学论》中，最先对班级授课制作了论述。夸美纽斯参照自然界太阳照耀万物的现象，推断出教师也可以像太阳那样，能同时向所有学生发出同样的光，均匀地照亮每一个学生，而不是任何一个单独的学生。18世纪，德国教育家赫尔巴特提出了教学过程的阶段理论，进一步设计和完善了班级授课制的理论。而以后苏联的教学论专家提出了课的类型和结构的理论，使班级授课制成为课堂教学的基本组织形式。

二、教学组织形式的类型

（一）班级授课制

班级授课制也称班级教学、课堂教学，是指把年龄和程度大致相同的学生，编成固定人数的班级，教师按照各门学科的教学大纲规定的内容，组织教材和选择恰当的教学方法，按照课程表规定的时间，向全班学生进行授课的教学组织形式。班级授课制的基本特征包括：第一，学生被分配在各个固定的班级，以“班”为学生人员组成的单位；第二，教学在规定的时间内进行，以“课时”为教学的时间单位；第三，以“课”为教学活动单位，教学一般分学科进行；第四，以“课程表”为教学活动的基本周期。

我国学校的教学主要以班级授课制为基本组织形式，主要由于它具有以下优势与价值：第一，它有效地扩大了教育规模，促进了学校教育的普及。教师按规定的上课时间表，有计划地同时对几十名学生进行教学，扩大了教育对象，提高了教学工作效率；第二，它有利于发挥教师的主导作用，有利于学生在教师有目的、有组织、有计划的指导下进行活动；第三，各门学科轮流交替上课，既能扩大学生的知识领域，又可提高学生的学习兴趣和效果，减轻疲劳；第四，它有利于学生之间的相互切磋与交流。把年龄和程度相近的学生编成班级，在集体组织形式中进行学习，易于互相讨论切磋，共同提高，发挥集体教育作用。

班级授课制的局限性在于：第一，它不利于对学生进行因材施教，难以照顾学生的个别差异，难以照顾到每一个学生的兴趣、爱好和特长，容易走向"一刀切"。第二，它在一定程度上限制了学生的主体地位、独立性和创新精神等方面的发展。教师、书本处于中心地位，学生的自主性、创造性不易充分发挥，容易使学生处于被动地位，使学习活动脱离学生的实际，忽视培养学生的实践能力。第三，以"课"为基本的教学活动单位，某些情况下会割裂内容的整体性。对某些整体性较强的内容和活动而言，人为的分割将影响学生对学习对象的整体把握。第四，缺乏真正的生生之间的合作。每个学生以各自独立的方式完成学习任务，学生之间没有为完成共同的任务而进行的分工合作、互相帮助的活动。

(二)分组教学组织形式

分组教学组织形式，主要是考虑到班级中学生之间的具体差异，需要灵活掌握教学要求与教学进度，调整教学组织结构，改进班级教学。分组教学指按学生能力或学习成绩、学习偏好等将学生分成不同的组进行教学的一种组织形式。由于各组在学习内容和进度上不尽相同，这种组织形式较班级授课制更加个性化，可以增强小组成员合作学习、互相激励的能力。

分组有同质分组和异质分组两种情况。组内同质意味着组间异质；组内异质意味着组间同质。在课堂教学中，一般以异质分组为主。小组可以是学科小组也可以是活动小组，主要视学习任务、活动目的和性质而定；小组可以根据座位来确定，也可以临时编组。每组的人数和分组的组数可以根据教学需要而定，以教师能监控的数量为限度。小组教学往往与因材施教的原则相联系，与弹性的课程设置和差异教学的思想相结合，并注重组内学生的互相帮助和激励，组间学生的竞争与流动。

分组教学的优点是，比班级教学更切合学生不同小组的水平和特点，有助于因材施教。其缺陷在于，科学、有效地对学生进行分组是非常困难的，有时甚至会出现简单地以考试成绩为准，将学生分为快慢班，或人为地在班级内将学生分为不同等次等情况。

(三)个别教学组织形式

个别教学组织形式主要是由学生个人与适合个别学习的教材内容结

合，并辅以师生之间的直接联系。它强调发挥学生个人的主体作用，让学生从自己的知识基础、兴趣爱好和学习能力出发，以资料为根据，确定学习的内容、进度和学习任务、质量要求。教师的作用主要在于指导和帮助学生自学和独立钻研。个别教学组织形式要求有一套适合不同学生学习需要的循序渐进的教材，往往与现代化教学手段如计算机辅助教学联系在一起。其教学的难点是对学生学习起点的诊断及学习方法的个性化指导。

个别教学组织形式有别于个别辅导。前者是针对每个学生进行因材施教，使每个学生的潜能都得到最佳发展，后者主要是面向个别特殊学生如差生和优秀生，使他们都能吃得了和吃得饱；前者侧重学生自学能力的发展和主体意识的养成，重视学生学习责任感的培养，后者侧重学生知识水平的掌握和提高。

三、影响教学组织形式选择的因素

每种教学组织形式都有其优点和局限性。根据教学的内容、任务和条件，选择最合适的教学组织形式是教学成功的一个重要保证。

影响教学组织形式选择的因素主要有：学习的目的和类型、班级中学生的能力和个性差异的幅度、学生的知识基础和学习经验、教学的行为和方式、教学环境与设备配置、教师的人数与水平、教学的教学技巧与个人风格等。

例如，若学校的学生人数较少，师资比较充裕，教学组织便可以小型化，更多地采用个别教学的形式；反之，学生数众多，师资又比较缺乏，就不得不采用大型化的教学组织，更多地采用集体教学的形式，或采用二部制、导生制及复式教学等。学校的物质资源，如教学场所、仪器设备等在最低限度的要求达到以后，充裕程度及其性能是选择适宜的教学组织形式的依据之一。课程的性质和内容也会影响到教学组织形式，如偏重于认知发展的课程，还是偏重于技能操练或形成价值观念的课程；是理论性认知还是事实性认知的内容；是学科课程还是活动课程，都各有相宜的教学组织形式。学生之间的差异也会影响到教学组织形式。一般说来，差异小，宜于集体教学；差异大，则宜于个别教学。由于客观因素的存在，教育者必须或应该对教学组织形式作相应的抉择。否则，教学活动会遇到种种困难，或者影响教学成效。然而，有的时候学校采用什么样的教学组织形式，主要的并非客观因素使然，而是受一定的主观因素影响。在现实的课堂教学中，教师要根据教学内容和任务的变化，根据学生的不同特点，灵活选择交替使用不同的教学组织形式，或者整合不同的教学组织形式应用于同一课堂或同一学科的教学中。

四、课的类型与结构

课是教材和教学过程的逻辑单位，它必须符合教材内容各部分的相对独立性和完整性，并符合教学活动的时空界限。不同类型和结构的课，在教学上具有不同的功能。如果教师能正确地选择和运用课的类型，安排课的结构，就能更好地完成教学任务。

(一)课的类型

课的类型可根据不同的教学任务，或按一节课采用的主要教学方法来划分。根据教学任务来分，课可分为单一课和综合课两大类型。单一课，是在一节课主要完成一种教学任务的课，如传授新知识的课、巩固新知识的课、培养技能的课、检查知识和技能的课等。在一节课内，要完成两种或两种以上教学任务的课，为综合课，也称混合课。如既要传授新知识，又要巩固新知识；或既要巩固新知识，又要形成新技能等。根据使用的主要教学方法来分，课又可分为观察课、讲授课、问答课、讨论课、阅读指导课、实验课、参观课等，用主要采用的方法为一节课的类型命名，可以通过充分发挥某一种方法的作用来为完成教学任务服务。

课的类型还有其他划分的方法。如苏联的伊凡诺夫和卡赞采夫，主张以组成教学过程的基本要素为划分课的类型，分为结论课、初步了解教材课、形成概念弄清规则和定理的课、在实践中运用知识的课、技能技巧课、复习总结课、综合课等。马赫穆托夫主张把课堂教学类型分为学习新教材课、改进知识技能技巧课、混合课、检查知识技能技巧并评价学习过程和结果的课等。

(二)课的结构

课的结构是指课的组成部分及各部分进行的顺序和时间分配。不同类型的课，具有不同的结构。同一类型的课，因教学对象、学科特点、教学内容和教学方法的不同，也会有不同的结构。一般认为，课的基本结构由以下几个部分构成。

1. 组织教学

组织教学是教师利用各种方式，对课堂教学进行的整体调控，旨在形成班级良好的课堂学习秩序，使师生一直保持高昂的学习热情、融洽的集体学习气氛。通常来说，从教师进入课堂开始，组织教学就开始了，并且贯穿于课堂全过程。

2. 检查复习

通过学生复习已经学过的知识，激活旧知识，以便新旧知识相互联系，为接受新知识做好准备。另外，检查学习质量，弥补知识上的缺陷，以便确定学习的起点。

3. 导入新课

导入是从复习旧课到讲授新课的过渡环节。导入部分完成的事项主要包括提出新课的目标、内容要点与学习要求等。导入的方式有很多，要以能充分引起学生对新学习内容的心理期待为直接目标。导入要做到自然、贴切，既有趣味性，又要具有知识性。

4. 讲授新课

这是一节课的主要部分。根据知识的内在逻辑性和组成方式，通过教师系统生动有效的讲授，可以使学生掌握新知识，发展新技能。

5. 巩固新课

为了检查学生对新知识的掌握情况，并及时解决存在的问题，使他们基本巩固和消化所学的内容，促进新旧知识的融合，讲授新课以后要及时采取适当的方式进行巩固。

6. 布置课外作业

布置课外作业有利于培养学生运用知识分析问题、解决问题的能力和自学能力，促进学生将所学的新知识内化，转化成为学生认知结构中的一部分。

上述六个基本组成部分，教师应根据学科的特点，教学内容、教学方法和教学对象的具体特点及课的类型，灵活地创造性地加以安排，切勿生搬硬套。

>>> 思考与练习

1. 中小学教学常用的教学原则有哪些?

2. 教学方法的含义是什么?

3. 讲授法在教学中有何重要价值与局限?

4. 强调练习是否就意味着“题海战术”? 怎样才能正确而高效地进行练习?

5. 教师如何选择教学方法才能取得最佳教学效果?

6. 试分析班级授课制的优劣。

7. 举例说明三种不同的教学组织形式对教师教学行为的影响。

>>> 推荐阅读

1. 郭文：《教学与课程三维分析：基于经济学、信息技术和教育学视角》，成都：四川教育出版社，2005 年。

2. [美]鲍曼等主编：《渴望学习》，吴亦东等译，南京：南京师范大学出版社，2004 年。

第十章　教学工作(下)

学习目标

1. 掌握备课、上课、作业布置与批改等教学基本环节的具体要求。

2. 理解教学评价的价值，分析、比较不同类型教学评价的作用和操作要求。

教学活动在前进过程中是由一个个相互联系，前后衔接的环节构成的。其中任何一个环节的活动如果脱离了整体或与整体不协调，就会削弱整体的效果。要提高教学质量需要教师认真研究教学的基本环节，并对环节提出质量要求。

第一节　教学工作的基本环节

教学工作的基本环节，是指教师从事课堂教学时，常规性、周期性的最基本的教学工作内容，主要包括备课、上课、作业布置与批改、课外辅导、教学效果的检查与评定等。全面协调地抓好教学工作的各个环节，是提高教学工作质量的切实保证。

一、备课

(一)备课的含义

备课是教学工作的起始环节，是教师为上课或组织具体的教学活动而做的准备与计划安排工作，是上好课的先决条件。在具体的教学活动之前，教师根据教学任务和教学目标的要求，结合学生的具体情况，选择最适合的表达方式和顺序，以保证学生有效地学习。

(二)备课的类型

1. 根据备课主体，可将备课分为个人备课和集体备课

个人备课是教师个体钻研教学业务的活动。教师劳动必须以独立的个体劳动为基础，具有独立备课能力是教师完成教学任务的基本需要。集体备课指教师群体(一般是讲授同一科目的教师)在一起共同研究教学内容，研讨对学生的理解，交流本学科的知识和信息，以达到互相交流、互相促进、互为补充基础上教学能力共同提高的活动过程。集体备课以个体备课为基础，集体备课可以为个体备课提供专业化的交流平台、更广阔的思维空间及更丰富的教育资源。

2. 根据备课涉及的内容的范围，可将备课分为学期备课、单元备课和课时备课

学期备课指教师和教师群体对所教学科在整个学期的全部教学内容与教学活动做出的通盘考虑、规划与设计，属于战略层面的备课。主要内容包括：确定全学期学科的教学要求、重点及难点；安排整个学期的教学进度；安排好各部分教学内容的课时分配及授课的基本方式、方法；做好教学的物质条件准备等。

单元备课指教师或教研组在学期备课的基础上，在每个单元进行之前，针对一个单元而进行的教学准备工作。在中小学，教学内容一般都是按单元组织的，每个单元都有相对独立的特点，为了保证教学效果，单元备课不可或缺。单元备课结束后，一般要求拟订出单元教学计划。

课时备课指教师根据单元备课所确认的教学目的、任务、要求、重点、难点及相应的教学方法，进一步从每节课的实际出发，认真研究和解决单元计划所列教学任务的具体落实。课时备课是教师备课最经常性的工作，具体落实到教案即课时教学方案的编写上。

3. 根据备课形式，可将备课分为显性备课和隐性备课

显性备课就是平时强调的教师外化的备课行为，包括查阅资料、书写教案、制作教具等。

隐性备课强调教师将备课行为内在化、系统化、连续化，真正将自己平时的学习、科研等活动和教学结合起来，包括上课之前的思考、课后的审视与反思等。现在对隐性备课的关注越来越多，叶澜教授强调“间接备课”，即教师为了提高工作水平，不断的进修专业知识和教育理论，扈中平等人倡导“内心备课”，即对上课工作的内在思考，都表达了类似的价值追求。实际上，一个教师注意隐性备课有助于随时从生活中感悟到与教学有关的启示与智慧，有类似于“世事洞明皆学问，人情练达即文

章”的效应。当前，教育改革提倡生活化的课程理念，学生的正规学习要和现实生活接轨，也更加鼓励学生直接从现实生活中汲取营养，教师为教学改革做准备，要能够敏锐的从生活中体悟到教学内容与现实的联系，在这一过程中，隐性备课不可或缺。

(三)备课的内容

1. 钻研教材

钻研教材主要包括钻研课程计划、课程标准、教科书和相关的教学参考资料等，研读这些教材是备课的基本内容，是教学活动顺利开展的必然要求。

钻研课程计划和课程标准，对本学科的教学有一个总体把握，明确本学科在课程计划中所处的地位和作用，了解学科各个章节、课题的教学目标，领会教学的具体要求和标准；钻研教科书，弄清教科书的体系、范围和深度，划分教材重点、难点，吃透教材，确立教学内容与学生知识储备的联系；此外，教师还应广泛阅读教学参考资料，选取合适材料以充实教学内容，从而更好地把握教材。

钻研教材一般要经过“懂”“透”“化”三个阶段。“懂”就是掌握教材的基本结构，弄懂教材的体系；“透”就是吃透教材的范围和深度，对教材融会贯通，使之成为自己知识体系中的一部分；“化”就是教师将自己的思想感情和教材的思想性、科学性融合在一起。

2. 了解学生

学生是学习的主体，也是教学的依据之一。教学活动要想切合学生的实际，以促使学生的全面发展，教师必须充分了解学生。了解学生主要包括了解学生原有的知识水平基础、学习态度、学习习惯和学习方法以及学生的兴趣、爱好、思想情况、个性特点、身体状况等。了解学生的途径很多，如平时注意观察学生、研究学生的档案材料和平时成绩，进行家访、作个别谈话等。

3. 设计教学方法

深入思考方法问题，即如何确保最有用的方法在教师引导下让学生系统地掌握教学内容，形成相应的思维能力，完成内在的情感积累。它主要包括对教学程序的安排，对教学方式、办法的选择，对教学工具、手段的准备等。由于教学的核心是要在教师的引导和帮助下促进学生学习的顺利开展，设计教学方法不能只解决教师如何教的问题，还要充分考虑学生学习方法的特点，解决学生如何学的问题。尽可能选择那些能优化教学过程、发展学生能力、提高教学效果的教学方法。

(四)教案的编写

教案是教师经过备课，以课时为单位设计的具体教学计划或方案，教案的内容通常包括以下项目：班级、学科名称、授课时间、教学内容、教学目的、课的类型、教学重点、教学难点、教学方法、教学进程等。其中教学进程是教案的主要组成部分。

以详略程度来分，教案可分为详案和简案两种。详案的篇幅比较大，对每一个教学项目和活动过程的所有细节，均进行认真思考、精心设计，并将之体现在教案之内，一般适用于新教师和年轻教师的教学，老教师在进行新课题教学时，也往往需要写详案。但要指出的是，详案并不是上课的绝对蓝本，在教学过程中，教师根据课堂情况做出一些调整也是必要的。简案篇幅往往比较小，一个教案往往可以浓缩为几十个字，写在一张卡片上，对于经验丰富的教师来说，这是可以使用的。

根据教案的样式，可将其分为条目式、表格式两种。条目式教案以按逻辑顺序排列的条目为结构形式，根据备课的基本要求，有大致固定的条目及编排顺序，它的主要特点是每一个条目的容量具有伸缩性，可因人因课制宜，是一种常用的教案样式。表格式教案是以特制的有专门栏目的表格为结构形式的教案类型，有特定的栏目及结构，每一个栏目设计和安排相关的内容，它的主要特点是具有提示特性，适用于新教师的备课。

二、上课

上课是教学工作的中心环节，是教学目标得以完成的根本所在。怎样才能上好一节课是每个教师必须深入思考的问题。综合已有研究，一节课一般要具有以下几个方面的特点。

(一)教学目标明确

教学目标是课堂教学的灵魂，是整个课堂教学行为的导向，确定教学目标要从学生已有的知识和能力出发，将学生作为认知、发展的主体。教学目标要明确具体、切合实际，要面向全体学生，客观地预测学生的达成度，因材施教，有的放矢，教学目标要体现基础性、发展性和多元化。教学时教师与学生都应明确这些目标，使整个教学活动从这些目标出发，围绕目标，并最终实现目标。确定教学目标，应注意目标要全面、清晰、符合学生的学习实际。课堂上一切活动都要紧紧围绕教学目标进行，这有助于教学目标的最终实现。

(二)教学内容正确

教师上课时，必须保证教学内容的科学性和思想性。在教材的安排上，既要注意突出教材的重点、难点和关键，又要顾及教材的系统性和连贯性；既注意新旧知识的联系，又注意理论与实际的结合，只有教学内容正确并安排恰当，才能保证教学的质量。

（三）教学方法得当

教师使用的教学方法要符合教材的特点、学生的年龄特征及学法特点，能充分、合理、科学地利用现有的教学设备和条件，以便使学生顺利、高效地掌握教学内容。教师可以从实际出发，选择多种多样的教学方法，并做到有机结合，灵活运用，体现启发式，形成生动、活泼、主动的局面，增强教育效果。

（四）教学组织严密

教学组织严密，一方面，教师要注意组织好学生的学习，保持教学活动的有序性，避免课堂秩序混乱，教与学脱节；另一方面，教学活动安排要井井有条、紧凑，教师能够科学地分配时间，以达到教学的高效。也就是说，教师上课要有计划性和组织性，巧妙地安排每堂课的结构，使各个教学环节自然过渡，有条不紊地进行。

（五）师生积极性高

上课过程中教师和学生能保持积极互动的活动状态。从教师来说，要善于引导的学生的思路，启发学生的思维，调动学生的学习兴趣；从学生来说，能集中注意力，思维活跃，课堂参与积极、有效。在教师有效的启发指导下，全班学生能主动地参与教学进程中的每项活动，动脑、动口、动手，紧张而愉快，表现出较高的学习热情。

（六）教学效果显著

一堂课是否成功，取决于教学目标是否达到，通过上课，应使学生知识有所增加，能力有所提高，思想品德有所长进。理想的课堂教学效果应该是师生情感状态、交往状态、思维状态和目标达成状态的和谐统一。对课堂教学的评价要“以学论教”，教师在课堂上要关心学生的学习质量和学习效果，始终把教学目标放在优先考虑的位置，注重根据常规的检查手段检查教学效果。

上述基本要求，提供了上好一堂课的客观标准。教师要参照这些标准，力求上好每一堂课。

三、作业的布置与批改

（一）作业布置

通常来说，作业有课内和课外两种形式。课内作业的目的在于及时巩固和消化课堂上所学的新知识，培养学生运用知识的技巧。课外作业是课堂教学的延续，是教学活动的有机组成部分，课外作业除可以进一步巩固知识外，有利于培养学生良好的学习态度、学习习惯，以及学生独立学习、独立思考、学以致用的意识和习惯。

(二)作业批改

教师对于布置的作业，应及时检查和批改，以了解学生知识掌握的程度和学习投入状况，从而调整和改进教学。同时，作业批改后，应发回给学生，为学生提供一定的反馈信息，使学生清楚地知道自己的进步和不足。此外，教师还可针对作业批改情况，进行适当的讲评或个别指导。批改作业的方式多种多样，有全收全改、重点批改、针对性批改和轮流批改；当面批改与作业本批改等。

四、课外辅导

课外辅导是在上课时间以外，教师帮助和指导学生学习的活动。课外辅导是学生个性化学习需要，是贯彻因材施教原则的重要措施，是帮助学生消化、领悟、巩固和运用课堂所学知识的有效途径。所以，课外辅导是课堂教学的必要补充，而不是上课的简单重复。

课外辅导的方式主要有：解答学生学习中的疑难；指导学生课外作业；为学习基础差的学生补课；为成绩优秀的学生适当补充学习内容，增加难度，以充分发掘他们的学习潜力等。除了和知识学习有关的辅导外，课外辅导还涉及对学生学习目的、学习态度和学习方法等方面的个别教育和指导。

有效的课外辅导要求做到：第一，因材施教。教师应深入了解学生的情况，根据不同类型的学生的特点，确定不同的辅导的内容和措施，以增强辅导的针对性和有效性。第二，指导学生独立的思考、钻研，让学生找到适合自己的学习方法和习惯，不要包办代替。第三，发挥集体的优势，组织学生开展互帮互学活动。

五、学业成绩的检查和评定

科学、有效的学业成绩的检查与评定机制，是教学工作不可缺少的重要环节。学业成绩的检查与评定，不仅能帮助教师了解学生的学习情况和检查自己的教学工作，促进课堂教学，而且能促进学生查缺补漏，复习功课，巩固和加深所学的知识和技能。

学业成绩的检查和评定一般有平时检查和考试两种。平时检查在平时教学中随时进行，主要方式有课堂提问、作业检查、书面测验等。课堂提问可以在课堂开始时进行，以考查学生上节课的学习情况；可在讲解过程中进行，以考查学生对正在学习的内容掌握得如何；可在课堂即将结束的时候进行，以考查学生对本节课的内容是否掌握。作业检查包括课堂作业检查和课外作业检查、书面作业检查和其他形式的作业检查。书面测验一般在一章或一个单元学习结束后对全班同学进行，测验可事先告知学生，以督促学生把复习功课经常化。测验后，及时进行评分和总结评价。平时检查的优点在于能及时了解和掌握学生的学习情况和存在问题，能较好地帮助教师改进教学，帮助学生克服不足。

考试一般在学期中、学期末、学年结束和学生毕业时进行。考试是对学生的学习情况和成绩的一种较全面的检查，考试的方式很多，如口试、笔试、实践操作考试等，笔试又有开卷和闭卷等形式，必要时可把各种形式结合起来使用。考试成绩评定和记载的方式有不同的做法，现在一般采用百分记分法，或采用“优、良、中、及格、不及格”的文字记分法。评分时要注意评分的标准，做到合理公正。

学业成绩的检查和评定的基本要求是：第一，检查和评定要注意科学性、有效性和可靠性。第二，检查和评定的内容应力求全面，重点突出。第三，检查和评定的方法要灵活多样。第四，对检查和评定的结果要作必要的分析。

专栏 10-1

名师故事：给自己留作业题

有一天，一位学生问魏书生：“我不写您留的作业行吗?”

“为什么?”

“您留的作业题我都会做了，再写不就是体力劳动了吗? 而我感觉不会的题却没时间做。”

魏老师请同学们讨论这一问题，想不到，大部分同学竟都赞同这位同学的意见。经过全班同学讨论后，一致认为还是自己留作业好。于是在魏书生的班级，从此不再留非做不可的硬性作业。有时老师觉得哪些题重要，便告诉学生，建议大家做，哪位同学觉得不符合自己的实际，过易或过难，不愿意做也可以。

那同学们不是无事可做了? 当然不是。经过讨论，班级里留了一项常规性的作业，大家管它叫“定量作业”。

定量作业就是数量(字数)确定，内容不限。每人每天必须写 500 字，根据自己的学习情况，选择合适的内容，也包括“课堂笔记”和“课堂练习”。如果在课堂上已经做了 200 字的笔记，则课后需再写 300 字的作业。也有的学生管这叫“自留地”，每个人所分土地面积相等，种什么作物，怎样耕种，就是八仙过海，各显其能了。学生觉得种自留地，比种统一的“人民公社”的地，责任心更强，积极性更高。

同学们计算，每天 500 字，倘一心一意地写，加上中间思考的时间，平均也不过用 17 分钟，既然负担不重，星期日、假日也该坚持，这才容易养成良好习惯。于是大家又决定，一年 365 天一天也不中断。

每天作业第一行都要写明日期，日复一日，年复一年，每年 365 天，便有 365 个 500 字。

魏老师还教一些不知道写什么内容的同学，学会给自己留作业。告诉他们要根据学科总体知识和整册教材的分析，将知识分类排队，稍加努力就能会的排在最前面。每天作业就写这些稍加努力就能学会的内容。写完了，学会了，再写后面的。这样“敌人”越打越少，学习兴趣就越来越高。

资料来源：《中国教育报》，2007-07-19，第 4 版。

第二节　教学评价

教学评价是研究教师的教和学生的学的价值的过程。教学评价在学习和教学过程中发挥着重要的作用。

一、教学评价概述

(一)教学评价的概念

教学评价是根据一定的标准对教学活动的过程和教学结果做出价值判断的过程。教学评价是教学工作的重要组成部分，广泛存在于各种实际的教学活动之中。作为教学科学管理的重要手段，合理地开展教学评价活动，可以检验和判定教学效果，了解教学现状，从而调整教学策略，改进教学措施，有针对性地解决教学中存在的各种问题；可以为师生双方提供直接的反馈信息，使教学朝着培养学生全面综合素质的方向发展；可以调控教学进程，使之向着预定的教学目标前进。因此，加强教学评价对于提高教学的有效性和目的性具有重要意义。

(二)教学评价的功能

教育心理学和教学论研究了教学评价对提高教学效果的作用，具体可以概括为教学评价的如下几个功能。

第一，导向功能。教学评价的导向功能是指通过评价引导教学活动趋向于理想的目标。只有在评价过程中得到反映的教学目标，才能对学生的学习产生直接影响。评价者所采用的标准对于被评价者来说具有指挥棒作用，被评价者按照评价标准去努力工作，事实上就把评价者的教育理念和教学指导思想贯穿到了具体教学中。

第二，反馈与改进功能。评价可以有目的地将系统采集的信息向教师、学生反馈，使之对教学有更为客观、全面的认识，借此不断发现教学中存在的优势和不足，为改进工作奠定基础。发现教学过程中现实的和潜在的问题是我们思考和促进教学和学习的出发点与依据。

第三，激励功能。科学、合理的教学评价可以激发教师、学生等参与教学活动的内部动力，调动他们的潜能，增进他们工作的积极性和创造性。此外，评价可以使教师和学生了解教与学效果的好坏、成绩的优劣以及各自在集体中所处的位置，从而起到激励和鼓舞的作用。

第四，研究功能。从某种意义上来说，教学评价是对教学活动所做的系统审视与反思，教师从事教学评价活动实际上是教师校本教学研究的一部分。

第五，管理功能。教学评价中，给教师鉴定或评分，可以使管理部门更好地了解教师的工作情况和教学质量，为教师评优、聘用甚至晋升等提供重要依据。对学生学习情况的评价，有利于对学生进行奖励、表扬和指导，确定学生的编班和分组。同时，通过教学评价的反馈和研究功能，有助于教学管理水平的不断提高。

二、教学评价的内容与类型

(一)教学评价的内容

一般说来，教学评价的内容有三个方面。

1. 教学结果

对教学结果的评价，是教学评价传统的、最主要的工作范围。教学结果的评价是总结性评价，它着重测定学生知识、技能的掌握及提高程度，以及一般能力和学科能力的发展程度等。教学结果的评价可以帮助人们从整体上了解教学质量，判断教学任务的完成程度和教育目标的达成程度。

2. 教师的教学行为

教师是教学活动的设计、组织、管理者，他们的行为也是动态变化着的。重视对教师教学行为的诊断，能及时、全面地反映教学过程中各种因素的发展变化及其原因，及时提供调控信息，进而有利于教学质量的提高。对教师教学行为的评价是在动态的教学过程中进行的，因而所得到的评估是诊断性的和及时的。加强对教师各种教学行为，如教学设计行为、组织实施行为、课堂管理行为、人际交往行为等的评价，对于提高教学评价的全面性和准确性具有重要意义。

3. 学生的学习行为

在课堂中，学生的学习行为是丰富多彩和不断变化的，它们既受教师行为的影响同时又反过来影响教师的行为。学生的学习行为是在教与学的双边活动中变化发展的。通过对学生在课堂中动态行为的观察、评价，可以获得大量有价值的判定教学现状及其效率的真实资料，从而改进学生学习现状，提高教学质量。从这个角度看，把学生的学习行为纳入教学评价的范围，对于比较科学准确地评价学生学习结果具有重要意义。

(二)教学评价的类型

1. 根据评价在教学过程中的作用不同，可分为诊断性评价、形成性评价、总结性评价

(1)诊断性评价

诊断性评价是指在教学活动开始前，对评价对象的学习准备程度做出鉴定，以便采取相应措施使教学计划顺利、有效实施而进行的测定性评价。诊断性评价的实施时间，一般在课程、学期、学年开始或教学过程中需要的时候。其作用主要有两个方面：第一，确定学生的学习准备程度。常在教学前或在某单元开始前进行，帮助教师了解学生在教学开始时已有的知识、技能程度和发展水平；第二，适当安置学生。教师可以了解学生在学习上的个别差异及其程度，为学生提供适合其特点的学习环境。

(2)形成性评价

形成性评价是指在教学过程中，为改进和完善教学活动而进行的对学生学习过程及结果的测定。形成性评价的主要目的不是强调学生的学业成绩，而在于通过评价获取教学的反馈信息，进一步改进和完善教学过程。从这一目的出发，形成性评价注重对学习过程的评价，注重评价结果对师生双方提供的反馈信息并注重经常进行的检查。与之相适应，形成性评价的测试次数比较频繁，主要在一个单元、课题或新观念、新技能的初步教学完成后进行，评价的概括水平较低，测试的范围也较小。

形成性评价的主要用途有四个方面：第一，改进学生的学习。当教师把形成性评价结果反馈给学生并由学生对照正确答案自我检查时，学生能了解存在缺陷和难点，并根据教师的指导或批语进行改正；第二，为学生的学习进度定位。教师根据形成性评价确定学生对前面单元的掌握程度，并据此确定该生下一单元的学习任务和速度；第三，强化学生的学习。形成性评价结果对掌握程度较低的学生，通过使用鼓励性评语和提出改进意见，将使学生保持自信心并以饱满的情绪投入学习；第四，给教师提供反馈。形成性评价结果对教师的教学工作提供了及时必要的效果反馈，有利于教师重新设计并改进自己的教学内容、方法和形式。

(3)总结性评价

总结性评价一般是指课程或某一教学阶段结束后对学生学业结果的评定。总结性评价的主要目的是评定学生的学业成绩，确定学生达到教育目标的程度，证明学生掌握知识、技能的程度和能力水平，为确定学生在后继教程中的起点、预测学生在后继教程中成功的可能性以及编订新的教育目标提供依据。它是一种回顾式评价。总结性评价着眼于某门课程或某个教学阶段结束后学生学业成绩的全面评定，因而评价的概括性水平一般比较高。它采用的评定方式如期中考试、期末考试或考查以及毕业会考等，涉猎的范围比较广泛。

表 10-1　三种评价的比较

种类	诊断性评价	形成性评价	总结性评价
作用	查明学习准备和不利因素	确定学习效果	评定学业成绩
主要目的	合理安置学生，考虑区别对待，采取补救措施	改进学习过程，调整教学方案	证明学习已达到的水平，预言在后继教程中成功的可能性
评价重点	素质，过程	过程	结果
手段	特殊编制的测验、学籍档案和观察记录分析	经常性检查、作业，日常观察	考试
测试内容	必要的预备性知识、技能的特定样本，与学生生理、心理、环境的样本	课题和单元目标样本	课程和教程目标的广泛样本
试题难度	较低	依教学任务而定	中等
分数解释	常模参照、目标参照	目标参照	常模参照
实施时间	课程或学期、学年开始时，教学进程中需要时	课题或单元教学结束后，经常进行	课程或一段教程教完后，一般每学期 1～2 次
主要特点		前瞻式	回顾式

2. 根据评价标准的不同，可分为相对评价和绝对评价

(1)相对评价

相对评价也称常模参照评价，它依据学生个人成绩在该班学生成绩序列中或常模中所处的相对位置来做出评价。它衡量的是个体的相对水平。它宜于选拔人才用，但不能表明他在学业上是否达到了特定的标准，并且容易给学生带来心理负担，使部分学生丧失学习的信心和勇气。

(2)绝对评价

绝对评价也称目标参照评价，它依据教学目标和教材编制试题来测量学生的学业成绩，判断学生是否达到了教学目标的要求。它用来衡量学生的实际水平。它关心的是学生掌握了或没掌握什么，以及能够做什么或者不能够做什么，而不是比较学生的相对位置。它适用于升级考试、毕业考试、合格考试，不适用于甄选人才。

3. 根据评价的主体不同，可分为内部评价和外部评价

(1)内部评价

内部评价也称自评价，是指教学活动相关主体(主要是教师和学生)对自我工作的评价。内部评价有集体自评和个人自评两种情况，其中个人自评是比较常用的方式，教师、学生通过对自己教学、学习进行自我评定，有助于自我认识、自我提高和自我完善，激发教学人员的内在动因，有利于形成自我反馈机制，强化积极行为。

(2)外部评价

外部评价也称他评价，是指教学评价对象以外的组织或个人依据评价标准对评价对象进行的评价活动。外部评价是教学评价体系不可缺少的组成部分。外部评价主要包括领导评价、专家评价、同行评价、社会评价和家长评价等。外部评价有助于全面地了解教学信息，使教学评价更加科学、准确。

三、现代教学评价改革发展的趋势

现代教学评价在评价指导思想与根本目的方面，与传统教学评价的价值取向不同。现代教学评价致力于促进学生个性的全面发展和弘扬学生人格的主动精神，更注重质的分析，把评价范围扩展到与学生发展紧密相连的德、智、体等诸多方面，并以此作为衡量教学质量高低的标准。与此同时，现代教学评价的主体也由教师操作逐渐转移到让学生成为教学评价的积极参与者，以克服学生对教师的依赖，同时，也能通过学生的自我评价发展学生的评价能力。

在评价类型上，传统教学评价比较重视总结性评价，而现代教学评价多重视形成性评价，利用评价结果及时反馈教学信息，从而调节和改进教学活动。由此，也使教学评价的功能发生重大转折，具体表现在从过去着重评优劣、分等级、排名次的鉴定功能和选拔功能向侧重导向、改进、调节和激励的教育功能转变，为客观教学目标服务。

在教学评价的技术和方法上力求科学化。现代教学评价把各种定量的方法作为提高教学评价的科学的基础，同时，注重定性评价，多采用定性与定量相结合的方法。

>>> 思考与练习

1. 备课有哪些类型？备课的程序和内容是什么？结合自己的专业，选择相关学科中小学教材的一节或一课写一篇完整的教案。

2. 一节好课应具备哪些基本特征？

3. 常见的教学评价的类型有哪些？

>>> 推荐阅读

1. 沈玉顺：《现代教育评价》，上海：华东师范大学出版社，2002 年。

2. 涂艳国：《教育评价》，北京：高等教育出版社，2007 年。

3. [日]吉田辰雄：《教育评价的理论与实践》，关益等译，北京：春秋出版社，1989 年。

第十一章 课程理论与实践

学习目标

1. 识记几种主要的课程定义。

2. 分析经验主义、学科中心主义、社会改造主义、后现代主义等课程理论流派的主张。

3. 能举例分析学科课程、活动课程、综合课程、核心课程优缺点。

4. 理解世界课程改革的发展趋势。

课程作为一个实践领域，具有悠久的历史以及与之相伴相生的、丰富生动的教育智慧。养成课程意识、提升课程素养不仅成为每一位教育工作者的自觉追求，也是每一位关心和支持课程改革的社会大众所应具备的基本素质。为此，我们就需要了解课程的基本理论，把握现代课程的基本理念、掌握课程设计与课程实施的方法，以及新课程改革的发展趋势。

第一节 课程概述

课程是现代教育的重要载体，对于实现教育目的，完成教育任务，以及教育教学方式方法的选择、采用，具有重要的影响。在教育领域，课程是含义最复杂、歧义最多的概念之一。了解并掌握课程概念发展变化的过程及课程的主要流派，是掌握课程理论的前提。

一、课程的含义

课程是一个使用广泛而含义多重的术语。不同的人，在不同的时代、不同的情境中，所使用的课程概念的内涵和外延是不同的。从某种程度上说，每个人都有对课程的认识、理解与建构。

(一)课程的词源分析

课程的发展经历了漫长的演进过程，但课程概念的出现却并不那么久远。从课程发展史考察，我国早在课程一词尚未出现之前，古籍中就有了对教学内容进行安排的记载。如《礼记·王制》篇写道："乐正崇四术，立四教，顺先王诗、书、礼、乐以造士，春秋教以礼乐，冬夏教以诗书。"孔子就曾继承了古代的教育内容，以"六艺教人"，《诗》《书》《礼》《乐》《易》《春秋》为基本课程，奠定了封建社会教育内容的基础。后来，"四书""五经"成了封建社会学校的主要课程。东汉许慎在《说文解字》中指出，"课，试也"；"程，品也，十发为程，十程为分，十分为寸"。"试"是检验、考核之义，程是一种计量单位。"课程"一词在我国文献中的出现，始见于唐代，唐朝孔颖达在《五经正义》里为《诗经·小雅·巧言》的"奕奕寝庙，君子作之"句注疏："教护课程，必君子监之，乃得依法制也。"南宋朱熹在《朱子全书·论学》中亦有"宽着期限，紧着课程""小立课程，大作功夫"等句，这里的课程已含有学习范围、进程、计划之义。这与我们现在许多人对课程的理解有相似之处。

在英语世界里，课程(curriculum)一词来源于拉丁文 currere，其名词形式意为"跑道"，由此引申，课程就是为不同学生设计的不同轨道，从而形成了一种传统的课程体系；而 currere 的动词形式是指"奔跑"，由此理解课程，着眼点就会放在个体认识的独特性和经验的自我建构上。随着现代教育的发展，对课程的理解和认识也在不断发展。

(二)课程定义的理解

对于课程的理解，各类教育著作可谓见仁见智。教育与课程理论工作者从不同的侧面与角度建构了对课程的不同认识和理解。归纳起来，大致有以下几种。

1. 课程即教学科目

把课程等同于所教科目，在历史上由来已久。我国古代的课程有礼、乐、射、御、书、数六艺；欧洲中世纪的课程有文法、修辞、辩证法、算术、几何、音乐、天文学七艺。事实上，最早采用"课程"一词的斯宾塞，也是从指导人类活动方面的诸学科角度，来探讨知识的价值和训练的价值的。他最终把知识的系统组织定为课程的内涵，实质上是确立了课程即知识或系统化知识的观点，即把有价值的知识系统化，形成一定科目或学科，将这些学科的知识传授给学生，以实现教育目标。

这种课程观，强调学科知识的系统化及教育进程安排，课程内容的来源主要是人类长期积累的知识，教育的任务就是把经过选择并系统化的知识传递给学生，强调在学校教育中向学生传授学科的知识体系。然而，只关注教学科目势必会忽视心智发展、情感陶冶和创造性表现等对学生成长有重大影响的维度。事实上，学校为学生提供的学习，远远超出正式列入课程的学科范围。现在课程改革已明确把综合实践课列入课程，这说明将课程等同于学科是不完全的。

2. 课程即学习经验

美国教育家杜威根据实用主义经验论，反对“课程是预先决定的”这类观点。在他看来，手段与目的是同一过程不可分割的两个部分。杜威强调，课程应考虑学生的学习经验，要尊重儿童的兴趣需要，发展儿童的个性。杜威指出，儿童生来很弱，距离成人太远，教育的目的就是帮助儿童进入成人社会。成人社会是教育的远的目的所在，儿童则是教育的起点，课程是儿童到达成人社会的渡船。本来课程是儿童和社会之间的过桥，现在却离开两岸而独立了，课程与儿童生活的脱离造成了学科中心。所以杜威强调要重视学习者的兴趣、需要和个性；重视学习者与环境的交互作用；重视教育环境的设计与组织；兼顾课程过程与结果，预期的与未预期的经验。学生的学习取决于他自己学了什么，而不是教师教了什么。也就是说，唯有学习经验，才是学生实际意识到的课程。学生被视为有很大潜力的、独特的学习者，因此学生的经验是最为重要的。目前，西方一些人本主义课程论者都趋向于这种观点，他们开始把课程的重点从教材转向个人。

把课程定义为学习经验，目的是致力于学生最终能真正学到什么。因为经验是在学生对所从事的学习活动的反思中形成的，课程是学生体验到的意义与收获，而不是要再现事实或演示行为。从理论上讲，这一课程观似乎很有吸引力，但在实践中很难实行。此外，这一课程定义把学生的个人经验都包含进来，显得过于宽泛。

3. 课程即文化再生产

鲍尔斯和金蒂斯被认为是这一主张的重要代表人物。在他们看来，任何社会文化中的课程，事实上都是该种社会文化的反映，学校教育的职责是要再生产对下一代有用的知识和价值。政府有关部门根据国家需要来规定所教的知识、技能等，专业教育者的任务是要考虑如何把它们转换成可以传递给学生的课程。换言之，课程就是“从一定社会的文化里选择出来的材料”。然而，认为课程应该不加批判地再生产社会文化的想法是幼稚的，现实的社会文化远非人们想象的那样合理。倘若教育者以为课程无须关注社会文化的变革，就会使现存的偏见永久化。

4. 课程即社会改造的过程

一些激进的教育家认为，课程不是要使学生适应或顺从于社会文化，而是要帮助学生摆脱社会制度的束缚。他们建议应该把课程重点放在当代社会的主要问题和主要弊端、学生关心的社会现象，以及改造社会和社会活动规划等方面。课程应该有助于学生在社会方面得到发展，帮助学生学会如何参与制定社会规划，这些都需要使学生具有批判意识。

在这方面，当今最有影响的代表人物是巴西的弗雷尔(P. Freire)。他批评资本主义社会的学校课程已经成了一种维护社会现状的工具，使人民大众甘心处于从属的地位，或归咎于自己天性无能。所以，他主张课程应该使学生摆脱盲目依从的状态，即要使学生在规划和实施课程的过程中起主要作用。然而，在社会上，学校组织并未在政治上强大到足以促使社会发生重大变革的地步。因此，认为学校课程能够起到指导社会变革的作用就未免过于天真。

(三)课程的定义及其发展

上述每一种课程的定义，或多或少都有某些积极的特征，也都存在明显的不足。可以想象，由于人们不是指向同样意义的课程，所以有关课程定义的分歧将会继续存在下去。美国学者古德莱德(J. I. Goodlad)归纳出五种不同的课程：第一种是理想的课程，即指由一些研究机构、学术团体和课程专家提出应该开设的课程。如现在有人提议在中学开设性教育课程，并从理论上论证其必要性，就属于理想的课程。这种课程的影响取决于是否被官方采纳并实施。第二种是正式的课程，即指由教育行政部门规定的课程计划和教材等。第三种是领悟的课程，即指任课教师所领会的课程。由于教师对正式课程会有多种解释方式，因此教师对课程的领会与正式的课程之间会有一定的距离。第四种是实行的课程，即指在课堂里实际展开的课程。第五种是经验的课程，即指学生实际体验到的东西。

由此可见，不同内容的课程定义反映了定义者的基本观点和价值取向，每一种课程定义的背后都有其成文或不成文的理论基础。课程应该是按照一定的教育目的，在教育者有计划、有组织的指导下，学习者与教育情境相互作用而获得的有益于身心发展的全部教育内容。事物是发展变化的，课程的定义也是如此，在某一时期必有其存在形式，且是相对稳定的。但随着社会的发展和人们对课程认识的深入，课程的定义又将不断丰富、完善和发展。在对课程的探讨中，新的定义将层出不穷，每一个新定义，都是在继承前人研究结果的基础上的发展与完善。

二、课程研究的主要流派

课程是教育观念的集中体现，教育价值观不一样，对课程的理解也会不一样。在研究课程问题时，有的研究者注重知识的问题，有的关注课程中人的问题，还有的着眼于社会问题。这样，课程研究在宏观上就形成了三种不同的取向：知识中心课程论、学习者中心课程论以及社会中心课程论。

(一)知识中心课程论

知识中心课程论又称为学科中心课程论，这一课程流派认为知识是前人获得的关于世界的正确认识，知识的学习有助于学习者快速地提升自我的认识能力，有效地为未来的生活做准备。因此，学校的课程应从人类已经获得的各领域的认识中进行选择，并分门别类地加以组织，形成有系统、有逻辑的教学科目。

知识中心课程论在不同时期表现不同，其内在原因是人们对什么知识最有价值的理解不同。在教育史上，有代表性的知识中心课程理论有夸美纽斯的泛智主义课程理论、斯宾塞的实用主义课程理论、巴格莱的要素主义课程理论以及布鲁纳的结构主义课程理论。

(二)学习者中心课程论

学习者中心课程论强调，教育首先要考虑的是学习者作为人的基本需要，突出教育的人的发展功能。因此，学校的课程应该以学习者发展的需要和特征为出发点，以追求人的和谐发展为目标，课程应使人的本性、人的尊严、人的潜能在教育过程中得到发展。学校课程的选择应从人的需要出发，而不是从学科逻辑出发。这一流派比较有代表性的理论有杜威等人的经验自然主义课程理论、派纳等人的“存在现象学”课程理论以及马斯洛、罗杰斯等人的人本主义课程理论。

(三)社会中心的课程论

社会中心课程论又称为社会改造主义课程论，以布拉梅尔德为代表。社会中心课程论者认为，学校教育的最终目的是促使学生认识到当前社会的问题和不尽如人意的方面，提升学生反思和批判社会的能力，进而达到教育改造社会的功能。因此，课程的重点应放在当代社会的问题、社会的主要功能、学生关心的社会现象以及社会改造上，应让学生广泛地参与到社会中去，课程不应该帮助学生去适应社会，而是要建立一种新的社会秩序和社会文化。

三、课程的类型

在教育史上，曾出现过各种各样的课程理论。课程类型按照不同的标准有不同的划分。如从课程内容所固有的属性来区分，分学科课程与经验课程；从课程计划中对课程实施的要求来区分，分必修课程和选修课程；从课程设计、开发和管理主体来区分，可分为国家课程、地方课程与校本课程；从课程的表现形式以及影响学生的方式上划分，可分为显性课程和隐性课程。20世纪以来，具有较大影响的课程理论有学科课程论、活动课程论和结构课程论。

(一)学科课程

以学科为中心的课程论是一种古老的课程理论，它主张将课程内容分成学科，每一学科以本学科知识的逻辑体系为中心来编写教材。我国古代，第一个提出分科教学的是孔子。他将教学内容分为礼、乐、射、御、书、数六科。西方有亚里士多德、赫尔巴特、斯宾塞等。

学科课程又称分科课程，就是分别从各门科学中选择一定内容，组成各种不同的学科，由这些学科组成学校课程体系，彼此分立地安排它们的顺序、学习时数和期限。在课程编制方面，它强调根据各门学科知识固有的逻辑体系来加以安排，强调每一学科的逻辑组织，要求按照学生学习心理的规律和知识水平来安排学科的结构。它的优点是，对学生而言可以系统地掌握比较扎实的知识，锻炼智力，短时间内以少量的精力获取人类长期积累起来的大量知识。对教师而言，也比较容易组织教学，容易进行评价。

学科课程的不足之处也是十分明显的。第一，提供的教材注重逻辑系统，课程实施中容易重记忆而轻理解。第二，在教学方法上容易偏重知识的授受，而忽视了学生的兴趣和需要。第三，教学组织形式划一，不能充分实施适应能力的个别化教育。

(二)活动课程

活动课程论的代表人物是美国的教育家杜威。他主张以儿童的生活经验为教学的基本内容，以儿童本身的活动为学校课程的中心。活动课程又称经验课程(experience curriculum)、生活课程、儿童中心课程。它是从儿童从事某种活动的动机出发，把课程编排得同生活经验的发展顺序相一致，让学生从做中培养兴趣，解决问题，获得经验，锻炼能力。杜威主张以生活化的活动教学代替传统的课堂教授，以儿童的亲身经验代替书本知识，以学生的主动活动代替教师讲授。他主张课程中居中心位置的应该是各种形式的活动作业。

活动课程着眼于促进学生的个性自主和谐地发展，以学生的直接经验为重要内容，以培养学生的能力为主要任务。它的特点主要有：其一，教学过程的实践性。活动课程是使学生在动态的实践活动中动手动脑，使多种感官协调运动，并通过实际操作和亲自体验获得直接经验，巩固课堂教学中获得的知识和技能，从而扩大视野、发展能力，弥补学科课程重知识轻实践的缺陷，活动课程则主要让学生获得包括直接经验和感知的新信息在内的个体教育性经验。其二，教学形式的灵活性。首先是时空上的灵活性，活动课程不同于学科教学，活动的时空不受课堂限制可根据实际灵活选择，既可以在课堂内或课堂外进行，也可以在校外多种社会实践活动中进行。其次是活动方式的灵活性，由于活动课程的内容广泛多样，因而与之相适应的活动方式必须有很大的灵活性。具体活动方式应依据活动内容、学校环境条件、师生特点灵活选择，可以是个人活动、小组活动，也可以是群体活动。其三，教学主体的创造性。活动课程要求充分发挥个人的创造性和各种特长，学生可以根据自身的个性特点，自由选择活动项目。在活动中学生可以自我组织、自我设计和自我评价，教师鼓励每个学生自由而充分地发表意见，从而使学生将分科课程的知识真正纳入自己的知识结构，并能进行大胆想象、探索和创新。其四，教学评价的过程性。活动课程明显区别于学科课程的是，它对过程的关注要超过对教学结果的关注。活动课程的结果，通常表现为某种形式的"产品"，或是一项科技小发明，或是一次实地采访，但活动课程注重的不是"产品"本身，而是学生在创造这些产品时的过程体验。

总之，活动课程较之学科课程，提供给学生更为广泛的学习空间和更为充分的动手操作机会。学生在获取知识和运用知识的过程中更带有明显的自觉性，即使遇到困难，学生也往往会主动地克服，对于培养能力、发展智力是很有帮助的。但同时也应看到，儿童从活动课程中获得的知识往往是支离破碎的知识点，缺乏系统性和连贯性，有较大的偶然性和随机性。

(三)结构课程

结构课程论是由美国心理学家、教育学家布鲁纳提出来的。它强调按照学科的基本结构编排教材，主张原理和态度的迁移应该是教育过程的核心。在课程设计上，主张根据儿童的智力发展的特点安排学科的基本结构。所谓学科的基本结构，就是指每一学科的基本概念、原理和规律的体系。布鲁纳认为"基本"这个词含有普遍而强有力的适应性之意，基本结构越能归结为定义、原理或法则，就越有利于学生理解、巩固和迁移。

布鲁纳的课程主张是当代学科结构课程理论的新发展。他倡导立足于"学科结构"之上的"发展学习"，其目的在于通过学习者的学习，习得基本的概念与迁移力。布鲁纳的结构课程倡导发现法，在重视学生获得知识的态度与科学方法，培养学生的探索精神和创新能力方面具有借鉴意义。但是，这种课程论由于着眼于选拔尖子人才，过分强调了理论教学，忽视了大多数学生的接受能力，教材过于抽象，难度较大，所以美国在20世纪60年代初以该课程论为指导的课程改革没有收到预期效果。

(四)综合课程

综合课程其根本目的是克服学科课程分科过细的缺点。它采取合并相关学科的办法，减少教学科目，把几门学科的教学内容组织在一门综合学科之中，以认识论、方法论、心理学、教育学等学科为理论基础。

1. 相关课程

相关课程是让两个或两个以上的学科建立共同的关系，但各学科仍保持其原来的独立状态。心理学家认为，综合课程可以发挥学习者的迁移能力。通过综合课程的学习，学生常常会把某一学科领域的概念、原理和方法运用到其他学科领域。这样，不同学科的相关内容就会互相强化，学习效果就能得到加强。例如，当历史课讲到唐宋历史时，语文课上相应地出现有代表性的唐诗宋词；当地理课讲到欧洲地理时，英语或语文课上便出现欧洲文学作品或介绍欧洲政治历史、风土人情的课文。在自然学科中，特别是物理、化学课，经常跟数学的教学相联系，当物理、化学课上遇到新的计算问题时，有关的数学知识必定是数学课上已经讲过的。强调不同学科课程之间在知识单元上的相互配合与联系，这就是相关课程的主旨。它对于克服学科课程彼此封闭的缺陷，对于优化学生的知识结构都是有帮助的。

2. 融合课程

融合课程就是将相互关联的学科整合，构成一种新的学科，合并后原来学科不再单独存在。在中小学课程中，生物课就是动物学、植物学、微生物学、生理学、解剖学、遗传学的融合。地理课也是地质学、自然地理、人文地理、历史地理的融合。大学里的融合课程有数理社会学、社会统计学、环境社会学、生态伦理学、医学心理学等。与相关课程相比，融合课程超越了各学科原有的逻辑，形成了一门新的学科课程，综合性程度远远超过了相关课程，但同时开发的难度也相当大。

3. 广域课程

广域课程是以某项知识为核心，把与之有关的各种知识都整合在一起，由此所形成的一种高度综合的课程形式，也就是合并数门相邻学科的教学内容而形成的综合性课程。广域课程与融合课程具有相同之处，但它涵盖的范围要宽广得多，不仅包括相互关联的学科知识，实际上，人类所有的知识都可以被整合。典型的例子是英、美等国广泛采用的社会研究课。开始，这门课是把历史和地理加以融合而形成的。后来在合并史地的基础上又加入了经济学、社会学、政治学、法学和人类学的有关内容。此外，综合自然科学综合了物理、化学、生物、生态、生理、实用技术等；语言艺术综合了文法、阅读、写作、戏剧、电影、电视、新闻和实用语言等；创造艺术综合了绘画、美工、雕塑、音乐、舞蹈、工艺、广告艺术等。

4. 核心课程

核心课程又称问题课程，或中心课程，它是以某一学科或问题为核心，将其他学科组织起来围绕核心组成课程。这些问题就像包裹在教学内容里的果核一样，所以有时又被称为"问题中心课程"。在普通中小学开展环境教育、法制教育、国防教育、健康教育、人口教育、婚姻和家庭教育的时候，都可以采用这一课程形式。

课程的综合化是现代课程发展的趋势，但关于综合课程的研究和尝试，目前仍处在探索阶段，公认的成熟的综合课程并不很多。而且，我们应该认识到，分科课程与综合课程有各自的独立价值，都有其自身存在的依据，在今后的课程发展中将会共同存在。

(五)显性课程与隐性课程

显性课程和隐性课程是从课程的表现形式以及影响学生的方式上划分的，它们共同构成学校课程的全貌——"实际课程"。

1. 显性课程

显性课程是学校课程表内列入的所有有组织的活动，是学校以直接的、外显的方式呈现的课程，是学校教学计划中有明确规定的教育内容，它包括我们前面分析过的学科课程和活动课程。显性课程是学校有意识设置的，学生有意参与活动的成分很大，对学生发展一般起正向的影响。学生在显性课程中获得的主要是预期性的知识。

2. 隐性课程

隐性课程是学校教育环境中以间接的、潜隐的方式呈现的课程，是那些在学校政策、课程计划上并没有明确规定，然而是学校中常规的、有效的教育内容。隐性课程是学生在学习环境(包括物质环境、社会环境和文化体系)中所学习到的非预期或非计划性的知识、价值观念、规范和态度。隐性课程的主要范围或类型包括如下几个方面。①学校的物质、社会和文化环境。学校中的建筑、设备、景观和空间的布置，可能会产生一些意想不到的影响。此外，学校或班级中师生关系或同伴关系所形成的社会体系，或是学校的"校风"、班级的"班风"，也都会对学生产生潜移默化的影响。②社会制度中的价值观念、利益分配的相互关系是隐性课程的重要领域。③情意方面的学习、理想信念和价值观的形成，也成为隐性课程探讨的重要课题。④特殊的认知学习、直觉学习。对有些特殊材料，内隐学习(无意识学习)会取得更好的效果，这便构成隐性课程的一个重要方面；直觉学习、创造性思维、灵感的产生等，也构成隐性课程的重要方面。

显性课程与隐性课程之间存在着内在联系。一方面，在课程实施的过程中常常伴随着隐性课程；另一方面，隐性课程也在课程实施的过程中不断地转化为显性课程。

专栏 11-1

从画苹果看中、日、美三国老师的课程文化差异

一、课程故事描述

华东师范大学吴刚平博士，在进行新课程培训中曾经描述了中国老师、日本老师和美国老师怎样教孩子们画苹果的课程故事：

中国老师走进教室："同学们，上一节美术课，我们学习了画水杯，这一节课我们学习画苹果。大家先观察我是怎样画的。注意，先画一个正方形，注意，这个正方形要画得轻一些，因为最后要擦掉……好了，老师画完了。现在请大家拿出美术本开始画，注意，我是怎么画的。"——中国学生一次就画出了最像苹果的"苹果"。

日本老师手里拿一只苹果走进教室："同学们，这是什么？……对，这是苹果，大家喜不喜欢？如果喜欢，我可以拿到大家面前，大家可以看一看，闻一闻，摸一摸……但是这个苹果不能吃，因为只有一个苹果，而且我们这一节课要学习画苹果。"然后，将苹果放在讲台上。"现在，大家可以画苹果了。"——苹果还在，学生有了观察的对象，第一次画得可能像梨，第二次画得就有点像苹果了。

美国老师提着一篮子苹果进教室："同学们，这是什么？……对，这是苹果。大家喜不喜欢？如果喜欢，大家可以上来拿一个。"同学们各自拿了一个苹果，老师接着说："大家可以看一看，闻一闻，摸一摸，玩一玩……另外，这些苹果老师都洗干净了，如果喜欢，还可以把它吃掉。"一段时间过去，许多学生已经吃掉了苹果，这时老师开始布置任务："同学们，我们这一节课要画苹果，现在请大家在自己的本子上画上苹果。"苹果已经吃掉了，学生第一次可能画得像南瓜，第二次可能像梨，第三次画得才有点像苹果。

二、课程故事解读

从三个国家老师的课程故事所描绘出的课堂场景看，中国老师、日本老师和美国老师各自课程故事中隐含的课程文化和理念差异非常显著。

中国老师：知识本位，教师主体，注重预设和控制，强调“教”的过程，关注学习结果，凸显的是接受性学习，封闭性学习，抽象学习，外部操作学习，看不出内部操作过程。

日本老师：以学生为主体，教学较为开放，关注知识的情景性，凸显的是观察学习，自主学习，有明显的内部操作过程。

美国老师：以儿童为中心，为主体，关注个体，张扬个性，注重真实的学习情景创设，课堂氛围民主、开放，凸显的是自由学习，自主学习，情景学习，体验学习，活动化学习，个性化学习，学习者内部言语操作过程非常鲜明，不关注学习结果。

三、课程故事感悟

从表面上看，中国老师的教学效果明显优于日本和美国老师，中国学生“一次就画出了最像苹果的‘苹果’”。当然这一句话里的“苹果”，实质上是隐喻了中国老师教出来的中国学生基础知识的扎实。

但是正是在这“科学主义，技术理性，工具理性，现代科学课程范式支持下的应试教育表象，掩盖着中国当代教育的深刻‘危机’”。

“高分低能”就是这样被打造出来的，中国孩子的个性，创新潜能就是这样泯灭的。没有个性教育的文化土壤，创新教育只能是神话。

同样是画苹果，差之毫厘，失之千里。三个小小的课程故事，其中蕴含着深厚、迥异的课程文化，不同的课程故事塑造着本质迥然的国民性格。中国千人一面的教育，“工业标准化教育”只能抑制孩子创造的天性；而美国的个性化教育，才是激活人的创造潜能的真正的创新教育。

人是怎样被文化重塑的？人性是怎样被扭曲的，我们只要重做一遍“跳蚤变爬蚤”的科学实验，其答案自然就昭然若揭了。

写到这里，我又不由得想起20世纪初德国雅斯贝尔斯的意味深长的话：“通过一连串的考试，一步步地抵达目的地，这种方式对不能独立思考的芸芸众生来说，是十分有利的，而对有创造精神的人来说，考试则意味着自由学习的结束。”教育不能没有考试，问题出在只为考试的教育。

资料来源：节选自《中国教师报》，2004-02-04，“专家谈课改”栏目。

第二节 课程编制

课程编制是一个完整的课程从设计、实施到评价的动态过程，如基础教育中的课程是如何产生的，课程涉及哪些要素，这些都是课程编制的问题。泰勒在《课程与教学的基本原理》一书中指出，任何课程的编制都必须回答四个基本问题：确定教育目标、选择教育经验、组织教育经验、评价教育计划。下面主要从课程编制的基本原则、课程目标、课程的具体表现形式方面来进行阐述。

一、课程编制的基本原则

课程编制涉及课程目标的确定、课程内容的选择与组织等关键问题。从理论上讲，课程编制主要应遵循以下基本原则。

(一)课程内容的科学性与思想性

课程内容首先必须是科学、可靠的知识，是经过批判性检验得到证实的客观真理。狭义的科学信奉的是客观，只强调科学，容易使人仅仅专注于客观的世界，从而疏远和遗忘了人自身生活的价值世界、意义世界或心理世界，这种疏远和遗忘是很危险的。比如，人类生存环境的恶化，伦理道德的沦丧，人性的扭曲与堕落等，就是片面强调科学技术的产物。这里所讲的课程的“思想性”，从大的方面讲是指对学生进行人文精神的教育，从小的方面讲是对学生进行思想政治教育、伦理道德教育。强调教材的科学性与思想性，说到底是一个科学教育与人文教育相结合的问题，即科学教育并不限于自然学科，人文教育也不限于人文学科。

(二)课程内容的基础性与根本性

中小学教育的基本任务是要使学生有效地掌握人类文化遗产中的精华部分，并充分发展学生各方面的能力，以适应现实及未来社会发展的需要。因此，课程内容的选择必须是一门学科内最基本的、经得起检验的、具有稳定性和范例性的知识与技能。一方面，当代社会信息量激增，知识迅猛发展，让学生在有限的时间范围内吸收人类所创造的或社会发展所需要的全部知识技能已变得不可能；另一方面，学生只有牢固而扎实地掌握一门学科的基础知识与基本技能，才能具备继续学习的后劲或广泛的适应性。美国教育家布鲁纳强调应让学生掌握一门学科的基本结构，以促进学习的一般性迁移，也从一个侧面说明了注意课程内容基础性的必要。不过，我们强调课程内容的基础性与根本性，并不排斥在教材中适当吸收和反映最新科学知识的可能及其意义。事实上，一门学科的基础知识并不是一成不变的，随着科学知识的发展，新的带有根本性、基础性的知识会不断产生。如果我们不根据这一变化及时更新课程内容，将新的科学知识补充到原有课程内容中去，原有的课程内容就会显得陈旧和滞后，显得落后于时代与社会的发展。因此，我们应从动态、变化的角度去理解和把握课程内容的基础性与根本性。

(三)课程内容应面向、贴近社会生活

课程内容脱离社会实际，历来是教育改革家抨击的焦点，世界各国均是如此。课程内容应贴近社会生活是指，课程内容的选择应该考虑到让学生了解社会、接触社会，掌握一些解决社会问题的基本技能。即使在选择学术性学科内容时，课程内容也应该尽可能地联系社会生活的实际与需要，以便学生将来毕业后能够很好地适应社会生活，能够将所学知识迁移到社会生活的实际情境中去。需要指出的是，强调课程内容应贴近社会生活，并不意味着课程内容要与现实社会生活内容一一对应，或者社会需要什么，课程内容就应包括什么。这是因为，一方面，各门学科有它自身的逻辑结构。另一方面，课程内容的选择不能只考虑它与现实社会存在之间的关系，也要考虑它与未来社会发展之间的关系；不能只考虑它对个人谋生的关系，也要考虑它对个人自我完善及精神发展的关系。课程内容面向、贴近社会生活典型的方式有两种，一是设置专门性的以社会问题为中心的综合课程；二是在各门传统的学科课程中渗透、联系社会生活的内容。

(四)课程内容的编排与组织应考虑到知识的内在逻辑与教学法要求

每门学科都有它自身的系统性，因此，编写每门学科的课程必须考虑到这门学科本身的内在逻辑。但是，一门学科不是相应科学的缩写本，它必须把科学知识的系统性与教学法要求统一起来。所谓教学法要求主要是指教科书的编写应有利于教师的教与学生的学。具体来讲，它有这样几个含义：一是要求教材的内容选择要遵循“适度新颖”的原则，不可偏难或偏易。二是要求教材的组织与编排要符合学生认识发展的规律或心理发展的特点。比如，课程的编制应兼顾同一年级各门学科内容之间的横向联系，以及同一学科各年级教材内容之间的纵向衔接，兼顾课程内容的逻辑组织与心理组织、直线式排列与螺旋式排列等。三是要求教材的编排形式应有利于学生的学习。比如，教科书的内容阐述要层次分明，文字表述要简洁、精确、生动、流畅；标题和结论要用不同的字体或符号标出，使之鲜明、醒目；封面、图表、插图等，要力求清晰、美观等。

二、课程目标

课程目标是学校办学目标的具体化，是课程本身要实现的具体目标和意图，规定了学生通过课程学习以后，期望达到的程度。课程目标既是课程编制的起点，也指引着课程编制努力的方向，同时也是课程实施效果评价的基本依据。课程目标是指导整个课程编制最为关键的准则，是课程内容选择、课程实施、课程评价的依据。

(一)行为性目标、生成性目标以及表现性目标

按照课程目标的表述形式，可以把课程目标分为行为性目标、生成性目标和表现性目标。

1. 行为性目标

行为目标的倡导者是课程专家拉尔夫·泰勒。行为目标指尽可能地用可观测的动词来标志学生学习特定课程内容后的行为变化。这种目标的基本特点是具有精确性、具体性和可操作性。

课程目标采取行为目标的方式陈述，它体现了“唯科学主义”的教育价值观，以行为的有效控制为核心，认为整体等于部分之和，为了对人的行为进行有效控制，可以对目标进行分解，使之尽可能具体、精确，从而具有最大限度的可操作性。因此，其缺点也很明显。首先，很多教育影响不能用行为的方式来表现，例如，人的思想、情感等方面。其次，行为目标把学习分解成各个独立的部分，而不是把学习视为一个整体，这不利于学生整体个性的养成。最后，事先明确地规定课程目标可能不适合实际情况，成为强加给教师的东西。课程与教学是一个动态发展的过程，在课程与教学还未被开发实施前就预定好了以控制为本的“行为目标”，这不可避免地限制了学生在课程与教学开发过程中的积极性与创造性，也限制了课程与教学开发的无限性和人的发展的主动性。另外，隐性课程往往也是无法预测和预先具体化的。

2. 生成性目标

生成性目标是在教育情境中随着教育过程的展开而自然生成的课程与教学目标。生成性目标的思想可以追溯到杜威，主要倡导者是斯滕豪斯和罗杰斯。生成性目标是指随着教育过程的展开自然生成的目标。杜威认为，目的不应该是预先规定的，目的是在过程中内在地被决定的。英国学者斯滕豪斯认为课程不应以事先规定的目标(或结果)为中心，而要以过程为中心，即要根据学生在课堂上的表现和问题而设置。

生成性目标关注了教师和学生在课程实施中的主动性，重视课堂教学的过程性，有着重要的意义。它强调了教育过程中学生在与教育情境的交互作用中所产生的属于自己的目标。但是，这一目标也存在明显缺陷。如果教师没有经过课程与教学开发的严格训练，很难在课程与教学活动中发挥出同学生对话、交流与引导的能力和水平，而且即使老师受过这样的训练，在教学过程中，教学方法的选择、教学时间的控制、额

外时间的投入等各种要求都会阻碍教育、教学过程中目标的生成与发展。毕竟课程教学活动是一种有目的的活动，一味地重视生成必然造成课程教学系统性、规范性的丧失。因此，在课程教学的问题上，如何处理好预设与生成的关系，是一个重要的问题。

3. 表现性目标

表现性目标的主要倡导者是艾斯纳。表现性目标是指每个学生在具体的教育情境的各种相互作用中所产生的个性化表现。当学生的主体性充分发挥、个性充分发展的时候，他在具体教育情境中的具体行为表现及所学到的东西是无法准确预知的。因此，表现性目标所追求的不是学生反应的同质性，而是反应的多元性。它关注的是学生在活动中表现出的首创反应的形式，是从事活动后的结果，而不是活动之初的预定目标。

表现性目标是对课程与教学行为的一种批判。艾斯纳认为，行为目标可能适合于某些教育目的，但是不适合于用来概括我们所珍视的大多数教育期望。因此，他主张在设计和评价课程时，除了有行为目标外，还应该有解决问题的目标和表现性目标。实际上，表现性目标虽然强调个性的发展与主体意识的提升，但在表述上是模糊的，不能起到课程与教学的指南作用，特别是在班级授课的情况下，很难让每个学生得到充分的发展并保证使所有的学生都达到课程与教学计划的基本要求。

(二)布卢姆的教育目标分类

1956年，布卢姆出版了专著《教育目标分类学》一书，由于布卢姆没有对教育目标做明确的界定，人们一般理解为课程教学目标。按照学习的领域，布卢姆提出把教育目标分为认知、情感和动作技能三个目标领域，并按照由低到高、由简到繁的顺序把每个目标领域再细分为多个层次和水平。布卢姆详细地阐述了认知领域的目标层次，情感领域和动作技能领域目标则由其他的学者完成。

1. 认知领域

认知目标一般分为知识、理解、运用、分析与综合、评价六个层次。

知识是指对具体事物和普通原理的回忆、对方法和过程的回忆或者对一种模式、结构或框架的回忆。它所要求的心理过程主要是记忆。

理解是指这样一种理解或顿悟：个人不必把某种材料与其他材料联系起来，也不必弄清它的最充分的含义，便知道正在交流的是什么，并能够运用正在交流的这种材料或观念。它可借助三种形式来表明：转换、解释和推断。

应用是指能将习得的材料应用于新的具体情境，应用代表高水平的理解。

分析指将材料分解成各种组成要素或组成部分，以便弄清各种概念的有关层次，或者弄清所表达的各种观念之间的关系。分析是比运用更高的智能水平。分析包括三种形式：要素分析、关系分析和组织原理的分析。

综合是指能将部分组成新的整体，它强调创造能力，需要产生新的模式和结构。

评价是指对材料作价值判断的能力，这是最高水平的认知学习结果。评价包括两种形式：一是根据内在证据来评价，二是根据外部准则来评价。

2. 情感领域

情感领域教育目标的分类是依据价值内化的程度，它一般包括接受或注意、反应、价值判断、价值的组织和价值的个性化。学习者的情感培养和学习是教学目标中的重要方面。情感学习与形成或改变态度、提高鉴赏能力、更新价值观念等有关。但是，要将上述这些情感的心理过程转化为可观测的外显行为的学习目标是非常困难的。

3. 动作技能领域

动作技能领域包括知觉、定势、引导的反应、机械动作、复杂的行为反应、适应、创作。知觉，是通过感觉器官觉察客体、性质或关系的过程。例如，通过机器运转的声音，知道机器运转的毛病。定势，指为某种特定的行动或经验而做出的预备性调整或准备状态。例如，渴望熟练地操作钻床。引导下的反应，指个体在教师指导下，或根据自我评价表现出来的外显的行为。例如，根据示范表演一种舞蹈；通过尝试各种程序，发现烫平短衫的最有效的方法。机械动作，指学习者的反应已成为习惯，能以某种熟练和自信水平完成动作。这一阶段的学习结果涉及各种形式的操作技能，但动作模式并不复杂。复杂的外显反应，指个人能够表现复杂的动作和行为。例如，演奏小提琴的技能。适应，指改变动作活动以符合新的问题情境。例如，通过改编已知的舞蹈技能，形成一种新的现代舞蹈。创作，指创作出新的行为方式及动作。例如，创造一种现代舞蹈。

布卢姆的教学目标分类理论是教学理论领域里的一场革命，首先它在一定程度上拓展了理论研究的深度，使教学目标的建构更加科学化、合理化，细化得也比较具体。当然这种分类理论也有其不足之处。布卢姆把教学目标分割成认知领域、情感领域、动作技能领域，每个领域又分割成不同的部分，每一部分又有具体的规定性，这样，一个完整的目标体系就被分割成彼此毫无联系的各个孤立的部分，从而破坏了目标系统完整性的和谐。另外，其关于各个领域内不同层次的分类也有些不科学。而且学习者的学习结果和学习能力也并非都是以行为表现出来，特别是学习者学习过程中的内在体验等一些隐性方面的收获不一定都能通过行为表现出来。因此，布卢姆的教学目标分类理论有一定的局限性，在使用的时候必须加以注意。

三、课程的具体表现形式

我国普通学校的课程主要表现为课程计划、课程标准和教材。

（一）课程计划

1. 课程计划的概念和意义

课程计划又称教学计划，是根据一定的教育目的和培养目标，由国家教育行政部门制定的关于学校教学和教育工作的指导性文件。课程计划决定着教学内容总的方向和总的结构，并对有关学校的教学、教育活动，课外、校外活动和生产劳动等方面做出全面的安排。课程计划是课程的总体规划，是培养人的蓝图。课程计划是国家对学校教学和教育工作的统一要求，也是学校组织教学和教育活动的重要依据。

2. 课程计划的内容

课程计划具体规定学校应设置的学科、各门学科的意义和任务、学科开设的顺序、课时分配、学年编制与学周安排以及其他类型课程的设置情况等内容。

(1)学科设置

开设哪些学科是课程计划的中心问题。人类积累的知识浩如烟海，学习什么是一个大问题。我国中小学的学科设置，基本上以恩格斯对科学的分类方法为依据，选择其中最一般的、对青少年而言最必需的科学知识构成学科，分科设置，纳入课程计划。各门学科既有自己的独立系统，又有必要的相互联系。当然，学科和科学之间既有联系又有区别。学科是根据学校的任务、学生年龄特征和发展水平，选择必须掌握的某门科学的基础知识所组成的教学科目，也就是某门科学的基础。在中小学，凡科学上还有争议和未确定的内容，一般不包括在学科之内。而科学则是反映自然、社会和思维规律的分科知识体系，它不仅在叙述范围及性质上与学科不同，在叙述的程序上也不一样。科学是从一般理论的结构和原理出发，而学科则多从其对象、任务不同，各门学科的知识范围、性质也不一样。但应当说都是必要的和重要的，不能人为地把学科分成“主科”“副科”，以致影响学生的发展。

(2)学科顺序

学科确定之后，就有一个开设的顺序问题。各门学科不能同时齐头并进，也不宜单科独进，一定要按规定年限、学科内容、各门学科之间的衔接、学生的发展水平，由易到难，由简到繁，合理安排，使先学的学科为以后学习的学科奠定基础。例如，只有在学习了必要的数学知识之后，才能学习物理和化学。由于目前中学学制分初中、高中两段，因而各阶段的学科安排既要注意知识的衔接性，又要注意其相对完整性，以适应学生升学和就业的双重需要。

(3)课时分配

课时分配包括各学科的总课时数、每一门学科各学年(或学期)的授课时数和周学时等。应根据学科的性质、作用、教材的分量和难易程度，恰当地分配各门学科的授课时数。语文、外语、数学是基础工具学科，内容多、练习多，所以占用时间也较多。

(4)学年编制和学周安排

学年编制和学周安排指学年阶段的划分、各个学期的教学周数、学生参加生产劳动的时间、假期和节日的规定等，是学校工作正常进行的保证。

(二)课程标准

课程标准是国家关于某一教学科目的纲领性文件，是国家对课程的基本规范和质量要求。它是教材编写、教学、评估和考试命题的依据，也是国家管理和评价教育质量的基础性文件。它体现了国家对不同阶段的学生在知识与技能、过程与方法、情感态度与价值观等方面的基本要求，规定了各门课程的性质、目标、内容框架，并针对课程实施中的重要问题提出了建议。自20世纪50年代以来，我国一直沿用“教学大纲”，2001年正式改为“课程标准”。

课程标准对教学目标、教学内容、教学实施、评价及教材编写做出了一些指导和建议，但这种影响是间接的、指导性的、弹性的，给教学与评价的选择余地和灵活空间都很大。为了确保国家课程标准能够在全国绝大多数学校的绝大多数学生身上实现，减少中间环节的“落差”，需要在国家课程标准中附带提供推广或实施这一标准的建议，主要包括教与学的建议、评价建议、课程资源的开发和利用建议，以及教材的编写建议等。同时要求在易误解的地方或陈述新出现的重要内容时，提供适当的典型性案例，以便于工作与教师理解，同时也是引导一种新观念的有效方法。

(三)教材

广义的教材指课堂上和课堂外教师和学生使用的所有教学材料，比如课本、练习册、活动册、故事书等。教师自己编写或设计的材料也可称之为教学材料。广义的教材不一定是装订成册或正式出版的书本。凡是有利于学习者增长知识或发展技能的材料都可称之为教材。狭义的教材即教科书，它是根据课程标准编定的系统地反映学科内容的教学用书。教科书是一个课程的核心教学材料。教科书除学生用书外，几乎无一例外地配有教师用书，很多还配有练习册、活动册以及配套读物、音像带等。

1. 教材的组织方法

(1)逻辑式组织

这是一种传统的组织方法，是按照有关科学知识的内在逻辑顺序组织教材的方法。它充分考虑学术研究的需要，采用成人的观点，固守本学科的范围，不与其他学科的教材内容发生交叉，按照一定的纲目系统排列本科目的教材内容，有条不紊，具有严密的逻辑体系。然而，它也容易在一定程度上忽视学生的兴趣和认知发展规律。

(2)心理式组织

这是革新的组织方法，也是进步主义教育家所倡导的组织方法。它以学生为本位，注重学生的兴趣、需要和能力，强调以学生的经验作为教材组织的出发点，逐步扩大教材的内容范围，使学生愿学、乐学，而较少考虑知识体系的完整性。一般说来，低年龄学生或逻辑系统不很明显的学科教材可采用这种组织方法。这种方法的优点是：重视学生的经验和心理特点，同学生的实际生活相联系，便于引起学生兴趣；其缺点是：忽视学科本身的内在逻辑体系，难以向学生提供系统的知识，不利于学生在有限的学习时间内获取大量完整的知识信息。

由于上述两种教材组织方法各有利弊，20 世纪 50 年代以来，一些教育学者开始将逻辑式与心理式两种方法调和起来组织教材，形成了折中式组织方法。他们兼顾学科与学生两方面的需要和情况，择采两者之长；不过在兼顾学科与学生这两方面，在不同的学科和学生不同的学习阶段，又有所侧重。例如，在小学低年级可侧重心理组织，到了高年级尤其是高中后，则侧重逻辑组织；就学科而论，高中数学、物理、化学、生物、历史、地理等科目着重采用逻辑组织法；音乐、美术、体育、劳持、公民、家政等科目的教材可以主要采用心理组织法。

2. 教材的编排方式

教材的编排方式将决定一个年级中某门学科的教学内容按照怎样的次序组成，或这门学科内容在几个年级的排列次序。教材的编排方式一般有两种：

(1)直线式排列

这种排列方式是对教材内容采取环环相扣、直线推进、不予重复的排列方式。也就是说，在教材的内容排列中，后面不重复前面已讲过的内容。

在这种编排形式下，学习有相当的难度。一般来说，难度不大的分科教材或教材中的非重点、非难点内容，可以采用这种排列方式。其优点是：可以有效地避免内容前后重复，节省学生的学习时间，提高教学效率。其缺点是：不能连续重复编排中小学教材内容中的重点和难点，可能使学习基础较差的学生难以掌握疑难知识。

(2)螺旋式排列

这是针对学习者的接受能力，按照繁简、深浅、难易的程度，使教材内容的某些基本原理重复出现，逐步扩展，螺旋上升。美国教育心理学家布鲁纳就曾提出过“螺旋课程”的观点。他认为，任何科学的基本原理，都能在智育上以正确的方式教给任何年龄阶段的任何学生。教材设计者的任务就是围绕社会公认的值得不断关心的重大问题和原理、按照成长中学生的思想方法，将其裁剪成适合于学生学习的方式，以螺旋上升展开的形式掌握它们。这种螺旋式的教材排列呈现为一种“倒立圆锥体”的结构，正如皮亚杰所说，是被一个越往上升开口越大的螺旋体所代替的颠倒的金字塔形象。螺旋式排列的优点是：重视学生的认知结构同教材结构之间的统一，易于保证学科知识的逻辑性，并适合学生的发展水平。不足之处是：在强调把知识进行心理学转译的时候，没有看到其局限性和不可行的一面，缺乏技术保障，往往会出现这样或那样的失误。布鲁纳倡导的课程改革之所以挫败，不能说与他没有解决好将知识进行心理学转译的技术无关。

总之，各种教材编排方式均有优缺点，应根据学科性质、学生特点和学习阶段等具体情况，选择某一种编排方式，或综合运用多种编排方式。

3. 教科书的编写

教科书集中反映了国家的意识形态和教育理念，体现了课程标准。它是根据课程标准编写的教学用书，是学生学习知识的主要材料和教师教学的主要依据，是师生顺利完成教学任务的重要条件。它一般由目录、课文、习题、实验、图表、注释、附录等部分构成，课文是其主要部分。

一本好的教科书通常应符合下列条件或原则。

(1)反映学科的基本概念和原理

这既是学科自身的基础，也是开发和发展学生智力的要求。不能仅仅从减轻学生的负担出发，对学科内容进行不恰当的消减，以致降低对学生的要求。

(2)遵循学科知识的系统性

学校教学是以教科书为依托进行的，学生的思想是凭借教科书的系统性得以有序发展和深化的。因此，教科书必须体现学科知识的系统性，不能搞成一堆零散知识的拼盘甚至是大杂烩。

(3)真正便于学生学习

教科书既是教师的教学用书，也是学生的学习用书，既要便于教师的教，也要便于学生的学。如果一旦离开教师的讲解，学生很难读懂，就不是一本成功的教科书。应充分考虑学生的学习需要，并使之成为自学用书。

(4)理论联系实际

中小学教科书应该既有知识，也有技能、技巧；既有理论观点，也有具体事实；既有基本原理，也有生活素材。

(5)科学性与思想性并重

一方面，中小学教科书的知识必须是科学上已有定论的真理性知识，必须坚决杜绝和摈弃错误的知识，不确切的、尚有争论的知识一般也不宜写入；另一方面，教科书应以正确的思想和方法论为指导，培养学生科学的世界观、人生观、价值观及良好的思想品德，贯彻教育性教学原则。

(6)富有启发性

有人在长期的教学实践中，提出了“适度的不确定性”原则，即在教材中有意识地安排一些“信息缺口”，利用这些“不确定性”要素创设“问题情境”，激发学生的思维活动和学习动机。

(7)具有可读性

教科书应难易适当，过深或过浅都会妨碍学生的学习兴趣；还要通俗易懂，语句流畅，笔调生动。

此外，还应注意教科书的印刷问题。不仅要逐步提高我国中小学教科书的印刷、装帧质量，而且要改变过于偏重文字符号，缺乏直观性和生动性的缺点。国外有关研究表明，在实物、形象、照片、图画、图表、文字符号中，其抽象程度依次提高，文字符号抽象程度最高。只有把这些信息符号最佳地结合起来，才能得到最佳的传播效果。这一点对于少年儿童来说尤其重要。

第三节　课程改革

1999 年中共中央国务院颁布了《深化教育改革，全面推进素质教育的决定》，我国正式启动了第八次基础教育课程改革。

一、我国基础教育课程存在的问题

我国基础教育的现状同时代发展的要求和肩负的历史重任之间还存在着巨大的反差。主要表现在以下几个方面。

（一）知识本位、学科本位

在这种知识观的指导下，学校教育必然会出现书本中心、教师中心、死记硬背的现象。这种知识本位的课程观最大弊端是：教师向学生展示的知识世界具有严格的确定性和简约性，这与以不确定性和复杂性为特征的学生真实的生活世界毫不匹配，教育、课程远离了学生活生生的生活。在实践中，与知识、技能的传授无直接关系的校内外活动，往往被看作是额外的负担而遭到排斥。这种知识本位的课程显然是不符合时代需要的。

（二）素质教育得不到真正的落实

我国教育的主要问题体现在如下几个方面：教育观念滞后，人才培养目标同时代发展的需求不能完全适应；思想品德教育的针对性、实效性不强；课程内容存在着“繁、难、偏、旧”的状况；课程结构单一，学科体系相对封闭，难以反映现代科技、社会发展的新内容，脱离学生经验和社会实际；学生死记硬背、题海训练的状况普遍存在；课程评价过于强调学业成绩甄别、选拔的功能；课程管理强调统一，致使课程难以适应当地经济、社会发展的需求和学生多样化发展的需求。这些问题的存在，以及它们对素质教育的制约，都足以说明推进课程改革的必要性和针对性。

（三）学科要求偏高

一些学科的内容面面俱到，内容复杂陈旧，常识性的知识繁多，体系过大，内容偏多、偏难、偏深，许多适应现代科技发展和现代化建设需要的知识没有及时吸收，缺乏学生能力训练和智力发展及生活教育的内容。

二、我国基础教育课程改革目标

课程改革强调课程要具有灵活性，如把必修课的标准定在大多数学生能接受的水准上，同时为不同的学生设置各种选修课，允许学生选学不同的课程。新课程改革提出了六个具体目标。

（一）课程目标方面

《基础教育课程改革纲要（试行）》指出：改变课程过于注重知识传授的倾向，强调形成积极主动的学习态度，使获得基础知识与基本技能的过程同时成为学会学习和形成正确价值观的过程。

课程目标、内容、组织、结构等方面大胆借鉴国际先进经验，敢于突破以往课程改革中的许多禁区，如“个性发展”“选修课程”“活动课程”

等内容在各地的课程计划、课程标准中都占有重要地位。课程目标更强调培养学生对事物的情感、态度、价值观。不是为知识而学习，而是要对所学的知识有深层的理解。例如，学习地理，就应该有环保意识；学了抗日战争的历史，就要激发爱国主义感情等。课程改革的三维目标是一个整体，而不是课程教学的三个方面或三个过程。知识和技能目标关注的是“学什么”的问题；过程与方法目标关注的是“怎么学”的问题；情感态度与价值观目标的一个重要的层面是“乐学”的问题(重视学生学习的兴趣、动机和良好的体验)，情感态度价值观目标还关注学生思想品德提升的问题。

(二)课程结构方面

《基础教育课程改革纲要(试行)》指出：改变课程结构过于强调学科本位、科目过多和缺乏整合的现状，整体设置九年一贯的课程门类和课时比例，并设置综合课程，以适应不同地区和学生发展的需求，体现课程结构的均衡性、综合性和选择性。

课程结构上注意更新课程种类，注意必修课程与选修课程的关系，努力实现课程的综合化。课程编制上，从过去以学科系统为依据，转向以社会实际为依据。除了学科课程外，强调设置实践性课程，通过实践活动培养学生综合运用在学科课程中学到的知识与能力，培养他们的创新精神和实践能力。在分科课程内部，加强了课程内容的综合性。综合课程的比重增多，使得课程结构的均衡性进一步增强。

(三)课程内容方面

《基础教育课程改革纲要(试行)》指出：改变课程内容“繁、难、偏、旧”和过于注重书本知识的现状，加强课程内容与学生生活以及现代社会和科技发展的联系，关注学生的学习兴趣和经验，精选终身学习必备的基础知识和技能。

课程内容上要实现学科知识与个人知识的内在整合。在知识内容上，从过去强调学习各学科的系统知识，转向强调知识的综合性、整合性，强调学科间的联系，把自然科学和人文社会科学结合起来。基础教育的主要目的是促进全体学生的全面发展，进而促进民族素质的提高。基础教育发展的目标定位才是课程内容改革的方向。

(四)课程实施方面

《基础教育课程改革纲要(试行)》指出：改变课程实施过于强调接受学习、死记硬背、机械训练的现状，倡导学生主动参与、乐于探究、勤于动手，培养学生收集和处理信息的能力、获取新知识的能力、分析和解决问题的能力以及交流与合作的能力。

课程实施要超越忠实取向，走向相互适应取向和课程创新取向。在教学过程中过去强调以教师为中心，现在则强调学生的自主性。变革的趋势是学生自主学习将加强，学生对教师的依赖性将降低。因此，无论在课程设置上，还是在教学中都要注意给学生留有自主学习的空间。这就要求教师必须在课前认真思索和准备，不断提升自己。否则，新课程即使提出了探究学习、合作学习、研究性学习等新的学习方式，也可能止步于教师落伍的教育观念和平庸的教学水平。

(五)课程评价方面

《基础教育课程改革纲要(试行)》指出：改变课程评价过分强调甄别与选拔的功能，发挥评价促进学生发展、教师提高和改进教学实践的功能。

课程评价的恰当运用可以发挥诊断、预测、管理、研究、发展等多方面的功能，尤其是对学生发展的促进作用，这是课程评价的根本出发点。因此，课程评价最终要超越目标取向的评价，走向过程取向和主体取向的评价。这样课程评价就把为人的发展服务与为社会发展和经济建设服务统一起来，重视了学生的个性发展，因材施教。

(六)课程管理方面

《基础教育课程改革纲要(试行)》指出：改变课程管理过于集中的状况，实行国家、地方、学校三级课程管理，增强课程对地方、学校及学生的适应性。

课程改革在课程行政管理体制上开始打破“集权制”的绝对支配地位，力求把“集权制”与“分权制”两种体制的优势结合起来，确立“一纲多本”的课程改革方略，以充分发挥中央与地方在课程教材改革中的积极性，使基础教育课程跟当地的社会、经济、文化、历史等相结合，为促进地区的社会发展服务。

三、我国基础教育新课程内容特点

新一轮基础教育课程改革所构建的新课程体系，在课程功能、课程理念、课程目标、课程内容、课程评价等方面都较以前有很大的突破与创新，特别是在课程内容领域的改革。

(一)突出教学与现实生活的联系

新课程改革在课程与教学内容上，一方面剔除了陈旧烦琐的内容，加强了与学生生活实际的联系；另一方面注重吸收了现代社会和现代科技的最新成果，使课程、教学内容与现代社会和科技发展前沿紧密联系。课程内容选取那些对学生来说具有现实意义的，与生活、与实际相联系的内容。学生一旦体会到所学的知识在生活中是有用的，便会产生浓厚的学习兴趣。

(二)注意体现学生身心发展的规律

根据学生身心发展的规律，儿童有一种与生俱来的以自我为中心的探索欲望和好奇心，在组织教学时充分适应和利用儿童的这种心理特点。另外，课程内容在难度上要具有一定的挑战性。这种挑战性并不意味着要难倒学生，而是要激励学生在学习的过程中不断地去获得成功的体验。因此，课程内容应处于学生“最近发展区”的范围内，让成就感始终伴随学生学习的旅程，以保证学生不会因过多的失败而放弃他们的努力，失去发展的机会。

(三)强调培养学生的问题意识

传统教学是把传授知识作为教学的主要方式，往往忽视学生问题意识的激发和培养，学生普遍不能或不善于提出，不敢或不愿意提出问题。而新课程注重引导学生深入钻研，积极发问，提出有价值的问题，激发学生求知的热情，鼓励学生想象与思考。

(四)注重引导学生学习方式的转变

新课程在课程内容设计上改变过去呆板、机械的学习方式，引导学生进行观察、实践、体验、感悟、合作与交流，使学生学习方式多样化，同时锻炼学生的观察能力、思维能力和表达能力，培养他们的合作精神。

(五)留足创新和自主的空间

新课程所倡导的教学观认为，课程的内容和意义在本质上并不是对所有人都相同，在特定的教育情境中，每一位教师和学生对给定的内容都有其自身的理解，对给定内容的意义都有其自身的解读，从而对给定的内容不断进行变革与创新，以使其不断转化为“自己的课程”。因此，教师和学生不是外在于课程的，而是课程的有机构成部分，是课程的创造者和主体。他们共同参与课程开发的过程。这样教学就不只是课程传递和执行的过程，而是课程创生与开发的过程。教学过程因此成为课程内容持续生成与转化、课程意义不断建构与提升的过程。在这种背景下，教学改革真正进入教育的内核，成为课程改革与发展的能动力量，成为教师与学生追寻主体性、获得解放与自由的过程。

四、当代课程改革的发展趋势

20世纪下半叶，尤其是20世纪后期以来，为了迎接全球化、信息化时代的挑战，无论发达国家或发展中国家，都力求培养具有更高素质的适应现代社会需要的大批有创造力和开拓精神的人才。当今国际社会已达成基本共识：未来社会要求的必须是具有综合素质的全面发展的人。他们不仅具有扎实的基础知识和必备的基本能力，同时具有正确的价值观和适宜的道德水平，具有创造性与开放性的思维品质和必需的信息技术素养，具有正确的学习观、学习能力。

(一)课程变革的理念

1. 重视终身发展需要的基础知识、能力提高

课程改革的总体趋势是不断重视学生的课程体验、重视学生在课程活动中的有效参与，但是，促进学生掌握基础知识、提高学生基本能力仍然是各国课程改革首要的关注点。传统的3R，即读、写、算能力和信息素养等是未来公民所不可或缺的基础，是学生适应未来社会的前提，是开展终身学习、促进自身完善与发展的基础。因此，使学生具备基础学力是课程改革首要的目标。

美国1994年国会通过的《2000年目标：美国教育法》提出，“所有学生在四、八、十二年级结束时，要证明有能力在英语、数学、自然科学、外语、公民和政府、经济学、艺术、历史和地理学科内容方面应付挑战”，“美国学生自然科学和数学方面的成绩将达到世界首位。”德国的课程改革，注重“那些有利于终身学习的基础知识和技能，要注重丰富的、结构良好的基础知识。特别还要注重培养现代社会所需要的基本能力；一方面加强问题解决能力、迁移能力，另一方面培养交往与团队合作能力，创新能力，创新精神，独立学习能力”。法国1995年新颁布的初等教育教学大纲“主旨在让学生掌握‘知识和能力共同基石’”。法国国家大纲委员会认为：“知识传递和修改的发展是互为补充的，同样的，民主理想所提倡的自制只有在汲取‘记忆知识’的基础上才有具体意义。”“今年应该重新激活知识和能力(包括实践的和深思熟虑的)和谐的共同基石。”日本1996年在《面向21世纪我国教育的应有形态》中提出“生存能力”培养，认为生存能力的首要因素包括“能在任何场合下，与他人协调，同时自主地社会生活所必需的，作为人生存的实践能力”。我国2001年颁发的《基础教育课程改革纲要(试行)》也提出，要培养学生“具有适应终身学习的基础知识、基本技能和方法”。

2. 注重创造性与开放性思维的培养

全球化的发展直接带来信息、资本、科研、技术和人员在全球范围内的流动，培养现代公民具有全球视野，以及考察、思考并解决问题的素养，是中小学课程变革的另一重大问题，各国都在探索课程变革的应变之道。同时，全球化增加了国与国之间的竞争压力。在知识作为经济社会发展的引擎的时代，公民的创新意识与能力直接影响着国家的综合国力。

3. 强调价值观教育和道德教育，尊重学生经验、发展学生个性

在当代科学人文主义思潮的激荡之下，各国基础教育逐渐开始强调价值观教育和道德教育，培养学生对真理、正义、诚实、信任、责任感等美德的信念；强调尊重学生经验、发展学生个性，把学生从成人的控制、知识的控制下解放出来，促进每一位学生的发展。

总之，时代的发展、科技的进步、社会的变革要求学校课程不断变革，而课程改革又势必会引起教学过程的一系列变革。

(二)课程变革的内容

在课程目标方面，各国课程改革重视行为目标的同时，生成性目标和表现性目标也受到重视。基础知识与基本能力作为课程目标不但没有被轻视，反倒更加受到各国新课程目标设置的重视。此外，在新世纪的课程改革中，各国普遍强调儿童价值观、态度、品德和道德教育，重视学生健康教育和公民教育。在课程决策方面，各国都在寻求国家课程与校本课程开发的统一。在课程内容上，课程改革注重学生信息素养的教育。信息化时代的到来，使各国政府认识到，为了迎接信息时代的挑战，提升国民的信息技术素养成为迫在眉睫的任务。各国纷纷在基础教育课程设置中增加信息技术内容，促进学生利用信息技术收集处理信息和交流能力的培养。同时，最为突出的是在所有课程的实施过程中促进信息技术与各科课程的整合。

在课程设置上，课程改革淡化学科边界，增加综合课程和活动课程分量。随着科技的发展，尤其是信息技术的长足进步，科学技术的新成果进入学校课程中。20 世纪 90 年代以来，英、美、澳、日、法和挪威等国，都开设了综合实践活动课程。我国也开设了这门课程。在课程评价方面，课程改革强化评价指向学习改善的功能。课程评价主体出现多元化趋势，不仅管理者、教育者主持评价，学习者及其同伴也可以参与评价。评价的聚焦点不再局限于学习的结果，学习的过程也被纳入评价范围。评价不仅关注学习者知识获得、技能提升和能力发展，同时关注学习者情感态度价值观的变化。评价形式不再满足于纸笔形式的考试测验、量化考试，同时采用观察记录等档案袋式评价，相较于量化评价占绝对优势时期，质性评价得到极大强化。

专栏 11-2

学生喜欢不是课改唯一标准

最近听了十来节语文课，在不同的课堂却听到教师在讲类似的话："用你喜欢的方式读！""背诵你喜欢的段落。"等等。诚然，"让学生采用喜欢的方式"进行自主学习的确是教学方式的重要改革，教师放手让学生自主探究，充分突出了学生的主体地位，体现了教师对学生的尊重与信任。然而，学生喜欢的方式就是科学的吗？就是高效的吗？在时下大力倡导自主学习的课改背景下，这个问题尤其需要教师认真思考。

就语文课而言，课文阅读的方式可以有多种，比如朗读、默读、分角色读、合作对读，等等，教师让学生自主选择这些阅读方式，固然可以提高学生的主动性与积极性，但是，教师让学生自主选择阅读方式的同时，却不应忽略了教学目标，同时还应考虑不同阅读方式的教学效果。就朗读来讲，能够"正确、流利、有感情地朗读课文"这样的教学目标贯穿在义务教育语文课程标准的各个学段，是学生学习课文的重要基础，如果连朗读能力都不具备的话，那么，学生对文本的深入把握与理解也就没有了支撑，学生语文综合素养的提高更是无从谈起。而就默读而言，是学生快速阅读的一项重要能力。义务教育语文课程标准在不同学段对默读亦提出了不同的要求，第一学段要求学生学习默读；第二学段要求学生初步学会默读；第三学段要求学生的默读达到一定速度，第四学段要求学生养成默读的习惯。可见，默读能力的训练与培养是循序渐进的。课程标准对于学生阅读能力的要求是教师开展语文课堂教学的纲领性文件，也是课堂教学流程设计的重要依据。如果所有学段都"让学生用自己喜欢的方式读"，等于完全放手让学生自己选择，对于低年级学段阅读能力不足的小学生，这种教学方式是否偏离了语文教学目标？学生的阅读效果是否会大打折扣呢？脱离语文教学目标以及学生认知学习能力的所谓"自主性学习"实质上也是一种"伪自主学习"，这个问题语文教师必须予以重视。

在我看来，语文课堂上教师一味鼓励学生选择自己的阅读方式是欠妥的。较好的方式应是在考虑学生情感认同的基础上，配合学段阅读能力训练的目标，适时而有针对性地开展学生阅读能力的训练，同时也要考虑教学环节的需要，对应选择较适合的阅读方式。例如，初读课文或者整体感知环节，要强调学生的朗读；细读文本或者体悟语言环节，要强调学生有感情地朗读，可分角色或合作朗读；问题引路或者自主探究环节，要强调学生的默读，留给学生充足的时间，与文本对话，思考问题。

从语文课阅读教学推及学生学习方式的选择，道理是相同的。教师在组织教学的过程中，要将课程目标的有效落实放在重要地位，充分考虑学生的认知基础与学习能力，应通过精心设计相关教学环节，让学生喜欢上自己的课堂，而非放羊式地让学生盲目地选择自己喜欢的方式！如此，才不至于让"伪自主"性学习影响课堂教学的有效性。

资料来源：《中国教育报》，2013-12-18，第10版。

>>> 思考与练习

1."横看成岭侧成峰，远近高低各不同"，因此，有研究者赞同对课程本质的多元理解，而反对者则主张寻求一个科学、严密的定义，你如何看待这个问题？

2. 辨析学科课程、活动课程、综合课程、结构课程。

3. 新课程改革的创新体现在哪些方面？

4. 你认为新课程改革的发展趋势有哪些？

>>> 推荐阅读

1. 张华：《课程与教学论》，上海：上海教育出版社，2001年。

2. 施良方：《课程理论——课程的基础、基础与问题》，北京：教育科学出版社，1996。

3. 教育部：《基础教育课程改革纲要(试行)》，2001年。

4.[美]泰勒：《课程与教学的基本原理》，罗康，张阅译，北京：中国轻工业出版社，2008年。

5. 王彦才，郭翠菊：《教育学》，北京：北京师范大学出版社，2010年。

6. 杨小微：《教育学基础》，上海：华东师范大学出版社，2010年。

第十二章　德　育

学习目标

1. 识记德育的概念和当代我国中小学的主要德育内容。

2. 掌握德育过程的基本规律。

3. 掌握教育者实施德育和受教育者进行自我教育应遵循的基本原则。

4. 掌握德育的途径和方法。

5. 理解当代西方最具影响的发展成熟的几种学校德育模式。

德育作为育德的活动，是围绕着教育所规定的受教育者的思想品德发展的目标要求而展开的。学生思想品德是在客观的实际活动中形成并且发展的，因此了解德育是怎样的一种客观活动的过程是非常必要的。这也是制定德育原则的理论基础和进行德育工作的科学依据。

本章主要论述德育概述，德育过程的概念、结构和基本矛盾，揭示德育过程的基本规律，根据规律阐述德育工作的原则、实施途径和方法，并在此基础上介绍几个比较成熟的德育的模式，从而提高德育工作的科学性、实效性。

第一节　德育概述

道德素质是调节个人的行为，处理个人与他人和个人与社会之间的关系所必需的素质，是学生成长为合格的现代公民最重要的条件，也是学会做人的根本。学校是培养人的社会机构，养成学生良好的思想品德是学校教育的重要任务之一。德育是学校教育的重要组成部分，对受教育者整体素质的提高起着促进和导向作用。

一、德育的概念

德育的概念有广义和狭义之分。广义的德育又称思想品德教育，是指教育者根据一定社会的需要和受教育者思想品德的形成和发展规律，有目的、有计划、有组织地对受教育者施加系统的影响，通过受教育者积极的认识、体验、实践，把一定社会的政治思想要求和道德规范转化为个体的政治思想意识和道德品质的教育活动。狭义的德育就是指道德教育。

一般来说，德育包括政治教育、思想教育和道德教育三个组成部分。政治教育是指对受教育者的政治观点、态度和行为的培养；思想教育是指对受教育者的世界观和人生观的培养；道德教育是指对受教育者的道德认知、情感和行为的培养。

二、德育的内容

德育内容是指用以教育、影响受教育者的经过选择和处理的符合一定社会需要的道德规范、政治原则、思想观念及其体系，它是德育进行的具体依据。用什么样的德育内容来教育年青一代，直接关系到所培养人才的基本品德素质，进而对整个社会的精神面貌产生影响。

(一)德育内容的选择

在学校德育中，教育者用怎样的德育内容来培养、教育学生，不是由教育者的主观愿望随意决定的，而是有客观依据的。具体来说，德育内容的选择受到以下几个方面的影响。

1. 政治经济的影响

政治经济决定着德育内容的性质和范围。

首先，政治经济决定着德育内容的性质。学校德育内容总是来源于并反映着社会占统治地位的政治、思想观点和道德规范。而这种政治、思想观点和道德规范作为上层建筑的重要组成部分总是为经济基础所决定。人们总是自觉或不自觉地从他们所处的经济关系中，吸取与自己有关的内容，并进一步内化为自己的道德观念。政治是经济的集中体现，由此可见，任何一个社会的学校德育内容归根结底都是为当时一定社会的政治经济所决定的。社会的政治经济不同，德育内容也就不同。

其次，生产力与科技的发展促进德育的内容的更新与扩展。科学技术的发展会改变人们的传统思想、信仰和道德，也会改变人们的社会关系、社会结构，改变人们的生活方式和交往方式等，从而引起人们思想、道德观念及德育内容的更新。例如，现代生产力和科学技术的发展，改变了那种自给自足的自然经济和以物易物的交易方式，从而改变了人们在小生产方式下和自然经济条件下形成的迷信、盲目、狭隘、保守思想、散漫的生活习惯以及“日出而作，日落而息”的时间观念，取而代之以协作、遵纪、守时、效率、效益等观念。现代科学技术的重大发展和突破，也提出了许多新的伦理道德问题、政治问题和法律问题，并引起人们道德观、政治观和法律观的变化。例如克隆技术的出现，试管婴儿的问世，都引起人们的极大关注和有关的伦理道德问题、法律问题的热烈讨论。与此相关的政治、法律和道德规范等必将受到影响，并由此丰富和扩展了德育的内容。

专栏 12-1

克隆人

1998 年 1 月，美国一位名叫理查德·锡德的科学家率先提出，他将进行克隆人的试验，目的是为患不育症的夫妇繁衍后代。此言一出，举世震惊。美国总统克林顿立刻呼吁国会立法禁止克隆人。

公众反对克隆人的原因是多方面的。第一，克隆人的身份难以确定，他们与被克隆者之间的关系无法纳入现有的伦理体系。第二，人类繁衍后代的过程不再需要两性共同参与，这将对现有的社会关系、家庭结构造成难以承受的巨大冲突。第三，克隆人技术可能会被滥用，成为恐怖分子的工具。第四，从生物学多样性上来说，大量基因结构完全相同的克隆人，可能诱发新型疾病的广泛传播，这对人类的生存是不利的。第五，克隆人可能因自己的特殊身份而产生心理缺陷，形成新的社会问题。

资料来源：《齐鲁晚报》，1999-06-28。

2. 文化的影响

文化影响着德育内容的范围和侧重点。不同国家通常具有不同的文化，表现出稳定性和持续性的特征，这些特征深刻影响着各个国家的教育内容，其中当然也包括德育内容。如东亚国家深受儒家文化影响，对个人与家庭、社会、国家的关系抱持着集体主义立场；而西方国家富有自由和民主的传统，更多强调个人的尊严、权利与责任。再如中国自古以来对“死”的问题讳莫如深，所以中国的德育中往往缺乏生死观和生命教育的内容；而西方的一些国家，生命教育已经成为一种新的教育思潮和德育的重要内容。

3. 学生年龄特征的影响

学生年龄特征决定着德育内容的深度和广度。各个教育阶段(小学、中学、大学)都有共同的德育任务，德育的总目标是统一的、一贯的，因此，德育内容具有一贯性和连续性。但任何一项德育内容都不仅仅只包含单一的一个层面，而是由深浅不同的多个层面所构成。这是因为受教育者存在年龄特征和身心发展水平的差异，不同教育阶段的受教育者所能接受的德育内容层次的高低、深度和广度也就迥然各异。因此，确定德育内容的深度和广度，必然要受到受教育者身心发展制约，否则即使内容正确无误，而内容的深度、广度脱离了受教育者的发展实际，也很难为受教育者所接受并取得预期效果。例如，小学低年级开设的课程为“品德与生活”，小学高年级开设的课程为“品德与社会”，初中时期开设的课程为“思想品德”，高中开设的课程为“思想政治”，这不仅仅是课程名称不同，实际上更反映了课程深度和广度的变化。

4. 当前社会形势政策的影响

当前社会形势政策决定着德育内容的针对性。不同的历史时期，国内外的形势不同，党和国家的工作任务及相应政策也产生变化和发展。当前形势政策下学生的思想品德实际也会有相应的变化。因此，在各个时期德育的中心任务也会有所变化，德育内容应与之适应，与学生思想品德的实际相结合进行时事形势的教育。此外，更普遍的情况是，德育内容的安排还要考虑到学生在不同年级(如新班或毕业班)、学习的不同阶段(如开学初、期中、期末)、遇到的特殊问题(本人的或家庭的)等方面而产生的实际思想来及时地有针对性地进行教育。例如，考试前后学生对待考试和分数的想法与态度就有所差异，毕业前夕学生会产生对待升学和就业的困惑问题等，这就要求教育者在德育内容的安排上考虑到不同时期的不同情况有所侧重。

5. 教育者价值观的影响

教育者的价值观影响了德育过程中预定内容的实现程度。德育内容是国家按照社会政治、经济、文化和学生的身心发展而制定的，具有针对性的德育内容需要教师结合当前形势和学生的思想实际适时确定。但任何德育内容最终都要通过教育者传递给受教育者，因此，最终受教育者接受的德育内容是教育者的个人意志行为与主观选择的结果。教育者总是先接受德育内容，内化为自身的道德认知和道德情感，才能传递给学生。当教育者接受一定形式的德育内容时，他的价值观等主观系统必然促使他按自身的逻辑来进行接受，这样，教育者传递给学生的德育内容已非本来意义上制定的德育内容，而是带上教育者自己烙印的德育内容。教育者的价值观不同，必将导致对德育内容的认识与评价不同，最终使得他对德育内容的取舍不同，从而影响到德育过程中预定内容的实现程度。

(二)当代我国中小学主要德育内容

道德是随着社会历史的发展而发展的，它主要是为社会的现实需要服务的。我国中小学德育内容，受政治经济等诸多方面的影响，同时根据我国教育目的和德育任务确定。主要包括以下几个方面。

1. 爱国主义教育

爱国主义是鼓舞我们建设祖国、保卫祖国、增强凝聚力的强大动力。进行爱国主义教育应该成为经常性的教育内容。爱国主义教育的内容极其丰富，应根据学生的年龄特征进行教育。在小学，要教育学生爱自己的班级、学校，爱自己的少先队组织，爱自己的家乡、亲人以及首都北京，尊敬国旗、国徽、国歌等。随着学生年龄的增长，要让他们逐步了解祖国的历史和地理，热爱祖国的锦绣河山，热爱祖国悠久的历史和优秀的文化遗产，使学生了解我们祖国是世界上最大的国家之一，中华民族不但以刻苦耐劳著称于世，同时又是酷爱自由，富于革命传统的民族。

爱国主义教育应当通过多种途径进行而不是生搬硬套各科教材。无论是政治、语文、历史、地理、数学、物理、化学等学科，都有丰富的爱国主义教育因素，应在教学中经常进行这方面的教育。

2. 理想教育

理想是人们对生活目的和奋斗目标的反映。理想是推动人们前进的巨大力量，它激励人们的斗争，鼓舞人们去战胜困难，努力完成学习任务和工作任务。在实际生活中，由于一些青少年缺乏远大理想，因而不能努力学习和工作，甚至产生消极思想。因此，对学生进行共产主义理想教育，也是青年一代健康成长的需要。

理想教育应和榜样教育结合。青少年爱好模仿，老一辈革命家，英雄模范人物，有贡献的科学家，他们的崇高理想和光辉业绩，吸引着青少年。家长、教师、亲友、邻居、电影中的角色等，对学生的职业理想和生活理想都有很大影响。理想教育还可以通过各种形象榜样，激励青少年立志做奋发有为的人。

3. 集体主义教育

集体主义教育是道德品质教育中最重要的内容之一。社会主义现代化事业是集体的事业，要把学生培养成社会主义事业的建设者和接班人，必须进行集体主义教育。

对学生的集体主义教育，也要随着学生年龄与知识的增长，不断提出更高的要求。对小学生要教育他们懂得班级、少先队组织和学校都是集体，个人是集体的一员；懂得关心集体，为集体做好事，维护集体的利益和荣誉；懂得在集体中要团结友爱，互相帮助，有事大家商量，学习过民主生活，懂得个人服从集体，少数服从多数，局部服务整体的道理。对中学生应进一步提高他们的认识，培养自己管理自己的能力，要使他们认识小集体和大集体的关系，分清友谊和哥儿们义气的根本区别。

4. 劳动教育

劳动教育是要使学生认识劳动创造世界，劳动创造价值，认识包括体力劳动和脑力劳动在内的一切劳动在社会发展中的作用。同时教育学生认识社会主义社会劳动的性质。在我国，劳动虽有分工的不同，但无高、低、贵、贱之分，任何工作都是社会主义建设中不可缺少的一部分。

对学生的劳动教育，在要求和内容方面应逐步深化和提高。对小学生，开始要求他们多做自我服务性劳动和家务劳动，培养勤俭朴素的作风。之后，教育者可以组织他们参加一定的公益劳动和服务性劳动，甚至一定的生产劳动。在组织学生参加劳动实践的同时，教育者要进行相应的思想教育，使他们认识劳动的意义，教育他们遵守劳动纪律。

5. 民主和法制教育

社会主义现代化建设需要高度的民主，民主和法制是密不可分的，只有用法制来调节行为，才能保障民主，保护人民的合法权益，才能维护国家的长治久安。学校德育要培养学生的民主意识和参与意识，也要加强法律常识教育。

民主教育要培养学生平等待人，尊重他人，积极参加集体活动，关心国家大事。法制教育不同阶段可以采用不同的方法，如对小学高年级学生，可进行初步的教育，使他们知道什么是违法行为，开始培养守法习惯；对初中生可以解释与青年学生关系较大的法律条例、规则和章程，认识遵纪守法是公民的义务；帮助高中学生了解我国基本法律，教育他们自觉遵守并维护国家的法令，坚决执行党和政府的有关命令、决议和指示，服从学校领导和教师的教育。学生还应该知道在校外一切场所，都要自觉遵守公共秩序，自觉维护社会公德，对违法现象要与之斗争。

6. 人道主义和社会公德教育

人道主义是起源于欧洲文艺复兴时期的一种思想体系，提倡关怀人、爱护人、尊重人，做到以人为本、以人为中心的这样一种世界观。社会主义的人道主义从伦理方面体现出社会主义国家和社会对绝大多数人的权利、利益、人格的尊重和关心，体现出绝大多数人对共同利益的关心以及人民之间的相互尊重和关心。社会公德是指在社会交往和公共生活中公民应该遵守的道德准则。社会公德是社会共同利益的反映，是社会文明程度的标尺，是社会主义道德体系的重要组成部分。在一定的社会生活中，为了维持正常的生活秩序，人们总是要共同遵守一些最简单、最起码的公共生活秩序即社会公德。社会公德反映的是人类社会生活最一般的关系，而不是某一个特殊领域的关系，更不是某一个特定阶级的关系，它是所有阶级公认的并且是必须共同遵守的。

学校德育要对学生进行人道主义和社会公德教育，培养学生的人道主义精神和社会公德意识以及相应的行为习惯，如在公共场合不大声喧哗、尊老爱幼、互帮互助等。

7. 人生观和世界观教育

人生观是关于人生目的、价值、态度等的根本观点，包括苦乐观、荣辱观、幸福观、生死观等；世界观是人对世界的总的看法、观点及其形成正确的看法、观点的立场与方法。人生观、世界观问题自人类有史以来，它就存在，而又随着人类历史的发展产生新的时代内容。在现代化建设的新的历史时期，现实生活中出现了新情况、新问题，人们的人生观、世界观也随之变化。

人生观、世界观教育的基本内容包括：热爱生活，以及积极、快乐、自主、有创意地生活；自然观、科学观、社会历史观、审美观等的教育。人生观和世界观教育的空间和资源是非常广阔的，因此教育者应善于突破内容和形式的限制，将教育渗透到日常生活中去。此外，随着青少年自杀、迷恋网络、吸毒、酗酒等问题的增长，有关生命教育的问题也上升到了重要的地位。教育学生热爱生命，以顽强的意志应对生活中的各种困难也至关重要。

专栏 12-2

生命教育多些“向死而生”的思考

“清明”前后，郊外踏青，焚香祭奠，上坟插柳，追思先人，这些仪式、举动让生命教育的意义愈发凸显。

我理解的生命教育，是“向死而生”——明白生与死的关系，因而能勇敢地面对死亡，积极地生活。在先人的坟茔前，我们的眼睛、鼻子和耳朵，不断感受着生命的律动与沉寂。我们切实感受到，人的生命在生老病死、灾难以及重大挫折面前的脆弱与渺小。因此，在这个庄严的日子里，我们的心态也要随着死亡、灾难，走向开阔、豁达。

真正开阔、开放的生命和生活，从来不会拒绝任何死亡话题。美国对“死亡教育”的研究较为丰富和完善，不少学校对孩子进行死亡教育，帮助孩子澄清、培养、肯定生命中的基本目标与价值，通过死亡的必然性来反思生命的意义和价值。美国中小学的死亡教育课程从动植物的生命循环，到哀伤、丧礼、守丧，再到道德和伦理等主题，包括自杀、安乐死等，非常全面。虽然中美文化有差异，对生命的敬畏却是共通的。对于学校来说，我们不妨把“清明”纳入生命教育的体系，让生命教育多一些“向死而生”的意味吧。

资料来源：《中国教育报》，2014-04-07，第2版。

8. 感恩教育

西方的感恩节就是要教化人们学会感恩。学会“感恩”，对于学生来说尤其重要。现在的孩子都是家庭的中心。让学生学会“感恩”，其实就是让他们学会懂得尊重他人。在感谢他人的善行时所产生的第一反应常常是今后自己也应该这样做，这就给学生一种行为上的暗示，让他们从小知道爱别人、帮助别人。让学生学会感恩，学校教育尤为重要；让学生学会感恩只有这样，才能让学生以平等的眼光看待每一个生命，尊重每一份平凡的普通的劳动，也更加尊重自己。只有知道感恩的人，一生才会少了许多怨天尤人的不平，多一些乐观积极的努力。

感恩教育实质上是要让学生学会知恩、感恩。首先要学会知恩，要理解父母的养育之恩，师长的教诲之恩，朋友的帮助之恩；其次要学会感恩，懂得用自己的努力报答父母、师长，用自己的感激报答朋友。

9. 文明礼貌教育

我国是世界著名的文明古国，从古至今就有“礼仪之邦”的美称，文明礼貌是中华民族的优良传统。社会主义的文明礼貌反映了社会主义下人们的行为准则。遵守纪律是维持人类社会正常生活和良好秩序的必要条件。

文明礼貌教育应根据学生的生活实际提出适当的要求，培养他们良好的行为举止，如要求他们在家要尊敬长辈、礼貌待客；在学校要尊敬老师、团结同学、互相帮助；在社会上要遵守公共秩序、爱护公物等。培养学生具有基本的文明礼貌习惯，如说话和气、举止大方文雅，继而从语言美、行为美和仪态美等方面提升学生的文明素质，进而实现心灵美的德育目标。

10. 心理健康教育

心理健康教育是为了培养学生具有进取、自尊、自信、诚信等良好的个性心理品质。心理健康教育的内容主要有：掌握正确的人际关系准则和方法，建立正常、积极的情绪生活，学会正确地认识自我、评价自我、控制自我；青春期教育，进行性生理、性心理的基本知识教育，树立正确的友谊观、爱情观。

学校德育可以通过心理健康教育课、心理健康讲座、团体咨询、个别辅导等形式对学生的心理健康进行培养，也可以把心理健康教育渗透到班主任、任课教师的日常工作中。

随着社会的发展，有越来越多的内容进入德育之中，如廉洁教育、防止艾滋病教育、禁毒教育等。这就需要德育工作者对德育内容进行梳理，依据德育目标，把各种教育内容整合成有序的体系，这样才能使德育工作真正收到实效。

第二节　德育过程

研究德育过程在于揭示德育过程的规律，促进德育工作的科学性，提高德育工作的实效。德育目标需要通过德育过程来实现。

一、德育过程概述

德育过程是教育者根据一定社会要求和受教育者思想品德形成的规律，对受教育者施加教育影响，通过受教育者能动的认识、体验、实践（内化外部环境影响），从而形成教育者所期望的品德的过程。在这个过程中，受教育者在教育者的引导下要实现两种转化：一种是由一定的社会意识到个体意识的转化；另一种是由个体意识向行为习惯、个体思想品德的转化。其实质就是把一定社会的政治、思想、道德规范等要求转化为学生个体品德的过程。

德育过程与学生思想品德形成过程既有区别又有联系。其一，德育过程是教育者对受教育者的教育过程，是一种双边活动，而思想品德形成过程是学生品德自我发展的过程。它们之间是教育与发展的关系。如果把思想品德形成过程混同思想品德教育过程，就会在工作中或者忽视教育者在思想品德教育过程中的作用，使受教育者的发展失去方向和动力，或者夸大教育者在受教育者思想品德形成过程中的作用，而忽视学生的主体自我教育意识的作用；其二，德育过程中受教育者主要受有目的、有计划、有组织的教育影响，而思想品德形成过程中学生受各种因素的影响，包括自发的环境影响等；其三，从学生思想品德形成的结果来看，品德形成可能与社会要求一致，也可能不一致，而德育过程的结果，受教育者形成的品德则与社会要求相一致。

思想品德教育过程与教学过程同样既有联系又有区别。两者的联系是：首先，学生思想品德的形成、发展离不开教育者的教育，而教育要遵循学生思想品德的形成、发展的规律。从受教育者角度看，两个过程是一致的，只不过是受教育者的思想品德的形成和发展，在教育者有计划、有目的的影响下才得以顺利实现。从教育者来说，要依据受教育者思想品德形成和发展规律来组织教育活动。其次，思想品德教育过程与教学过程都是实现教育目的，培养全面发展的人的重要途径，因而两者的任务和活动有一致的部分，也有互相联系、互相渗透的一面。两者的区别是：它们的任务和活动各有侧重和特点，是两个相对独立的过程。思想品德教育过程是提高学生的道德认识，丰富学生的道德情感，锻炼学生的道德意志，培养学生道德行为的过程，其本质是把一定的社会思想准则和道德行为规范转化为学生个体的思想品德，即品德的社会继承过程。因此，思想品德教育过程主要是解决学生对客观事物的主观态度问题；而教学过程是教师引导学生掌握知识，认识客观世界的过程，也是通过知识的传递来促进学生身心全面发展的过程。本质是帮助学生认识世界，发展学生的认识能力。因此，教学过程主要是解决学生认识世界和改造世界的能力问题。所以，思想品德教育过程与教学过程有本质的区别，具有各自的特殊规律。

二、德育过程结构

德育过程包括教育者及其活动、受教育者及其活动、德育内容和德育方法四个要素。教育者不限于学校教师，凡有目的的组织教育活动，对受教育者施加影响的任何个人或团体都是教育者。他们代表社会对受教育者提出一定的德育要求，塑造受教育者的品德，因而是教育活动的主体，在德育过程中起主导作用。受教育者即教育对象，包括学生个体和各种正式的、非正式的学生群体。在德育过程中，受教育者具有教育对象和教育主体的双重性质：一方面，作为教育对象，受教育者接受教育者传授的思想观点和道德规范，服从教育者的组织、管理、监督、指导，实现教育者的教育要求；另一方面，受教育者又是具有主观能动性的主体。他们有强烈的自我意识和思维能力，并不仅仅只是消极地接受教育者的灌输和影响，而是通过自身的认识、体验和实践最终形成一定的品德。因此，教育者必须认识到受教育者的这种双重身份，善于把自己的主导作用和受教育者的主体地位统一起来。教育者对受教育者施加影响必须借助于德育内容和德育方法的中介作用才能实现。德育内容、德育方法乃至教育者自身，在思想品德教育过程中都可看成为教育手段。

由于教育者的人格、情感、意志以及言行举止等都是影响受教育者的因素，因而，在德育过程中，教育者和教育手段是融为一体的。

德育过程的各个要素，各有其确定的地位和作用，并按一定的关系有机地结合在一起，形成一定的结构，产生教育功能。如何处理好各要素的关系，使教育者、受教育者、德育内容和德育方法在德育过程中能够最佳的配合，是取得最佳教育效果的关键。

三、德育过程的主要矛盾

德育过程实质上是把缺乏道德经验与修养的青少年学生培养成为具有一定品德的合格社会成员。在这一活动中德育各要素之间发生相互关联，从而在德育过程中形成了诸多矛盾，如教育者与受教育者的矛盾，教育者与德育内容、德育方法的矛盾，受教育者与德育内容、德育方法的矛盾等。

但是这些矛盾归根结底都可以归结于教育者提出的德育要求同受教育者现有道德发展水平之间的差距这一主要矛盾，它贯穿于德育过程的始终。即代表社会的教育者必须按照教育目的和德育任务，有计划地向学生传授道德规范、提出道德要求以培养学生的品德。教育者向受教育者提出的每一项道德要求，总与受教育者原有的道德水平出现差异，差异即矛盾。这是德育过程中最一般、最普遍的矛盾。在这个过程中教育者向受教育者传授一定的社会思想和道德规范，引导他们进行道德实践，受教育者按照教育者的要求，调整自己的道德认识、道德情感、道德意志和道德行为，使自己的思想道德水平和行为达到一个新的道德水平，与教育者的要求相吻合。当教育者的某一道德要求转化为受教育者的思想观点和行为习惯，即实现了德育任务，这时矛盾得到解决，这一具体教育过程暂时结束。而当教育者再次提出新的德育要求时，与受教育者的道德水平之间又构成了新的矛盾，便又开始了新的教育过程。矛盾—转化—再矛盾—再转化，循环往复，不断提高，从而使受教育者的思想道德水平不断提高。由于教育者是代表社会向受教育者提出要求，因而，这种主要矛盾的实质是一种社会矛盾。

四、德育过程的基本规律

(一)德育过程是培养学生知情意行的过程

学生品德的形成是在有目的、有计划的教育影响下，从知情意行几个方面进行培养的过程，这也是德育过程的特点。知情意行四者是对立统一的，是一个整体，要注意发挥整体的功能。

1. 德育过程的特点及其培养

个体的品德由知情意行四个因素构成。知，即道德认知，是指人们对一定社会道德关系及其理论、规范的理解和看法，包括通过认识形成的各种道德观念、道德判断能力和道德评价能力等。一定的品德总是以一定的道德认知为必要条件。不能进行正常认知的人是不可能形成良好的品德的。一个人的道德认知水平总是制约着他的修养水平。当受教育者的道德认知上升为坚定的信念时，就会自觉地形成相应的道德行为。因此，培养受教育者的道德认知，还要以形成受教育者的道德信念为目标。

情，即道德情感，是指人对事物的爱憎、好恶的态度，是一种主观态度。它是伴随着道德认知所产生的一种内心体验，也就是人在心理上所产生的爱慕或憎恨、喜好或厌恶等体验。道德情感是一种巨大的力量，它能推动道德认知转化为道德行为，发展为道德信念。如果缺乏相应的情感，即使有了某种道德认知也仅仅只是停留在口头上。例如有的学生懂得劳动伟大的道理，但仍然好逸恶劳，一个重要的原因就在于他对劳动毫无兴趣和情感。在德育过程中，教育者应当重视培养学生的道德情感，要善于激发他们对道德行为的敬佩、爱慕之情，引导他们去体验进行道德活动所获得的愉快和满足，感到道德的价值和需要，以发展他们的深厚道德情感。

意，即道德意志，是指人们为了达到某种道德目的而产生的自觉能动性，是调节道德行为的精神力量。它常表现为意志活动，即为实现个人确定的道德目的而严格约束自己和能够克服种种困难的努力。道德意志是一种巨大的精神力量，能排除各种干扰和障碍，使个体决定采取的道德行为顽强地坚持下去。事实证明，道德意志薄弱者尽管他有某种道德认知和情感，但一遇艰难险阻便不能坚持所确定的道德原则；只有道德意志坚强的人才能坚持不渝地履行自己的道德义务，即使他犯了错误，一旦认识到也有毅力来改正。在德育过程中，教育者要注意培养、锻炼学生的坚强意志，使他们有顽强的毅力。这有助于学生坚持道德认知，深化道德情感，调节道德行为，以形成他们的信念。

行，即道德行为，是指人们在一定的道德认知、道德情感和道德意志支配下采取的行动。道德行为是人的品德的一个重要的外部表现。一个人的道德只有通过道德行为才能表明，因而道德行为是衡量道德修养水平高低的重要标志。评价一个人的品德如何，不仅要听其言，而且要观其行。道德行为在人们的品德发展中具有极为重要的作用，只有在履行社会规范的活动中，人们才能深化道德认知和情感，锻炼道德意志和增强道德信念，从而使自己的品德得到发展、道德得到提高。在德育过程中，教育者要特别着重学生的道德行为的培养，要求学生言行一致。

2. 德育要注意发挥知、情、意、行的整体功能

首先，德育要注意全面性。教育者要全面关心和培养学生品德中的知、情、意、行，对他们要晓之以理、动之以情、导之以行、持之以恒，使四者相辅相成、全面而和谐地得到发展，不可把四者割裂，不科学地排顺序、分等级，以致对某些因素有所偏废，损害了其整体功能，影响了品德健康的发展。进行德育，既可以从知或情的培养入手，也可以从意或行的锻炼开始，具有多端性。德育不仅可以有不同开端，而且整个德育过程的组织，运行顺序都应当是灵活多变的，不应当有一个固定不变的程式。但是，无论以何为开端、如何组织，都要注意全面性，注意抓一端以促进其余，使各个因素都能相互协调、配合，以发挥其最大的整体功能。

其次，德育要有针对性。由于在品德的发展中，知、情、意、行四个因素具有相对独立性，且发展往往是不稳的，有的快、有的慢，容易出现薄弱环节，导致各因素之间的不协调和严重脱节，如“言行不一”，就是一种常见的表现，从而阻碍了品德的发展。所以，教育者不能用同样的方式方法来对待，要针对品德结构中诸因素发展不平衡的具体情况，采取不同的方式方法有的放矢、因材施教，弥补其薄弱环节，改变其发展不平衡的状况，使知、情、意、行四者的整体功能重新获得最大的发挥。

(二)德育过程是组织学生在活动和交往中进行的过程

道德活动是促进德育影响转化为学生品德的基础。学生个体对客观世界的认识和把握，是通过实践获得的。德育过程是把社会性道德规范内化为学生个性品质的过程。所以，活动和交往是学生品德形成的基础，教师进行德育就要善于组织和指导学生的活动和交往。

1. 活动和交往是学生品德形成的基础

应当怎样才能使外部的教育影响比较顺利地转化为学生的内在品德呢？从根本上说，这个转化只能在学生与外在社会相互作用的活动中实现，而不可能在他们处于静态中进行。德育过程是道德的社会传递过程。但是，社会道德规范作为一种社会思想体系，作为一种意识形态，它不会直接自动作用于受教育者，它只能在人与人的交往中，在受教育者接触这种思想体系、意识形态的某种物化形式的活动中得到传递。在德育过程中，这种物化形式便是教育工具，如实物、图片、教科书、语言以及教育者自身。只有在活动和交往中，学生才能够通过这些教育工具来感受它、掌握它。因此，学生必须通过一定的活动和交往，感知来自个体外的德育影响，并通过活动和交往，认同和接受这一影响。正因为如

此，我们把活动和交往看作是学生品德形成的基础。

活动和交往的性质、内容、方式不同，对受教育者的影响性质和作用也不同。并不是任何的活动与交往，都是符合德育过程要求的。德育过程中的活动与交往，是在教育者指导下开展的，这就不同于一般的活动与交往。它是教育者根据德育任务的要求组织起来的，具有正确的思想方向性，保证受教育者的思想品德按正确的方向健康成长。道德经验是在活动与交往中传递和掌握的，然而只有把活动与交往引向使年青一代掌握社会所需要的思想体系、道德体系才是德育。所以应当按德育的要求组织各种活动与交往。

德育过程中的活动与交往，其内容与形式与一般的活动交往也不同。德育过程中活动与交往的内容、形式是多种多样的，如学习活动、劳动、社会政治活动，各种体育、文艺活动等，这些都能使学生获得社会道德经验，得到实际锻炼。但是，学生的主要活动是学习活动，主要的交往对象是老师和学生。因此，学生团体成了思想品德形成的基本环境。所以说，要充分发挥班级、共青团、少先队等正式团体的教育作用，防止非正式团体(包括校外邻里团体)的消极影响。

德育过程中的活动和交往是根据学生思想品德形成的规律进行组织的，是按照教育学、心理学原理组织的，因而能更有效地影响着思想品德的形成。例如，对学生提出明确而严格的要求，可以促使受教育者内心矛盾的产生，推动其道德品质的发展。

2. 进行德育要善于组织、指导学生的活动和交往

在德育过程中，首先要组织好学生的各种表现为外部行为的实际教育活动，才能启迪、激发和引导学生积极开展内部心理活动，促进他们思想认识的提高和品德的发展。人们内部思想感情上的心理活动一经发动和开展起来，又会表现出巨大的能动力量，以指导和促进他们外部的社会实践活动。所以，在德育过程中，始终要注意做好深入细致的思想工作，调动学生的主动性和积极性，引导他们总结经验，提高理论水平和分辨是非的能力，以提高了的道德认知来调节个人的道德行为，才能更加自觉地进行社会活动和道德实践，更好地培养自己的高尚品德。

可见，在德育过程中，既要组织学生积极参与各种教育实践活动，又要引导学生自觉进行个人内部的道德修养活动，使两者联系起来，相互促进，相互提高。这样，才能促使学生的品德能动地得到发展。

(三)德育过程是促进学生品德发展矛盾的积极转化过程

德育过程具有一系列复杂的矛盾。矛盾的斗争与转化，推动了德育过程的发展，推动了青少年学生品德的成长。所以说，德育过程是一个

促进学生品德发展的各种矛盾积极转化的过程。作为教育者，要正确认识和处理这些矛盾，使它们向积极方面转化，才能有效地培养学生的品德。要真正有成效地做到这一点，首先要将社会的道德要求转化为学生的道德需要。因此，教育者必须深入具体地促进学生品德内部矛盾的产生与积极转化，并且调节学生品德发展的外部环境。

1. 促进学生品德发展内部矛盾的积极转化

解决德育过程的主要矛盾，落实在学生品德中，必须促进学生品德发展内部矛盾的积极转化，为此需要进一步解决三种性质不同的矛盾：一种是认识性质的矛盾；二是能力性质的矛盾；三是思想性质的矛盾。对不同性质的矛盾要用不同的方法去解决，才能推动矛盾向积极方面转化，使学生的品德得到持续发展。

认识性质的矛盾，是由于学生缺乏道德知识、经验而呈现出认识上的差距或产生的错误思想、行为与道德要求的矛盾。在这种矛盾中，学生常常是“有错不知错”。例如，学生本应遵守学校制定的规章制度、纪律和要求，但某些学生却因不知道、不熟悉或未引起重视而违反。解决这种矛盾，需要教育者向他们反复讲解道德规范，提高他们的理论修养、认识水平。

能力性质的矛盾，是由于青少年学生道德能力不强、未能履行道德要求而出差错产生的矛盾。在这种矛盾中，学生常常是“犯错不自觉”。例如，学生懂得要遵守道德规范、注意行为文明，可是，一些学生一旦与人冲突起来，便会情绪冲动，脾气暴发，不能自制，主要是他们缺乏自我控制能力，很容易不自觉地说话带脏字，破口骂人，甚至于糊里糊涂就跟人打起架来，事后冷静下来，又后悔不已。对于这种矛盾，必须引导学生注意总结生活经验，加强道德的实际锻炼，提高他们的自我控制和道德修养能力，进而解决矛盾。

思想性质的矛盾，是由于学生沾染上或已形成某些不良的思想与习气，因而不能遵循或根本上不愿遵循道德规范，犯了错误而产生的矛盾。在这种矛盾中，学生则往往是“知错也犯错”。例如，有的学生在家娇生惯养，自由散漫、放纵任性已成习惯，他们在学校里当然也很不情愿遵守学校的制度和纪律，这就产生了正确思想与错误思想的矛盾斗争。对他们的思想与行为要求稍有放松，他们就可能犯这样或那样的错误。对这种矛盾，教育者要进行深入细致的思想工作，引导他们认识自己思想与行为上的问题、错误的性质、严重程度和危害性，使他们积极而认真地进行思想斗争、自我反省，找出根源，悔悟自新，并督促他们努力改正错误，这样才能有效解决矛盾。

2. 调节学生品德发展的外部矛盾

学校德育过程不能脱离外部环境而孤立存在，它不可避免地要受到来自社会、家庭等各方面的影响。因而，为了解决德育过程的主要矛盾，促进学生品德的发展，教育者还需要调节学生品德发展的外部环境和外部矛盾，进而加强对青少年学生的教育影响的力量。

学生品德发展的外部矛盾，主要指学校德育的要求同社会、家庭等方面对学生的影响不一致而产生的矛盾。一般表现为两种形式，一种是家庭教育或有关社会教育同学校教育对学生的要求不一致而产生的矛盾。这种矛盾的形成与发展，必将削弱各自的力量，干扰学校对学生品德的培育；另一种是学校教育与环境对学生产生的各种自发影响(这种环境的自发影响包括来自现实生活、社会交往、书刊和电影、电视、广播对学生的不良影响)的矛盾。这种矛盾的转化，也必将严重削弱甚至完全压倒学校教育对学生的影响。上述两种矛盾都是经常并且大量存在于现实中的。若等闲视之、不予理睬，将会对青少年学生德育带来严重障碍，不利于他们的品德健康地成长。

解决上述矛盾，需要充分发挥学校教育的主导作用。首先，学校要主动同家庭和有关社会机构取得联系，互相协作，及时针对学生的表现情况进行交流，共同研究探讨学生德育问题，使各方面对学生的影响一致起来，以利于学生品德的培养；其次，学校要联合家庭与有关社会机构，有目的、有计划地控制、调节环境对学生的影响，限制和消除环境因素对学生产生的不良影响，利用环境中的积极影响，实现德育影响的积极作用的发挥；第三，学校还要努力提高学生识别善恶、是非的能力和抗腐蚀的能力，自觉抵制各种错误的不良的思想影响，并在这个过程中使他们的品德得到更大的锻炼和长足的发展。

(四)德育过程是长期反复、逐步提高的过程

在学生品德的发展中，一个时期某个或某几个矛盾解决了，不等于其他矛盾都解决了，更不意味着没有新的矛盾产生。而学生在前进的道路上还可能因外部影响的复杂和力量对比的变化停滞不前，甚至出现暂时的退步或者反复。同时，德育过程本身也是一项复杂的系统工程。而正是品德发展的反复性和曲折性和德育过程本身的复杂性，决定了德育过程是长期、反复逐步提高的过程。

1. 品德的形成是一个长期的渐进的过程

学生思想品德的形成过程以受教育者形成道德行为习惯为标志，是知、情、行从简单到复杂，从低级到高级，从旧质到新质的矛盾运动过程，是从量变到质变的过程。按预定的要求，某一教育任务的实现，是某一具体教育过程的终结。但从思想品德的形成发展来说，德育过程并未完结，旧的矛盾解决了，新的矛盾又产生了，并且由道德认知到行为习惯的养成，需要一段较长的时间。在品德形成的过程中，受教育者会受到各种各样因素的影响，更会出现各种反复。只有受教育者不断地进行教育与自我教育，不断地提高道德认知，培养道德情感，锻炼道德意志，才能养成良好的道德行为习惯。从生理学上说，只有对机体不只一次地重复一种系统的影响，才能形成动力定型。在多次的，相互交错的活动中，动机变成行动，行动变成习惯，习惯和行动方式变成了个性。至于纠正错误的思想品德和不良的行为习惯，难度则更大。所以，教师在德育过程中要全面、深入地研究问题、分析矛盾，要冷静、耐心、认真地对待，切不可急躁、简单和粗暴。一般情况下德育过程的矛盾都有一定的可控性，只要弄清矛盾的情况、性质与产生的根源，采取相应的方法，总是能够促进矛盾向积极方面转化，化消极为积极，确保学生的品德按教育要求的方向发展。

此外，社会的道德要求也会随着受教育者的成长而逐步提高。随着受教育者的不断成长，社会不但要求受教育者对同一道德问题有更深入的认识，而且要求受教育者接受更广泛的德育内容，有更进一步的道德行为。这样，德育过程必然具有一定的时间性，是一项长期的工作。

2. 德育过程是一个系统工程

德育过程由三大系统构成：第一，受教育者的思想品德系统，它是由多种元素构成的，体现在一个人完整的心理品质体系中。思想品德的心理结构是一种动力系统，并非一旦形成就固定不变的。事实上，每个人的品德结构，只能是相对稳定的，它的改变需要长期的过程；第二，德育内容，其本身也是一个庞大的社会规范系统，它会受到政治经济、文化、学生年龄特征、当前社会形势政策、教育者价值观等的影响；第三，德育环境系统。影响受教育者品德形成的因素也是多种多样的，且彼此构成一定的联系。德育过程就是运用这些系统的各种元素，重新组合成一个新的品质体系的过程。这样的一个系统重构过程必然需要一定的时间量。

第三节　德育原则

德育原则是教师对学生进行德育必须遵循的基本要求。德育原则来自德育的实践，它随着社会生活的发展、学校德育经验的积累和对德育过程规律的认识深化而发展、充实。中外历史上许多著名的教育家提出了不少德育的要求或原则。这些宝贵的历史经验仍值得我们继承。下面是中小学常用的德育原则。

一、知行统一原则

知行统一原则，又称理论和实践相结合原则，是指进行德育要把思想政治观念和道德规范的教育与参加社会生活的实际锻炼结合起来，把提高学生的思想认识与培养道德行为习惯结合起来，使他们言行一致。

我国古代教育家历来重视“言行一致”。孔子十分重视人的道德行为的培养。他认为：“君子耻其言而过其行”(《论语·宪问》)，“讷于言而敏于行”。孔子指出评价一个人的道德水平，不能“听其言而信其行”，而要“听其言而观其行”(《论语·公冶长》)。墨子提到：“士虽有学而行为本焉”(《墨子·修身第二》)，道德行为是做人的根本。朱熹则认为知与行这两点中哪一点都不可偏废，“论先后，知为先；论轻重，行为生”，“致知、力行，用功不可偏，偏过一边，则一边受病”(《朱子语类辑略》)。马克思主义的道德观，不仅要求言行一致，而且要求把科学理论和社会实践结合起来，成为社会主义新人的世界观、人生观，推动他们积极参加社会主义建设和社会生活实践，不断提高自身的修养。

对青少年学生来说，尤其要注重理论与实践的结合。因为学生的道德认知大都来自前人的道德经验，这些道德认知可以通过传授、学习获得，提高也比较快。但他们的道德行为与习惯则不能通过传授获得。它们只能经过长期的实际锻炼，克服各种内外的障碍才能形成，一般比较慢。所以，在学生品德的发展中，极易出现言行脱节的现象，在道理上懂了，说得很漂亮，但往往做不到。

贯彻知行统一原则基本要求如下。

(一)理论学习与实际相结合，切实提高学生的思想

思想认识是行为的先导，我们必须注意用马克思主义的基本理论和社会主义的道德规范来武装学生。教育者需要从根本上提高学生的思想认识，形成道德信念，树立正确的道德观点，划分是非、善恶、荣辱、美丑的界限，并使学生学会运用已掌握的政治理论、道德认知、行为标准去分析、评价别人和自己的言行。

理论学习联系实际的方式很多，可以由教师介绍或由学生去收集和阅读资料，也可以引导学生去进行参观、调查和访问。无论哪种方式，教育者都要注意调动学生的积极性，将理论与实际相结合，提高学生的思想认识。

(二)注重生活实践，积极培养学生的道德行为

德育要以实践为基础，注重引导学生积极参加集体生活、公益劳动、社会服务与政治活动等，使学生在实践活动中锻炼成长，养成良好的行

为习惯。苏联著名教育实践家和教育理论家苏霍姆林斯基就很重视通过实践活动来培养学生的行为习惯。他认为行为习惯在品德的形成与发展中具有重要作用，并指出“由道德概念通向道德信念的通道是以行为和习惯为起点的，而这些行为和习惯则是充满深切情感并含有孩子对待他所做的事和他周围发生的事情的个人态度”。青少年学生只有在多次的社会活动和道德实践中，才能激发出他们对遵守道德规范的积极态度和深厚情感，才能使自己获得的道德知识转化为自己的道德信念，形成高尚的品德。如果不重实践，不从小培养学生的基本道德行为与习惯，到了初中或高中再来解决这个问题则为时已晚。所以，在德育过程中教育者应注重学生的生活实践，并以此为出发点积极培养学生的道德行为。

二、疏导原则

疏导原则是指进行德育要以积极引导、说服教育为主，要循循善诱、以理服人，从提高认识入手，调动学生的主动性，使其积极向上。疏导原则也就是循循善诱原则。

孔子就很长于循循善诱。他的学生颜回对孔子在教育方面的积极引导作了极高的评价。颜回说：“夫子循循然善诱人，博我以文，约我以礼，欲罢不能。”(《论语·子罕》)孔子的诱导能充分调动学生的积极性。古往今来，循循善诱一直是我国教育的一个重要原则和教师应具备的一项优秀品质。

青少年学生正处于道德认知迅速发展时期，向往未来，要求上进，极力扩大自己的知识与视野，对社会生活的认识也日新月异。但他们缺乏社会经验以及识别是非、善恶的能力，看问题容易简单片面，出现一些过失也是难免的。然而，只要他们的认识提高，改起来也快。所以进行德育要注意以正面教育，说服诱导，提高思想认识为主。况且青少年学生单纯、热情、直率，敢想敢说敢做，他们的认识总是要表现出来的，就像河水奔流一样，堵是堵不住的。对认识问题，如果企图用“堵”“压”的办法，就会使矛盾激化，造成对抗。所以，要像治水一样，重在疏导，使他们明白事理，提高认识，自觉地向正确的方向发展。

贯彻疏导原则基本要求如下。

(一)注重说服教育，及时疏通思想

对学生进行德育，要注重摆事实、讲道理，进行说服教育。对学生的思想问题要做深入细致的工作，及时疏通，启发他们自觉认识问题，自觉履行道德规范。即使学生品德上有了缺点、毛病，行为上出现了过失、错误，也要注重说服教育，使学生自觉提高认识。对于学生的思想认识问题，只能采用疏导的方法，不宜采用压制的方法。压制往往带来

反抗，不利于青少年学生的进步，而疏导才能使学生心悦诚服、自觉改进。

(二)善于因势利导，努力循循善诱

青少年学生有活泼好动、精力旺盛的特点。他们在课余生活中，经常会唱唱跳跳、奔跑喊叫，喜欢参加自己感兴趣的活动。这是学生身心健康的表现，是很正常的现象。我们不能够要求这些学生总是安安静静、循规蹈矩，像小大人一样。重要的是要善于把学生的积极性和兴趣导入正确的方向。例如有的学生在课余常打弹弓、玩扑克、追打……搞一些有害无益的活动，有的则爱打球、下棋、跳绳……这些活动玩得过多，产生了迷恋，也会严重影响学生的学习和学校的纪律。所以，要循循善诱，因势利导，把他们的积极性导向好的方向。

(三)表扬激励为主，坚持正面教育

青少年学生积极向上，有自尊心，有荣誉感。但或多或少会有幼稚，不能正确认识社会和人生问题的情况。这就要求教师要给以启示、指点，使他们放眼社会，懂事明理，懂得关心他人，热爱祖国，心怀世界，树立自己的远大理想。在他们的成长过程中，要坚持正面教育，只要他们表现出积极性，有哪怕很微小的进步，教育者都要注意肯定。多加赞许、表扬和激励，引导学生步步向前，才能培养他们的优良品德。在教育过程中批评与处分只能作为辅助的方法，不宜喧宾夺主。

三、发扬积极因素，克服消极因素原则

发扬积极因素、克服消极因素原则是指要调动学生自我教育的积极性，依靠和发扬他们自身的积极因素去克服他们品德上的消极因素，实现品德发展内部矛盾的转化。

世界第一部教育方面的著作《学记》曾明确提出了这个重要的教育要求，提到：“教也者，长善而救其失者也。”长善救失，发扬积极因素，克服消极因素，使学生有长足的进步。但当时更多地强调了教师教的职责，而未注意到调动学生主体积极性这一重要方面。如今，教育工作者认识到，德育只是学生品德发展的外因，而外因必须通过内因来起作用，即德育应更注重引导学生进行自我教育，调动学生自我教育的积极性，自觉发扬自身的积极因素进而去克服自身的消极因素。学生品德的发展，主要在于他们道德认知、道德情感、道德意志和道德行为内部的矛盾运动，在于其中积极一面不断得到发展并最终战胜了消极一面表现出明显的进步。例如，学生只有逐渐养成诚实的行为才能克服说谎的毛病，只有坚持遵守纪律的行为才能改正自由散漫的毛病。如果积极一面得不到巩固、壮大，那么消极一面是克服不了的。

贯彻发扬积极因素、克服消极因素原则的基本要求如下。

(一)正确评价学生，客观对待优缺点

正确了解评价学生是正确对学生进行教育的前提。教师不能有效地教育学生，往往是因为不能以“一分为二”的、发展的眼光来看待学生。如只看到学生的优点，而放松了对他的要求；或者只看到学生的缺点，以致简单粗暴地对待他；或只注意过去，而忽视他的发展和当下的表现，总是抱有成见。所以，对学生既要看到积极的一面，也要看到消极的一面；既要看到过去的表现，也要看后来的变化和当下的表现；既要看到优秀学生的不足之处，“响鼓也要重捶”，也要善于发现后进生身上的闪光点，以促进他们的转变。

(二)长善救失，通过发扬优点来克服缺点

青少年学生在成长时期总是希望上进，希望得到教师的重视和表扬。作为教育者必须爱护这种上进心，并积极培养其自尊心，帮助学生时时、事事、处处自尊、自爱、自强。切忌伤害学生自尊心，使其自暴自弃。因此教育者需要全面深入地了解学生，为教育学生打下良好的基础。要促进学生的品德发展，根本的一点在于调动学生的积极性，引导他们自觉地巩固和发扬自身的优点，以此来抑制和克服自身的缺点，才能养成良好的品德，获得长足的进步。

(三)教会学生自我评价，进行自我修养

学生的进步，固然需要教师起主导作用，引导他们长善救失，发扬优点克服缺点。但长善救失更需要靠学生自觉的自我评价、自我修养来进行。苏格拉底认为：“认识必须由每个人在自己内心中去发现，它不像一件商品一样可以传送给其他人，而只能在内心深处予以唤醒。”教师的全部职责，就是要点燃学生生命中理想和希望的火炬，让学生主动地、创造性地调动自身的一切能量和智慧，学会自我教育、自我学习、自我选择和自我发展。教师不仅要教给学生知识、技巧，给予他们各种信息，更重要的是让学生为成人生活做准备，教他们该怎么做，将来要成为什么样的人。青少年学生往往不易正确地进行自我评价。或评价过高，骄傲自满，阻碍进步；或是评价过低，自卑不已，无法振作。所以，教师要帮助学生善于虚心听取父母、教师、同学等各方面的意见，善于将自己的情况同相似的情况进行比较，善于剖析和正确评价自己，能对自己的思想与行为自觉进行反思，开展必要的思想斗争，包括为自己的缺点而自责、内疚、自省，自觉地进行道德修养，才能够获得进步。

四、严格要求与尊重信任相结合原则

在德育的过程中，严格要求与尊重信任学生相结合原则是指进行德育要把对学生的思想和行为的严格要求与对他们个人的尊重信任结合起来，使教育者对学生的影响与要求易于转化为学生的品德。

人都具有自觉能动性、自尊心和荣誉感，只有受到尊重与信任，才能充分发挥主动性和积极性。青少年学生单纯、热情、直率、积极向上，如果得到师长的尊重、信任与鼓励，他们将充分发挥自己的才智，努力提高个人的品德。这样，对他们德育工作就事半而功倍；反之，如果对他们不尊重、信任，而是歧视、侮辱、压制，那么其后果则不堪设想。我国明代教育家王阳明曾指出，“大抵童子之情，乐嬉游而惮拘检，如草木之始萌芽，舒畅之则达，摧挠之则衰痿。今教童子，必使其趋向鼓舞，中心喜悦，则其进自不能已。”①

贯彻严格要求与尊重信任相结合原则的基本要求如下。

(一)爱护学生

爱护学生是一个优秀教师的基本品德。获得诺贝尔和平奖的特蕾莎修女，是一个伟大的人道主义者。当人们追问她获得如此伟大业绩的秘诀时，这位瘦小、羸弱的修女简单地说：“没有伟大的事情，只有需要满怀爱心去做的细微的事情。”这是一句意味深长、令人印象深刻的话，说清了爱心的关键作用。每个学生都有一把开启他的钥匙，关键是要从师生间的情感交流开始。罗素曾说“凡是教师缺乏爱的地方，无论品格还是智慧都不能充分地或自由地发展。”师爱是教师必须具备的素养之一。苏霍姆林斯基曾指出，“一个好教师意味着什么？首先意味着他是这样的人，他热爱孩子，感到跟孩子交往是一种乐趣，相信每个孩子都能成为一个好人，善于跟他们交朋友，关心孩子的快乐和悲伤，了解孩子的心灵，时刻都不忘记自己也曾是个孩子”。

冰心曾说过：“有爱就有一切。”陶行知先生也曾说：“爱是一种伟大的力量，没有爱就没有教育”，教育的最有效的手段就是“爱的教育”。其实，爱本身就是教育的艺术与灵魂，诚如夏丏尊先生所言“教育没有了爱，就成了无水之池，任你四方形也罢，圆形也罢，总逃不了一个空虚”。培养有爱心的学生，首先要求教师成为爱的化身与使者。那就让我们以淡定的生活姿态做一个心中有爱的教师，为爱的事业和爱的人生播撒种子吧！

(二)尊重信任学生

爱护学生，是与尊重信任学生紧密联系在一起的，是教好学生，获得所期望的良好效果的一个十分重要的条件。有这么一句话，“教师对学

① 孟宪承：《中国古代教育文选》，上海：华东师范大学出版社，2010年，第298页。

生不尊重，学生就学习粗俗浅陋；教师对学生不平等，学习就学习无礼野蛮”。只有在真正的平等和尊重之中，才能实行真正切实有效的教育。尊重学生，是要把学生当成在人格上与自己平等的个体来对对待，不歧视、不讽刺、不挖苦学生；信任学生，则是要相信学生在发展方面的潜力，要相信学生有追求进步和完善的愿望。这意味着教师要有这样的信心，即学生在自己的努力和他人的帮助下能够达到教师所提出的目标，并不断发展自己。

(三)严格要求学生

教师向学生提出要求就是对他们进行教育和培养。为了取得好的效果，这种要求应当是正确的、简明的、有计划的。“正确”是指所提出的要求应科学合理，符合学生年龄特征，切合实际，令人信服；“简明”是指所提出的要求易被学生理解、掌握，便于记住和履行；“有计划”是指对学生提出的要求一次不能提得过多，要由易到难、有步骤地、循序渐进地提出，并且这些要求特别要“严格”。严格要求就是对学生的缺点和错误丝毫不能放松教育，不能因其事小，或因其年轻而原谅、姑息，要注意防微杜渐、从小培养好。另外，对学生的要求一旦提出，就要不折不扣、坚定不移地引导与督促学生做到，丝毫不能放松。这样才能形成学生的良好品德。当然，严格要求应当与爱护、尊重信任学生很好地结合起来，这是教师在德育工作中获得成功的一项重要的艺术。

在现实教育过程中，有不少教师抱怨说，自己已给予了学生不少的表扬与肯定，但学生就是不能长久地被激励下去。问题到底出在哪里？是“皮格马利翁效应”失效了吗？实际上，尊重信任与严格要求在教学过程中是互相结合在一起的。如果教师一味地对学生不加区别地赞扬，甚至于包庇学生的过错，那只能是害了学生。苏联教育家马卡连珂曾指出，“我的基本原则永远是尽量多地要求一个人，也要尽可能地尊重一个人”。这句语的潜在的内涵是，对于我所不尊重的人，我不可能提出更多的要求；当我对一个人提出很多要求的时候，在这种要求里也就包含了我对这个人的尊重。尊重信任与严格要求是互相包涵和融合的。教师必须全面了解学生，并且了解每一个学生的心灵，做到严而有爱，严而有格，严而有方。

五、因材施教原则

因材施教原则是指进行德育要从学生的思想认识和品德发展的实际出发，根据他们的年龄特征和个性差异进行不同的教育，使每个学生的品德都能得到最好的发展。

我国古代教育家孔子十分重视因材施教，在这一方面积累了大量的经验。他擅长了解学生，并提出了“视其所以，观其所由，察其所安”这一了解学生的有效方法，同时也擅长根据学生的特点进行有针对性的教育。教育的对象是活生生的学生，学生的品德发展既有一般规律、年龄特征，又有各自的个性特点与优缺点。对他们进行德育必须依据这些方面的实际情况来因材施教，才能有针对性地促进品德的发展。德育要特别考虑学生的个性，这是尊重学生的表现，同时也是因材施教的基础。否则，不但不能发展学生的个性，不能调动他们进行道德修养的积极性，而且还会由于无视学生的特点，压抑学生的个性，阻碍学生的进步。

贯彻因材施教原则的基本要求如下。

(一)了解学生的个性特点和内心世界

这是进行德育的前提和基础，也是正确地进行因材施教的前提和基础。教师既要了解一般学生的内心世界，又要了解个别学生的内心世界；既要了解学生的年龄特征，又要了解学生的个性差异；既要了解学生的现在情况，又要了解学生的过去情况。教师要做到对每一个学生都了如指掌，心中有数，尤其对具有心理“闭锁性”倾向的学生，通过教育艺术，了解其真实的情况。教师不仅要从理论上学习和研究学生的个性特点与内心世界，还要真正走近学生的内心世界，与学生进行心与心的沟通与了解。

(二)根据个人特点有的放矢地教育

现实中，也许教师会经常被学生的不良行为表现所困惑。但如果教师换个角度想一想，就会发现，学生还是各有优点的，如有的学生善于组织，有的学生善于表达，有的学生善于表演。换句话说，有的学生是帅才，有的学生则是将才，还有的学生是军师。每一个学生都有自己的生活环境、成长经历、个性特点和内心世界，所以，对他们的教育必须有的放矢，有针对性地采用不同的内容和方法来因材施教。因材施教就是要因人而异、区别对待，不能用千篇一律的方法进行教育。用一句通俗的话来说，就是“一把钥匙开一把锁”。为了打开每个学生的心灵之锁，教师必须善于找出并运用特定的钥匙，要打破“一般化”“老一套”的教育方法，找到能适合学生特点、开启学生心灵的德育内容和方法，创造性地进行教育。

(三)结合年龄特点和时代特征

教师既要了解不同年龄阶段学生的生理和心理特点，又要研究学生思想品德的发展规律。学生的思想认识和品德的发展有明显的年龄特征，因而进行德育必须要研究每个年龄阶段学生的思想特点。例如，初一学生刚入学，新鲜好奇、力求上进的同时也自觉性差、自制力弱；初二学生进入青春期，会对异性问题比较敏感，开始考虑人生理想；初三学生面对升学压力，侧重学业而对品德问题有所放松，等等。教师只有掌握每个年龄阶段学生的年龄特征才能进行整体规划、系统安排，保证德育工作的连贯性和时效性。

不同时代的青少年学生受不同社会现实的影响，必然会站在不同的历史阶梯上思考不同的问题，反映着各自时代的特点和现实，体现出不同的思想品德特点。教育者要善于从当前社会现实出发，与时俱进，引导学生以积极的态度对待社会现实，对待人生，培养他们的历史责任感。这是从实际出发、因材施教的重要条件。

六、集体教育和个别教育相结合原则

集体教育和个别教育相结合原则是指进行德育要注意依靠学生集体，通过集体进行教育，以便充分发挥学生集体在教育中的巨大作用，把集体教育和个别教育辩证地统一起来。

学生集体不仅是教育的对象，也是教育的主体，具有巨大的教育力量。教师进行德育时，要注意依靠学生集体，并通过集体来进行教育，以便充分发挥学生集体在教育中的巨大作用。马卡连珂指出："只有建立了统一的学校集体，才能在儿童的意识中唤起舆论的强大力量，这种舆论的力量，是支配儿童行为并使它纪律化的一种教育因素。"他又说："集体是个人的教师。"所以马卡连珂认为，教师要影响个别学生，首先要去影响他所在的集体，然后通过这个集体和教师一道去影响这个学生，就会成为巨大的教育力量。由此可见，学生集体既是教育的客体，又是教育的主体，既是教育的目的，又是教育的手段。同时，集体又是由个人组成的，集体中的每一个成员又各有特点，因此在进行集体教育的同时，又要注意个别教育，即通过集体教育个别学生，又通过个别学生的教育影响集体。

集体教育和个别教育相结合原则提出的依据：首先，是由社会主义教育的性质所决定的。集体主义是社会主义道德的核心。社会主义教育的重要特征之一，就是培养出来的人必须是集体主义者，必须具有集体主义精神，能正确处理个人与集体、个人与社会和个人与国家的关系。而要把青少年学生培养成具有集体主义精神的一代新人，就只有把集体教育和个别教育结合起来才有可能实现；其次，这一原则也是"由活动和交往是学生思想品德形成和发展的源泉和基础"这一规律决定的。学生的活动和交往主要是在学生集体中进行的，而集体同时也是学生形成和发展思想品德的良好环境。学生集体中各因素之间相互联系、相互影响，又都是集体内部重要的教育因素。因此，学生集体对学生思想品德的形成有着特殊的作用，这也要求要把集体教育和个别教育结合起来。

贯彻集体教育和个别教育相结合原则基本要求如下。

(一)建设优良集体，形成集体凝聚力和影响力

集体不是学生个体的简单集合，而是一个有机的整体。要发挥学生集体的教育作用，首先要把学生群体培养成为优良学生集体。优良的集体要有正确的思想方向，要有可供遵循的生活准则和规章制度，要有共同追求的目标和理想，要为实现共同目标和理想而共同参与的生活和活动实践，进而形成集体的凝聚力和影响力。特别要指出的是，培养学生集体的过程，也是教育学生、促进他们的品德发展的过程。所以，无数优秀教师和班主任在着手学生的德育时，往往从组织和培养学生集体开始。

(二)通过集体教育个人，通过学生个人成长影响集体

集体生活对于每一个学生来说，都是很好的教育影响来源，而集体中每一个学生的成长又能反过来作用于集体。将集体教育与个别教育结合起来，首先，在于教师要把集体当作教育的主体，先向集体提出要求，然后让集体再去要求、教育和帮助其中的每一名成员。由于教育者是通过集体来教育学生个人的，所以，集体教育个人，实质上就是教育者在教育个人，这二者是并不矛盾的，是平行的。马卡连珂称这种方式为“平行教育影响”。因为，这种方式把学生集体和个人都摆在教育主体的地位，能调动学生参加教育活动的积极性，所以，效果和效率更胜过教师一个一个地去教育学生；其次，在集体中教育，也要注意通过学生个人成长来影响集体。这样教师不仅通过教育一个学生教育了全班每一名学生，而且培养了正确的集体舆论和良好的班风，从而使集体与学生个人互相促进。这就要求教师做到不放弃任何一名学生。在德育实践中，教师将某些学生当作“害群之马”，这种把一名或几名学生摒弃在集体之外的做法是违背原则的。只有把每一名学生都纳入集体当中，才能使每名学生将自己视为集体的一分子，进而以集体的标准约束自己的言行，这样才能形成真正有效的集体。

(三)教师的主导作用与集体的教育力量相结合

充分发挥集体的教育力量，并不是否定教师对集体培育的主导作用，相反一定要重视教师在集体教育中的主导作用。马卡连珂指出：“这绝不是说，我们教育家和一般成人的集体领导者，只是站在一边旁观。恰恰相反，我们要时时刻刻地运用我们的思想和经验，我们的机智和意志去分析集体中各种各样的现象、希望和倾向，并且用忠告、影响、意见有时甚至用我们的意志来帮助集体。这是一套非常复杂的紧张的工作。”学生集体由青少年学生组成，有其不成熟性，教师要充分发挥主导作用，向集体提出要求，使其成为真正优良的集体，才能产生优质高效的教育作用。

七、教育影响一致性和连贯性原则

教育影响一致性和连贯性原则是指进行德育应当有目的、有计划地把来自各方面对学生的教育影响统一起来，使其协调一致、前后连贯地进行，以保障学生的品德能按教育目的的要求发展。

教育影响的一致性和连贯性原则是由思想品德形成的长期性和教育影响的多样性来决定的。首先，学生思想品德的发展是一个长期的、阶段性的过程。对不同阶段的教育要求、内容、方法会有所不同，但思想品德的发展又是前后连续的完整过程，在总的方向上应当始终连贯；其次，学生的品德是在学校、家庭、社会等各方面的影响下发展的。这些来自不同方面的影响纷繁复杂，不仅前后并不连续，而且相互之间还可能存在着矛盾与对立。如果不加以组织势必将会削弱学校教育对学生的影响。尤其在现代社会，科学技术的进步使学生的活动和交往范围急剧扩大，通过书、刊、影、视接受的信息大大增加。在这种情况下，要有效地教育学生，必须加强学校对各方面教育影响的控制和调节。

贯彻教育影响一致性和连贯性原则基本要求如下。

(一)组建良好教师团队，使校内教育影响保持一致

要使一个班级或者全校的教育者对学生的影响一致起来，必须组建良好的教师团队。要实现集体的共同目的，这个目的包括教育目的，同时也包括学校或者班级确定的教育目标与要求，就必须使团队成员团结起来，及时互通学生的情况，定期研究学生德育中所产生的问题，制定教育方案，互相配合地开展教育活动。这样才能使大家对学生的看法、要求以及进行教育的步骤协调一致起来，才能促进良好的班风和校风的形成和发展。

(二)发挥学校教育的主导作用，使学校、家庭和社会的教育影响互相配合

学生生活在家庭与社会当中，除了受到来自学校的影响以外，每天也会接受来自家庭和社会的各方面影响。这些影响往往不一致，这就很不利于学生品德的发展。要使这些影响能够互相配合、比较一致起来，学校就应当担负起调节各方面教育影响的重任。首先，学校应与家庭和社会的有关机构建立并保持联系，形成一定的制度；其次，要及时或定期地交流情况，研究学生的教育问题，制定互相配合的方案；第三，要分工负责、共同努力控制并消除环境中对学生不良的自发影响。

(三)做好衔接工作，保证学生的教育前后连贯、一致

对学生的教育影响如果前后不连贯、不一致，时紧时松、时宽时严、断断续续，就会直接影响到学生良好习惯和品德的形成，甚至会导致学生在前进的道路上出现退步。所以，使教育影响的连续和一致，是德育的一项重要工作。这就要求教育工作者要有计划、有目的地对学生提出合理的教育要求，做好小学与中学、初中与高中之间的衔接，把各个阶段对学生的教育影响协调、连贯起来。

第四节 德育的途径和方法

德育不仅要有合适的内容，而且要有恰当的途径和方法。为了有效地进行德育工作，学校和教师必须要了解德育的主要途径和方法，以便在德育过程中，能够正确而机智地加以选择和运用。

一、德育的途径

德育的途径是指对学生施加德育影响的渠道。德育的任务、内容、过程、原则都要落实到一定的德育途径中来。因此，途径问题也是德育中必须予以解决的问题。学生的思想品德是在各方面教育因素影响下形成的，因而德育的途径也是多种多样的。教育者要根据德育的任务和品德形成的规律来充分发挥每一种途径的教育作用。

(一)教学

教学是实施各育的组织形式，也是德育的有效途径。在学校教育的各项工作中，教学是中心工作，在全部工作中，所占的时间比重也最大，所以说，教学是实施全面发展教育的主要途径。从学生方面讲，他们的主要活动是学习，这就使得教学成为对学生进行思想品德教育最经常、最基本的途径。通过教学进行德育也是学校教育区别于校外教育机构的一个重要特点。

1. 思想政治课

思想政治课的任务是传授马克思列宁主义、毛泽东思想的基础知识，帮助学生逐步学会运用马列主义基础知识认识、分析问题，帮助学生逐步形成科学的世界观、人生观和道德观念。政治课的性质、任务和内容决定了它是学校向学生进行思想品德教育的基本阵地，它起着其他学科所不能起到的独特的作用。

要实现思想政治课的任务，使其成为德育的一条有效途径，必须贯彻理论联系实际的原则。贯彻理论联系实际的原则，首先要求教师加强基本理论知识的教学。教师要对教材中的基本原理应该讲清楚、讲准确，使学生有比较完整、比较系统的理解。这就要求教师用具体的材料去分

析、去论证，使观点和材料结合起来。其次，在启发学生弄懂基本原理、掌握精神实质的基础上，教师还要从学生的思想实际出发，运用基本原理分析、解决学生的思想认识问题，达到提高学生思想觉悟的目的。更重要的是，教师要引导学生自己能够运用所学的基本原理分析、解决各种实际问题，逐步提高分析问题和解决问题的能力。总之，思想政治课教学只有贯彻理论联系实际的原则才能搞好理论教育，使学生掌握基本理论；才能搞好思想教育，提高学生的思想觉悟；才能使学生体验到思想政治课的魅力，从而充分调动学生上好政治课的自觉性、积极性；也才能充分地、全面地实现思想政治课的任务。

2. 其他各科教学

学生在学校大部分时间是上各门文化课，通过各科教学向学生进行德育，是最经常的、最基本的途径。

通过教学进行德育是教学具有教育性规律的反映。“文以载道”，任何教材都具有思想性。从教学内容来说，中小学各科教材都是根据教育方针和培养目标编写的。它们不仅是科学的，而且有丰富的思想品德教育的内容。教育者在教学过程中，要充分利用教材的思想性并结合教材的性质、特点，把教学的科学性和思想性紧密结合起来开展德育工作。通过教学，用自然科学和社会科学的系统知识来武装学生，这是培养学生辩证唯物主义世界观和共产主义道德品质的科学基础。没有科学文化知识不可能理解共产主义。但由于各科教学内容不同，它们在思想品德教育中的意义和作用也就不尽相同。例如，语文课的许多教学内容思想性很强，教师可以通过与学生共同分析课文的字、词、句、篇章结构、事物或人物描写，使学生懂得是非、善恶、美丑，在思想品德上受到感染和教育；历史、地理课的教学可以更好地对学生进行热爱祖国、热爱人民的教育以及历史唯物主义的教育；音乐、美术课能够通过艺术形象使学生受到无产阶级情操的熏陶；数学、物理、化学、生物等学科的教学，特别有利于对学生进行辩证唯物主义的教育，以及学科学、爱科学、用科学的精神的教育等。

要正确发挥教学本身的教育性，不能牵强附会，在教学之外另加上思想品德教育的东西。但是教学和思想品德教育又不能自动自发结合起来，这就需要教师自觉地、有意识地掌握教材中的思想品德教育因素，在组织教学中重视完成思想品德教育的任务。

3. 教学的方法和组织形式

教学的方法和组织形式也具有教育意义。各种教学方法，特别是针对学生特点而采用的方法，对学生的思想能够产生深刻的影响。学习成绩考查的方法，对学习态度的奖励与惩罚、表扬与批评等方法，对于学生来说都具有教育的作用；严格组织的课堂教学本身也具有教育意义。它要求学生遵守课堂纪律，端正学习态度，认真完成作业，以及在课堂上教师对学生的学习要做出评价，等等，这些做法对学生都有很大的教育作用。此外，学生在一个班集体内共同学习，也是培养他们集体主义精神、团结友爱、遵守纪律等品质的有利条件。

4. 教师的思想作风和教学态度

教师的思想作风和教学态度更是重要的教育因素。教师良好的仪表和言谈举止给学生以美和文明的示范。教师严谨治学的态度、严格的管理、对学生无私的关怀等，同样有利于学生端正学习态度，严格要求自己，关心他人，形成对社会、对国家和对人民的责任感、义务感。特别是低年级的学生，会自觉不自觉地向他们所尊敬的教师学习，甚至模仿教师的一言一行，所以教师的言传身教会对学生的思想品德产生深远的影响。

（二）班主任工作

班级是学校的基层组织，通过班级工作对学生进行德育是班主任的主要工作，也是思想品德教育的重要途径，同时也是一种比较有效的途径。班主任是班级的教育者和组织者，对班级的学生工作全面负责。班主任老师是与班级学生接触最多的老师，是对学生最了解，也是和学生关系最密切的老师。掌握学生的思想品德发展动向，对学生实施德育是班主任工作的重要目标和内容。班主任要能够协调各科教师、联系和指导学生家长，使各方面的教育力量协同一致地发挥作用；班主任还可以采取固定的形式，如各种形式的班会、班干部会议和班级集体活动对学生进行思想品德教育；此外，班主任还要根据每个学生的特点，有针对性地进行深入细致的个别教育工作。这是班主任的日常工作，是德育的其他途径所不能代替的。

要做好班主任，对学生实施有效的思想品德教育，就要求班主任具备良好的组织能力和高尚的道德素养。只有真正做到了解学生、关心学生、热爱学生、尊重学生和理解学生的班主任，才能成为学生的表率，才能成为学生学习和生活的引路人。

（三）共青团、少先队等集体活动

共青团是党直接领导下的先进青年的组织，代表了青年中优秀的力量，是青年学生追求进步、争当先进的集体，是广大青年在实践中学习共产主义的学校，是党在各项工作中的助手和后备军。学校共青团的基本任务，就是在学校党组织的领导下，配合学校以共产主义精神教育团员和青年，充分发挥每个团员的模范作用以及党联系广大青年的作用。共青团能够团结全体同学，开展以“三好”为目标、以学习为中心、适合青年特点的各项独立活动，帮助青年学生在德、智、体等方面得到全面发展。

少先队是共青团领导下的少年儿童的群众组织，是少年儿童学习共产主义的学校，是建设社会主义和共产主义的预备队。少先队的教育目标和学校是一致的，同样是为了培养德、智、体等方面全面发展的新一代。小学是儿童成长的摇篮，每个人都经历过加入少先队儿童组织的过程，谁都不曾忘记自己加入少先队组织时的心潮澎湃与激动，以及由此所产生的归属感与成就感。加入少先队组织是每个少年儿童的梦想，神秘的升旗仪式，响亮的队歌，有力的宣誓，鲜艳的红领巾……在这里他们会找到心灵的另一个家园。

通过共青团和少先队的工作、活动，可以激发青少年学生的上进心和荣誉感，使学生以更高的标准来要求自己，自觉提高思想觉悟，增强自身的道德修养。

(四)劳动与社会实践

劳动与社会实践是思想品德形成和发展的基础，因此生产劳动和社会活动也是对学生进行德育的必要途径。组织学生参加适当的生产劳动和各种社会公益劳动，能够培养学生的劳动观，使学生产生热爱劳动、热爱劳动人民的思想感情和全心全意为人民服务的精神，养成良好的劳动习惯。当然，劳动本身不会自发地起到教育作用。为了使学生在劳动中得到思想品德教育，教育者必须在学生劳动与社会实践的同时有意识地加强德育工作，使学生明确劳动的目的要求，经常检查学生的劳动态度和表现，适当地进行表扬和批评教育等。

(五)课外活动和校外活动

课外活动是指学校在课程教学计划之外，组织学生开展的各种科技、文艺、体育以及各种社会活动。校外活动是指少年宫、青年宫、青年之家以及各种文化体育场所等校外教育机构领导和组织的教育活动。

多种多样、丰富多彩的课外和校外活动是对学生进行德育的有效的、不可忽视的重要途径。它的特点是不受教学计划的限制，可以让学生根据自己的兴趣、爱好和特长，在教育者的组织下，自愿选择，自觉参加各种活动。校外活动能够以生动活泼的方式向学生进行德育，这对于培养学生优良的思想品德有特殊的意义。

(六)心理咨询和心理讲座

心理咨询和心理讲座是培养学生健康心理品质的有效途径。青少年学生正处于身体成长发育时期，由于身体的快速变化，会产生一系列的心理问题。除此之外，青少年学生还面临着学业问题、人际关系问题、情绪情感问题、未来职业选择问题等诸多发展性问题。通过心理咨询、心理讲座和团体辅导等方式对不同层次的学生进行心理健康教育，可以帮助他们正确处理好生活、学习、情绪情感、人际关系、择业等方面的问题，使他们成为积极向上、心理健康的人，这也是德育的一个重要方面。

综上所述，德育的途径是多方面的，可以说学校里的各项工作都可以向学生进行德育。德育的各个途径各有其特点和作用。思想政治课和其他各科教学是学校德育的基本途径，是学校德育的主渠道。在通过主渠道进行德育的同时，还要重视其他途径在学生思想品德发展方面的作用。德育的这些途径是统一的，互相配合的。教育者不能只强调某个途径的作用而忽视其他途径，相反要有意识地把全部的工作组织协调起来，把德育影响贯穿到学校工作的各个领域。教育者要综合各种德育途径的优势，充分调动各方面的教育力量，发挥各种德育途径在学生思想品德发展中的积极作用，形成互相配合的立体化的教育网络和教育的强大合力，以获得德育的最佳效果。学校领导和所有教师都要明确学校德育的目的，熟悉学校德育的各种途径，提高对学校德育敏感性的认识，这样才能有效促进学生思想品德的发展。

二、德育的方法

德育方法是指用来提高学生思想认识、培养他们的品德的方法。我们不能把德育方法单纯归结为教师运用的方法或以教师活动为主的方法，从整体上说，它是在教师的德育影响下师生共同活动的方法，是双方面活动的过程。德育的方法是实现德育任务的重要条件之一，直接或间接地影响着德育效果。

(一)指导式方法

指导式方法是指教育者指导受教育者用以促其思想意识和行为习惯发生预期变化的方式方法。在这种方法中，教育是思想意识行为上的发出者，处于主导地位，受教育者需要在发挥能动性的基础上接受教育者的影响。指导式方法通常包括说服教育法、榜样示范法、情感陶冶法和品德评价法等。

1. 说服教育法

说服教育法是教师根据学生的认识水平，借助语言经过摆事实、讲道理的过程，使学生提高认识、形成正确观点的方法，包括讲解、谈话、报告、讨论、参观、访问、调查等。这种方法要求学生遵守道德规范、养成道德行为，首先要提高认识、启发自觉、调动积极性，这就需要运用说服教育的方法来讲清道理，使学生明白应当怎样做，为什么这样做。学生的认识提高了，感到有必要了，他们才会自觉去履行。

运用说服教育法要注意以下几点要求。

(1)明确目的

说服教育要从学生的实际情况出发，注意个别特点，针对要解决的问题，有的放矢、符合需要、切中要害，触动和启发学生的心灵，为他们所接受。说服教育切忌一概而论、空洞冗长、唠叨不停，使学生感到单调、厌烦、抵触。

(2)知识有趣

青少年学生渴求知识，希望更多地了解社会、人生，所以说服教育要注意给学生以丰富的知识，使他们受到启示，获得提高。需要注意的是，所选用的知识内容和表达方式要力求生动、有趣，使学生喜闻乐见，同时留下深刻印象，这样才能够积极地实践。

(3)注意时机

说服教育的成效，往往不取决于花了多少时间、讲了多少道理、重复了多少遍，而取决于是否善于捕捉恰当的教育的时机，拨动学生的心弦，引起他们的情感共鸣，被他们所真正接受。

(4)以诚动人

说服教育既是一个理性的过程，也是一个情感的过程。对学生进行说服教育，教师的态度要诚恳、语重心长、以情动人，做到情感交融。只有待之以诚，才能扣开学生心灵的门户，使教师所讲的道理为学生所接受。同时，教师在说服教育的过程中，不能一味地只单向地学生讲道理，还要注意倾听学生内心深处的想法，进行彼此的沟通与了解。

2. 榜样示范法

榜样示范法是以他人的高尚思想、模范行为和卓越成就来影响学生品德的一种方法。榜样是把道德观点和行为规范具体化、直观化、人格化了，形象而又生动。榜样可以是伟人的事迹、教育者的示范和学生中的好样板等。通过榜样体现的道德观点和行为规范具有极大的感染力、吸引力和鼓动力。青少年学生富有模仿性，爱模仿父母、师长，优秀的同学，更崇拜伟人、英雄、学者。在良好环境里，榜样的力量是无穷的。通过榜样能够引导学生积极向上，给学生以巨大力量，朝正确的方向发展。但如果在缺乏制度、纪律和正确舆论的环境里，榜样的作用则会受到限制。

3. 情感陶冶法

情感陶冶法也称陶冶法，是教育者有目的、有计划地利用情感和环境的因素对受教育者进行潜移默化、耳濡目染的熏陶、感化，来培养学生品德的方法，包括人格感化、环境陶冶和艺术陶冶等。马克思主义认为社会环境对人的身心发展起着重大的影响作用，利用环境对受教育者进行积极影响，是陶冶教育所依据的基本原理。情感陶冶法既不向学生传授系统的道德知识，也不对他们提出明确的要求，而是寓教育于情境之中，通过按教育要求预先设置情境来感化与熏陶学生。这种方法既没有强制性的措施，也难有立竿见影的功效，然而对学生有潜移默化的作用，能对学生品德的发展起到长期的作用。

我国古代教育就很重视用情感陶冶的方法。孔子提倡用诗歌、音乐来陶冶学生的性情。孟子非常重视环境对人的陶冶作用。董仲舒则明确提出了陶冶的概念，指出人的性情“或仁或鄙，陶冶而成之，不能粹美，有治乱之所生，故不齐也”(《对贤良策》)。也就是说，人的不同性情是由不同的环境陶冶而成的。西方国家自文艺复兴以来，许多人文主义教育家都很重视采用陶冶的方法塑造学生的个性与人格。今天，陶冶已成为德育和美育的一个重要方面。教育者要有目的地创设良好的情境，给学生的品德以积极的陶冶。

4. 思想品德评价法

思想品德评价法是通过对学生的思想品德给予一定的评价，以鼓励学生进步，预防和改正不良思想与行为的一种方法，是德育的一种辅助方法。思想品德评价法是促进学生思想品德按确定方向发展的一种强化手段，或者说是影响学生思想品德发展方向的一种有效方法。

思想品德评价法主要包括表扬与奖励、批评与惩罚、操行评定等方式。表扬与奖励，是对学生好的思想行为给予肯定的评价，使受到表扬与奖励的学生明确自己的优点与长处，并得到进一步的巩固和提高，同时也为其他学生树立了榜样；批评与惩罚，是对学生不良思想行为给予否定的评价，其目的在于使学生克服缺点和错误，帮助学生分清是非，明确努力方向，也是培养学生坚强意志性格的方法；操行评定，是指在一定时期内，对学生学习、劳动、思想品德方面的小结和评价，包括肯定的评价和否定的评价两个方面。

运用思想品德评价法需要注意几点要求：首先，有明确的目的性。无论奖励还是惩罚均不是目的，而是教育学生的手段。所谓，数子十过，不如奖子一功，正是这个道理；其次，有相对的公平性。思想品德评价要公平合理，实事求是，并取得多数人的认可，且不宜滥用；再次，要有一定的民主性。重视发扬民主，让学生积极参与评价活动，才能使学生信服，同时也能在评价的过程中使学生产生深刻的体验。

(二)参与式方法

参与式方法指作为个体的受教育者在参与教育集体的活动过程中，思想意识、行为习惯发生预期变化的一种方法。在这种方法中，受教育者作为集体中的一员，与其他成员在地位上是平等的。在集体中，可有教师存在，也可以全是学生。参与式方法主要包括实际锻炼法、角色扮演法、讨论法等。

1. 实际锻炼法

实际锻炼法是有目的地组织学生进行一定的实际活动以培养他们的良好品德的方法，主要包括学习活动、社会活动、生产劳动和执行学习与生活制度等。青少年学生品德的培养离不开锻炼，只有在社会生活和道德实践的过程中才能形成、发展和完善。学生的道德行为和习惯要通过实践活动来形成和加强，其道德意志也要在活动实践中得到锻炼和增强，包括学生的道德认知要转化为道德行为也有赖于实践活动。所以，实际锻炼法也是德育的一个基本方法。

我国古代教育就十分重视通过艰苦磨炼来培育良好的品德。孟子指出："天将降大任于斯人也，必先苦其心志，劳其筋骨，饿其体肤，空乏其身，行拂乱其所为，所以动心忍性，曾益其所不能。"(《孟子·告子下》)现代教育也应当发扬这一传统。值得注意的是，今天我们学校的教育往往重言而不重行，重说服教育而不重实际锻炼，存在一些学生嘴上说得好听，实际却做得很差的现象，这是一个很严重的问题，应当通过加强学生的实际锻炼来解决。总之，教育者既要坚持说服教育，又要重视实际锻炼，两相结合才能培养学生良好的行为习惯、坚强的意志、刚毅的性格。

2. 讨论法

这是指在教师的指导下，学生以班或者小组为单位围绕一个社会或道德冲突，通过相互交流看法，共同分析探讨或通过不同观点的争辩论证，以达到共同提高思想认识，提高分辨问题能力的方法。讨论法的实质是诱发学生的认知冲突并引起学生的积极思考。在讨论中，学生不仅可以直接获得某些新的道德观念和道德推理方式，而且也可以检查各种观点的优点和不足，从多侧面认识个人未能觉察的事实，认识到相互理解和合作的重要性，从而有效地促进学生思想品德的发展。

运用讨论法，首先，要求教育者和受教育者处于平等的地位，使受教育者能充分发表自己的见解，也便于吸收别人的观点；其次，讨论的主题要符合学生的道德发展水平和生活实际，这样才更有可能引起学生讨论的兴趣；第三，要注意发挥教师的主导作用，引导学生理解不同的观点，协调相互之间的分歧。

3. 角色扮演法

这是指受教育者在假设的情境中，通过实际扮演某一社会角色，按照角色处境或角度思考、行事，感受、体验不同于先前自我所承担角色的思想感情和活动的方式。在生活中，学生经常会对自己担当的角色不满，或是对他人的角色不理解而误解其态度和情感。教师就可以采用角色扮演的方法，启发学生站在他人的立场上为人处世。学生通过扮演、模仿，完整地表现角色思想和角色行为，在这一过程中产生特定情感，习得特定语言和行为，了解自己与他人角色的差异，设身处地为别人着想，尽可能地去体验和理解他人的思想和情感。这有利于培养学生理解他人和自我情感的能力，培养理解、体谅、关心他人的品质，同时也能够促进行为主体分析自己的行为，鉴别行为的原因和结果。

(三)自我教育法

自我教育法是指，在教育者指导下，学生在自我意识基础上产生积极进取心，为形成良好思想品德而向自己提出任务，进行自觉的思想转化和行为控制的方法，包括座右铭、立志、自我批评、慎独等。思想品德的提高是一个能动的发展过程，它的成效同学生个人能否自觉主动进行自我教育，提高道德修养紧密相关。随着学生年龄的增长，他们个人进行的道德修养在自身品德发展中的作用随之增大。所以说，德育不能不重视学生的自我教育和提高修养的能力。

我国在古代就很重视自我教育。孔子提倡君子要注意“内自省”“内自讼”，曾子强调“吾日三省吾身”，孟子主张“自反”“自强”，荀子指出“君子博学而日参省乎己，则知明而行无过矣”，他们都注重通过坚持反省、修养来提高个人的品德。只有通过自我教育，才能使处于客体地位的受教育者逐渐成长为教育者所期望的主体。因此，从某种意义上说，自我教育不但是一种方法，更是德育的最终目的和归宿。

第五节　学校德育模式

教育者在一定的理论指导下，运用一定的方法和手段，通过一定的途径，实施一定的德育内容，就可以形成某种德育模式。静态的德育模式是指在德育实施过程中，道德理论、德育内容、德育手段、德育方法、德育途径等的某种组合方式。动态的德育模式是从一定德育理论出发，对一些德育实践策略、思路、方法进行整合、加工重组而构成的德育活动范式。当前，关于德育模式的理论建构和实践研究已经成为我国德育领域引人注目的重要问题之一。各种冠之以“模式”之名的德育理论和实践也纷纷涌现。但是，严格地说，我国尚未形成比较成熟且得到广大理论和实践工作者认可的德育模式。因此，引进西方比较成熟且影响面比较广的德育模式显得十分必要。这既是德育理论创新的重要理论资源，也是提高德育实效性的重要路径选择。当代西方最具影响的发展成熟的德育模式有道德认知发展模式、体谅模式和价值澄清模式等，它们在提高学生道德认知、陶冶学生道德情操、培养学生道德行为习惯上各具特色和贡献。

一、道德认知发展模式

道德认知发展模式(the cognitive moral development model)由瑞士学者皮亚杰和美国学者柯尔伯格(L. Kohlberg)等人创建。皮亚杰的贡献主要是在理论建设上，柯尔伯格的主要贡献体现在他从实践的角度提出了一种可以操作的德育模式。

(一)德育观

皮亚杰用讲故事的访谈法对5～13岁儿童的道德认知发展进行了研究。其中有一个故事是：有两个男孩，约翰帮母亲做事打破了15个杯子，罕瑞偷果酱时打破了1个杯子。哪个男孩犯了较重的过失？皮亚杰发现：6岁以下的儿童多认为第一个男孩的过失较重，因为他打破了较多的杯子；年龄较大的儿童则认为第一个男孩的过失较轻，因为他的过失是在工作中无意间发生的。从孩子们的反应中，皮亚杰将道德发展划分为两个阶段：第一个阶段称为他律道德阶段，大约出现在5～8岁，处于学前期和小学低年级时期。这一阶段儿童对道德的看法是遵守规范、服从权威。他们对行为对错的判断只看重行为后果(打破杯子多就是更坏)，不考虑行为意向，因而称为道德现实主义。第二个阶段称为自律道德阶段。约始于9岁以后，约在小学中年级时期。这一阶段的儿童不再盲目服从权威，开始认识到道德规范的相对性。道德相对主义认为，同样的行为，是对是错，除了看行为后果之外，还要考虑当事人的动机。按皮亚杰的观察研究，个体的道德发展是与其认知能力同步发展的。

柯尔伯格从哲学和心理学基础出发对道德判断做了专门探讨，为其发展性道德教育模式奠定了坚实的理论基础。柯尔伯格的道德发展理论确切地说是道德判断发展理论。我们可以从他关于道德发展和道德教育的基本观点出发，来把握道德认知发展模式的理论假设。关于道德判断，他提出了如下重要假设。

1. 道德判断形式反映个体道德判断水平

道德判断包括内容和形式两个层面。道德判断内容，指的是对道德问题所做的“该”与“不该”、“对”与“错”的回答；道德判断形式，指的是判断的理由以及说明理由过程中所包含的推理方式。例如：

欧洲有个妇女身患一种特殊的癌症，生命垂危。医生认为，有一种药也许救得了她。这种药是本城一名药剂师最近发现的一种镭剂。该药造价昂贵，药剂师还以10倍于成本的价格出售。他花200美元买镭，而一小剂药却索价2000美元。这位身患绝症的妇女的丈夫叫海因兹，他向每个相识的人借钱，但他只能筹到大约1000美元，只是药价的一半。海因兹告诉药剂师他的妻子快要死了，并且请求药剂师便宜一点把药卖给他，或者允许他以后再付钱。可是，这位药剂师说："不行，我发明这种药，我要靠它来赚钱。"海因兹绝望了，想闯进那人的药店，为妻子偷药。海因兹该不该偷药？为什么该偷或不该偷？①

这就是著名的"海因兹两难判断问题"。所谓道德两难，指的是同时涉及两种道德规范且两者不可兼顾的情境或问题。如，"不许偷盗"和"救人性命"均为生活中应当遵守的道德规范，但在"海因兹两难"中这两条规范发生了不可避免的冲突，海因兹不得不在两者之间做出抉择，遵守"不许偷盗"的规则就意味着违背生命的原则，重视生命的原则，就意味着偷盗。任何行为决断都会违背其中的一条道德规范，所以叫作"道德两难"。

对此，从小学生到大学生，都只有两种回答——"该偷"或"不该偷"。柯尔伯格认为，仅根据"该偷"或"不该偷"的回答，并不能把学生的道德判断水平区分开来。体现学生道德判断水平的是他们说明"该偷"或"不该偷"的理由以及这种辩护中隐含的道德推理方式。

2. 个体的道德判断形式在不断发展之中

柯尔伯格及其同事设计了7个类似"海因兹两难判断问题"的道德两难问题，对儿童的道德判断力进行了跨文化的追踪研究。这些问题是：

(1)海因兹应该偷药吗？为什么应该或者不该？

(2)如果海因兹不爱他妻子，他应该为她偷药吗？为什么应该或者不该？

(3)假定将要死的不是海因兹妻子，而是一个陌生人，海因兹应该为陌生人偷药吗？为什么应该或者不该？

(4)(如果你赞同为陌生人偷药)假定快要死的是海因兹宠爱的一只宠物，他应该为救这只宠物去偷药吗？为什么应该或者不该？

(5)为什么人们应该尽其所能搭救别人的生命？不论用什么方式都行吗？

① 黄向阳：《德育原理》，上海：华东师范大学出版社，2000年，第214—215页。

(6)海因兹偷药是犯法的，那样做在道德上错了吗？为什么错了或者没错？

(7)为什么人们一般都应该尽其所能避免犯法，不论什么情况都该如此？怎样把这一点同海因兹偷药联系起来。

他们的研究表明：

第一，个体的道德判断处于不断发展之中，经历性质不同但相互联系的三种水平(分别是前习俗水平、习俗水平和后习俗水平)，每个水平分为两个阶段，共六个阶段，见表 12-1。

表 12-1 柯尔伯格的道德判断发展表①

水平	阶段	道德判断的特点	关于“海因兹两难”的道德推理	
			不该偷的理由	该偷的理由
前习俗水平	1	以惩罚与服从为定向	偷东西会被警察抓来，受到惩罚。	他事先请求过，又不是偷大东西，他不会受重罚
	2	以工具性的相对主义为定向	要是妻子一直对他不好，海因兹就没有必要自寻烦恼，冒险偷药。	要是妻子一向对他好，海因兹就该关心妻子，为救她的命去偷药
习俗水平	3	以人与人之间和谐一致或“好男孩或好女孩”为定向	做贼会使自己的家庭名誉扫地，给自己的家人(包括妻子)带来烦恼和耻辱。	不管妻子过去对他好不好，他都得对妻子负责。为救妻子去偷药，只不过做了丈夫该做的事。
	4	以法律与秩序为定向	采取非常措施救妻子的命合情合理，但偷别人的东西犯法。	偷东西是不对，可不这么做的话，海因兹就没有尽到做丈夫的义务。
后习俗水平	5	以法定的社会契约为定向	丈夫没有偷药救妻子的义务，这不是正常的夫妻关系契约中的组成部分。海因兹已经为救妻子的命尽了全力，无论如何都不该采取偷的手段解决问题。	法律禁止人偷窃，却没有考虑到为救人性命而偷东西这种情况。海因兹不得不偷药救命，如果有什么不对的话，需要改正的是法律。

① 黄向阳：《德育原理》，上海：华东师范大学出版社，2000 年，第 225 页。

续表

水平	阶段	道德判断的特点	关于“海因兹两难”的道德推理	
			不该偷的理由	该偷的理由
后习俗水平	6	以普遍的伦理原则为定向	海因兹设法救自己妻子的性命无可非议，但他没有考虑到所有人的生命的价值，别人也可能急需这种药。他这么做，对别人是不公正的。	为救人性命去偷是值得的。对于任何一个有道德理性的人来说，人的生命最宝贵，生命的价值提供了唯一可能的无条件的道德义务的源泉。

第二，这三种水平六个阶段按照不变的顺序由低级到高级逐步展开。

第三，个体能够理解和同化高于自己一个阶段的道德推理方式，而拒绝低于自己的发展阶段的道德推理方式。

3. 冲突的讨论和生活情境最适合于促进个体道德判断的发展

柯尔伯格及其合作者还对道德发展的动因进行了研究，概括出如下结论：

第一，道德发展是学习的结果，这种学习不同于知识和技能的学习。人可以通过几个小时或几天的努力习得某种知识，也可以通过几天或几个星期的练习形成某种技能，而道德学习却需要长期的甚至一生的努力。

第二，道德的发展有赖于个体的自主性。道德不可能从外部强加于人，而是个体内部状态与外界环境交互作用的产物。

第三，儿童通过对假设的道德两难问题的讨论，能够理解和同化高于自己一个阶段的同伴的道德推理，排斥低于自己道德阶段的同伴的道德推理。因此，围绕道德两难问题的小组讨论，是促进学生道德发展的一种有效方法。

(二)主要方法

根据道德发展理论，柯尔伯格及后来者提出了道德教育的基本设想。

道德教育旨在促进道德判断的发展及其与行为的一致性。道德认知发展模式强调，道德教育的目的首先在于促进学生的道德判断不断向更高水平和阶段发展，其次在于促进学生道德判断与行为的一致性。

道德认知发展模式强调，要根据儿童已有的发展水平确定教育内容，创造机会让学生接触和思考高于他们一个阶段的道德理由和道德推理方式，造成学生认知失衡，引导学生在寻求新的认知平衡之中，不断地提高自身道德判断水平。

基于其道德教育的基本设想，柯尔伯格及后来者在学校教育实践中，主要做了两项开拓性的工作：一是开发围绕道德两难问题组织小组讨论的策略；二是按照发展性原则重建学校的道德环境。这里着重介绍围绕道德两难问题的课堂讨论法。

课堂讨论法又称新苏格拉底法、道德两难法。这种方法旨在通过各种道德两难问题的呈现，刺激和引起学生的思维失调，使他们对自己目前的思维方式感到不满，并寻求一种更完整、也被认为更合理和高级的道德思维方式，从而促进学生的道德判断和推理水平的提升。

具体而言，教师在开展道德两难问题的课堂讨论时，应该遵循两个步骤。

1. 引发性提问

包括突出道德问题、询问“为什么”和使情景复杂化三个方面。

(1)突出道德问题

这是课堂讨论的开始。要求学生面对道德两难问题时要明确地表明自己的态度和立场。问题通常涉及“应该”“不应该”或“对错”的回答。如针对“海因兹两难问题”，提出的问题可以是“海因兹应该偷药吗?”“为拯救别人的生命而偷药是错误的吗?”等等。通过这样的提问，可以使学生意识到两难问题中的道德因素，从而使得这一问题变成道德问题。

(2)询问“为什么”

仅仅让学生意识到两难问题中的道德因素是不够的，重点应该是通过学生对这些两难问题的认识来了解其判断的依据和理由。因此，通过对学生“为什么”如此判断的追问，可以使学生认识自己与其他同学所具有的观点以及支持这些观点的思维方式的不同。这些不同的道德思维和推理方式能够引起学生的兴趣，并使讨论得以进一步发展。询问“为什么”通常可以表述为“为什么你认为你的答案是正确的?”“支持你这样认为的理由是什么?”

(3)使情境复杂化

两种提问的方法可以使原有的道德问题复杂化。第一种是加入新的信息或情境，以增加原有道德问题的复杂性，加剧道德认知的冲突。例如，在海因兹偷药的故事中，可以加入这样的问题：“假如海因兹的妻子特别要求他去或不去偷药，在这种情况下，你会改变你的立场吗?”“假如审判这个案件的法官是海因兹的朋友，那么，他会改变他的决定吗?”通过增加类似这样的问题，可以使学生的思维进一步的分化，能够从多个角度考虑道德冲突的问题。

第二种是帮助学生正视道德冲突。学生第一次面对道德冲突的时候有些不安，往往试图回避或通过对原有道德情境的改造使得问题消除。

如海上救生艇由于载人过多会翻船，要决定将谁扔下海的情境中，学生则希望不要这样做。为了回避这种道德冲突，他们会设想用一根绳子把多余的人拴在船边。教师应该尊重这一事实。这种对道德两难问题的讨论对学生而言是一种崭新的方式，而且是一种有困难的尝试。教师的主要任务是推动学生正视道德冲突的实质，而不是"强迫"学生去面对，可以说，"假设当时不能将多出的人拴在船边"，或"假如船上没有绳子"。

2. 深入性提问

为了使学生能够更为深入、全面地进行讨论和思考，必须转变原来的提问策略。适于这阶段的提问策略有四种，分别是使问题精细化、突出相邻阶段的观点、澄清与概括、角色承担的问题和策略。

(1)使问题精细化

目的是为了让学生能够探究到问题的更多方面。之前的"应该"和"为什么"这样的问题已经不足以促使学生的道德思维向更高的阶段发展。学生应该能够听到别人的更广泛的意见。这时候可以采用使问题精细化的策略。例如"你认为'不应该把朋友作弊的事情报告老师，他这样做会自找麻烦'指的是什么麻烦?""对陌生人，你有任何义务去帮助他吗?""对朋友忠诚和遵守法律哪个更重要?""你的朋友是否会认为你将他作弊的事报告老师是不对的?""如果人人为了救人而去偷东西，后果会怎样?"等等。

(2)突出相邻阶段的观点

较高阶段的观点往往对学生道德思维的发展有很大的影响。因而，教师在课堂讨论过程中，应注意突出较高阶段的道德思维。处于较高阶段道德思维水平的学生不会因为与处于较低阶段道德思维水平的学生的互动而失去其推理能力。同时，他们也需要比他们现有的推理方式更高更复杂的推理方式的刺激。如果学生当中有人在讨论中运用了较高阶段的推理方式，一旦教师听到这种不同的推理方式，教师就可以鼓励学生解释其推理的理由；如果在全班中都没有出现涉及更高阶段的道德推理形式时，教师可以鼓励那些在其他问题上已经达到更高阶段的学生对新的问题进行主动的探究；有时全班都没有人能够从多方面来思考道德问题，也没有人提出一种更合适的观点，这时教师可以提出一个更高阶段的道德推理形式供学生讨论和思考。

(3)澄清与概括

这种策略实际上是要求教师角色的转变，从启发性地提问转到澄清和概括学生的观点上来。目的在于使学生意识到同学们提出的推理方式，促进认知冲突的发展。可以采用表格的形式对学生的讨论进行澄清与概括。

(4)角色承担的问题和策略

角色承担的目的是为了激励学生考虑其他方面的能力，也就是使学生从自我中心阶段向考虑他人的思想情感和权利方面发展。学生如果在认知能力上能够考虑他人，并能将自己与别人相联系起来进行考虑也是非常重要的。教师应该在初等教育阶段为学生创设各种关注于道德冲突的合作活动，如角色扮演、游戏、辩论、影片或幻灯片等可以刺激学生考虑别人经验的活动。当学生专注于这些情境，并有机会从别人的角度观察和思考问题时，这种体验就为学生走出自我中心推进了一步。另外，对角色承担的讨论，也能促进学生道德思维的发展。

(三)评价

道德认知发展模式的一个显著特点在于它建立在坚实的哲学、心理学和社会学的基础之上，具有较强的理论解释力和说服力，向世人提供了一种重视理性思维的德育模式，该模式所提出的道德两难讨论策略和公正团体策略对于学校德育实践的展开也有很好的指导意义，它还向世人展示了一种从基础理论到开发应用的研究模式。但是这一模式也存在着一些不足，如柯尔伯格的道德发展水平划分不具有普遍性，对道德阶段的划分具有一定的“年龄歧视”，忽略了性别差异等。

二、体谅模式

体谅模式(the consideration modal)由英国学校德育专家彼得·麦克菲尔(Peter Mcphail)等首创。这种德育模式最初被广泛地使用在英国的一些学校，后来流行于北美。体谅模式最先是为中学德育设计的，但后来发现也适合于小学生，因此在英语国家的小学中也颇为流行。体谅模式的一大特点是，其理论假设是在对学生进行广泛调查研究的基础上提出的，该模式的教材也取自对学生展开的调查。

(一)德育观

体谅模式把道德情感的培养置于德育的中心地位，认为道德教育的任务应当建立在体谅这一基本核心之上。对学生的道德发展而言，给他们机会表达心中的感受是至关重要的。这种观点认为，在品德结构中最重要的是体谅别人，只要学生能形成从别人的观点和立场出发考察自己的道德行为，就能发展成有道德的公民。

在1964年至1971年这七年之间，麦克菲尔等人以问卷调查和个别访谈的形式，对英国中学13～18岁之间的男女学生进行过三次大规模的调查研究，要求学生分别叙述一件成人对自己好、对自己不好、对自己既谈不上好也谈不上不好的事件。通过对这些“好事”和“坏事”的分析，麦克菲尔提出了关于学校德育的一些基本假设。

1. 满足学生与人友好相处的需要是学校德育的首要职责

调查显示，学生们更欢迎反应灵敏、善解人意的成年人的帮助；他们对树立好榜样并且践履自己认可的标准的成年人表示敬佩，即使自己并不认同那些标准；试图保持中立的学生，也喜欢表现自信而正直的家长和教师。总之，青少年愿意虚心向成年人学习，他们不满的是受成年人的支配。

由此可见，青少年学生对于人际关系中的关心、坦率、互惠、谦让等品质给予了高度的认可。他们认为好的事情就是对自己的需要、情感和兴趣给予关心的事，反之则是不好。与人友好相处，爱和被爱，是人的基本需要，帮助学生满足这种需要是教育的首要职责。因此，学校德育的首要职责就是要满足学生在与他人友好相处、爱与被爱等方面的需要。

另一方面，接受调查的学生普遍反映，学校过于强调知识的掌握和信息的积累，却忽视了帮助学生解决人的个性与社会关系方面的问题。学校根本不知道学生在自我成长过程中到底真正需要什么。因此麦克菲尔在界定道德教育目的时，采取了相信学生自己能够确定自己的需要的观点。在他看来，一种合理的、令人信服的道德教育课程就是学生感到自己需要的课程。

2. 德育的重点在于引导学生学会体谅他人

麦克菲尔在调查的基础上总结到，人与人之间的差异是表面的，而相似性则是深层的。这种相似性或者说共性，使人们之间能够相互理解、相互体谅、相互关心。关心人和体谅人的品质，是道德的基础和核心。

他还进一步假定，以关心和体谅为核心的道德行为，是一种自我强化。也就是说，关心和体谅他人，不仅能使他人快乐和满意，也能使自己快乐和满意；不仅是一种利他行为，还是一种自利行为，即一种自我鼓励的行为。正如麦克菲尔所言："为别人而活，是回报性的和有动力的，而且真正意义可以说是为自己而活。"因此，德育的重点应在于提高学生的人际意识和社会意识，培养自我与他人相互关联的一种个人的一般风格。总之，就是重在引导学生学会关心，学会体谅，并在关心人、体谅人中获得快乐。

3. 角色尝试有助于学生形成成熟的人际意识，发展社会行为

麦克菲尔把青少年期称作"社会试验期"，他指出青少年需要成人和同伴的体谅和关心，也有体谅人和关心人的需要，但他们在面对实际的人际和社会问题时，所做出的反应依然不够成熟。麦克菲尔强调在这一时期应当鼓励学生自由地试验各种不同的角色和身份，并根据学生所提

出的“好事”和“坏事”，设计了一些人际和情境问题，要求学生做出回答，如：“一个跟你同岁而且要好的男孩子或女孩子，因为你不知道的原因显得十分心烦意乱。你怎么办?”

麦克菲尔认为，“社会试验期”还意味着个体对人际和社会问题的反应由不成熟迈向成熟，是一个过渡期，同时也是个体学会关心的最佳期或关键期。这一时期的道德教育，要重视促进学生形成成熟的人际意识和社会行为。

(二)主要方法

在麦克菲尔等人的调查中，学生们表示，学生认为的成人对他们好的事例反映出相似的特点，就是能够给予宽松的环境，提供帮助，体谅、幽默为好；而学生认为成人对待他们不好的事件则体现出了无理限制、无理要求、无理惩罚等特点。

基于以上结论，麦克菲尔坚信，行为和态度是富有感染力的，品德是感染来的而非直接教来的。因此，学校德育应注重引导学生关心人、体谅人，并且在引导的同时要特别注意两点问题。

第一，要注意营造相互关心、相互体谅的课堂气氛，使猜疑、谨小慎微、提心吊胆、敌意和忧虑在课堂生活中逐渐销声匿迹。在麦克菲尔看来，道德与其说包含推理方式，不如说包含个性风格；与其说是平衡各种相互冲突的权利，不如说是实现个体与他人的自然和谐；与其说是判断，不如说是关心。培养体谅人的生活风格教育，并不是试图“说服”学生理智地接受“体谅待人”是对的，“有效的教育本身就是学会关心，因为它在行动上体现了体谅人的生活风格，这样会促使学生接受体谅人的生活风格，因为人们感到这种生活风格是一种有回报和吸引力的生活方式，是一种与他人关联的方式”。体谅模式旨在向学生表明，关心他人是一种使自己快乐的方式。

第二，教师在关心人、体谅人上应该起道德表率作用。学生通过观察在自己生活中有重要意义的人物怎样对待自己和他人，习得各种道德价值观；通过接近体谅人的人，习得体谅人的品德。学生从教师所作所为中学到的东西，多于从教师所教所说中学到的东西。向榜样学习，是个体自然发展的基础，是年轻人获得关心人和体谅人的品质的重要方式。因此，榜样是教育的一种形式，甚至是教育的最高形式。教师引导学生学会关心和体谅的最佳办法，就是教师自己先去关心。

麦克菲尔和同事们开发了一套专门实施体谅模式的教材——《生命线》丛书。这套教材根据学生记述的“好事”和“坏事”，提炼出许多典型的人际——社会情境问题。教材主要介绍了系列道德教育课程，包括课程目的、课程结构、课程内容等问题。这套丛书在英国学校中进行了广泛的采用，深受教师和学生的喜爱，接受这套丛书的学生超过了2万名。虽然《生命线》丛书最初是为中学生准备的，但即使是其中最深的部分许多小学五、六年级的学生也能读懂，因此在小学中也比较适用。

(三)评价

体谅模式从学生的实际需要出发，以情感为主线，注重体谅他人，强调学会关心以及真实的社会情境在道德教育中的重要作用。总的来说，体谅模式具有很强的情境性、操作性和实效性的特点。但是，这一模式也受到了一些批评和指责。其中重要的问题来自于对这一模式理论基础的质疑。批评者认为，这一模式以人本主义和行为主义两种在价值取向上完全不同的理论作为基础，显得十分矛盾。其次，在对青少年成熟类型的划分方面，缺乏令人信服和清晰的分类标准，使人难以把握。此外，该模式对于一些基本的概念也没有明确的界定，显得十分模糊，等等。就总体而言，体谅模式带给人们最大的印象并不在于它的理论基础，而在于它在实践上的创新和突破。

三、价值澄清模式

价值澄清模式(the values clarification model)是由美国纽约大学教育学院教授路易斯·拉思斯(Louise Raths)等人于20世纪60年代创建的一种德育模式。1966年路易斯·拉思斯等人合著了《价值与教学》一书，标志着价值澄清模式的正式诞生。该模式因其具有很强的实践性、操作性以及体现了美国固有的个人主义价值观，曾一度风行欧美国家学校德育实践领域，并逐渐发展成为当今西方道德教育领域最富影响力的主要流派之一，对西方国家的道德教育理论发展和学校道德教育实践产生了深远影响。

(一)德育观

拉思斯的德育理论主要讨论的是价值观的问题，基本理论基础是价值相对主义。拉思斯等人认为，每个人都有自己的价值观，而且是多元的、相对的、变化的。没有适合于任何人、任何情境的绝对的价值观。一个人拥有什么样的价值观并不重要，重要的是他应该清楚自己所拥有的价值观是什么，以及如何获得这种价值观。人们之所以会感到思想混乱，就在于不清楚自己的价值观。学生的价值观选择和决定受到父母、同伴、学校、宗教等多方面的影响，容易出现相互矛盾，导致价值混乱。当学生面临复杂多变的现代社会和多种相互矛盾的价值观时便会无所适从。

1. 价值观

拉思斯指出，价值观就是指导人们如何生活的一套准则，它反映了人们在有限的时间和精力中是如何行事的问题。拉思斯认为价值观是与个人生活经验紧密联系在一起的，而生活经验的获得，是由人们生活环境的特点来决定的。因此，具有不同生活经验的人价值观是不同的。此外，生活经验也会随个人生活地点变迁、工作变动、年龄增长等因素的改变而变化，所以个人的价值观也不是固定不变的。因此，应该更多关注的是如何获得价值观的过程而不是获得怎样的价值观。也就是说，人们相信什么并不重要，重要的是人们怎么相信。价值澄清模式的主要目的就是帮助人们认识自己的价值观。这些价值观将会有助于人们以自身认可并且理智的方式将自身与不断变化的社会相联系。

2. 价值澄清的四大要素和评价过程

拉思斯等人认为，在当前多元的社会环境中，并不存在一套放之四海而皆准的价值体系。试图为人们寻找具有普遍性的价值观的做法是徒劳的。我们不能把自己所认可的价值观强加给他人，但是却能够帮助人们澄清自己所拥有的价值观。为此，拉思斯等人提出了四个方面的要求：第一，以生活为中心。使学生注意到生活中所珍视的事物和使生活复杂化或价值问题显得扑朔迷离的一般生活问题；第二，接受现实。在澄清价值观点时，要做的不是改变学生的价值观，而是不偏不倚地接受学生的立场。这也意味着帮助学生接受自我；第三，鼓励进一步思考，使学生全面地思考价值问题；第四培养个人能力。使学生不但能思考价值问题，而且能更好地将价值观整合到他们的行动中去。因此，应培养学生审慎自主的潜在意识。

同时，拉思斯等人主张学校和教师应该在发展学生价值观方面有所作为。为了确保学校在发展学生价值观方面的中立地位，拉思斯等反对把某种现成的价值观灌输给学生。学校应该做的是要建立一种澄清过程，通过这种过程，学生可以确定自己的价值观，这一过程被称为“评价过程”。一个人获得价值观必须接受这一评价过程的检验。“评价过程”主要包括三个阶段七个步骤：第一阶段是选择。包括三个步骤：①自由选择，选择是自由的，无外力和权威的控制和胁迫；②从各种可能选择中进行选择；③对每一种可能选择的后果进行审慎思考后做出选择；第二阶段是珍视。具体包括两个步骤：④珍爱，对选择感到满意；⑤向别人确认自己的选择；第三阶段是行动。包括：⑥根据选择行动；⑦以某种生活方式不断重复。通过这一过程，学生价值问题得到了评价和澄清，结果就是价值观。

(二)主要方法

在此基础上拉思斯提出了“价值澄清模式”。价值澄清模式着眼于价值观教育，试图通过选择、珍视、行动的过程帮助学生减少价值混乱，促进统一的价值观的形成。这一过程的基础是避免观点说教，促使学生在确立价值观方面使用有道理的推论。价值并不是一种固定的观点或是永恒的真理，而是建立在个体社会经验上的一种指南。

拉思斯在《价值与教学》一书中提出了价值澄清模式在学校德育中的实践策略，其中最常用的可以概括为以下几种。

1. 价值澄清应答法

价值澄清应答法是指运用一些巧妙的应答技术，激发学生对自己的价值观进行思考。通过这种思考，学生可以对自己所拥有的价值观进行澄清。具体方法是一个老师与一个学生进行一对一地交谈。这种交谈不是“硬性的”、对抗性的或不断深究的询问，而是“软性的”、随意的或激励性的。学生自愿参加，教师尊重个人的隐私权。这是课堂中进行的一种主要价值澄清方法，通过这种方法，教师可以了解学生的基本价值取向。

价值澄清应答要能够有效地发挥作用，教师就必须能够有意识地提醒自己在教育教学过程中不要把自己或者成人社会的观念直接地强加给学生。同时，要为学生的自由选择和独立思考提供一个安全、开放的氛围。这对于价值澄清应答而言十分重要。没有这样的氛围，学生很难在对话中真诚地表达自己的观点，反思自己的行为。但这并不意味着教师不能够表达自己的观点。实际上价值澄清模式作为一种以个人主义为价值基石的教育模式，教师和学生一样，都可以自由地表达自己的态度和看法。如果教师刻意隐藏或者歪曲自己的观点，那么，这种行为更容易令学生反感。在一些情况下，教师坦率地表达自己的观点更容易赢得学生的信任。如果学生认为教师的提问是对他目前想法的一种侵扰或冒犯的时候，教师不应再继续下去。

2. 价值澄清表法

价值澄清表法主要针对的是那些不适合交谈和讨论的问题(如政治信仰、性等)而采用的一种澄清方法。对于这些问题如果采用价值澄清应答法，一是容易使学生不好启齿，难以谈出心中的真实想法；二是交谈容易成为口才好、威望者高的特权，影响他人的独立思考。采用价值澄清表法，可以有效地避免以上问题。价值澄清表法是指通过学生填写价值表来帮助学生澄清价值观的一种方法。

具体的操作方法是教师设计和编制出一些价值表，每个表的标题上列出主要讨论的一个议题，然后陈述一种情况或事情，接着给出几个问题，学生根据自己的看法，按价值澄清的步骤来填写教师发出的价值表。有些问题下面呈现几个备选答案让学生自由选择，并要求学生解释选择这一答案的原因。价值澄清表法的作用是通过学生独立思考，在不受外部因素干扰的情况下，做出合适的评价，从而帮助学生形成合理的价值观。

3. 价值延续体法

价值澄清应答法和价值澄清表法基本上都是以一对一的形式开展的，只有在必要的时候才会进行小范围的讨论。但是，对于一些全班同学普遍关心或具有普遍意义的问题，可以采用团体讨论策略，在全班范围内进行价值观的澄清活动，即价值延续体法。价值延续体法适合任何问题都可以扩展其可供选择的范围，而不仅仅局限于两个极端的看法，通过讨论，可以帮助学生澄清一些错误观点和看法，减少学生的叛逆行为，增强学生的自信心和自觉性。

(三)评价

20 世纪 70 年代，价值澄清模式在西方社会产生了重大影响。当时，美国许多学校在开展道德教育时都是以这一模式为蓝本的，这一模式在实践中取得了较好的成绩。总的来说，价值澄清模式简单易行，容易被教师掌握和推广，具有较强的实用性和现实针对性。同时，价值澄清模式改变了传统的直接灌输法，改变了学生在教育活动中的被动地位，注重学生主体性的发挥，在运作的过程中，容易调动学生参与的积极性和主动性，非常强调贴近学生的实际生活和社会现实的问题，具有很强的操作性。但是，价值澄清模式在实践中也受到了批评和指责。一些教育家认为，价值观上的相对主义否定了道德教育的价值引导功能，使得学校德育陷入尴尬境地。此外，价值澄清模式对价值观概念界定得过于宽泛，许多问题甚至是超出了道德的范畴。另外，价值澄清模式完全否认外部因素如榜样示范、说服教育的作用，这也显得有些武断。

四、学校德育发展趋势

虽然道德认知发展模式、体谅模式、价值澄清模式各自在理论假设、侧重点、教材和教法上有所不同，但从这三个模式中，我们可以看出当代学校德育发展的若干趋势。

第一，学校德育的重点从道德知识系统传授和良好行为习惯的训练，逐渐转向培养适应当代价值多元特点的道德判断力、道德敏感性、道德行为能力。

第二，从重视直接的道德教育转向强调间接的道德教育。学校德育

"课程化"或"科目化"不是根本出路，只有在其他课程或学科教学中充分渗透道德影响，学校德育才有前途。

第三，从封闭的学科性教材转向开放的情境性教材，为吸纳教育过程当事人(教师和学生)的个人经验和体会留有余地。

第四，方法上从以教师的教导、说服、劝诫为主逐渐转向以学生的小组讨论、角色扮演、创作、社会调查、社会实践、社区服务为主，保证了学生主动参与学校德育。

总之，作为当前和未来发展趋势的学校德育，是"培养道德判断力、道德敏感性、道德行为能力"的德育，是"非课程化"的德育，是"情境性"的德育，是"诉诸学生生活体验和主动参与"的德育。

>>> 思考与练习

1. 当代我国中小学主要德育内容有哪些?
2. 德育过程的实质是什么？德育过程的主要矛盾是什么?
3. 简述德育过程的规律。
4. 联系实际，举例说明我国中小学常用的德育原则。
5. 贯彻疏导原则的基本要求有哪些?
6. 简述德育的具体途径。
7. 试评价道德认知发展模式。

>>> 推荐阅读

1. 檀传宝：《德育与班级管理》，北京：高等教育出版社，2013 年。
2. [美]戴维斯：《道德教育的理论与实践》，陆有铨，魏贤超译，杭州：浙江教育出版，2003 年。
3. 高德胜：《道德冷漠与道德教育》，《教育学报》，2009 年第 6 期。
4. 金生鈜：《德性与教化》，长沙：湖南大学出版社，2003 年。

第十三章　班主任

学习目标

1. 了解班主任工作的意义与任务。

2. 掌握班主任工作的内容与方法；新时期班主任工作中存在的问题及解决策略。

3. 理解新时期对班主任的素质要求。

班级是学校教育系统中最基本的群体单位，是学校的细胞。它一般由年龄相近，学业程度大体相同，有共同学习任务的一定数量的学生组成，是学生接受教育的基本组织形式，也是学生健康成长，个体社会化的重要摇篮。班主任是学校中全面负责一个班集体学生教育工作的专职教师。班主任也是全班学生的组织者、领导者和教育者，是联系班级各科任教师的纽带，是沟通学校、家庭、社会的桥梁，是学校管理的骨干力量。

第一节　班主任工作概述

一、班主任工作的作用

班主任工作指班主任按照国家教育目的和学校培养目标的要求，通过科学的组织形式和运行方式，对班级进行组织、协调、控制和教育，以实现学校教育任务的活动。班主任工作的水平，关系着学校的教育质量，对整个学校工作具有十分重要的作用。

(一)班主任工作关系到学校的教育教学质量

学校为了完成教学活动，必须有良好的秩序。这个良好教育秩序的基础就是班主任工作。首先，班主任工作能够把班级应有的制度严格化、科学化。班主任工作使班级教学在自身发展过程中形成的一整套制度有条不紊地得到执行，使班级活动规范化、科学化，保证教育活动周而复始地正常运转并提高质量。其次，班主任工作能够协调教育者与学生及教育者之间的关系。班主任可以通过自己的工作来调动教师和学生的主动性、积极性，加强他们之间的信息反馈，以促进教育活动更好地开展。

班主任是学校领导进行教导工作的得力助手，他能够协调班内外、校内外的各种教育影响，调动积极因素，控制消极因素对学生的影响，避免各种教育力量的相互抵触，使班级朝一个正向的积极方向发展，从而保证学校的教育教学质量。

(二)班主任是学生身心健康成长的教育者

班主任是影响学生成长的“重要他人”。“重要他人”是社会学的基本概念。顾明远主编的《教育大词典(第 6 卷)》是这样解释的：重要他人是对个体的自我发展(尤其是在儿童时期)有重要影响的个人和群体，即对个人的品质、语言及思维方式的发展和对个人的行为习惯、生活方式及价值观的形成有重要影响的父母、教师、受崇拜的人物及同辈群体。在学生成长的过程中有很多重要他人，班主任就是其中不可或缺的一个重要他人。班主任之所以能成为影响其成长的重要他人，是由青少年所处的生活、学习环境和其年龄特点决定的。在日常生活中，与其他任课教师相比，班主任与学生交往最多、关系最密切、影响最大，最有可能成为关系学生发展的重要他人，班主任在学生的全面健康成长中起着导师的作用。班主任不是维护课堂纪律的“警察”，他更是“第一个能够看出和发展学生能力的人”，是学生身心健康成长的护航员。青少年学生正处于长身体、长知识和思想品德形成的关键时期，也是可塑性很强的时期。学生的健康成长需要任课教师的教育和培养，更需要班主任老师的呵护、引导和教诲。

学生的学习和生活都是在班集体中进行的。班主任对一个班集体的发展起主导作用。班主任通过班级管理能有效地锻炼和提高学生的自我教育能力，使学生在集体中培养自己，管理自己，教育自己，养成良好的行为习惯。实践证明，许多所谓的“差班”、“乱班”，经过优秀班主任的辛勤培育，深入细致地做思想工作，终于转变成“好班”、“优秀集体”，而有的班本来很不错，由于班主任不负责任，放任自流，却逐渐松弛、散漫，沦为落后。班主任工作的质量，在很大程度上决定着一个班集体的精神面貌和发展趋向，深刻影响着每个学生德、智、体的全面发展。每一个孩子都是家长的希望，班主任的责任是点亮孩子心中那盏希望的灯！

二、班主任工作的任务

班主任工作的中心任务是管理育人，其基本任务是：全面开展班级工作，教育、管理、指导学生，把班级培养成为积极向上的集体，使每一个学生在德、智、体诸方面得到全面发展。具体任务包括以下几个方面。

(一)对学生进行思想品德教育

学生进行思想品德教育是班主任工作的首要任务。班主任的工作性质决定了他必须从思想品德教育入手，教育学生热爱社会主义祖国，逐步树立为人民服务的思想和为实现社会主义现代化而奋斗的志向，培养学生良好的道德品质和心理品质，使学生遵守“学生守则”和“学生日常行为规范”，保护学生身心健康。政治教育是统帅，思想教育是灵魂，品德教育是基础。班主任是一个班级的灵魂，他更多地是教给学生做人的道理，首先要让学生成人。学生的思想道德教育永远都是班主任工作的重点，这样才能把学生培养成为有理想、有道德、有文化、有纪律的社会主义新人，才能实现我们的教育目的。

(二)组织开展丰富多彩的活动，促进学生全面发展

学生的主要任务是学习，努力学好各门功课。他们的思想问题也集中表现在学习上。班主任在工作中可以运用各种方法对学生进行教育，使学生认识到知识的重要性，激发他们浓厚的学习兴趣和强烈的求知欲，使学生自觉地、努力地学习。班主任会同各任课教师，教育并帮助学生明确学习目的、端正学习态度、掌握正确的学习方法、养成良好的学习习惯，从而使其提高学习成绩，完成学习任务。班主任在班级工作中，组织各方面的教育力量，指导学生参加各种有益于身心健康的科技、文娱和社会活动，鼓励学生发展正当的兴趣和特长，对学生进行多方面教育，使其坚持体育锻炼，养成良好的劳动习惯、生活习惯和卫生习惯，在知识掌握、劳动技术、思想情操等方面全面发展。

一个班级能否组织成一个勤奋好学、团结友爱、朝气蓬勃的集体，关键在于班主任工作是否卓有成效。班主任要积极组织、指导学生参加学校组织的各项活动，比如体育活动、军训、公益劳动等社会实践活动。班主任要经常指导学生参加有益于身心健康的科技、文娱、社会活动，以发展学生兴起，培养学生特长，增强学生的社会实践能力。

(三)建立班级日常管理规范

班主任工作十分繁杂，头绪很多，如考勤、卫生、学生的学习、班级纪律、组织班会、制订工作计划与总结等。要想成为一名优秀的班主

任，就应当从繁杂的事务堆中解脱出来，建立班级日常管理规范，从而规范学生的行为，形成良好的班风。在建立和完善班级管理制度方面，班主任要提倡“我的班级，我的责任”。班级这个精神家园要靠学生自己来建设，不仅让学生参与讨论班级目标，而且让学生参与制订班级制度，参与谋断班级“大事”，参与实施班级管理，人人都有参与班级管理的机会，人人都是班级建设的主人翁，从而使每个学生都能在班集体建设实践中得到锻炼、得到发展。

(四)协调各方面教育影响，形成教育合力

班主任是学校、家庭和社会教育因素的协调者。班主任是班级的管理者和组织者，对班级负有全面责任。班主任需要协调好各种关系，如班主任与任课教师的关系、任课教师与学生的关系、学生与家长之间的关系等。学生在接受学校教育的同时，也受着家庭和社会的教育，三种因素能否协调一致地促进学生成长，班主任起着非常重要的作用。班主任可以使学校与家长之间进行更好的沟通与了解，统一社会与学校之间的要求，把家庭教育、社会教育统一在学校教育的要求之下，从而构建起学生身心发展的合力。

由于班主任工作关系到学生德、智、体、美的全面发展，决定着一个班级的精神面貌和发展趋向。所以，学校要选拔和培养政治思想觉悟高，道德品质好，工作责任心强，能贯彻教育方针，热爱学生，有一定实际工作经验和能力的教师担任班主任。

专栏 13-1

如何和家长成为朋友

每一个家长都是爱自己的孩子的，那么什么是爱呢？爱就是共同感受，共同分享，共同成长。我给家长和孩子制订了一个共同成长的计划，要求每一个家长给班主任写一封信，介绍自己孩子的成长经历，谈谈对自己孩子的教育期望，以使我更多地了解学生；与此同时，在军训的时候，我要求每个学生给父母写一封信，由我亲自寄出，作为中秋节的礼物送给家长；开班会的时候，我让学生和家长做主角，由学生策划、安排并主持，与家长进行面对面的对话。这样，使家长和孩子能够走进彼此的心灵世界，成为朋友。

资料来源：齐学红：《新编班主任工作技能训练》，上海：华东师范大学出版社，2007 年，第 16 页。

三、班主任的素质要求

职业，是生存的手段；责任是一种历史使命。班级是班主任的一片小天地，它需要班主任用爱、用责任、用智慧，把这片小天地经营得风轻云淡、鸟语花香，这就对班主任的素质提出了很高的要求。班主任要与学生发生感情上的共鸣，其人格和教育理念是一个关键的问题。裴斯泰洛齐在他的《舒坦茨文札》一文中写道："我和他们一起哭泣，和他们一起欢笑，他们忘却了世界……他们和我成为一体，我和他们成为一体。"这种教育爱是班主任的素质要求中的关键一环。

（一）高尚的思想品德

班主任是学生的教育者、引路人，是他们的学习榜样。班主任应有崇高的社会主义品德，饱满的工作热情，永不停息的进取精神，言行一致、表里如一，能为人师表。这样他才能在学生中树立崇高的威信，给学生以强有力的教育影响。班主任的一言一行、一举一动都影响着学生。公正对待每一个学生，都是一个成功的班主任应该具备的品质。有句古话是这样说的："有威则可畏，有信则乐从，几欲服人者，必兼备威信。"威信不是要特意去树立的，而是属于那种"于细微之处见精神"的。从一个眼神，一个微笑，一句话语做起，一点点完善自己，一点点把爱洒到学生的每一个角落，这样，班主任的威信就自然形成了。

（二）坚定的教育信念

班主任的教育信念在于确信每个学生都有优点和才干。对于有某些缺点和错误的学生，只要对他做深入细致的思想教育工作，也能把他转变好。班主任要树立坚定的教育信念，才能在工作中不畏困难曲折，顽强而耐心地工作，收获辛劳的硕果。这种坚定的教育信念需要教师具有对教育事业的执着的爱。意大利作家亚米契斯在他的著作《爱的教育》中指出，教育上的水是什么？就是情，就是爱。教育没有了爱，就成了无水的池。任你四方形也罢，圆形也罢，总逃不了一个空虚。泰戈尔也有一句诗：让我的爱像阳光一样，随时包围着你却又给你充分的自由。班主任对学生的爱也应该像阳光一样照耀着学生，温暖着学生。

（三）家长的心肠

一个儿童自从被送进学校，就意味着这个孩子将在学校中度过他儿童及少年的大部分光阴，也意味着大部分教师要与来自不同家庭的孩子度过整个职业生涯。教师们对这些孩子履行着一种"替代父母"的职责。范梅南曾说："专业教育者必须尽可能地协助儿童的父母完成其主要的育人责任"，"父母和孩子之间的恰当关系对教师和学生之间的教育关系提供了丰富的信息。"父母与孩子之间的情感表达是多元的，内涵也是丰富的，那么班主任与孩子之间的情感表达和交流内涵也应该是这样的。班主任对待学生要像家长对待孩子一样，兼严父与慈母二任于一身，既要无微不至地关怀学生、真诚地爱护学生，与学生彼此信赖、有深厚的情感，又要严格要求学生，对他们的缺点和错误毫不放过。如果学生感受到班主任对他们的深情与期望，那么他将更亲近班主任，并乐于接受教育，从而使班主任的工作获得更大成效。

班主任要有家长一样的心肠，要像父母对待自己的孩子一样付出最真心的爱。班主任要以海纳百川的宽广胸襟容忍学生。学生在与班主任产生摩擦和隔阂时，多数学生尽管认识到了自己的错误，但由于过度的自尊和面子而选择宁折不弯。不少班主任意识到，学生心灵的钟越来越厚重了，想要敲响它越来越不容易了。苏霍姆林斯基曾指出，造成教育青少年困难的最主要的原因，在于教育实践在他们面前以赤裸裸的形式进行，而处于这个年龄期的人，就其本性来说是不愿意感到有人在教育他们的。事实上，用宽容这份厚重的关爱去教育学生，有时会比严厉更能触动人的心灵。

(四)组织与沟通能力

善于组织学生开展活动是教育学生的重要条件。所以，较强的组织与沟通能力对班主任来说，是必不可少的。一个出色的班主任必须善于计划和组织学生的各种活动，善于根据情况的变化迅速做出决定、采取措施、进行调整，在工作中表现出魄力，能令行禁止，坚持原则。

作为班主任，应该学会有效地与学生进行交流与沟通。人是一种感情动物，如果班主任接纳理解学生，并在此基础上引导学生寻找解决问题的多种途径，学生便会朝积极地方向开展行动，并成长为具有独立人格的人，这是教育者梦寐以求的理想境界。所以，班主任必须不断地学习如何与学生进行有效的交流和沟通，同时也为学生树立一个榜样，那就是他与学生在相互尊重的平台上与人沟通和交流。因此，在师生交往中处于强势一方的班主任，要改变那种居高临下的教育者、管理者形象，要以宽阔的胸襟，发扬“山不过来，我就过去”的主动工作的态度和意识，真诚地走进学生的心灵，避免简单粗暴的工作方式。

专栏 13-2

忍耐　宽容

花朵是色彩斑斓的，学生是五彩缤纷的。

一年秋季，我接手了五年级的一个班级。前任班主任告诉我，这个班调皮生特多，不好教育。

果然，第一节课，我一踏进教室，班长江潇刚喊"起立"，站在第一排的一位黑脸男孩便"嘭"的一声站起来，右手朝前上方一举的同时，吼了一声"哈依"！

全班震惊，幸亏我有"不好教育"的思想准备，否则准被吓住。

有位站在后边的大个儿想笑，又急忙捂口，因为他的目光碰到了我的目光。此时，学生们直勾勾地望着我，等着我这位新班主任电闪雷鸣般地发作。我忍了一会儿，心想，后退一步天地宽，为什么要让学生们牵着走呢？于是很快把冲到脑门儿的火压了下去。

我送给全班同学一个笑，很坦然，很真诚。笑，使学生，也使我自己轻松了。我示意其他学生坐下，微笑着走到这位黑黝黝、个子不高的学生跟前："你是从哪儿来的？"

他不安起来，感到手足无措，这时，主动权完全在我手里了。

"说你是德国留学生吧，可嘴里说的是日语；说你是日本留学生吧，你举右手的动作又像德国法西斯的军礼。你到底是从哪国来的？"

班里发出一阵哄笑，他更不安了，干笑了一下。我郑重地说："我很喜欢你，真的。你敢当着全班同学的面这样做，证明你是相当有勇气的。"

我想问他姓甚名谁，家住何处，但又觉得不妥，这样一问，他对我的笑和说的话肯定会产生怀疑，于是把到了嘴边的话咽了下去。我拍拍他宽宽的肩，请他坐下。

从此，他再也没有在班里搞恶作剧。因为他有军人的气质，我"委任"他为"班长助理"——领操，放学时负责整队。他的积极性空前高涨，工作一丝不苟。

一天，隔壁班的班主任胡老师对我说："你班的一位学生和我班几个淘气鬼中午到校后，把笤帚放到半掩的门上，一位女学生推门进教室，正好砸在她的头上。"

"谁？"

"那位班长助理呗。"

这位同事真会幽默，但我很平静，因为我早就做好了他犯第二个、第三个错误的思想准备。对孩子的教育企图"毕其功于一役"是不可能的。

我先找这位被砸的女学生，说明了情况，并向她道歉，说这事我有责任。

这事被我班的学生知道了，矛头一致对准了“助理”：“你好意思要老师替你承认错误！”

他主动来找我，怯生生的，眼皮也不敢抬，当初大吼“哈依”的勇气荡然无存。

我什么也没有说，重重地拍了拍他宽宽的肩，从这以后，他表现更出色了。

他毕业工作后，曾给我来过一封信，信中说：

“……我永远忘不了您对我的宽容。您没有把我看死、盯死。您的宽容使我懂得了怎样做人。要知道，在您以前，没有一个老师喜欢我，我一动，他们就瞪眼、发火、斥责，我自然也不喜欢他们，甚至怀有敌意……”

看到他的信，我的眼前便又浮现出他的模样：圆脸、大眼睛、黝黑的皮肤、宽宽的肩膀、个儿不高、全身透着一种豪气。

——他的名字叫江伟。

赞可夫说得对：“教师这门职业要求于一个人的东西很多，其中一条要求是自制。在你叫喊以前，先忍耐几秒钟，想一下：你是教师。这样会帮助你压抑一下当时就要发作的脾气，转而心平气和地跟你的学生谈话。”

资料来源：江兴代主编：《天使的翅膀：一百个精彩的班主任工作案例》，合肥：安徽教育出版社，2007年，第5页。

班主任工作虽然辛苦，但却具有更多的乐趣。一位优秀的班主任应视班主任工作为最大的乐趣，把班主任工作做得完善一些，更好一些。努力耕耘，收获乐趣，这是优秀班主任的最高境界。美国学者贝德勒说：“生龙活虎的学生一个个在我眼前成长起来，这就是一个教师永不停息的创造性工作的结果……还有什么比创造人类生命的工作更令人激动的呢？”

第二节　班主任工作的内容和方法

班主任工作是复杂而富于创造性的工作，班主任工作的艰巨性和复杂性，又决定着班主任工作内容的广泛性和方法的多样性、创造性。法国作家拉丹封曾写过一则寓言《南风效应》：南风与北风打赌，看谁能够脱去一位农夫的衣服。北风自以为力气大，脱件衣服不是难事。于是北风先来，他使劲地向农夫吹刮着寒冷的风，直吹得农夫浑身瑟瑟发抖，直打哆嗦，农夫不但不脱衣服，反而裹紧外衣，躲到背风的地方去了。北风只好无功而返。紧接着由南风上马，他向农夫轻抚慢拂，给农夫送去温暖的熏风。农夫本来就在田野里劳动，身上出了热汗，经南风这么一吹拂，备感浑身发热。于是就放下手里的活计，到田边脱去衣服，再接着继续劳作。南风终于成功了。将“南风效应”引入班主任工作中，可以给人们这样的启示：在班级工作中，一定要注意方法。北风和南风都想使行人脱掉大衣，但由于方法不一样，结果大相径庭。南风给人带来的温暖，代表了温柔细致的教育工作者的人格作风。为了这样的教育效果，班主任应做好下列工作。

一、了解和研究学生

教育是一种源自心灵的感化，是一种爱的熏陶。新时期的班主任更应学会通过多种方法、多种途径与学生沟通。苏联教育家乌申斯基指出，教育者应该努力了解一个人，从他所有的弱点和伟大处来看，从他所有的日常琐细需要和伟大精神愿望来看，他实际上是怎样一个人。班主任要教育好学生，必须先了解学生，并不断注意研究学生，才能真正走进学生的内心世界。只有这样，班主任才能对学生进行有针对性的教育和有效的管理。

了解和研究学生是班主任做好教育工作的基础和前提。班主任只有了解学生的内心世界、个性特点，了解他们的学习、生活情况，才能从学生的实际出发，有的放矢地进行教育。对学生的了解和研究，包括学生个人和集体两个方面。了解个别学生，包括思想品质、学业成绩、兴趣爱好、才能特长、性格特征、成长经历以及家庭情况、社会生活环境等。而且班主任在了解学生个人的基础上，加上研究班集体的发展情况、干部状况、传统作风、主要特点和倾向，就能了解学生集体。

了解和研究学生是一个长期的过程。班主任要善于掌握新情况，研究新同学，要辩证地看待每一个学生。了解学生不是目的，而是教育的手段，班主任既要在教育学生的过程中了解和研究学生，又要使了解和研究学生的过程成为教育学生的过程。了解和研究学生的方法有以下几方面。

(一)观察法

观察是了解学生最基本的方法。一个人的心理活动及个性品质，很容易从外部表现真实地反映出来。班主任要有目的地通过课堂教学、课外活动、团队和班级活动来观察学生的学习情况、思想表现，掌握学生活动及表现的第一手材料。成功的班主任总是把学生个性中最典型的、最有代表性的品质表现看在眼里，从而发现学生个性发展的基本趋向。班主任还需经常翻阅反映学生思想的档案材料，熟悉学生的基本情况，以全面评价他们的言行。在观察中，班主任一定要注意保存、积累资料，对观察结果进行多方面的反复思考，得出符合学生实际的有教育意义的论证。

(二)谈话法

谈话是直接了解学生的方法。通过谈话班主任可以了解学生的过去、现在、兴趣爱好、思想水平，获取学生的内心活动情况。为了取得良好的效果，谈话前，班主任要认真选择谈话的目的、内容、方式、时间、地点。在谈话过程中，班主任要态度认真，亲切和蔼，讲究谈话艺术，启发学生与教师交流，不把自己的意见强加于人，使自己与学生的谈话处于开放的状态。谈话后，班主任要及时把谈话的主要情况和自己的认识记录下来，为进一步研究、教育学生积累素材。

班主任在谈话过程中要讲究谈话的艺术，要注意创设良好的谈话环境，特别是良好的心理氛围。倾听也是深入学生内心世界的有效方法，班主任要耐心地倾听学生讲话，不武断地作评价。班主任谈话还要保证谈话的教育性。教育性是教学的客观必然性，谈话的内容应能增进学生的认识，富有教育意义。

(三)研究书面材料

班主任要根据学生教育的需要仔细分析研究记载学生情况的入学登记表、学籍卡、体检表、成绩单、操行表、作业本、班级日志、班会、团支部会议记录、作业、日记，掌握学生的学习、思想状况及动态的变化发展情况。班主任在查看学生资料的时候，必须注意的是，资料记载的都是学生过去的情况，只能说明过去，并不代表学生的现在和未来，教师千万不能戴着“有色眼镜”来看待学生的发展，特别是那些学困生以及犯过错误的学生。作为班主任，首先想到的应该是采取哪些措施和办法来使这些学生看到希望，以促进学生的发展和进步，而不是对他们放任不管。

(四)调查走访

调查访问是间接了解学生的方法。班主任通过对学生的同学、朋友、邻居、家长、任课教师等的调查访问，对学生进行全面了解或对某一问题进行全面深入的了解，可以帮助班主任了解到学生深层次的思想问题和学习、生活变化的根本原因。班主任进行调查访问要有目的、有准备，对有关材料做客观的分析，以拟定有效的教育措施，同时也要对学生的实际情况予以保密，以尊重学生的个人隐私。

二、做好个别教育工作

面向班集体，做好个别教育工作，是从教育原则和方法上对班主任提出的要求。也只有使每个学生都能进步，班集体才能健康地发展。一个班几十名学生，每个人都有自己的个性和优缺点，他们中间有先进、中间、后进的不同层次和状态，他们的学习状况、思想状况也都有不同，这就要求班主任在开展集体教育的同时，做好个别教育工作，通过对个别学生的教育影响集体，促进集体的形成和发展，再依靠集体教育每个学生，激励学生不断进步，把集体教育和个别教育结合起来，使后进赶先进，先进更先进，不断扩大先进面，缩小后进面。

在一个班级里，学生在个性特点、学习兴趣和爱好等方面总是会存在差异的。学习成绩优异、全面发展的学生，往往容易受到老师的喜爱；成绩较差、不遵守纪律的学生，也容易引起老师的注意；而那些平时沉默不语、学习成绩不好不坏的学生却极易被老师忽视。实际上，每一个学生接受锻炼和发展的机会应该是平等的。一个班集体的学生，无论学业成绩，还是思想道德品质等各方面都会有先进、中间和落后状态之分。所以班主任做好个别学生的教育工作就是包括先进学生、落后学生以及中间学生的教育工作。班主任应根据每个学生的特点、兴趣、情感、需要，从不同的起点去看待他们的进步，针对不同的情况提出不同的要求，采用不同的方法去教育学生，实现班集体的最优发展和全体学生的全面发展。

先进学生，特别是成绩优秀学生和积极分子，尽管他们学习努力，遵守纪律，但是有时也会表现出好胜心和自尊心强，虚荣心突出，不敢正视自己的不足和错误，骄傲自满，不参加集体活动，不愿意承担社会工作等缺点。对此，班主任一方面要充分肯定他们的优点、长处；另一方面对他们不能放松要求，姑息迁就，同样要提出严格要求，引导他们看到自己的特点，提高他们自我教育的自觉性，使他们不断追求更高的目标，真正成为班集体学生学习的榜样。

后进学生，一般在班上人数不多，但影响较大。他们一般身体健康、精力充沛、机智过人、乐于助人、敢想敢干。可是，他们大多数人缺乏坚强的意志、毅力和自制力，好耍小聪明，纪律性较差，学习不认真，热衷于交朋友，常常与教师和同学产生对立情绪。还有的学生胆怯、自卑心理严重。针对后进生的各种特点，班主任首先要以情感人，和他们建立感情上的联系，做他们的知心朋友，消除他们的心理隔阂。苏格拉底小时候，有一次看他父亲雕刻狮子，便问道：“怎样才能成为一个好的雕刻师?”父亲说：“以这只狮子来说吧，我不是在雕刻它，我只是在唤醒它。”“唤醒?”苏格拉底不解地问。“对，狮子本来沉睡在石块中，我只是将它从石头监牢里解救出来而已。”“唤醒”，是生命与生命的交融，是心灵与心灵的沟通。教育就是一种心灵的唤醒。班主任的重要任务之一就是要把处于沉睡状态的后进生唤醒。具体表现在学习、活动、生活中，班主任应该对他们不嫌弃、不歧视、不疏远，真心诚意去对待他们。其次，要善于发现和利用他们自身的优点去克服他们的缺点。班主任要用辩证的观点去了解、观察他们，找出后进生落后的主客观原因，发现他们思想和行动中的积极因素，掌握时机，因势利导，激发他们的上进心，引导他们自觉地同自己的错误展开斗争，鼓励他们不断上进。再次，培养学习兴趣，提高学习成绩。最后，班主任应发挥集体教育力量，使班级同学、班干部都能向后进生伸出友谊之手，让他们感到集体的温暖，在集体中做好他们的思想转化工作。

中间学生，在班上是多数，他们只是默默无闻的普通学生，很难引起老师和同学们的关注，甚至常常被老师和同学所遗忘。他们学习和参加各项活动的能力有限，想上进又缺乏信心，有一定的自卑心理，甘居中游，不紧不慢，不好不坏，缺乏理想和雄心壮志，对中间学生，班主任要不断对他们进行学习态度教育，促使他们向先进方向转化。

不论是先进学生，还是后进学生和中间学生，班主任的个别教育工作都要注意以下几点。

(一)积极寻找金色的“亮点”

每个孩子都是富有个性的生命体。每个孩子必定都有其过人之处。因此，教师要相信，他们都是优秀的，都可以获得成功。人在智力上没有等级的区别，用这样的视角来看待学生，班主任眼中就不会有差生。上课认真、作业正确、成绩优秀的学生是因为创造性智力水平较高；热爱劳动，喜欢交际、生活自理能力强的学生是因为实践性智力水平较高。有一则寓言写的是一个农夫伐倒一棵大树，用笔直的树干盖了一座小木屋。他打量了一番，心想：把剩下的树根劈成柴，要费多少工夫啊，于是就将它扔在野外。一位雕塑家无意中发现了这个树根，如获至宝，他小心地把它带回家，精心雕刻，终于制成了一件精美绝伦的根雕艺术品。短小的故事引人深思：农夫厌弃它、瞧不起它，树根就只能是一件废品；而雕塑家喜爱它、关心它、发掘它的潜力，它又变成了一件有价值的东西。我们的育人工作不正是如此吗？学生的本质都是可以教育、培养、转化的，学生某方面的差异是表面的、暂时的、相对的。而对那些特殊学生的教育应植根于爱，植根于欣赏，看重他们，不鄙弃他们；尊重他们，加倍地热爱他们是教育取得成效的前提。正所谓“浇花要浇根，帮人要帮心”，只有真正地走入学生的内心，你才会发现，转变就在生活中。

(二)寻找最适宜的教育时机

当学生开始认识到自己的缺点，并有了某种醒悟的表现时，班主任要主动找他们谈心，对他们进行个别教育，使教育在有利的时机中引发学生的进步。苏霍姆林斯基曾指出，每个人都有一颗成为好人的心。作为班主任，我们一定要坚信每个学生，无论多么调皮甚至捣蛋，他都有一颗成为好人的心，都是可塑之才。当然，在孩子成为好人的成长过程中，需要班主任耐心等待。等待也是寻找最适宜的教育时机的过程，因此等待是班主任工作中不失为一种好的教育策略。班主任要善于等待，等待的过程就是学生自我教育的过程。在等待中，学生的自我教育变得理智而深刻，在等待中，教育也会变得心悦诚服。对班主任而言，等待是一种智慧，更是一种尊重，一种信任。这种等待，符合教育的认知规律，循序渐进，内悟自醒，这种等待，更会让班主任捕捉到最佳的教育契机。

(三)选择合适的教育方式

班主任应根据不同学生所犯错误的时间、条件、性质、影响及学生个人的思想特点，选择教育方式和措施，对症下药，辩证施教。苏联教育家马卡连柯在担任校长期间，非常精彩地处理了一件事：一天，他派一名曾是小偷的学生谢苗去几十里外取一笔数额不少的钱。谢苗不敢相信这种信任。他问马卡连柯："如果我取了钱，不回来怎么办?"马卡连柯真诚而平静地回答说："少说废话，既然委托你，你就去!"当谢苗取回钱，请校长清点时，马卡连柯说："你数过就行了。"然后随便地把钱放进了裤兜。马卡连柯用信任架起了他与学生间心灵的桥梁，让学生感到了做人的尊严和快乐。生活中个别学生由于某些消极因素的影响，表现出在某一方面的落后，那是暂时的，作为班主任绝不可轻视他，要认真分析，用信任做钥匙，什么样的心结都可以解开。

三、组织学生的课外活动和校外活动

学校教育除了课堂教学之外，还有课外活动、校外活动，以培养学生多方面的志趣、才能，丰富和活跃他们的生活，促进他们德、智、体全面发展。组织与指导学生课外活动和校外活动，是班主任一项经常性的重要工作。在开展课外与校外活动方面，班主任负责动员和组织工作，为校内和校外组织的各种学科小组推选学生，成立本班的课外活动组织，为本班开展课外活动创造条件，聘请有关教师、家长、社会人士或有特长的学生担任指导，与学校商量解决活动的各种条件。在开展活动时，班主任要注意尊重学生的意愿，把活动的指挥棒真正交给学生，充分发挥学生的自主性和创造性，让学生成为活动的真正主人。陶行知先生曾指出，最好的教育是教学生自己做自己的先生。只有尊重学生们的自主创造、自主发展的内心需求，尊重他们的意愿和选择，课外活动和校外活动才能产生无限的魅力。

四、协调统一各方面的教育影响

班主任要做好教育学生的工作，就要组织和统一好各方面的教育影响，要和各任课教师、团队组织、家长和社会有关方面积极合作。

(一)统一校内教育者的教育影响，争取教师集体的密切配合

班主任要主动与各任课教师联系。任课教师不仅比较熟悉学生在学习过程中反映出来的各种问题，而且也在不断地教育和影响学生。班主任要经常与任课教师联系，交换意见，定期研究班上学生的思想、学习、课外活动等动态，争取任课教师对本班教育工作的支持，落实教育和培养学生的措施，统一思想，统一要求。在作业布置、辅导和课外学科小组的安排上，班主任要做到与任课教师统筹兼顾。为了更好争取任课教师的配合，班主任还要随时向任课教师介绍每一个学生在学习中存在的问题，班上开展活动也要根据情况请其他教师共同参与指导。

(二)协调社会各方面的教育影响，争取社会各方面的积极配合

学生在学校学习，经常受到社会各方面的影响，这种影响不但很具体，有时还很强烈。尤其在当前改革开放的新形势下，各种社会因素无一不对学生的思想品德产生着重大影响，它通过明的、暗的、立体的、交叉的等多种渠道、多种形式对学生施加影响。班主任对学生的教育要获得良好成效，就应主动与社会各方面，特别是社区及各类社会教育机构如文化宫、博物馆建立经常的联系，有时还要与有关行政管理部门取得联系，共同研究制订学生社会教育的内容、方法、措施，遏制不利于学生身心发展的各种不良影响，共同抓好学生的学习、思想，保证学生的健康发展。班主任还要积极参与各种社会教育机构的活动，向他们提出各种合理化意见，为学生争取一个有利的外部教育环境。

五、做好班主任工作的计划和总结

班主任工作涉及面广，工作连续性强、较为复杂。为了加强工作的计划性，不断提高班主任工作的质量，班主任必须制订工作计划并及时进行工作总结。班主任工作计划要根据国家的教育方针、学校的工作计划和班级的具体情况。班主任工作计划分为学期工作计划和具体工作计划。学期工作计划的基本内容是：班级的情况、学期的教育任务、工作内容及措施和时间安排分配等，并要列出每周工作要点。学期工作应完整地给学校交留一份，以便于学校检查班级工作和指导班主任工作。

班主任工作总结有全面总结和专题总结两种。全面总结是班主任对一学期全面工作的总结。专题总结是班主任对工作中的一个问题或一个

方面所做的总结。具体选择哪种总结方式，要根据学校的要求和自己工作的情况而定。要做好班主任工作总结，首先，班主任平时要注意积累资料，随时随地记载工作情况、活动效果、个人和学生体会。其次，要从教育理论的高度分析所做的工作和学生的活动，探明班主任工作的规律性，提出行之有效的原则和方法。

有人说，教育的艺术在于心灵，而学生的心灵稚嫩如萌芽，一如那严冬隐去、春意萌动的季节里枝头冒出的嫩芽，只待一夜春风起，定会满目绿意盎然。班主任的教育，首先要关怀备至地、深思熟虑地、小心翼翼地走进学生心灵。班主任在学生的日常学习生活中，要对学生给予细心的关注，哪怕一个眼神、一个笑容、一个动作、一句话都会让他们受到鼓舞。同时班主任要对学生的点滴努力、进步给予及时的鼓励，学会用欣赏的眼光看待学生，使其自身固有的积极因素得到强化。

第三节　组织和培养班集体

班主任对学生的教育工作主要在于组织并形成良好的班集体，通过班集体来对学生进行教育，是班主任工作的重要内容之一。班集体不是自发形成的，而是班主任精心组织与培养的结果。马卡连柯在长期的教育实践中总结了这一宝贵经验，他曾指出，他自己从十七岁就当教师，并曾长时间地想过：最好先把一个学生管理好、教育好，然后再教育第二个、第三个、第十个，当所有的学生都教育好了的时候，那就会有一个良好的集体了。可是，后来他得到一个结论：有时不应当跟个别学生谈话，而要向大家公开讲话，要采取这样的方式——使每个学生都不得不参加共同的活动。这样一来，老师自然而然地就教育了集体，团结了集体，加强了集体，集体自身就能成为很大的教育力量了。实践证明，一个班集体形成的快慢，学生思想品德和整体素质的优劣，与班主任的工作好坏有着密切联系。因此，班主任要了解班集体的特点、作用和良好班集体的条件，研究自己的工作对象，不断探索组织和培养班集体的方法及途径。

一、班集体的教育功能

班集体是有着明确的奋斗目标，健全的组织系统，严格的规章制度与纪律，强有力的领导核心，正确的舆论和优良的作风与传统的群体。班集体在学校教育中具有巨大的教育力量，有着很强的教育功能。

(一)班集体是学生思想品德教育的重要途径

苏联著名教育家马卡连柯特别重视班集体教育的影响，他认为集体是有目的的个人集合体，参加这一集体的每一个人是被组织起来的。在集体这里，同学与同学之间的关系问题，并不是友好的问题，并不是一团和气的问题，而是责任攸关的问题。马卡连柯深刻地揭示出了班集体的教育意义，班集体对集体中每一个学生的思想行为都会产生很大的影响。

班集体会直接影响着学生个人的价值观。班集体是学生在一定的教育目的下组织起来的。在集体中，各种关系和教育活动都是以社会意义和个人价值共同活动的内容为中介的。每一个学生的思想和行为都会受到集体中占重要地位的价值观的启发和影响。学生在集体活动中会逐渐认同集体中所表现出来的集体价值观，并不断改变和完善个人的价值观。学生在集体中会逐渐认识到自身价值、个人成长与社会进步的关系，学会处理个人与集体、自由与纪律等关系，从而树立起正确的人生价值观，增强集体意识和社会责任感。

班集体是培养学生良好思想品质的直接条件。在班集体中，学生的每一项活动都是以教育学生为目的，有着较强的计划性、组织性的集体活动，会使学生受到相应的思想品德教育。学生在班集体中一起学习、共同生活，还能直接从其他同学身上学到优秀的品质，不断地充实自己、完善自己，使自己形成良好的思想道德品质。正如马卡连柯所指出的，不管用什么样的劝说，也做不到一个真正组织起来的自豪的集体能做到的一切。

(二)良好的班集体能促进学生个性发展

影响学生个性发展的因素很多，班集体是培养学生个性的园地，发展学生个性的主要条件。班集体的特点、活动、舆论都会促进学生良好个性的形成和发展。一方面，班集体为学生个性的发展提供了健康的场所和机会。班集体是一个优化了的教育场所，它的各种活动的开展是为了学生身心健康发展服务的，目的是致力于学生良好个性的形成。特别是班集体内角色的多样性和活动的广泛性为学生的个性和才能的发展提供了广阔的舞台。在各种各样的集体活动中，每个学生都充分展示着自己的才能、兴趣，推动着自我的不断实现。另一方面，班集体又是一个多种关系的集合体，是一个小社会。在这个小社会中，每个学生都能根据个人的能力、集体的需要在班集体中占有一定的位置，处于一定的地位，并受到不同的学习、生活和社会实践的锻炼，掌握必备的认识和改造世界的知识、技能，学会处理各种关系的技巧，克服某些不良的行为，习惯和个性缺点，使个性更具社会化。班集体发展了每个学生的个性，而每个学生的个性发展又反过来促进全班学生的全面发展。日本学者大岛真夫做了一个有趣的实验。他在一所小学 5 年级有 47 名学生的一个班级做了关于班级指导对角色加工的意义的实验。该实验过程是，挑选在班级中地位较低下的8名学生，任命他们为班级委员，在他们完成工作任务过程中教师给予适当的指导，并追踪研究这些孩子在班级中所处地位的变化和性格特征变化情况。一个学期过去后再进行测定，发现他们在班级中的地位有了显著变化。他们从前一直不被人重视，而当他们在教师的指导下，担任一个学期的班级委员之后，班上在第二学期选举时，这8名学生有6名又当选为班委员。另外他也观察到了这6名委员在性格方面，诸如自尊心、统率性、安定感、明朗性、活动能力、协调性、诚实性、责任心等都有所发展。从班级的统计看，原来不积极参加班级活动的孤独的孤立的儿童的比例大大地下降了，整个班集体的风气也有了改变。

（三）良好的班集体能提高学生的自我教育能力

自我教育能力是学生进行自我教育活动的基本条件，学校教育的重要任务就是不断提高学生的自我教育能力。学生的自我教育能力主要由自我评价能力和自我调控能力构成。自我评价能力是进行自我教育的认识基础。没有自我评价能力就不可能有自我教育，自我调控能力是在自我评价基础上建立起来的控制自己思想与行为的能力，它是进行自我教育的重要机制。班集体对学生形成自我评价能力和自我调控能力具有重要作用。班集体通过经常性的思想品德教育活动帮助学生树立正确的是非观念，教育他们正确区分真假、善恶、美丑，鼓励他们追求真、善、美，反对假、恶、丑，初步形成学生自己的道德价值观念和思想观点，为他们正确地分析自己的思想与行为，将班集体要求的道德规范与自我的思想品德进行有意识的比较奠定了良好的内部道德环境。班集体建设要求学生自觉遵守的一系列规章制度也在不断地规范着学生的思想行为。学生在自觉遵守这些规章制度的基础上，随着认识水平的不断提高也逐渐能将理想自我与现实自我进行对照，对自己提出要求和奋斗目标，能严格按照班集体的要求约束自己。

正是由于班集体的上述教育功能，它才能紧密地配合班主任开展学生的教育工作，成为班主任教育学生的重要依靠力量。

二、班集体的组织与培养

班集体不是一群学生的机械组合，而是全班所有学生按照教育目的的要求组成的一个有机整体，以产生较大的整合效应，这种巨大的整合效应是由班集体的本质特征所决定的。班主任要组织和培养一个健康、良好的班集体，必须要运用一系列的科学方法，创造出集体所必须具备的基本条件。具体来说，班主任组织和培养班集体，应做好以下几方面的工作。

(一)确立共同的奋斗目标

共同而又明确的奋斗目标是形成优秀班集体的首要条件。共同的目标对个体的思想行为具有导向作用，它能将人的需要变成动机从而引导行为指向目标。个体按目标的要求控制、修正自己的行为方向，同时给人以力量，去克服困难，一步一步地达到目标。共同的目标对群体行为具有凝聚作用，它可使群体具有集体的特性，增强群体的向心力。共同的奋斗目标是学生前进的灯塔，是班集体产生强大凝聚力和向心力的条件。班集体有了共同的奋斗目标，学生才会对集体有向往，才会在共同奋斗目标指导下勤奋学习，努力提高自己，把学习、生活和活动与班集体的奋斗目标结合在一起，激励自己自觉地去克服困难，排除障碍。班集体共同的奋斗目标应该是在正确的思想方向指导下，反映时代的要求，方向明确、具体，时代精神突出，能体现学校教育目标的要求。这就要求教育者为学生精心设计前景，提出适当的奋斗目标，即全班学生共同努力的方向，并为实现共同目标而组织统一的行动。奋斗目标适当，会对全班学生有吸引力并能起到鼓舞作用。一个班集体如果没有正确的、具体的奋斗目标，集体成员就不会有统一的行动，班集体也就不能发挥它应有的作用。

在班集体尚未形成之前，其奋斗目标可先由班主任根据工作需要和教育目标提出。班主任要善于提出振奋学生精神、鼓舞学生前进，又符合本班级实际和学生年龄特征的奋斗目标，以便统一全班学生的意志和行动，推动班集体的形成、巩固和发展。随着班集体的逐渐形成，其共同的奋斗目标则由班集体自己提出，班主任研究确定。班集体的奋斗目标要反应集体成员的共同心愿，为绝大多数学生所接受，同时还要符合教育目的和青少年儿童身心发展的规律。班主任在确定班集体的奋斗目标时，一方面要发扬民主，组织学生充分讨论，让学生畅所欲言，表达他们对班集体的殷切希望，听取同学们的意见。同时，班主任要向同学讲解集体目标的意义，让学生理解集体目标，把个人努力与集体目标统一起来。通过思想教育可以使班主任的教育意图变为学生自己的觉悟和自觉的行动，使集体的奋斗目标成为学生个人的努力方向。

在目标实现的过程中，班主任要注意设计各种丰富多彩的活动，以活动为中介，加速目标的实现，并经常用这一目标来检查督促班集体，使它成为集体前进的巨大动力。班集体的奋斗目标要先易后难，先近后远，循序渐进，逐步提高，要尽快让学生获得“成功”，尽早得到“成就感”的体验。当一个目标实现后，班主任要组织大家认真总结经验教训，并提出新的奋斗目标，组织新的活动，引导班集体不断前进。

(二)建立强有力的班委会

有集体就会有领导，领导是班集体的骨干。马卡连柯指出，凡是有集体组织的地方，那里就有集体的机构，那里就有受集体委托的全权代表人的组织存在。班集体作为学生教育的基层组织，不仅要建立领导机构，还要有实践证明它是一个有能力的领导机构。这个领导机构应该是一个团结和谐而富有权威的集体领导核心，能够成为班主任开展班级工作的依靠力量和得力助手，能够带领全班学生积极主动地去实现奋斗目标。领导机构的成员能团结协作，高效民主，职责分明，有较高的组织能力和管理能力。

学生中的积极分子在建设班集体的过程中有重要作用。一个好的班集体，必须有一批团结在班主任周围的积极分子，并由他们担任班干部，组成班集体的核心，协助班主任开展工作，才能带动全班为实现共同目标而努力。一个班集体如果没有自己的积极分子，没有骨干队伍，就形成不了班集体的核心力量。这些积极分子组成班集体的核心，以协助班主任开展工作。班主任要善于发现和培养积极分子，从中选出关心集体，办事认真，作风正派，能团结同学，愿意为同学服务，学习成绩较好，能起模范带头作用，在同学中有一定威信和有一定组织能力的同学来担任班干部，并根据其个人的能力、爱好和特长，分配给他们适宜的工作，放手让他们开展工作。同时，班主任要加以指导。为了让更多的学生有机会承担社会工作，从中得到锻炼，班主任要努力创造条件，让班干部定期轮换，使多数学生都受到锻炼。作为班主任，应该把学生的成长与发展作为班级管理的最大目标，让班级的全体学生，在自己的集体中各自获得一个适当的分工，承担一个角色，即让他处在一个“能发挥作用”的位置上。这样，每个人都能获得一种“存在感”，通过发挥各自分工的作用而使每个人得以重新认识自己的潜在能力。

(三)树立正确的集体舆论

一个班集体有了正确的集体舆论，就会朝气蓬勃、是非分明、积极向上。实践证明，一个班集体越健康，就越能激发学生集体荣誉感和责任感，班集体就越团结、坚强，学生就越热爱集体，对集体有一种发自内心的向往。正确的集体舆论不是自发形成和建立的，而是在班主任的精心培育下，通过各种扎扎实实的活动形成的。正确的舆论是在集体中占优势的、为绝大多数学生所赞同的言论和意见，它以褒贬的形式肯定或否定集体的动向和集体成员的言行。它可以帮助学生明辨是非，纠正不良言行，对学生的思想行为有极大的约束力，对班集体的进步有无形的导向力。正确的集体舆论是班集体自我教育的重要因素，是衡量班集体是否形成的重要标志。在一个真正的班集体中，学生的是非观念非常清楚，正义之风在班集体中盛行，歪风邪气无立足之处。

第一，要正面引导。正面引导就是班主任通过摆事实、讲道理，让学生懂得什么是正确的思想行为，什么是错误的思想行为，在思想上确立起是非、善恶的界限。班主任要通过课堂教学、班团队活动、课外活动向学生宣讲学校工作条例、规章制度、学生守则，进行思想品德教育，提高学生的认识，启发学生自觉地明白事理，使学生在思想上、理论上明确并掌握善恶、荣誉、美丑、正误的标准，在实践中要有意识地提高学生识别和抵制各种错误倾向的能力，为树立正确的集体舆论打下坚实的基础。

第二，以先进促后进。正确的集体舆论是以先进的人和事所代表的精神内涵为表现。班主任要注意发现典型，扶持先进，表扬好人好事，维护正义，为学生树立起学习的榜样和言行的楷模，以此压制歪风邪气，利用先进的事迹向不良倾向和错误的思想行为进行理直气壮的斗争，把握正确的舆论导向。在大是大非面前，班主任要旗帜鲜明、态度坚决、是非分明、措施果断，不能似是而非，模棱两可，使学生无所适从，误导学生的视听。

第三，利用一切可以利用的舆论阵地，弘扬精神文明的主旋律。例如班主任可以利用墙报、黑板报、班会、政治活动、理论专题，对班集体出现的一些带有不良倾向的问题展开讨论，对学生普遍关心的“焦点”问题进行评说，提高学生的思想认识。

(四)培养优良的班风

要把一个班级提升为一个有机的学习集体，必须使纪律规定、目标建设以及其他各种要素有效地相互在一起，形成一个比较好的班风，也就是要形成一个比较和谐的集体风气。这种集体风气包括了集体的凝聚性、意气、集体结构，如班级成员“感到很舒服”“心情很愉快”“热烈活泼”“紧张严肃”等。班风是一个班集体有自身特色、起主导支配作用的风气，它展示了班集体成员的共同精神风貌。班风是班集体思想方向和班级舆论的具体变化，涉及的范围比较广泛，包括学习态度、师生关系、同学关系、纪律表现、生活作风、卫生习惯等内容。优良的班风对每个学生有着无声的影响，它能够不断指导和调节班集体学生的行为方向，巩固班集体的活动成果。优良的班风一旦形成就会使学生对集体产生自豪感、荣誉感。一个好的班集体的班风是：学生学习目的明确、态度端正、刻苦勤奋、师生关系融洽、同学互爱、互帮、互学；遵守校纪校规，纪律表现优良，生活作风严谨，卫生习惯文明，课外活动丰富多彩，学生兴趣广泛健康，整个集体积极向上，表现出一种自信、自立、自强的精神面貌，给人一种浑然一体，赏心悦目的感觉。同时，在班级中形成一种支持性集体风气是非常重要的。在支持性的集体风气中，学生能够比较容易地进行感情移植和净化，具有自律性，对自己充满信心，集体成员能够自觉地互相帮助。

班风的力量是无穷的，在良好的班风感染熏陶和潜移默化影响下学生可以有较快、较好的转变。班主任应根据本班学生的特点提出班风的理想“模式”，即要明确在班集体中建立什么样的风气。班风的主要理想“模式”一般要用几个简单准确的词组概括表述出来，如“求实、勤奋、团结、有爱”“勤学、苦练，全面发展”等，使学生明白易懂，内容也好掌握，在行动中便于操作。学生对班风的内涵要有正确的认识，同时也要有正确的行动。培养班风必须有意识地加强学生的行为训练，使学生的行为与班风的要求相一致，并将这种落实班风的行为习惯化。在班风的落实方面，班主任要对学生进行班风的集中教育和定期检查，班主任要晓之以理，教育学生通过批评与自我批评的方式认真解决，防止退步，并不断巩固，不断壮大和发展已有的成果。建设良好的班风，班主任要起模范带头作用。

(五)建立合理的规章制度

一个优良的班集体就在于这个集体的全体成员步调一致，这种“步调一致”得益于统一的行为规范来制约他们的行为。通常情况下，行为规范以规章制度的形式出现。规章制度是活动和管理有秩序的重要保证。有了规章制度，班集体才能实现科学化和制度化管理，学生才能有行为准则。班集体的规章制度主要有两个方面，一是学校制订实施的学籍管理规定和校级规定和学生守则，二是班集体根据学校的规章制度和班集体的实际制定出来的各项制度和班级实施学籍管理的细则。所有这些规章制度构成一个科学合理、职责与权利统一的完备的规章制度体系，包括学生的学习，考勤、课堂常规、课外活动、生活作息、卫生扫除、思想品德测评等学生学习生活的各个方面。

“班规”或“班级公约”是对学生行为的一种规范或评价。它既可以对正确行为进行肯定，也可以对错误进行否定；既是对先进的支持，又是对后进的约束。班主任在培养班集体过程中，为了使班集体的活动有规可循，有章可依，有必要建立完善的规章制度。建立合理的规章制度，就是用制度来管理学生，教育学生。因此，班主任首先要向学生传达讲解学校的规章制度，让学生清楚学校规章制度的内容、要求，保证学校规章制度的贯彻执行；其次在落实学校规章制度的基础上，班级制订的制度不宜过多过繁，各项制度最好是与学生进行公平协商进行，这样学生在行动中就会比较发自内心的遵守约定，而不会产生排斥心理。同时，制度的内容应以正面引导为主，不要每条都有“禁止”和“不准”，命令式的话语会让学生感觉处于被管制的状态。制度还要尽量简明，便于理解记忆。制度要严肃，一经建立，要坚决执行，并且要保持制度的稳定性和严肃性，不能朝令夕改。

（六）组织多种多样的教育活动

活动是集体存在的生命，是实现集体目标的有效方式，是团结、教育学生的有利手段。班集体是在全班学生参加共同活动中逐步形成的，也只有在共同的集体活动中才能体现出集体精神。没有集体活动，班集体就会死气沉沉，学生就感觉不到集体的存在。建立良好的班集体就要使各种活动前后衔接，相互配合。活动要富有吸引力，活动的吸引力来自内容的丰富与形式的多样化。

青少年自身的个性心理特征决定了他们具有好动、爱学、嬉戏的特点。开展寓教于乐的集体活动，可以使青少年学生受到教育和熏陶，从而在活动中逐步形成良好的思想品德，同时丰富多彩的活动，也会使集体发挥自己的潜能。学生思想品德的发展是在活动中能动地实现的。集体活动对青少年儿童的身心发展、班集体的巩固和发展具有重要意义。一个健康的班集体，要经常开展符合学生特点的、富有教育意义的系列集体活动。

>>> 思考与练习

1. 班集体的教育功能表现在什么地方？一个健全的班集体有哪些基本特征？

2. 人们常说“种瓜得瓜，种豆得豆”，但也有“种瓜得豆”的现象，那么，教育中存在“种瓜得豆”的现象吗？为什么？

3. 有些班主任认为，既然学校任命自己当班主任，班里的大小事情就应该自己说了算，跟其他老师毫无关系。你如何看待这种观点？

4. 案例分析：

某小学三年级班主任李老师，最近犯了“错误”。班上一位同学上课摆弄手机，经几次提醒后仍不改正，李老师罚其放学后留校，将当堂所学课文抄写两遍。家长听说此事，找到校长投诉：“李老师体罚学生，不让放学，伤害了孩子的自尊心。”李老师感到很委屈：“我也是为了孩子好，惩罚学生抄课文，只想让孩子认识到错误，并将上课没学到的知识在课后补习好。现在的学生很难管，有自己的主意，又有家长一味地袒护孩子，我一直谨小慎微，不敢惩戒，害怕被说成是体罚学生，但对孩子的错误又不能视而不见，真是左右为难。”

班主任李老师的处理方法对吗？如何区分惩戒与体罚？

>>> 推荐阅读

1. 齐学红：《新编班主任工作技能训练》，上海：华东师范大学出版社，2007 年。

2. 梁卫，杨建云：《春华秋实：班主任工作的科学与艺术探索》，大连：大连理工大学出版社，2006 年。

3. 江兴代：《天使的翅膀：一百个精彩的班主任工作案例》，合肥：安徽教育出版社，2007 年。

参考文献

[1][德]雅斯贝尔斯：《什么是教育》，邹进译，北京：生活·读书·新知三联书店，1991年。

[2][美]Linda Campbell等：《多元智能教与学的策略》(第3版)，霍力岩译，北京：中国轻工业出版社，2003年。

[3][美]泰勒：《课程与教学的基本原理》，罗康，张阅译，北京：中国轻工业出版社，2008年。

[4]《论语》。

[5]《学记》。

[6][美]杜威：《民主主义与教育》，王承绪译，北京：人民教育出版社，2001年。

[7]傅道春：《教育学：情境与原理》，北京：教育科学出版社，1999年。

[8]胡德海：《教育学原理》，兰州：甘肃教育出版社，1998年。

[9]江兴代：《天使的翅膀：一百个精彩的班主任工作案例》，合肥：安徽教育出版社，2007年。

[10]教育部：《基础教育课程改革纲要(试行)》，2001年。

[11][捷克]夸美纽斯：《大教学论》，北京：人民教育出版社，1979年。

[12]李秉德：《教育科学研究方法》，北京：人民教育出版社，2000年。

[13]李方：《教育知识与能力》，北京：高等教育出版社，2011年。

[14]李剑萍，魏薇：《教育学导论》，北京：人民出版社，2006年。

[15]梁卫，杨建云：《春华秋实：班主任工作的科学与艺术探索》，

大连：大连理工大学出版社，2006 年。

[16][法]卢梭：《爱弥儿》，方卿编译，北京：商务印书馆，1978 年。

[17][英]洛克：《教育漫话》，徐大建译，北京：人民教育出版社，2007 年。

[18]马健生：《现代教育制度与思想》，北京：高等教育出版社，2009 年。

[19]南京师范大学教育系编：《教育学》，北京：人民教育出版社，1984 年。

[20]裴娣娜：《教育科学研究方法》，合肥：安徽教育出版社，1995 年。

[21]朴泰洙，金哲华：《教育学原理》，北京：科学出版社，2011 年。

[22]齐学红：《新编班主任工作技能训练》，上海：华东师范大学出版社，2007 年。

[23]瞿葆奎：《教育与教育学》，北京：人民教育出版社，1993 年。

[24]瞿葆奎、沈剑平选编：《教育学文集·教育与教育学》，北京：人民教育出版社，1993 年。

[25]全国十二所重点师范大学联合编写：《教育学基础》，北京：教育科学出版社，2002 年。

[26]山香教师招聘考试命题研究中心：山东省教师招聘考试专用教材《教育理论基础》，北京：首都师范大学出版社，2011 年。

[27]施良方：《课程理论——课程的基础、基础与问题》，北京：教育科学出版社，1996 年。

[28]睢文龙，廖时人，朱新春主编：《教育学》，北京：人民教育出版社，1994 年。

[29]孙培青：《中国教育史》，上海：华东师范大学出版社，2009 年。

[30]檀传宝：《德育与班级管理》，北京：高等教育出版社，2013 年。

[31]陶宝平：《学前教育科学研究方法》，上海：华东师范大学出版社，1999 年。

[32]王彦才，郭翠菊：《教育学》，北京：北京师范大学出版社，2010 年。

[33]吴式颖：《外国教育史教程》，北京：人民教育出版社，1999 年。

[34]杨小微：《教育学基础》，上海：华东师范大学出版社，2010年。

[35]叶澜：《教育概论》，北京：人民教育出版社，1991年。

[36]叶澜主编：《教育理论与学校实践》，北京：高等教育出版社，2000年。

[37]叶澜主编：《教育改革与课程评价》，北京：教育科学出版社，2001年。

[38]教育部人事司教育部考试中心编：《教育学考试大纲》，北京：北京师范大学出版社，2002年。

[39]袁振国主编：《当代教育学》，北京：教育科学出版社，2004年。

[40]张宝臣：《学前教育科学研究方法》，上海：复旦大学出版社，2009年。

[41]张华：《课程与教学论》，上海：上海教育出版社，2001年。

[42]周金浪主编：《教育学》，上海：上海教育出版社，2006年。